KB192584

THEORETICAL APPROACH TO COUNSELING
AND PSYCHOTHERAPY

이론으로 배우는
심리상담의 실제
대표 이론과 최근 동향

허재홍 · 최명식 · 이경아 · 박원주 · 김나리 · 신혜린
김민정 · 심은정 · 양현정 · 신주연 · 유나현 공저

학지사

머리말

이 책은 풋풋한 대학원생일 때 상담을 함께 공부했던 동문이 모여서 낸 두 번째 상담 책입니다. 처음으로 낸 책은 『사례로 배우는 심리상담의 실제』였습니다. 『사례로 배우는 심리상담의 실제』를 내게 된 동기는 당시에는 사례를 중심으로 상담 과정을 설명한 책이 거의 없었고, 또 있어도 외국 사례를 번안하여 어투나 상담 방식에서 우리 문화와 잘 맞지 않는 문제가 있었기 때문입니다. 이런 문제로 상담을 처음 공부하는 이들이 상담 과정을 이해하는 데 도움이 되었으면 하는 마음에서 첫 번째 저서를 출간하게 되었습니다.

출간한 이후 상담 실제를 이해하는 데 도움이 되었다는 여러 피드백이 있었습니다. 이런 반응을 보면서 저자들이 의도한 바대로, 상담을 공부하는 이들에게 조금이나마 보탬이 된 듯하여 기뻤습니다. 그런데 사례 중심의 교재를 출판하고 보니 강의할 때 이론 부분을 보완할 필요가 생겼고, 또 그런 요구도 있었습니다. 이런 필요로 사례 중심의 저서와 함께 상담이론을 다루는 이론서를 출간하게 되었습니다. 이번에 『이론으로 배우는 심리상담의 실제』를 내면서 다음과 같은 점에 주안점을 두었습니다.

첫째, 상담의 틀을 제시하고자 하였습니다. 기존 서적에서는 상담을 정의한 내용과 상담 구성요소 간에 유기적인 설명을 한 경우가 거의 없었습니다. 그래서 늘 이 부분이 불분명하다는 느낌이 있었습니다. 이 책에서는 상담의 기본 틀을 바탕으로 상담을 설명함으로써 상담에 대한 기본 지식과 상담 윤리를 일목요연하게 설명하고자 하였습니다.

둘째, 상담이론을 정신역동 상담이론, 인지행동 상담이론, 그리고 정서중심 상담이론 이렇게 세 영역으로 나누어 영역별로 대표 이론과 최근 이론을 포괄하고자 하였습니다. 정신역동 상담이론에는 정신분석, 대상관계이론, 그리고 단기 역동 심리치료를 소개하였고 인지행동 상담이론에는 제1흐름인 행동치료, 제2흐름인 합리적 정서행동치료와 인지치료, 제3흐름인 수용기반 치료(변증법적 행동치료, 수용-전념치료, 마음챙김 기반 인지치료, 정서도식치료)를 소개하였습니다. 그리고 정서중심 상담이론에는 인간중심치료, 게슈탈트 치료, 실존치료, 그리고 정서중심치료를 소개하였습니다.

셋째, 상담 초심자들이 사례개념화를 이해하는 데 도움을 주고자 영역별로 대표 이론을 선정하여 어떻게 사례개념화를 하는지 설명하였습니다. 이 책에서 사용한 사례는 『사례로 배우는 심리상담의 실제』에 나오는 사례입니다. 이렇게 사례개념화를 이론별로 제시함으로써 초심자들이 사례개념화가 이론별로 어떻게 다른지 그리고 이론별로 사례개념화를 어떻게 하는지도 배울 수 있게 하였습니다. 16장에서 사례 내용과 이론별 사례개념화 예시를 제시했으니 참고 바랍니다.

넷째, 이론 간 비교를 용이하게 하기 위해서 이론별로 다음과 같이 내용 구성을 통일하여 설명하고자 하였습니다.

① 이론의 발달: 이론의 발달과정에서는 각 이론을 대표하는 학자에 대해 소개하고 각 이론이 어떻게 발달해 왔는지 설명합니다.
② 인간관과 병인론: 인간관과 병인론에서는 각 이론이 보는 근본적인 인간관에 대해 설명하고 정신장애의 원인을 무엇으로 보는지 설명합니다.
③ 주요 개념: 주요 개념에서는 이론에서 핵심적으로 사용되는 개념에 대해 소개하고 각 개념이 이론에서 어떤 의미가 있는지 설명합니다.
④ 상담 과정: 상담 과정에서는 상담목표, 상담자와 내담자 관계, 그리고 상담이 전개되어 가는 과정에 대해 설명합니다.

⑤ 상담 기법: 상담 기법에서는 이론에서 사용하는 대표적인 기법을 소개합니다.

⑥ 평가: 평가에서는 이론별 공헌점과 한계를 제시합니다.

시중에는 훌륭한 이론서들이 이미 많이 나와 있습니다. 저자들이 나름대로 새로운 시각을 제시하고자 하였으나 아직은 미흡한 부분이 보입니다. 미흡한 부분은 앞으로 독자들의 의견을 받아 계속해서 수정해 나갈 것을 약속드립니다.

앞에서 말한 바와 같이 저자들이 책을 써야 한다는 사명감보다는 우리가 가지고 있는 지식과 경험을 서로 나누자는 동기가 더 컸습니다. 그러다 보니 작업이 느릿느릿 진행되었고 처음 책을 쓰기로 하고 몇 해 만에 결실을 보게 되었습니다. 이 책이 나오기까지 많은 분의 도움이 있었습니다. 먼저 학부 강의를 수강하여 열심히 참여해 준 학생들에게 고마움을 전합니다. 이들의 열정적인 토의와 의견은 이 책을 구상하는 데 많은 도움을 주었습니다. 그리고 오랜 시간을 묵묵하게 기다려 주신 학지사 김진환 사장님, 쓰는 작업이 지지부진할 때마다 격려해 준 진형한 대리님, 편집을 도맡아 해 준 박지영 과장님에게 감사드립니다.

2025. 3.

저자를 대표해서 허재홍 드림

차례

2부 · 정신역동 상담이론

3부 · 인지행동 상담이론

4부 · 정서중심 상담이론

1부

심리상담의 이해

상담이란 무엇인가

1. 상담의 정의와 구성요소

상담이 무엇인가에 대해서는 학자마다 다양한 견해가 존재한다. 상담은 여러 관점에서 정의할 수 있겠으나 이 책에서는 상담을 다음과 같이 정의하고자 한다.

> 어떤 문제로 도움을 받기 원하거나 도움이 필요한 사람이 상담역량을 갖춘 사람과 함께 그 문제를 해결해 가는 과정

이 정의에 따르면 상담은 '도움을 받기 원하거나 도움이 필요한 사람'과 '상담역량을 갖춘 사람', 그리고 이들이 해결하고자 하는 '문제'로 구성되어 있음을 알 수 있다. 상담 요소별로 살펴보면 다음과 같다.

1) 도움을 받기 원하거나 도움이 필요한 사람

'도움을 받기 원하거나 도움이 필요한 사람'을 정신의학 분야에서는 '환자'라고 하고 상담 분야에서는 내담자(來談者)라고 한다. '내담자'라는 용어를 일본 국립국회도서관에서 검색해 보면 1936년도에 발간한 『동경문리과대학교육상

담부보고 제1집(東京文理科大学教育相談部報告 第1輯)』에 내담자라는 용어가 보인다. 이를 미루어 보면 일본에서는 1930년대에 이미 내담자라는 용어를 사용하고 있었던 것 같다. 한국의 경우에는 국회도서관에서 검색한 자료에서는 1967년도에『학생지도: 서울교연』에 내담자라는 용어가 나오고 국립중앙도서관에서 검색한 결과에서는 1963년도에『마산일보사』에서 기사로 내담자라는 용어를 사용한 것이 확인된다.

　서양의 경우에는 처음에 환자(patient)라고 했다가 '환자'라는 용어가 의학모형을 상기시키고 병리가 있는 사람으로 보인다고 하여 'client'라는 용어를 사용하게 되었다고 한다(Wachtel, 2011). 그런데 박텔(Wachtel, 2011)에 따르면 어원을 분석해 볼 때 client가 patient보다 오히려 더 상대방을 비하하는 것일 수도 있다고 한다(다음 글상자 참조).

> 보통 patient보다 client가 내담자를 존중하는 용어로 알려져 있는데 이 용어와 관련하여 박텔은 재미있는 일화를 소개하고 있다. 박텔은 환자라는 말을 선호하여 워크숍을 시작할 때마다 환자라는 용어를 사용하는 것에 대해 양해를 구하면서 시작했다고 한다. 그러던 어느 날 한 참가자가 두 용어의 어원에 대해 설명해 주었고 이후 박텔은 환자라는 용어를 사용하는 데 갈등이 없어졌다고 한다. 참가자의 설명은 다음과 같다.
>
> > 'patient'의 라틴어 어원은 '고난을 겪는 사람'을 의미하고 'client'의 어원은 '의존하는 사람'을 의미한다. client는 라틴어 cliens라는 말에서 파생되었는데 cliens는 해방되었으면서도 여전히 주인에게 의존하고 있는 로마의 노예를 말한다.
>
> 이러한 참가자의 말에 박텔은 patient라는 단어는 개인의 고통에 더 공감적인 태도를 보이는 것인 반면, client라는 말은 사용하는 사람 자신도 모르게 비하하는 태도를 보이는 것일 수도 있다고 하면서 client라는 용어를 쓰게 되면 개인의 자율성이 거의 없거나 아예 없는, 비유하자면 어떤 나라가 큰 나라에 의존하고 있는 상태를 생각나게 할 수도 있다고 언급하고 있다.

우리나라에서 내담자라는 용어를 언제부터 사용했는지 명확하지는 않으나 일본의 영향으로 용어를 그대로 사용하는 것은 분명해 보인다. 현재 상담 분야에서는 '내담자'라는 용어가 통용되고 있으므로 이 책에서도 도움을 받기 원하거나 도움이 필요한 사람을 '내담자'라고 부르되, 맥락에 따라 '환자'라는 용어도 혼용하여 사용하고자 한다.

　상담을 정의하면서 '도움을 받기 원하거나 도움이 필요한 사람'이라고 한 이유는 자발적으로 상담을 받으러 오는 내담자도 있지만(도움을 받기 원하는 사람), 비자발적으로 상담에 오는 내담자(도움이 필요한 사람)도 있기 때문이다. 상담 유형은 내담자의 수, 내담자의 발달 단계, 그리고 상담을 하는 장면 등 내담자의 특성에 따라 달라질 수 있다.

　먼저 상담하고 있는 내담자의 수에 따라 상담 유형이 달라질 수 있다. 내담자가 1명인 경우를 우리는 보통 '개인상담'이라고 부른다. 개인상담에서는 상담자 1명이 내담자 1명을 보기 때문에 상담자와 내담자 사이에서 일어나는 일들을 중심으로 상담이 진행된다. 내담자가 2명인 대표적인 상담은 '부부상담'을 들 수 있다. 부부상담에서는 내담자가 2명이기 때문에 내담자가 1명인 경우와는 달리 어느 한쪽에 치우치지 않으면서 내담자의 문제를 해결해야 한다. 그리고 내담자가 3명에서 대략 5명 정도까지 상담에 참여하는 대표적인 경우는 '가족상담'일 것이다. 가족상담에서는 내담자가 1명이거나 2명인 경우와는 또 다른 접근 방식이 필요하게 된다. 가족상담에서는 역기능적이라고 하더라도 이들 사이에는 이미 나름의 체계가 존재하기 때문에 이러한 체계에 상담자가 어떻게 합류하여 상담을 진행할지가 과제가 된다. 마지막으로 6명 이상 내담자를 상담하는 대표적인 상담은 '집단상담'이 되는데 집단상담에서는 집단의 역동을 이용하여 상담을 진행한다는 점에서 개인상담이나 부부상담 그리고 가족상담과 다른 특징이 있다.

　다음으로 내담자의 발달 단계에 따라 상담 유형이 달라질 수 있다. 발달 단계를 개략적으로 보면 유아기, 아동기, 청소년기, 성인기, 노년기로 나누어 볼 수 있는데 상담하는 대상에 따라 아동을 대상으로 상담을 한다면 아동 상담이 되고, 청소년을 대상으로 상담을 하는 경우는 청소년 상담이 되며, 성인을 대상으로 한 상담은 성인 상담이 된다. 그리고 노인을 대상으로 상담을 하면 노인 상담이 될 것이다. 이처럼 발달 단계에 따라 대상을 구분하는 것은 발달 단계에 따라 내담자들의 인지, 정서, 그리고 사회적 특징이 달라지기 때문이다.

또한 내담자가 어떤 장면에서 상담하는가에 따라서도 상담은 달라진다. 가령 위클래스와 같이 학교에서 학생을 대상으로 상담한다면 학교 상담이 되고 기업에서 근로자를 대상으로 상담을 한다면 기업 상담이 된다. 그리고 군부대에서 군인을 대상으로 상담을 한다면 군상담, 교정시설에서 재소자를 대상으로 상담을 한다면 교정상담이 될 것이다. 이처럼 내담자가 상담하는 장면에 따라 상담이 달라지는 것은 내담자가 속한 조직 또는 기관의 특성으로 인해 내담자의 문제가 발생하기도 하고 또는 조직이나 기관의 특성을 상담에서 감안해야 하는 경우도 있기 때문이다.

이처럼 내담자의 특성에 따라 상담의 유형이 달라지는 것은 내담자의 특성에 따라 상담하는 방식이 달라져야 하기 때문이다. 이는 내담자가 어떤 상태인가 또는 어떤 상황에 있는가에 따라 상담하는 방식이 달라져야 한다는 것인데 이를 조금 과장해서 생각해 보면 모든 상담은 내담자 중심 상담이라고 할 수 있겠다.

2) 상담역량을 갖춘 사람

상담역량을 갖춘 사람을 심리학에서는 상담자라고 하고 정신의학에서는 치료자라고 한다. '상담자(相談者)'라는 용어도 내담자와 마찬가지로 일본에서 들어온 용어로 보인다. 일본국립국회도서관을 검색해 보면 1923년도에 발간한 『学校及び公共団体に於ける職業指導』에서 상담자라는 표현이 보이고, 한국 국회도서관을 검색해 보면 1967년도에 「相談과 相談者의 人格」이라는 기사가 보

인다. 영어로는 counselor 또는 therapist라고 하는데 보통 counselor를 상담자로, therapist를 치료자로 번역하여 사용하고 있다. 이 책에서는 상담자라는 용어를 기본적으로 사용하되, 맥락에 따라 치료자라는 용어도 혼용하여 사용하고자 한다.

상담의 정의에서 상담자 또는 치료자는 상담역량을 갖춘 사람이라고 하였다. 상담역량을 갖추었다는 것은 무엇을 의미하는가? 상담역량을 갖추었다는 것은 상담자에게 두 가지를 요구하는데 한 가지는 전문적 자질이고 또 한 가지는 인간적 자질이다.

(1) 전문적 자질

먼저 전문적 자질이란 상담에 대한 전문적인 지식을 갖추었다는 의미이다. 그러면 무엇을 기준으로 상담에 대한 전문적인 지식을 가지고 있다고 판단할 수 있는가? 이를 판단할 수 있는 객관적인 기준은 자격증이 될 수밖에 없다. 현재 상담이 인기를 얻으면서 상담 관련 자격증이 남발되고 있어 우려를 낳고 있다. 상담 관련 국가공인 자격증으로는 청소년상담사가 있고 상담 관련 자격증으로 가장 오래된 자격증은 한국상담심리학회의 상담심리사 자격증이 있다. 그리고 그다음으로 오래된 자격증이 한국상담학회의 전문상담사 자격증이다. 이 두 학회의 자격증은 민간자격증으로 분류되나 공신력이 있는 자격증으로서 전문성을 인정받고 있다. 그 외에도 여러 학회의 자격증이 있으나 모두 민간자격증으로 분류되기 때문에 어느 특정 학회의 자격증을 언급하기는 어렵고 여기서는 공신력이 있고 가장 오래된 한국상담심리학회의 상담심리사 자격증만을 언급하고자 한다.

상담심리사 2급 자격취득을 위해서는 필기시험에 합격해야 하고 일정 수준의 수련 내용을 충족해야 한다. 필기시험 과목은 5과목으로서 상담심리학, 발달심리학, 이상심리학, 학습심리학, 그리고 심리검사이다. 과목별 40점 이상, 그리고 평균 60점 이상이면 합격이고 자격시험 합격 유효기간은 5년이다. 그리고 이수해야 할 수련 내용은 〈표 1-1〉과 같다.

표 1-1 자격심사 청구를 위한 최소 수련 내용(상담심리사 2급)

영역		내용
접수면접		상담 및 심리검사 접수면접 20회 이상
개인상담	면접상담	5사례, 합 50회 이상(부부 · 가족 · 아동 상담 포함)
	슈퍼비전	10회(공개사례발표 2회 포함) 이상
집단상담	참여	참여 또는 보조리더 2개 집단 이상(집단별 최소 15시간 총 30시간 이상, 식사시간 미포함)
심리평가	검사 실시	10사례 이상(1사례당 2개 이상, 그중 개인용 검사 1개 포함)
	해석상담	10사례 이상
	슈퍼비전	5사례 이상(1사례당 2개 이상, 그중 개인용 검사 1개 포함)
공개사례발표		분회, 상담사례 토의모임에서 개인상담 2사례, 총 10회 이상
상담사례 연구활동		학회 학술 및 사례 심포지엄(월례회) 2회 이상을 포함하여 분회, 상담사례 토의모임에 총 10회 이상 참여

상담심리사 1급의 경우도 마찬가지로 필기시험에 합격해야 하고 일정수준의 자격요건을 충족해야 한다. 1급의 경우 필기시험 과목으로는 2급과 마찬가지로 5과목으로서 상담 및 심리치료이론, 집단상담 및 가족치료, 심리진단 및 평가, 성격심리 및 정신병리, 그리고 심리통계 및 연구방법론이다. 2급과 마찬가지로 과목별 40점 이상, 평균 60점 이상이면 합격이며 자격시험 합격 유효기간은 5년이다. 1급의 경우 충족해야 할 수련 내용은 〈표 1-2〉와 같다.

표 1-2　자격심사 청구를 위한 최소 수련 내용(상담심리사 1급)

영역		일반수련자
개인상담	면접상담	20사례 이상, 합 400회 이상
	슈퍼비전	50회(공개사례발표 4회 포함) 이상
집단상담	참여경험	2개 집단 이상(집단별 최소 15시간 이상 총 30시간 이상)
	리더 또는 보조리더	2개 집단 이상 진행(집단별 최소 10시간 이상 총 30시간 이상)
	슈퍼비전	2개 집단 이상
심리평가	검사 실시	20사례 이상(1사례당 2개 이상, 그중 개인용 검사 1개 포함)
	해석상담	20사례 이상
	슈퍼비전	10사례 이상(1사례당 2개 이상, 그중 개인용 검사 1개 포함)
공개사례발표		분회, 상담사례 토의모임에서 개인상담 4사례, 총 40회 이상(3주 이상 발표 간격을 두고 발표) 상담심리사 2급 자격으로 응시할 경우 개인상담 3사례, 총 30회 이상
상담사례 연구활동		학회 '학술 및 사례 심포지엄' 6회 이상을 포함하여 분회, 상담사례 토의모임에 총 30회 이상 참여
학술 및 연구활동		학회 또는 유관 학술지에 발표한 1편 이상의 연구 논문 제출

　이상에서 보는 바와 같이 상담심리사 자격증을 취득하기 위해서는 상담 관련 지식은 물론 상담 경험 및 지도감독(슈퍼비전) 등 다양한 조건을 충족해야 한다. 이처럼 상담 분야에 대한 전문지식 및 경험을 습득한 후에야 상담에 대한 기본적인 전문성을 갖추었다고 평가할 수 있는 것이다. 가끔 일정 과정만 수료하면 자격증을 취득할 수 있다거나 단기간 내에 자격증을 취득할 수 있다고 광고하는 경우가 있는데 앞의 충족 조건을 보면 이런 광고들이 얼마나 허황된 것인지 쉽게 알 수 있다.

(2) 인간적 자질

상담자에게 요구되는 한 가지 중요한 자질은 인간적 자질이다. 상담자의 인간적 자질이란 무엇을 말하는가? 프로이트(Sigmund Freud)의 정신분석에서는 중립성을 강조하였다. 프로이트가 중립성을 강조한 것은 상담자의 문제가 상담을 방해하지 않도록 하기 위한 것이었으나(임효덕, 2003) 이후 중립성은 상담자가 자신을 전혀 노출하지 않는 것으로 이해되었다. 하지만 페렌치(Sandor Ferenczi) 같은 분석가는 상담자가 따스함을 보여야 한다는 점을 강조하였고, 로저스(Carl Rogers)는 상담자의 태도로서 일치성과 진실성, 공감적 이해, 그리고 무조건적 긍정적 존중을 강조하였다. 더욱이 로저스가 이야기한 상담자 태도는 성공적인 상담을 잘 예측하는 요인으로 알려져 있다(Sadock, Sadock, & Ruiz, 2017). 이 외에 여러 상담자들이 다양한 인간적 자질을 들고 있는데 이들을 다른 말로 표현하면 인격의 성숙을 강조하고 있다고 할 수 있다. 융(Carl Gustav Jung)과 보스(Medard Boss)에 따르면 상담자가 자신의 인격적 성숙 이상으로 내담자의 인격적 성숙을 도울 수는 없다고 한다(우정민, 2024). 결국 상담자는 끊임없이 자신의 인격을 성숙시키기 위해 노력해야 하는데 이는 상담자라는 직업의 숙명이자 장점이라고 하겠다. 인격의 지향점은 동양사상에서 말하는 성인이라고 하겠는데(다음 글상자 참조), 이렇게 인격이 완성된 다음, 상담을 한다는 것은 사실상 불가능하다. 더욱이 상담에 처음 입문한 사람에게 이러한 인격을 요구하는 것은 훨씬 어려운 일이다. 따라서 끊임없이 인격의 성숙을 위해 노력하면서 상담을 해야 하는데 이렇게 인격의 성숙을 이루려는 성실하고 진지한 노력이 내담자에게 감화를 주고 또 관계가 좋아지게 하는 밑거름이 된다.

> 동아시아의 대표적인 사상은 유교, 불교, 도교라고 할 수 있는데, 동양사상에서 추구하는 목표를 보면 불교에서는 집착에서 벗어나 공(空)에 이름으로써 부처가 되는 것이고, 유교에서는 욕심에서 벗어나 무욕(無欲)에 이름으로써 성인이 되는 것이며, 도교에서는 유위에서 벗어나 무위(無爲)에 이름으로써 진인 또는 지인이 되는 것이다(이동식, 2008).

3) 해결하고자 하는 문제

상담의 구성요소 중 마지막은 내담자와 상담자가 만나는 목적인 해결하고 자 하는 문제이다. 문제 심각도에 따라 문제 유형을 나눌 수도 있고 또 문제를 해결하는 방식에 따라 상담 유형이 나뉘기도 한다.

(1) 문제 심각도에 따른 문제 유형

문제 심각도에 따라 문제 유형을 살펴보면 일반적인 상황에서 누구나 경험 할 수 있는 수준의 문제도 있고 일상생활에 극심한 장애는 아니지만 상당한 정 도의 불편함과 고통을 주는 수준의 문제도 있다. 그리고 현실 인식과 생활 적 응에 극심한 손상이 있는 수준의 문제도 있다.

● 일상적 수준의 문제

일상적 수준의 문제는 사람이 살아가면서 누구나 겪을 수 있는 정도의 문제 를 말한다. 이 수준의 문제는 일상생활을 방해할 정도는 아니고 또 주변 사람 들에게 쉽게 도움을 얻을 수 있기 때문에 상담에 오는 경우는 거의 없다. 하지 만 경우에 따라서는 대인관계를 더 잘 해 보고 싶다거나 자신의 능력을 개발하 고자 하는 욕구에서 상담을 하러 올 수도 있다. 이처럼 성장욕구에서 상담을 하러 오는 경우도 있기 때문에 이런 경우도 문제에 포함시키는 것이 타당하다.

● 일상생활에 상당한 정도의 불편함과 고통을 주는 수준의 문제

일상생활에 극심한 장애는 아니지만 상당한 정도의 불편함을 주는 문제를 신경증 수준의 문제라고 할 수 있다. 이 수준의 문제를 겪는 사람들은 그럭저 럭 일상생활을 하지만, 상당한 고통을 겪으면서 일상생활을 하게 된다. 가령 불안이 심한 사람은 불안 때문에 자신의 업무를 잘 처리하지 못할 수도 있고 다른 사람을 만나는 것을 힘들어할 수도 있다. 가장 대표적인 신경증 수준의 문제는 우울과 불안으로서, 이러한 문제가 있는 사람들은 일상생활을 영위해 가지만 주관적인 고통을 상당히 겪게 된다.

● 현실 인식과 생활 적응에 극심한 손상이 있는 수준의 문제

현실 인식과 생활 적응에 극심한 손상이 있는 수준의 문제를 정신병 수준의 문제라고 한다. 이 수준의 문제를 겪는 사람들은 현실 인식에 있어서 왜곡된 경우가 많고 행동에서도 기이한 행동을 되풀이하는 경우도 있다. 그리고 사고 흐름은 논리적 연결이 없고 비약이 심하며 기이한 생각을 하는 경우가 많다. 신경증 수준의 문제를 겪는 사람들은 주관적인 고통이 있어도 그럭저럭 일상생활을 영위해 가지만 정신병 수준의 문제를 겪는 사람들은 일상생활을 영위해 나가기가 어렵다.

신경증 수준의 문제와 정신병 수준의 문제를 구분하는 기준은 현실검증력 (reality-testing)이다. 현실검증력이란 현실을 평가하고 판단하는 능력을 말한다. 즉, 현실과 현실이 아닌 것을 구분하는 능력으로 신경증 수준의 문제가 있는 사람들은 고통은 있으나 현실검증력이 있는 반면, 정신병 수준의 문제가 있는 사람들은 고통의 여부와 상관 없이 현실검증력이 크게 손상되어 있다.

(2) 문제해결 방식에 따른 상담 유형

문제를 해결하는 방식에 따라 상담 유형을 나눌 수도 있다. 조언이나 정보를 제공해 주는 것만으로도 문제가 해결되는 경우도 있고, 조언이나 정보 제공이 아닌 일상생활에서 내담자가 겪는 문제를 구체적으로 다루어야 하는 문제도 있다. 그리고 내담자의 성격 수준의 변화까지 필요한 문제도 있다.

① 지도

조언이나 정보만 제공해 주어도 문제가 해결되는 것을 지도(guidance)라고 한다. 보통 학교에서 학생지도를 연결하여 guidance를 생활지도라고 번역하는 경우가 많다. 하지만 조언이나 정보 제공 등 교육적인 방식으로 문제가 해결되는 경우가 학교상황에만 적용되는 것이 아니기 때문에 생활지도보다는 이를 포괄하여 '지도'라고 번안하고자 한다. 예를 들면, 정보가 부족해서 진로를 결정하지 못하는 경우도 지도에 해당되고 성지식이 없어 죄책감에 시달리는 청소년에게 정보만 제공함으로써 죄책감이 사라지는 경우도 지도에 해당하겠다. 이처럼 지도의 경우에는 조언이나 정보를 제공해야 하기 때문에 내담자가 호소하는 문제에 대한 지식이 있어야 하는 경우가 많다.

② 상담

지도가 조언이나 정보 제공 등을 통해 문제가 해결되는 것이라면 이와는 달리 단순히 조언이나 정보를 제공하는 것만으로는 문제가 해결되지 않는 경우가 있다. 이런 경우는 조언이나 정보를 제공하는 것을 넘어 내담자가 일상생활에서 겪는 문제를 구체적으로 다루어야 한다. 이렇게 개입하는 것을 상담(counseling)이라고 한다. 이러한 문제에는 가족 문제도 있을 수도 있고 대인관계에서 겪는 어려움도 있을 수 있다. 이러한 문제를 해결하기 위해서는 단 회로 끝나는 경우는 거의 없고 여러 회의 상담을 해야 해결되는 경우가 대부분이다. 따라서 상담을 하기 위해서 상담자는 내담자가 호소하는 문제에 대한 지식이 있는 것만으로는 안 되고 상담이론과 과정에 대한 지식이 있어야 한다.

③ 심리치료

내담자의 문제에 개입하는 것 이상으로 내담자의 성격 수준의 변화까지 다루는 것을 심리치료(psychotherapy)라고 한다(다음 글상자 참조). 이론적으로 상담은 일상에서 겪을 수 있는 문제를 다루고 심리치료는 정신장애와 같은 심리문제를 다룬다고 이야기한다. 따라서 심리치료에서는 DSM-5에서 제시하고 있는 정신장애를 주로 다루는 것으로 알려져 있다.

④ 지도, 상담, 심리치료의 관계

지도와 상담, 그리고 심리치료는 각각 핵심적인 특징이 있고 이론적으로 구분하기는 하지만 완전히 구분되기는 힘들고 다음과 같이 서로 겹치는 부분이 있다([그림 1-1] 참조).

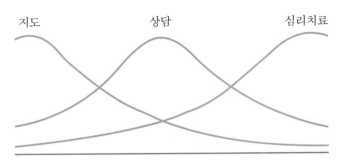

[그림 1-1] 지도, 상담, 심리치료

출처: 이장호, 이동귀(1982)에서 참조함.

이처럼 세 가지가 겹치는 부분이 있지만 특히 상담과 심리치료는 더욱 겹치는 부분이 많다. 외국 서적 제목을 보면 'Theory and practice of counseling and psychotherpay'라고 표기한 책이 많은데 이는 상담과 심리치료를 구분하는 것은 실익이 없을 정도로 겹치는 부분이 많은 것을 의미한다. 따라서 상담과 심리치료를 혼용해서 사용하는 경우가 흔하다.

psychotherapy를 심리학에서는 심리치료라고 번역하고 정신의학에서는 정신치료라고 번역한다. 일부에서는 심리치료와 정신치료가 별개라고 생각하는 경우도 있는데 이는 잘못된 것이고 심리치료와 정신치료는 같은 것이다. 따라서 심리치료라고 하든 정신치료라고 하든 같은 것을 가리킨다고 이해하면 된다.

(3) 상담자와 내담자가 문제를 해결해 가는 과정

상담 정의에서 상담을 상담자와 내담자가 문제를 해결해 가는 과정이라고 하였다. 이 말이 뜻하는 것은 상담에서 상담자와 내담자가 만나는 목적이 문제를 해결하기 위해서라는 것이다. 이처럼 상담자와 내담자가 만나는 이유가 문제해결이라는 사실은 다음과 같은 사실을 시사한다.

첫째, 상담자와 내담자가 문제를 해결하기 위해서 만난다는 사실은 상담자와 내담자가 상담에서 해야 할 일이 무엇인가를 명확하게 해 준다. 상담자 편에서 보면 상담자는 상담하는 동안 문제를 해결하기 위해 노력해야 한다는 것인데 이를 달리 표현하면 상담에서 상담자가 하는 행동이나 말은 모두 문제해결을 위해서 해야지 다른 목적을 위해서 할 필요도 없고 해서도 안 된다는 것이다. 즉, 상담자의 행동이나 말은 모두 '합목적성'이 있어야 한다고 할 수 있다. 따라서 상담자는 자신이 한 말이나 행동이 내담자의 문제를 해결하는 데 어떤 도움이 되고 있는지 늘 자각해야 한다. 상담자가 하는 행동이나 말이 합목적이지 않을 때는 상담자의 역전이 문제가 개입되는 경우가 많다. 이와 마찬가지로 내담자도 상담에서 문제를 해결하기 위해 내담자로서 역할을 해야 하는데 내담자가 자신의 역할을 하지 않으려 하거나 못하게 되는 것은 내담자의 저항이 관련된 경우가 많다.

둘째, 상담자와 내담자가 문제해결을 위해서 만난다는 것은 상담을 언제까지 할 것인가 하는 상담의 종결 시점을 시사한다. 그리고 상담자와 내담자가 문제해결을 위해서 만난다는 것은, 문제가 해결되면 상담이 종결해야 한다는 것을 의미한다. 당연한 것 같지만 그렇지 않은 경우가 있다. 어떤 경우에는 종결을 해야 하는데도 상담을 끄는 경우도 있고 이와는 반대로 상담을 계속 해야 하는데도 종결하는 경우도 있다.

4) 상담의 구성요소와 상담관계

앞의 상담 정의에 따르면 상담의 구성요소는 문제를 해결하고자 하는 내담자, 상담역량을 갖추고 있는 상담자, 그리고 상담자와 내담자가 만나는 이유인 해결해야 할 문제라고 하였다. 이를 그림으로 나타내면 [그림 1-2]와 같다.

[그림 1-2] 상담의 구성요소

보통 상담관계를 상담의 구성요소에 포함시키는 경우가 많다. 그런데 이 책에서는 상담의 정의에 상담관계가 들어 있지 않다. 그럼 상담관계는 상담의 구성요소와 어떤 관계가 있는가? 내담자들은 자신의 문제를 해결하려고 왔지만, 자신의 문제를 선뜻 드러낸다는 것은 쉬운 일이 아니다. 내담자가 누구에게도 이야기하지 못한 것을 이야기하려면 무엇보다 상담자를 믿을 수 있어야 한다. 상담자를 믿을 수 없다면 내담자는 자기 문제를 이야기하기 어렵다. 따라서 상담자는 내담자가 자신의 이야기를 할 수 있도록 하는 분위기를 만드는 것이 중요하다. 이렇게 보면 상담관계는 상담의 구성요소라기보다는 상담이 진행될

상담관계는 상담자와 내담자의 친밀한 관계를 표현하여 보통 rapport라고 하기도 하고 촉진적 관계라고 하기도 한다. 불문학 전공 교수에 따르면 불어에서 친밀한 관계는 rapport와 relation이 있는데 둘 사이에는 뉘앙스에서 차이가 있다고 한다. rapport는 성관계를 하지 않는 친밀한 관계를 말하고 relation은 성관계를 하는 친밀함을 말한다고 한다. 따라서 rapport를 형성한다는 것은 성관계를 하지 않지만 아주 친밀한 관계를 맺는 것을 의미한다.

수 있도록 하는 토대가 된다고 할 수 있다.

상담관계는 치료자와 내담자가 만나는 순간부터 형성된다(이동식, 2008). 이 때문에 상담관계에서는 상담자의 인간적 자질, 즉 상담자의 인격이 중요하게 작용한다. 이처럼 인격 성숙이 관계 형성에 중요하기는 하지만 인격 성숙에는 상당한 시간이 필요하기 때문에 인격이 성숙할 때까지는 관계 형성을 위해 상담자가 무엇을 해야 할지 생각해 볼 필요가 있다. 이와 관련하여 실존주의 치료자인 크레이그(Craig, 2015)가 제안하는 세 가지를 언급하고자 한다.

- 상담자는 상담하는 동안 현학적인 말이 아닌 일상에서 사용하는 말로 하되, 구체적이고 솔직하게 그리고 내담자를 존중하고 공감하는 태도로 대화해야 한다.
- 상담자가 상담에서 하게 되는 전문가 역할은 전문가라는 허울을 쓰고 하는 것이 아니라 진정한 자기 모습으로 해야 한다.
- 상담자는 내담자와 같은 인간 존재로서 내담자를 위해 함께한다는 느낌을 전달해야 한다.

2. 문제를 해결하기 위한 방법

상담자와 내담자가 상담관계를 형성하는 것은 문제를 해결하기 위한 토대가 된다고 하였다. 상담관계가 문제를 해결하기 위한 토대가 되지만 상담관계와 함께 또 한 가지 중요한 것은 상담 초기에 내담자가 해결하고자 하는 문제를 파악하는 것이다. 상담관계가 상담자의 인간적 자질과 관련된다면 문제를 파악하는 것은 상담자의 전문적 자질에 해당한다. 그런데 이 두 가지는 서로 밀접한 관계가 있다. 즉, 문제를 파악하려면 정보 수집을 해야 하는데 정보 수집을 잘하려면 상담관계가 잘 형성되어 있어야 하고, 정보 수집을 많이 하면 그만큼 내담자를 잘 이해할 수 있기 때문에 상담관계는 더 촉진된다(임효덕, 2004). 문제를 파악하기 위한 정보 수집 문제는 다른 저서[1]에서 다루고 여기서는 문제를 파악하기 위한 정보 수집과 상담관계는 서로 밀접한 관계가 있다는 사실만 강조하고자 한다.

문제를 해결하기 위해서는 문제를 어떻게 이해할 것이며 문제를 어떻게 해결해야 할 것인지 틀이 있어야 한다. 이렇게 문제를 이해하고 해결하기 위해 필요한 틀이 상담이론이다. 코르시니(Corsini)에 따르면 2008년도만 하더라도 미국의 경우 상담이론이 400개가 넘는다고 하였다(Corsini & Wedding, 2004). 이처럼 상담이론이 많다는 것은 한편으로는 모든 문제를 해결할 수 있는 유일한 이론이 있을 수 없다는 것을 의미하기도 하고, 또 한편으로는 상담자의 경험이나 배경에 따라 상담자에게 맞는 이론이 다양할 수 있다는 것을 의미하기도 한다.

이처럼 이론은 다양하기 때문에 어떤 이론을 선택할 것인가는 상담자의 배경이나 성향에 따라 다를 것이다. 그리고 내담자에 따라서도 내담자에게 맞는 이론이 다를 수 있다. 여기서는 상담이론을 크게 '정신역동적 상담이론' '정서중심 상담이론' 그리고 '인지 · 행동 중심 상담이론'으로 나누고 유형별로 대표적인 이론을 소개하고자 한다. 정신역동적 상담이론에는 정신분석, 대상관계이론, 그리고 단기 역동 심리치료를 소개하고, 정서중심 상담이론에는 인간중심, 게슈탈트, 실존치료, 그리고 정서중심 상담을 소개한다. 그리고 인지 · 행동 중심 상담이론에는 제1흐름인 행동치료, 제2흐름인 합리적 정서행동치료와 인지치료, 제3흐름인 수용기반 치료(변증법적 행동치료, 수용-전념치료, 마음챙김 기반 인지치료, 정서도식치료)를 소개한다. 이렇게 이론이 다양한 것은 산 정상에 오르는 길이 다양하다는 것과 비견된다. 어떤 길이든 정상에 이르게 되는데 정상에 이르기까지 경치가 다를 뿐이다. 이처럼 더 나은 이론은 없다.

---

1) 최명식 등(2020)의 『사례로 배우는 심리상담의 실제』 참조.

상담자와 내담자에게 적합한 이론만 있을 뿐이다. 초보상담자로서는 우선 자신에게 맞는 이론을 먼저 습득한 이후 다른 이론으로 확장해 가는 것이 바람직하겠다.

　다음으로는 상담을 하는 구체적인 방법이 있다. 이는 상담할 때 상담의 수단을 무엇으로 해서 상담할 것인가인데 상담의 매개체는 다양하다. 가장 대표적인 것이 대화를 매개로 해서 상담을 하는 것이다. 대화에는 언어적인 대화와 비언어적인 대화가 모두 포함되며 대화로 상담이 가능한 대상자에게 적용될 수 있다. 대화를 매개체로 상담하는 대표적인 경우가 성인을 대상으로 한 상담일 것이다. 대화 이외에 상담의 매개체가 될 수 있는 것으로는 놀이, 그림, 음악, 사진, 영화 등 다양한 것이 있다. 다양한 매개체 중에서 어떤 매개체를 사용할 것인가는 내담자가 어떤 매개체를 사용했을 때 자신을 잘 표현할 수 있는지가 기준이 될 것이다. 아동에게 놀이를 이용하여 상담하는 것은 놀이가 아동이 자신을 잘 표현하는 수단이기 때문이다. 따라서 내담자가 그림을 통해 자신을 잘 드러낸다면 그림을 수단으로 하는 것이 타당할 것이고 책을 좋아해서 책을 매개로 상담하는 것을 편하게 느낀다면 책을 매개로 해서 상담을 진행하는 것이 타당할 것이다.

　지금까지 상담의 정의와 구성요소에 대해 살펴보았다. 상담에 대한 이해를 돕기 위해 다음 예를 들어 보고자 한다.

　김 과장은 오늘 일과 대인관계로 스트레스가 많아 힘든 날을 보냈다. 퇴근길에 술 한잔을 하고 싶어 칵테일 바에 들렀다. 오늘은 평일이라 그런지 사람이 그다지 많지 않다. 칵테일을 주면서 바텐더가 말을 건넨다. 이런저런 얘기를 하던 가운데 오늘 있었던 일들을 얘기하게 되었다. 김 과장은 속내를 다 얘기할 수 있었고 얘기를 하고 나니 속이 시원해지면서 스트레스가 확 풀리는 느낌이 들었다.

이 예를 가지고 바텐더가 한 행위를 상담이라고 할 수 있겠는지 검토해 보도록 한다.

① 내담자 관점

상담 정의에서 내담자는 '어떤 문제로 도움을 받기 원하거나 도움이 필요한 사람'이라고 하였다. 이 경우 김 과장은 어떤 문제가 있는 것이 사실이나 김 과장의 스트레스가 해소된 것은 애초에 바텐더와 이 문제를 해결하겠다고 생각한 것이 아니라 이야기를 하다 보니 우연히 해소된 것이다. 따라서 내담자 관점에서 보면 바텐더의 행위는 상담이라고 하기는 어렵다.

② 상담자 관점

상담 정의에서 상담자는 '상담역량을 갖춘 사람'이다. 상담자의 자질에는 전문적 자질과 인간적 자질이 있다고 하였다. 상담자의 전문적 자질을 보장하는 가장 기초가 자격증이다. 바텐더는 상담자격증이 없고 또한 상담 관련 교육 등을 통해 전문성을 키운 것이 아니므로 바텐더의 행위를 상담이라고 할 수 없다. 그리고 상담자들은 내담자의 문제를 해결하기 위해서 자신의 인격을 향상시키기 위해 노력한다. 이런 점이 인간적 자질에 해당된다고 볼 수 있는데 바텐더가 손님의 심리적 문제를 해결하기 위해 인격을 성숙시키려고 노력한다고 보기는 어렵기 때문에 바텐더의 행위를 상담이라고 보기 어렵다.

③ 해결하고자 하는 문제

상담 정의에서 상담자와 내담자는 문제를 해결하기 위해서 만난다고 하였다. 이 예에서 김과장과 바텐더가 만난 것은 김 과장의 문제를 해결하기 위해서 만난 것이 아니다. 따라서 바텐더의 행위는 상담이라고 하기 어렵다.

3. 상담 분야에서 사용되는 용어와 어법에 대하여

상담 분야에서 사용되고 있는 용어와 어법에 대해 언급하고 이 장을 마무리 하고자 한다. 공자는 정명(正名)을 강조하면서 현대 관점에서 보면 개념을 정 확히 쓰는 것을 강조하였고, 하이데거(Martin Heidegger)도 언어는 존재의 집이 라고 하여 언어사용의 중요성을 강조하였다.

1) 회기

상담 분야에서는 session을 '회기'로 번역하여 사용하고 있다. 회기를 한자 로 찾아보면 가능한 조합은 回忌, 回期, 會期가 있다. 각 단어의 의미는 다음과 같다.

- 回忌: 사람이 죽은 뒤 해마다 돌아오는 그 달. 그날의 기일
- 回期: 돌아올 시기
- 會期: ① 개회로부터 폐회까지의 기간, ② 회합하는 시기

이렇게 보면 마지막 단어가 가장 유력한데 국립국어원에 따르면 會期에는 반복하는 횟수의 의미가 없어서 상담에서 말하는 session을 표현하지 못한다. 따라서 상담 분야에서 사용하고 있는 '회기'라는 용어는 정체불명의 용어라고 할 수 있다. 국립국어원에 따르면 총 횟수를 나타내려면 '회'만 써야 하고 그 횟 수에 해당하는 '시기'의 뜻을 나타내려면 '회 차'를 쓰는 것이 올바르다고 한다 (다음 글상자 참조). 가령 내담자와 총 10회 상담을 했는데 첫 번째 상담시간에 내담자와 어머니를 함께 상담했다면 올바른 표현은 다음과 같다.

나는 총 10회 상담을 하였다. 1회 차 상담에서는 내담자와 어머니를 함께 상담하였고 2회 차 상담부터는 내담자만 상담하였다.

2012년도와 2014년도에 다음과 같이 국립국어원의 온라인가나다에 질문을 올리고 답변을 받았으나 현재 온라인가나다에서는 최근 2년치만 답변을 볼 수가 있어 해당 글은 볼 수가 없다. 여기에 게시판 내용과 국립국어원에서 받은 답변을 소개한다.

63734	1회기, 1회, 1회차	박유진	2014. 5. 10.	170
	[답변]몇 회/몇 회 차	온라인 가나다	2014. 5. 12.	170
38661	회/회기	허재홍	2012. 3. 18.	61
	[답변]회기	온라인 가나다	2012. 3. 19.	61

[그림 1-3] 국립국어원 온라인가나다 게시판 질문 장면

38661번에 대한 답변은 다음과 같다.

안녕하십니까? 문의하신 상황에서 '회기'를 쓰는 것은 적절하지 않아 보입니다. 말씀하신 것과 같이 '회기(會期)'는 '개회로부터 폐회까지의 기간, 회합하는 시기, 국회가 개회한 때부터 폐회할 때까지의 기간, 정기회는 100일 임시회는 30일이다'의 의미입니다. 따라서 '회기'에는 반복되는 횟수를 나타내는 의미를 갖고 있지 않으므로 문의하신 쓰임은 적절하지 않습니다.

63734번에 대한 답변은 다음과 같다.

안녕하십니까? '횟수'의 뜻만 나타내고자 한다면 '1회 상담, 2회 상담'과 같이 '회'만 쓰는 것이 적절하겠고 그 '횟수'에 해당하는 '시기'의 뜻을 나타내고자 한다면 '회' 뒤에 '차'를 써 '1회 차' '2회 차'와 같이 표현할 수 있겠습니다.

'회기'가 잘못되었다는 것은 저자가 처음 제기한 것이 아니고 이동식 선생이 '회기'가 잘못되었다고 지적하여 실제로 그런지 확인하는 과정에서 국립국어원에 문의하게 되었다. 38661번은 저자가 질문한 것이고 63734번은 당시 석사과정에 재학 중이던 학생이 질문한 것이다.

2012년도에 마침 학회 집행부에 참여하게 되어 이 문제를 제기하여 집행부 회의에서 '회기'를 거의 바로잡을 뻔했다. 그런데 한 부서에서 '회'를 쓰게 되면 총 횟수와 각 상담시간을 표현하는 게 중복되어 혼란을 줄 수 있다는 점과 회기를 바꾸면 경제적인 비용이 든다는 이유를 들어 반대하였다. 이때는 회 차의 쓰임에 대해 저자가 잘 몰랐기 때문에 이를 반대할 이유를 찾지 못해 수정하지 못했다. 이때 회 차의 쓰임을 알았더라면 잘못된 용어를 수정할 수 있었을 텐데 아쉬운 마음이 크다. 이후로 교육이나 슈퍼비전할 때마다 '회기'가 잘못되었음을 알리고 있다.

그럼 왜 이러한 현상이 발생하게 된 것인가? 문헌으로 알 수는 없으나 증언에 따르면 오래전에는 회기라는 말을 쓰지 않았다고 한다. 그런데 어느 순간부터 사용되기 시작되었다고 하는데 이에 대해서는 자료가 없어서 확인은 어렵다. 사용하게 된 이유와 시기는 알 수 없으나 중요한 것은 잘못되었다는 것을 확인하지 않았다는 사실이다.

상담 분야가 정신건강을 다루는 것이고, 정신건강이 현실을 왜곡하지 않고 있는 그대로 보는 것이라면 이는 시사하는 바가 크다. 즉, '회기'라는 용어가 잘못되었음에도 널리 쓰인다는 것은, 이 분야에 종사하는 우리가 제대로 확인하지 않는다는 것을 보여 준다. 이처럼 확인하지 않고 막연하게 남들을 따라서 용어를 사용하는 것이 습관이 되면, 상담에서도 내담자의 말을 확인하지 않고 상담자가 막연하게 생각하는 대로 상담을 진행하게 될 수 있다. 따라서 정신건강 문제를 다루는 상담 분야에서는 용어를 사용할 때도 제대로 된 용어인지 확인하고 사용하는 것이 중요하겠다.

2) 계약

상담 교재를 보다 보면 상담에서 상담자와 내담자가 계약을 맺는다는 표현을 가끔 보게 된다. 그리고 계약의 중요성을 강조하는 내용도 보게 된다. 여기서 언급하고 싶은 것은 계약이 잘못되었다는 것이 아니고 문화 차에 대해 생각해 볼 필요가 있다는 것이다.

서양 문명의 근원은 그리스 문명으로 본다. 그리스는 상업과 무역이 발달했는데, 이처럼 상업이 발달하게 되면 나타나게 되는 특징이 수를 중요시하는 언어 생활, 개인과 자유 중시, 합리적 사고방식, 그리고 계약이 발달하게 된다고 한다. 상업을 할 때 가장 중요한 것이 서로 속이지 않는 것인데 이를 보장할 수 있는 것이 계약인 것이다. 상업을 중심으로 했던 그리스 시대부터 서양에서는 계약이 자연스러운 것이나 농업을 바탕으로 한 사회에서 계약은 사실상 어색한 개념이다. 개인이 중요한 상업 사회와는 달리, 농업 사회에서는 서로 협동하는 것이 중요하고 품앗이에서 보는 것처럼 서로 도와줄 것이라는 믿음이 전제되어 있다고 할 수 있다. 이런 사회에서는 계약이 아니라 약속이 중요하다.

따라서 한국 사회에서 상담할 때는 계약이 아니라 약속이 중요하지 않을까 한다. 그래서 상담할 때 계약이 아닌 약속을 하는 것이 한국 사회의 정서에 더 맞을 것 같다. 약속한다는 것은 서로 믿음을 전제로 하는 것이기 때문에 믿지 못하는 것을 전제로 하는 계약보다는 상담분위기에 더 어울리지 않을까 싶다.

3) '~인 거 같아요'와 '~ㄹ까요?'

이제는 너무 많이 쓰는 말이 되어 버린 것이 '~인 거 같아요'이다. 이는 무엇인가를 추론할 때 쓰는 말인데 어느 순간부터 자신의 감정을 표현할 때도 이런 표현을 쓰게 되었다. 즉, 자신의 감정을 느끼는 것이 아니라 추론한다는 것이다. 자신의 감정을 이렇게 표현하는 이유는 두 가지일 것이다. 하나는 자기 감정을 잘 모르기 때문일 수 있고 또 하나는 자기 감정을 드러내는 것을 꺼리기 때문일 수 있다. 전자가 자신의 감정을 잘 모른다는 면에서, 후자가 자신의 감정을 숨기고자 한다는 점에서 모두 정신불건강이라고 볼 수 있다.

따라서 정신건강 문제를 다루는 상담자가 이런 표현을 쓴다는 것은 상당히 심각한 문제이다. 상담자가 자신의 감정을 명확히 인식하지 못하면 효과적인 상담을 할 수 없다. 그러므로 상담자는 일상생활에서 자신의 감정을 명확하게 자각하는 습관을 들여야 할 것이다. 이렇게 평소 자신의 감정을 명확하게 자각하는 습관이 들어야 상담에서도 내담자가 내놓는 내용에 대해 자신이 어떤 느낌을 느끼고 있는지 솔직하게 느끼고 표현할 수 있는 것이다. 이것이 앞에서 크레이그(2015)가 언급한 상담자의 진정성이다. 이렇게 자신의 감정에 솔직함으로써 상담자는 진정한 자기로서 상담자라는 전문가 역할을 할 수 있게 되는 것이다.

이와는 달리 최근 들어 많이 들리는 말이 '～ㄹ까요?'라는 말이다. 상담에서도 '지금 상담을 신청하게 된 계기가 있으신가요?'라고 물었던 것을 '지금 상담을 신청하게 된 계기가 있으실까요?'라고 하는 경우가 많고 또 '더 하고 싶은 말이 있으신가요?'라고 물었던 것을 '더 하고 싶은 말이 있으실까요?'라고 묻는 경우가 많다. 이런 말투를 처음 들은 게 2018년도 모 상담 기관에서였는데 이때 강의할 때 필요한 게 있는지 물으면서 '필요한 게 있으실까요?'라고 물어 말투가 참 신기하다 생각했는데 어느 사이 많이 퍼져 있었다. 이런 식으로 말하는 이유를 어떤 사람은 상대방을 배려하기 때문이라고 한다. 그런데 저자의 느낌으로는 상대방에 대한 배려라기보다는 말하는 사람이 조심스러워한다는 느낌이 강하다. 더 확인해 봐야 하겠으나 이런 표현은 다소 거리를 두는 표현으로 보인다. 상담에서 이런 말투를 쓰면 상담자가 거리를 두는 듯한 느낌이 들지 않을까 생각된다.

상담자 윤리

어느 전문 영역이나 그 영역에서 지켜야 할 윤리가 있다. 상담 분야에서도 상담자가 지켜야 할 윤리가 있는데 이를 상담자 윤리라고 한다. 어떤 행동이 윤리적인지 판단하는 데는 세 가지 수준이 있다. 첫 번째 수준에는 지켜야 할 내용을 명문화한 윤리 강령이 있고, 두 번째 수준에는 명문화되어 있지는 않으나 상담자 윤리를 규정하는 윤리 원리가 있다. 그리고 세 번째 수준에는 인간 행동의 윤리 자체를 다루는 윤리학이 있다. 윤리학을 다루는 것은 이 책의 범위를 넘어가므로 첫 번째 수준과 두 번째 수준을 다루고자 한다.

1. 윤리 강령

앞에서 상담의 구성요소를 상담자, 내담자, 그리고 문제라고 하였고 상담이 진행되기 위해 필요한 것이 상담관계라고 하였다. 상담자 윤리는 언뜻 보면 상담자의 행동을 규제하는 것처럼 보이나 실제로는 상담을 제대로 진행하는 데 필요한 것으로, 각 규정은 상담자의 구성요소와 관련이 깊다.

1) 상담자와 관련된 윤리 강령

상담자와 관련된 윤리 강령은 대부분 상담자의 역량과 책임에 대해서 규정하고 있다. 이는 상담과 심리검사가 모두 해당하는데, 요약해 보면 상담자는 자신이 할 수 있는 범위 내에서 상담을 해야 하고 역량을 넘어설 때는 지도감독 또는 자문을 받아야 함을 강조하고 있다. 또한 상담역량을 유지하기 위해 지속적인 교육이나 훈련을 받을 것을 권고하고 있다.

이러한 규정에서 강조하고 있는 것은 상담자가 자기 역량의 한계를 인식함으로써 내담자에게 해가 되지 않도록 해야 한다는 것이며 자신의 역량을 높이기 위해 끊임없이 노력해야 한다는 것이다. 그러면 어떻게 상담자의 역량을 향상시켜 나갈 것인가? 상담자가 자신의 역량을 향상시킬 수 있는 방법은 여러 가지가 있을 수 있으나 여기서 권장하고 싶은 것은 다음 세 가지이다. 첫 번째는 상담자가 직접 상담을 많이 해 보아야 한다는 것이고, 두 번째는 자신이 한 상담에 대해 지도감독을 받아야 한다는 것이다. 마지막으로 교육분석을 받아야 한다는 것인데 첫 번째나 두 번째에 대해서는 인식을 잘하고 있으나, 세 번째 항목은 인식을 잘 못하고 있는 경우가 많다. 앞에서 융과 보스가 말한 것처럼 상담자는 자기 문제를 해결한 것만큼 내담자 문제를 해결할 수 있다. 상담자 문제가 많다면 그만큼 상담에서 내담자 문제를 해결하는 데 방해가 된다. 교육분석은 상담자가 자신의 문제를 알고 해결하는 과정으로서 내담자 문제를 효율적으로 해결하기 위해서는 꼭 필요하다고 하겠다. 특히 정신역동 상담이나 인간중심상담처럼 내담자의 감정을 핵심적으로 다루고자 한다면 교육분석은 매우 중요하게 된다.

2) 내담자와 관련된 윤리 강령

다음으로 내담자와 관련된 규정을 보면 대부분 내담자에게 해를 끼쳐서는 안 된다는 것과 내담자의 복리를 증진시키는 데 노력해야 한다는 점을 강조하고 있다. 이와 함께 사전 동의라는 형태로 내담자의 권리를 규정하고 있는데 이는 내담자가 상담의 수요자라는 사실을 감안하면 쉽게 이해가 된다. 사전 동의의 내용을 보면 내담자에게 상담에 대해 이해할 수 있도록 충분히 설명해야 하며 상담자의 자격과 경력, 비용 지불방식, 비밀보장과 비밀보장의 한계 등이 있다. 사전 동의에서 특히 중요한 것은 상담을 녹음할 때 녹음한다는 사실을 내담자에게 알려야 하고, 사례지도를 받거나 교육에 활용될 경우 이를 반드시 내담자에게 알려야 한다는 것이다. 그리고 미성년자를 상담할 때는 반드시 보호자 또는 법정 대리인에게 알리고 사전 동의를 구해야 한다.

아직까지는 문제가 되고 있지 않으나 상담이 더 대중화되고 법제화가 되면 상담을 시작할 때 설명했던 상담 방식과 상담 과정에서 한 상담 방식이 다르다는 이유로 문제가 제기될 수도 있다. 따라서 상담자는 상담을 시작하기 전에 상담의 성격을 충분히 설명해야 하고 앞에서 상담자 역량과 책임에서 언급한 바와 같이 상담자의 역량을 넘어선 과장된 내용을 언급해서는 안 된다.

3) 문제와 관련된 윤리 강령

세 번째 구성요소인 문제와 관련된 내용으로는 비밀보장과 비밀보장의 한계가 있다. 비밀보장이 되지 않는다면 누구도 자신의 문제를 이야기하지 않을 것이다. 이러한 비밀보장에는 내담자가 상담한 내용 외에도 내담자 관련 정보가 다른 사람에게 노출되지 않는 것도 포함된다. 따라서 상담자 책상 위에 다른 내담자의 상담 파일이나 심리검사 결과 파일이 널려 있다든지 하는 것도 비밀보장에 위배되는 상담자 행동이라고 하겠다.

상담 내용을 녹음할 때도 반드시 내담자의 동의를 얻어야 하며 사례발표나 지도감독과 같이 상담 내용이 다른 전문가에게 공개될 때도 반드시 내담자의 동의를 얻어야 한다. 특히 사례를 공개적으로 발표할 때는 내담자의 사생활과 비밀이 보호되도록 유의해야 한다. 이와 마찬가지로 교육이나 연구 또는 출판을 목적으로 상담 자료를 사용할 때는 내담자의 동의를 구해야 하고 내담자의 익명성이 보장되도록 자료 변형 및 신상정보 삭제와 같은 적절한 조치를 취하여 내담자에게 피해가 가지 않도록 해야 한다.

상담에 비밀보장이 매우 중요하기는 하지만 예외가 되는 사항이 있다. 이러한 예외 사항에는 내담자의 생명이나 사회의 안전에 위협이 되는 경우, 내담자가 전염성이 있는 치명적인 질병이 있는 경우, 그리고 법원이 상담 관련 정보를 요구할 경우가 있다. 사항별로 살펴보면 다음과 같다.

- 내담자의 생명이나 사회의 안전에 위협이 되는 경우, 가령 내담자가 해를 입힐 의도나 계획이 있는 경우에는 내담자의 동의 없이도 내담자의 정보를 관련 전문가나 사회에 알릴 수 있다.
- 내담자에게 전염성이 있는 위험한 질병이 있는 경우에는 그 질병에 노출되어 있는 제3자에게 정보를 공개할 수 있다.
- 법원이 내담자와 관련된 상담 정보를 요구하는 경우에는 내담자의 허락을 얻도록 하고 내담자의 권익을 침해하지 않도록 한다.
- 아동학대, 청소년 성범죄, 성매매, 학교폭력, 노동관계 법령 위반 등 관련 법령에 의해 신고의무자로 규정된 경우에는 해당 기관에 관련 사실을 신고해야 한다.

이처럼 비밀보장의 한계에 해당되어 내담자의 정보를 공개해야 하는 경우 내담자에게 공개 사실을 알려야 하며 정보공개가 불가피한 경우라도 최소한의 정보만을 공개하도록 해야 한다.

4) 상담관계

마지막으로 상담의 구성요소는 아니지만 상담이 진행되는 데 있어 중요한 상담관계와 관련된 규정이 있다. 상담관계와 관련된 규정으로는 다중관계와 성적 관계가 있다.

먼저 다중관계를 보면 상담자와 내담자가 상담관계 이외의 관계가 있다면 상담을 다른 전문가에게 의뢰하거나 적절한 조치를 취해야 한다는 것이다. 이렇게 다중관계를 규정해 놓은 것은 상담자와 내담자가 상담관계 이외에 다른 관계가 있다면 이런 관계로 인해 상담의 목적인 문제해결에 방해가 되기 때문이다. 그런데 여기서 문제는 다른 대안이 없는 경우에도 다중관계가 되면 회피해야 하는가이다. 미국심리학회에 따르면, 상담자의 판단에 지장을 주지 않고 내담자를 해치지 않는 경우라면 불가피하게 다중관계가 성립되는 경우에는 일정 범위를 허용하고 있다. 앞에서 말한 바와 같이 상담의 목적은 문제를 해결하기 위해서이기 때문에 모든 윤리의 기준은 문제해결에 도움이 되는가일 것이다.

상담자와 내담자의 관계는 어떤 관계보다도 밀접한 관계이다. 이처럼 관계가 밀접하다 보니 상담자와 내담자 간에 성적 관계의 위험성은 늘 있게 된다. 성적 관계를 허용하지 않는 것도 앞에서 말한 바와 같이 성적 관계가 문제해결에 도움이 되지 않기 때문이다. 한국상담심리학회 윤리 강령에 따르면 상담관계가 종결된 후 적어도 3년 동안은 내담자와 성적 관계를 맺지 않아야 한다고 규정하고 있고 이전에 연애 관계나 성적 관계가 있었던 사람을 내담자로 받아들이지 말아야 한다고 규정하고 있다.

5) 기타 사항

기타 사항으로는 상담자 역량을 향상시키기 위한 지도감독과 관련한 윤리 강령이 있다. 지도감독과 관련된 윤리 강령을 보면 내담자의 복지, 수련감독자의 역량과 책임, 그리고 수련감독자와 수련생의 관계를 규정하고 있다.

내담자의 복지와 관련된 규정들은 수련생이 윤리 강령의 내담자 복지 관련 사항을 잘 숙지할 수 있게 수련감독자가 지도하도록 규정하고 있고, 수련감독자의 역량과 책임에서는 수련생의 역량 한계를 인식하면서 수련생이 역량을 향상시킬 수 있도록 도와야 한다는 내용을 규정하고 있다. 그리고 수련감독자와 수련생의 관계에서는 수련감독자와 수련생의 바람직한 관계에 대해 규정하고 있다. 이들 규정을 살펴보면 지도감독이 잘 되게 하기 위해 규정이 제정되었음을 알 수 있는데 이는 결국 상담자와 내담자가 문제해결에 도움이 되도록 지도감독이 진행되어야 함을 의미한다.

2. 윤리 원리

어떤 행동이 윤리적인지 판단할 때 명문화된 규정으로 판단이 어려울 때는 윤리 원리를 바탕으로 그 행동이 윤리적인지 판단하게 된다. 윤리 원리는 윤리 규정을 구성하는 원리로 여기에는 자율성 존중, 비유해성, 선의, 공정성, 그리고 충실성이 있다(Kitchener, 1984).

1) 자율성 존중

자율성 존중이란 사람에게는 행위의 자유와 선택의 자유가 있다는 것이다. 행위의 자유는 자기 의지로 행동할 수 있는 권리가 있다는 것이고 선택의 자유는 사람에게 자유롭게 선택할 수 있는 권리가 있다는 것이다. 그런데 행위의 자유에 자기 의지대로 행동할 수 있는 권리가 있는 것이 사실이지만, 자신의 권리뿐만 아니라 다른 사람의 권리도 존중해야 한다는 의무도 포함되어 있다.

따라서 내 의지대로 할 수 있으나 다른 사람의 권리를 침범하게 될 때는 자율성이 제한된다. 이렇게 자율성에 제한을 두게 된 것은 안타까운 사건에서 비롯되었다(다음 글상자 참조).

선택의 자유가 있다는 것은 선택한 사람이 의사결정 과정을 합리적으로 할 수 있는 능력, 즉 이치에 맞는 생각을 할 수 있는 능력이 있다는 것을 가정하고 있다. 그런데 합리적인 의사결정을 할 수 없는 아동의 경우는 선택을 한다는 것이 의미가 없게 된다. 이에 따라 11세 이하 아동의 경우와 같이 내담자가 합리적인 판단을 내리지 못할 때 자율성은 제한된다.

Tarasoff v. Regents of the University of California 사례

캘리포니아대학교 대학원생이던 포다르는 같은 대학 학생이던 타라소프를 좋아했으나 타라소프가 사귀는 사람이 있다고 하자 타라소프를 스토킹하기 시작했다. 이후 포다르는 타라소프와 가끔 만나기는 했으나 우울증이 심해졌고 자신을 왜 사랑하지 않는지 알아내기 위해 대화를 녹음하기도 했다.

그해 여름 타라소프는 남미 여행을 떠났고 포다르는 상담을 받기 시작하였다. 포다르는 타라소프를 죽이려는 의도를 상담자에게 털어놓았고 상담자는 학교경찰에 이 사실을 알렸다. 포다르는 구금되었으나 멀쩡해 보여 석방되었고 상담자의 감독자는 포다르가 구금되지 않도록 하라고 하였다. 이때까지도 당사자인 타라소프와 부모는 이 사실에 대해 알지 못했다.

타라소프가 남미 여행에서 돌아온 후 포다르는 몇 주 후 상담에서 얘기한 계획을 실행하여 타라소프를 살해하였다. 타라소프의 부모는 상담자와 대학의 여러 직원을 고소하였다.

캘리포니아 대법원은 환자뿐만 아니라 환자에게서 위협을 받고 있는 사람에 대해서도 정신건강 전문가는 의무가 있다고 판결하였다. 이 판결 이후 미국의 대부분의 주에서 이 결정을 받아들였고 이후 여러 나라에서도 이 결정을 받아들이게 된다.

2) 비유해성

비유해성이란 내담자에게 해를 끼치지 않도록 한다는 원리이다(다음 글상자 참조). 따라서 혐오감을 일으키는 치료나 이득에 비해 고통이 클 때는 그러한 치료법을 사용하지 않는 것이 비유해성이다. 따라서 상담자는 내담자에게 해를 끼치지 않는 개입방법을 사용해야 한다. 이를 위해 상담자는 효과가 있는 개입방법을 능숙하게 사용할 수 있고 이러한 방법이 내담자에게 효과가 있다는 것을 확신할 수 있을 때 사용해야 한다. 그리고 이러한 방법이 내담자에게 도움이 되는지 확인하기 위해 내담자의 진전을 계속 확인해야 한다.

상담에서 그런 경우가 거의 없기는 하지만 치료할 수 있는 방법이 한 가지뿐인데 이 방법이 치명적인 해가 있을 수 있을 때 어떻게 하는 것이 비유해성이라는 윤리 원리에 위배되지 않을까? 이런 경우에는 사용하지 않는 것이 비유해성의 원리에 위배되지 않는 것이다.

Larry P. v. Riles 사례

미국 캘리포니아의 한 학교에서는 경미하게 지체를 보이는 학생을 선별하여 보충학습을 실시하고자 지능검사를 실시하였다. 지능검사 결과, 선별된 학생들 대부분이 흑인 학생들이었다. 법원에서는 흑인이 열등하다는 잘못된 인식을 심어 줄 수 있으므로 특수 교육 목적으로 학생을 선별하기 위한 지능검사를 실시하지 않도록 판결하였다.

3) 선의

선의의 원리란 윤리에 맞게 행동한다는 것을 의미한다. 윤리에 맞게 행동한다는 것은 내담자에게 일어날 수 있는 피해를 예방하고 내담자의 자율성을 존중하는 것이며 내담자의 건강과 복지에 기여하는 것을 말한다. 다음과 같은 경우 여러분이 지도교수라면 어떻게 결정할 것인가?

> 대학원에서 상담 전공을 하고 있는 P는 여러 가지 일이 겹치면서 기말보고서를 작성하지 못했다. 기말보고서를 제출하지 못하면 성적이 낮게 나와서 추후 취업에 불이익이 있을 것이 걱정되었다. 이를 모면하기 위해 P는 남이 쓴 논문 내용 일부를 표절하였다. 지도교수가 볼 때 이 학생은 장래가 촉망되는 학생이고 이 사실을 밝히면 퇴학 처분되어 다시는 심리학 전공을 할 수 없다.
> 하지만 또 한편으로는 이와 같은 상황에서 자신이 처한 상황을 모면하기 위해 윤리에 어긋나는 행동을 할 것으로 지도교수는 판단하였다. 이러한 P의 행동이 추후 상담에서 나타난다면 내담자에게 해가 될 것으로 지도교수는 생각하고 있다.

4) 공정성

공정성이란 모든 사람은 동등하다는 것으로 이에 따라 모든 사람은 동등하게 상담받을 권리가 있다는 것이다. 공정성에서는 다음과 같은 몇 가지 문제를 제기할 수 있다.

- 상담받는 횟수가 정해져 있는데 일부 내담자에게 장기 상담을 하는 것은 공정성에 위배되는 것이 아닌가?
- 상담료를 내담자마다 다르게 받는다면 이는 공정성에 위배되는 것은 아닌가?
- 상담료가 없어 상담을 못 받는다면 이 또한 공정성에 위배되는 것이 아닌가?

이와 같은 경우는 공정성 원리의 정의에 비추어 보면 공정성에 위배되는 것처럼 보일 수 있다. 공정성은 모든 사람이 동등한 권리가 있다는 것을 인정하면서 이와 동시에 정당한 차이가 있다면 차이에 맞게 상담을 받을 권리 또한 인정하고 있다.

앞의 경우 기관에서 상담 횟수를 정해 놓고 있다고 하더라도 장기 상담을 해야 할 타당한 이유가 있다면 이는 공정성에 위배되는 것은 아니다. 또한 내담자의 여건에 따라 상담료를 다르게 책정하는 것 또한 상담료에 차등을 두어야 할 이유가 있다면 공정성에 위배되는 것은 아니다. 그리고 마지막 경우는 우리나라의 경우 무료 기관이 매우 많아서 수준 차이가 있을 수는 있어도 상담료가 없어서 상담을 받지 못하는 경우는 거의 없다고 봐야 할 것이다.

5) 충실성

충실성이란 상담자가 자신의 직무를 성실하게 하는 것을 말한다. 여기에는 내담자와 신뢰관계를 형성하는 것도 포함되고 상담자가 속한 기관에서 성실하게 직무를 이행하는 것도 포함된다.

3. 윤리 의사결정 모형

어떤 상황에서 윤리적인 행동을 하기 위해서는 윤리적인 의사결정을 해야 한다. 윤리 의사결정 모형은 다양하게 발전하였으나 여기서는 시발점이 된 키치너(Kitchener, 2000)의 윤리 의사결정 모형을 소개하고자 한다. 키치너는 윤리적인지 결정하는 과정을 총 10단계로 제안하고 있는데 각 단계는 다음과 같다.

• 1단계: 상담 윤리에 대한 민감성 키우기

- 2단계: 사실 확인 및 당사자 구체화하기
- 3단계: 핵심 문제 확인 및 대안 수립하기
- 4단계: 관련 법률, 규정, 윤리 기준 등 확인하기
- 5단계: 관련 참고문헌 탐색하기
- 6단계: 윤리 원리 상황에 적용하기
- 7단계: 수련감독자나 동료에게 자문받기
- 8단계: 심사숙고하여 대안 결정하기
- 9단계: 관련된 사람들에게 알리고 결정내용 실행하기
- 10단계: 되돌아보기

1) 1단계: 상담 윤리에 대한 민감성 키우기

1단계는 윤리적인 의사결정이 필요한 상황이 발생하기 전에 평소에 어떤 것이 윤리적인 행동인지 알아 두는 것이다. 평소 민감성을 키우는 방법으로는 다음과 같은 방법이 있다.

● 교과목 수강

상담 윤리 내용을 담고 있는 교과목을 수강하여 평소에 윤리적인 행동이 무엇인지 알아 두는 것이다. 학교마다 다르기는 하지만 어떤 경우에는 상담 윤리를 교과목으로 개설하여 가르치는 경우도 있고 특정 과목의 일부로 상담 윤리를 가르치는 경우도 있다. 어떤 경우이든 교과목을 통해 상담 윤리를 익힘으로써 지식 차원에서 윤리에 대한 민감성을 키울 수 있다.

● 사례분석과 토의

사례발표 시간에는 보통 상담 과정과 성과를 주로 토의하지만, 경우에 따라 윤리적인 문제가 제기되기도 한다. 모든 사례에서 윤리적인 문제를 검토하는

것은 현실적으로 어렵다. 따라서 사례에서 발생할 수 있는 윤리적인 문제를 미리 검토하고, 윤리적인 문제가 제기되는 경우 이를 토론 주제로 삼는 것이 윤리에 대한 민감성을 키우는 좋은 방법이 될 수 있다.

● **접수면접과 상담 지침 마련**

상담 과정의 첫 단계가 접수면접이다. 접수면접이나 상담할 때 미리 지침을 마련해 두면 비윤리적인 행동이 발생하는 것을 예방할 수도 있고 또 지침을 자주 봄으로써 윤리에 대한 민감성도 키울 수 있다.

● **상담자가 되려는 동기 검토**

윤리에 민감해지는 또 다른 방법은 상담자가 되려는 동기를 검토하는 것이다. 윤리적이지 않은 행동은 대개 상담자가 가지고 있는 문제가 해결되지 않았을 때 나타나는 경우가 많기 때문이다. 가령 자기애가 강한 경우에는 자신의 실제 역량에 비해 과장되게 포장할 수도 있고 내담자를 자신의 이득을 위해 착취하게 되는 경우도 있다. 또는 어머니와 문제가 해결되지 않은 경우 어머니와 관련된 주제를 계속 피하게 되어 필요 이상으로 상담을 길게 하는 경우도 있다. 대부분 상담자의 해결되지 않은 문제로 인해 긍정적이든 부정적이든 상담자가 되고자 하는 동기와 연결되어 있는 경우가 많다. 따라서 상담자는 왜 상담자가 되려고 하는지 검토함으로써 상담 윤리에 민감해질 수 있다.

2) 2단계: 사실 확인 및 당사자 구체화하기

윤리 의사결정 모형의 두 번째 단계는 사실 확인 및 당사자 구체화하기이다. 2단계에서는 관련 있는 모든 정보를 정리해야 하고 이해당사자가 누구인지 확인해야 한다. 내담자가 다른 사람의 보고서를 베껴 내어 교환학생으로 선발될 수 있었고 이로 인해 부모님을 기쁘게 해 드릴 수 있었다는 것을 상담자에게 말한 경우를 생각해 보자. 이런 상황에서 먼저 확인해야 하는 사실이 무엇인지 파악해야 한다. 여기에는 내담자의 문제해결 방식이 무엇인지 파악해야 하는 경우도 있을 수 있고 내담자와 부모님의 관계가 어떤지 파악해야 하는 경우도 있을 수 있다. 이처럼 윤리적 판단이 요구되는 상황에서 필요한 정보, 즉 확인해야 할 사항을 모두 확인하는 것이 2단계의 과업이다. 이와 함께 이해당사자가 누구인지 파악해야 한다. 내담자가 거짓말하는 행동과 관련된 사람이 누구인지 파악해야 한다.

3) 3단계: 핵심 문제 확인 및 대안 수립하기

3단계는 핵심 문제가 무엇인지 확인하고 대안을 수립하는 단계이다. 이 단계에서는 문제를 확인하고 대안을 수립하는 과정에서 상담자의 가치가 영향을 줄 수 있으므로 유의해야 한다. 내담자가 다른 사람의 보고서를 베껴서 교환학생이 된 사례에서 핵심 문제의 예로는 '내담자에게 가장 도움이 되는 방법은 무엇인가?' '내담자가 거짓말했다는 사실을 상담자가 말하지 않는다면 상담자의 책임은 무엇인가?' 등이 될 수 있다.

이 사례에서는 비밀보장을 하는 경우와 비밀보장을 하지 않는 경우 각각에 대해 대안이 있을 수 있으며 그 외 일정 시간을 두고 내담자의 변화를 보고 판단하는 방법이 있을 수 있다.

4) 4단계: 관련 법률, 규정, 윤리 기준 등 확인하기

4단계에서는 관련 법률, 규정, 윤리 기준 등을 확인한다. 이때 참고할 수 있는 것이 앞에서 살펴본 상담자 윤리 강령이다. 윤리 강령을 참고하여 현재 상황에서 어떤 비윤리적인 것은 없는지 확인하는 것이다. 이때 중요한 것은 관련 법률도 함께 검토해야 하는데 그 이유는 법률과 윤리 강령이 서로 배치될 때는 법률에 규정된 바에 따라야 하기 때문이다.

5) 5단계: 관련 참고문헌 탐색하기

5단계에서는 관련 참고문헌을 탐색한다.

6) 6단계: 윤리 원리 상황에 적용하기

6단계는 윤리 원리를 상황에 적용하는 것이다. 윤리 원리에는 자율성 존중, 선의, 비유해성, 공정성, 충실성 등이 있다. 이 단계에서는 적용해야 할 윤리 원리가 무엇인지 검토하고 우선해야 할 원리가 무엇인지 검토한 후 그에 따른 대안을 설정한다.

앞의 사례의 예를 들면, 우선 적용해야 할 윤리 원리로는 자율성 존중, 비유해성, 충실성 등의 윤리 원리를 생각해 볼 수 있다. 자율성 존중은 내담자가 선택한 대안에 대한 자유와 책임을 검토하는 것이고 비유해성은 내담자와 이해당사자에게 유해성이 있는지 검토하는 것이다. 그리고 충실성은 비밀보장 문제가 검토대상이 된다.

다음에는 이 윤리 원리 가운데 어떤 윤리 원리를 가장 우선해서 적용해야 하는지 결정해야 하는데, 다섯 가지 중 가장 우선해야 할 것은 비유해성이다. 즉, 내담자와 이해당사자에게 해를 끼치지 않도록 해야 한다는 것이다.

이렇게 윤리 원리를 검토한 후 상황에 적용한다. 앞의 사례에서 대안의 예로는 이해당사자의 유해성이 심각하다는 사실을 내담자에게 알리고 스스로 자기 행동에 책임을 지도록 하는 것 등이 있을 수 있다.

7) 7단계: 수련감독자나 동료에게 자문받기

7단계에서는 6단계에서 결정한 사항이 타당한지 수련감독자나 동료에게 자문을 받는다. 6단계에서 상황에 적용한다는 것은 실제로 상황에 적용하는 것이 아니고 각 상황에서 내릴 수 있는 대안을 생성해 보는 것이다. 이렇게 생성한 결정이 타당한지 수련감독자나 동료에게 자문을 받고 8단계에서 행동에 옮기는 것이다.

8) 8단계: 심사숙고하여 대안 결정하기

1단계에서 7단계까지가 자료를 수집하는 단계였다면 8단계는 7단계까지 모은 정보를 바탕으로 최종 결정을 하는 단계이다. 이때 방해가 되는 요인들이 있다.

첫째, 상담자에게 좋지 못한 영향이 미칠 것에 대한 걱정이 있을 수 있다. 가령 이해당사자가 고위급 관리라든가 정치가라든가 하는 경우 상담자는 자신에게 피해가 있을지 모른다는 걱정으로 결정 내리는 것이 힘들 수 있다.

둘째, 수련감독자나 동료에게 자문을 받았으나 정보를 모두 취합한 결과, 수련감독자나 동료에게 받은 자문과는 다른 결정을 내려야 하는 경우가 있을 수 있다. 이런 경우 수련감독자나 동료에게 비난받는 것에 대한 걱정으로 결정 내리는 것이 꺼려질 수 있다.

마지막으로 아무리 옳은 일을 한다고 하더라도 이러한 결정으로 인해 자신의 인생이 꼬이지 않을까라는 걱정 때문에 최종 결정을 내리는 것이 힘들 수 있다.

9) 9단계: 관련된 사람들에게 알리고 결정내용 실행하기

9단계는 8단계에서 결정한 내용을 실제로 실행으로 옮기는 단계이다. 이 단계에서 중요한 것은 기록을 자세하게 남기는 것이다. 기록은 녹음으로도 남길 수 있고 문서로도 남길 수 있다. 어떤 방식이든 이런 자료는 의사결정의 근거가 되므로 추후 자료가 필요할 때 활용할 수 있도록 잘 보관해 두어야 한다.

10) 10단계: 되돌아보기

10단계에서는 윤리 의사결정과 관련하여 과정을 되짚어 검토해 보는 것이다. 이러한 검토 작업은 추후 윤리 의사결정을 해야 하는 상황에서 더 나은 결정을 내리는 데 도움이 되며, 이 과정 자체가 윤리에 더 민감해지는 데 도움이 된다.

2부

정신역동 상담이론

정신역동 상담이론은 19세기 말 지그문트 프로이트(Sigmund Freud)의 정신분석에서 시작된다. 프로이트는 무의식의 개념을 도입하고 개인의 성격 이해와 치료적 접근에 있어서 초기 어린 시절과 성장과정을 강조하였으며, 꿈 분석, 자유연상 등의 기법을 사용하여 인간 심리를 깊이 이해하고자 하는 노력 속에서 정신분석을 창시하였다. 이러한 접근 방식은 이후 수많은 학파로 분화되며 발전해 왔다.

정신역동 상담이론으로 평가되고 있는 이론들은 무의식, 자아, 초자아, 방어기제 등 프로이트의 정신분석 개념을 사용하며, 무의식과 초기 어린 시절을 강조한다는 공통점이 있다. 프로이트 이론은 특히 현대 정신역동 이론에 의해 계승되고 있는데, 이들은 프로이트가 무의식과 본능의 역할을 지나치게 강조한 것에 대해서는 동의하지 않는 편이며, 초기 대상관계 및 환경과의 상호작용을 강조한다. 그 대표적인 이론으로 자아심리학, 대상관계이론, 자기심리학이 있다. 자아심리학은 자아의 기능에 더 많은 중점을 두며, 자아가 어떻게 환경과 상호작용하며 발달하는지를 설명하고, 정신건강에 있어서 자아의 강도와 조절 능력의 중요성을 강조한다. 대상관계이론은 멜라니 클라인(Melanie Klein)과 도널드 위니컷(Donald Winnicott) 등에 의해 발전된 이론으로, 인간의 초기 관계가 전 생애의 대인관계 패턴을 형성하는 데 중요한 역할을 한다고 강조한다. 자기심리학은 하인즈 코헛(Heinz Kohut)에 의해 창시되었으며 '자기(self)'의 발달에 초점을 맞춘다. 이 이론은 자기대상이 어떻게 내면화되어 자기감을 형성하는지를 중점적으로 다루며, 자기존중감의 발달을 설명한다.

20세기 초반에는 산도르 페렌치(Sandor Ferenczi)와 오토 랭크(Otto Rank)와 같은 이론가들이 전통적인 프로이트식 정신분석과 달리, 보다 짧은 기간에 집중적으로 내담자의 문제를 해결하려는 접근을 시도하였다. 이러한 노력은 20세기 후반 여러 단기 역동 심리치료의 등장으로 이어졌다. 단기 정신역동 이론은 내담자의 무의식적 갈등과 정서적 어려움을 제한된 시간 내에 탐색하고 해결하려는 접근이다. 대표적인 모델로는 데이비드 말란(David Malan)의 STDP(Short-Term Dynamic Psychotherapy)와 하비브 다반루(Habib Davanloo)의 ISTDP(Intensive Short-Term Dynamic Psychotherapy)가 있다. 이들은 집중된 치료 시간 내에서 감정을 의식화하고, 방어기제를 직접적으로 다루는 등의 방식을 통해 내적 갈등을 빠르게 해결하는 데 초점을 둔다. 이러한 단기 역동 심리치료는 급속하게 변하는 현대 사회의 욕구에 부응하여 발전하였고, 경제적이고 효과적인 치료방법으로 인정받아 왔다.

정신역동 상담이론은 이처럼 다양한 이론과 접근법을 포괄하며 발전해 왔고, 각 학파는 인간의 심리를 이해하고 치료하는 데 중요한 기여를 해 왔다. 이러한 다양한 접근법은 시간이 지남에 따라 서로 영향을 주고받으며 발전을 거듭하고 있다.

정신분석 치료

1. 이론의 발달

정신분석 치료는 19세기 말 지그문트 프로이트(Sigmund Freud, 1856~1939)가 창시한 정신분석을 기반으로 발전한 치료적 전통을 의미한다. 프로이트의 정신분석 이론은 무의식적 추동, 성과 공격성이라는 생물학적 추동과 초기 어린 시절의 발달을 강조하며, 이러한 요소들이 인간의 성격을 지배한다고 보았다. 프로이트는 원래 내과의사였는데, 자신의 환자들을 치료하는 과정에서 사례연구를 통해 정신분석이라는 자신의 이론을 정립하였다.

1) 프로이트의 생애와 정신분석의 발달

(1) 지그문트 프로이트의 생애

프로이트는 1856년 5월 6일 체코공화국의 일부였던 모라바에서 태어났다. 프로이트의 가족은 유대인이었는데, 프로이트가 네 살 때 당시 유럽에서 있었던 유대인 박해를 피해 비교적 안전했던 오스트리아 빈으로 이사했고, 프로이트는 그곳에서 거의 80년 동안 살았다.

프로이트가 태어났을 때, 그의 아버지는 40세였고 어머니는 20세였다. 프로이트의 아버지는 양모 상인이었고, 이전 결혼에서 생긴 2명의 성인 자녀가 있었다. 프로이트는 프로이트의 아버지와 어머니 사이의 7자녀 중에서 장남이었고, 프로이트의 어머니가 가장 아끼고 총애하는 자녀로 자랐다. 프로이트는 어머니에 대해 열정적이고 성적인 애착을 느꼈고, 이것은 이후 프로이트 이론에 등장하는 오이디푸스 콤플렉스 개념의 기반이 된다.

프로이트의 가정은 재정적으로 넉넉하지 못했지만, 어린 시절부터 학업적으로 탁월한 성취를 보였던 프로이트를 잘 양육하고 지원하기 위해 최선을 다했다. 프로이트는 언어, 문학, 역사 등 다방면에 관심과 두각을 보였지만, 당시에 유대인에게 허락된 직업은 사업, 법률, 의학 정도로 매우 제한적이어서 의학을 선택하게 되었다. 그는 26세에 비엔나대학교에서 의학 학위를 취득하였고, 1881년 임상신경과 전문의로 진료하면서 정서적 문제를 호소하는 사람들의 성격을 탐구하게 되었다. 사랑과 결혼도 프로이트의 경력에 영향을 미쳤다. 프로이트는 함부르크의 수석 랍비의 딸인 마르다 베르나이스(Martha Bernays)와 약혼했다. 그는 교수직에도 관심이 있었지만 재정적 안정성을 위해 개업을 선택하고 비엔나에서 개인 진료실을 시작하게 되었다. 1886년 마르다와 프로이트는 결혼했고 슬하에 6명의 자녀를 두게 되었다.

프로이트는 일생 대부분을 상담사례를 분석하면서 정신분석 이론을 만들고 정교화하는 데 헌신했으며, 그 과정에서 스스로를 분석하기도 하였다. 프로이트는 논문과 책, 학문적 모임을 통해 글을 발표했고, 제자들과 정기적으로 만나 자신의 이론을 가르쳤다. 제자들 중에는 프로이트의 관점에 동의하지 않아 결별한 사람들도 있었는데, 그 대표적인 예가 칼 융(Carl Jung)과 알프레드 아들러(Alfred Adler)였다. 프로이트는 그들을 배신자로 여겼고, 정신분석에 대한 자신의 관점에 동의하지 않는 동료나 제자를 용납하지 않았다.

프로이트는 1923년 턱 부위에 암 진단을 받았는데, 아마도 매일 담배를 20개피 정도씩 피웠기 때문일 것으로 본다. 그때부터 16년 후 사망하기까지 그는 끊임없이 통증에 시달렸고 33회의 수술을 받았다. 프로이트의 건강 상태는 계속 악화되었지만 정신은 깨어 있었고, 거의 생애 마지막 날까지도 프로이트는 글을 쓰고 환자를 만났다. 1938년 나치가 오스트리아를 점령하면서 오스트리아를 떠나게 된 프로이트는 1939년 9월 23일에 런던에서 생을 마감하였다. 그는 정신분석을 창시하였고, 상담 및 심리치료뿐만 아니라 사회문화 전반에 걸쳐 커다란 영향력을 남겼다.

(2) 정신분석의 발달

프로이트의 정신분석이 탄생한 시기는 1895년부터 1897년 사이, 즉 프로이트가 약 40세 정도 되었을 때로 본다(Fine, 1979). 프로이트의 출판물에서 '무의식(unconscious)'이라는 용어는 1895년에 처음 발견되며, 1896년 그의 논문 『신경 장애에 대한 유전적 소인(Heredity Disposition to Nervous Disorders)』에 처음으로 '정신분석'이라는 용어가 등장한다.

프로이트가 의과대학에 입학했을 때부터 정신분석 이론이 본격적으로 전개되기까지 약 20여 년간 프로이트의 정신분석 이론 정립에 영향을 미친 두 가지 중요한 경험은 신경생리학 공부와 최면치료 경험으로 볼 수 있다. 1876년부터 1885년 사이 프로이트는 유명한 생리학 연구소에서 일했으며, 뇌와 척수를 중심으로 다양한 연구를 수행하였다. 그는 그 당시 사회적 배경이 되었던 철학자 및 과학자의 사상에 영향을 받았다. 이성과 과학적 사고를 강조하는 계몽주의는 프로이트의 과학적 접근과 방법론에 영향을 미쳤으며, 감정과 개인의 내면적 경험을 강조하는 낭만주의는 프로이트 이론에서 무의식의 개념과 인간 심리의 갈등을 다루는 데 기초가 되었다. 그는 쇼펜하우어(Schopenhauer), 니체(Nietzsche)와 같은 철학자의 사상에 영향을 받아 성적 욕망 및 무의식적 동기를 강조하고, 문화적 요인과 개인의 심리 간의 상호작용을 탐구하였다. 또한 그 시대의 과학적 사고를 대표하는 다윈의 진화론의 영향을 받아 '모든 자연현상은 생리화학적이고 기계론적인 원리로 설명될 수 있다'는 관점을 가지고 연구를 수행하였다.

1880년대에는 빈의 유명한 의사인 조셉 브로이어(Josef Breuer)의 안나 오

(Anna O) 사례에서 정서적 문제의 치료에 최면과 '말로 표현하게 하는 방법'을 사용하는 것에 매료된다. 1885년 파리로 건너간 프로이트는 약 5개월간 샤르코(Charcot)의 수련생으로 최면치료를 배웠다. 그 후 10년 동안 정서적 문제를 호소하는 환자들에게 최면치료를 포함하여 다양한 치료법을 시도하면서, 자유연상으로 불리는 기법을 고안하게 되었다. 이는 환자가 누워서 눈을 감고 어떤 생각이든 떠오르는 대로 요구하는 방식으로, 최면치료의 방법을 토대로 프로이트가 발전시킨 무의식을 탐구하는 방법이다.

프로이트의 정신분석에는 앞서 언급한 학문적·시대적 배경 및 최면치료를 활용한 다양한 임상 경험도 영향을 미쳤지만, 무엇보다 프로이트 자신의 자기분석이 중요한 역할을 하였다(최영민, 2010). 프로이트는 1895년 39세에 집중적으로 자기분석을 시작하였다. 1896년 9월에 아버지 야곱이 사망하면서 프로이트는 다양한 감정의 소용돌이를 경험하였다. 그는 수년간 다양한 신체화 장애와 죽음 및 기차 여행을 포함한 여러 가지 공포증을 경험하며 고통스러워했는데, 자기분석은 이러한 삶의 고통을 다루고자 하는 시도이기도 했다. 프로이트는 자신의 꿈을 분석하고, 아동기를 회상하면서 아버지와 어머니에 대한 감정을 이해하게 되었다. 또한 성인의 무의식의 상당 부분이 아동기 무의식에서 온다는 것을 확신하게 되었다. 그는 "나에게 가장 중요한 환자는 나 자신이었다."(Gay, 1988)라고 하였다. 프로이트의 이론은 이러한 요소들을 반영하면서 더욱 발전하게 된다. 프로이트의 대표 저서인 『꿈의 해석(The Interpretation of Dreams)』은 자신의 꿈에 대한 철저한 분석을 기초로 한다(Masson, 2023).

프로이트의 연구에 대한 평가는 복합적이었지만, 그는 점차 유명해졌고 국제적으로 알려지게 되었다. 1909년에는 미국 클라크대학교의 초청을 받아 일련의 강의를 하면서 미국 심리학계로부터도 공식 인정을 받게 되었다. 그 후 그의 추종자들이 미국의 여러 지역에서 정신분석학회를 설립하였고, 1920년에는 그의 업적에 관한 책이 200권 이상 출판되는 등 그는 미국에서 큰 명성을 얻게 되었다. 이 시기에 프로이트는 심리치료에서 최면 대신 자유연상을 사용하였고, 분석가가 먼저 분석을 받아야 한다고 강조하였다. 이론적 연구와 함께 그의 이론을 적용한 사례연구들도 발표하였는데, 대표적인 사례에는 초기 정신분석에서 꿈을 다루는 방식을 잘 보여 주는 '도라(Dora)' 사례와 말에 대한 공포증을 다룬 '어린 한스(Little Hans)' 사례, 다양한 강박행동에 대한 분석을 보여 준 '늑대 인간(Wolf Man)' 등이 있다.

제1차 세계대전 무렵 프로이트는 하루에 12~13명의 환자를 볼 정도로 치료에 매진하였고, 전쟁 이후 그의 관심은 다양한 분야로 확대되었다. 그는 전쟁 경험에 노출된 후 나타나는 외상성 정서 반응의 치료에 관심을 가졌고, 동성애를 연구하면서 질병이 아니라고 주장하기도 하였다(Jones, 1957). 후기에는 예술, 종교, 인류학, 사회학, 생물학, 문학 관련 글을 쓰기도 하였고, 사회적 맥락과 그 영향력을 이전보다 더 강조하면서 그것이 인간 발달에 미치는 영향력을 인정하였다. 덧붙여 무의식을 억압된 기억의 저장고보다 확장된 개념으로 인간의 행동, 경험, 감정에 지속적으로 영향을 미치는 내부적인 힘으로 이해하였다. 또한 성(sexuality)에 대한 이해를 생물학적 욕구를 넘어 인간의 창조성과 사회적 상호작용에 영향을 미치는 에너지의 원천이라는 보다 넓은 관점으로 확장하였다(Seligman & Reichenberg, 2014).

2) 프로이트 이후

이후에 발전한 상담 및 심리치료 이론들은 프로이트의 이론에 반대하거나 그것을 일부 변형시켰거나 정교화하였다. 그중에서도 정신분석적 전통을 이어 가는 이론으로 평가되고 있는 이론은 무의식, 자아, 초자아, 방어기제 등 프로이트의 정신분석 개념을 사용하며, 무의식과 초기 어린 시절을 강조한다는 공통점을 갖는다. 프로이트의 이론은 특히 신프로이트 학파와 현대 정신역동 이론에 의해 계승되고 있다. 이들은 프로이트가 무의식과 원초아의 역할을 지나치게 강조한 것에 대해서는 동의하지 않는 편이며, 사회적 상호작용 및 초기 대상관계를 강조한다.

그중에서 신프로이트 학파는 경험을 해석하고 환경에 대처하는 데 있어 의식의 역할을 강조한다. 성과 공격성이 모든 정신 에너지의 동기라고 보았던 프로이트 이론에 이의를 제기하고, 보다 상위 동기와 대인 간 상호작용 및 문화와 사회의 역할을 강조한다. 알프레드 아들러, 카렌 호나이(Karen Horney), 칼 융 등이 대표적인 신프로이트 학자로 꼽힌다.

한편 대상관계이론을 포함한 현대 정신역동 이론은 성이 성격의 토대라고 보았던 프로이트 이론에 동의하지 않고, 대신 초기 대상관계를 강조한다. 심리치료에서는 지금-여기에서의 상담자와의 관계 자체를 다루는 것을 중요한 치료적 요소로 본다. 하지만 프로이트가 강조한 무의식적 동기를 탐색하는 것과 초기 경험의 중요성 등에는 동의한다.

2. 인간관과 병인론

프로이트는 인간을 이해하는 데 있어 본능에 초점을 맞추었다. 그는 본능을 인간 성격의 추진력으로 보았으며, 성욕과 공격성이 인간의 성격 및 행동에 미치는 영향에 주목하였다.

1) 인간관

프로이트는 인간이 태어나면서부터 성욕과 공격성에 따라 동기화된다고 보았다. 그의 이론에 따르면, 사람은 초기 어린 시절부터 특정 신체 부위에 집중되는 성적 추동(libido)을 경험하는데, 그 추동이 어떤 식으로 만족 혹은 불만족되는지에 따라 성격이 다르게 형성된다.

(1) 생물학적 인간관

프로이트는 사람을 생물학적 존재로 보며, 본능을 성격의 기본 요소이자 행동의 방향을 결정하는 동기라고 보았다. 즉, 본능은 어떤 행동을 하도록 동기를 부여하는 원동력이 된다. 본능은 신체의 생물학적 상태에 기반하여 생겨나는 욕구이며, 정신적인 소망의 형태로 표현된다. 프로이트는 특히 성적 본능과 공격적 본능의 역할을 강조한다.

(2) 결정론적 인간관

프로이트는 또한 인간을 결정론적 관점에서 설명하였다. 마음에서 일어나는 그 무엇도 우연히 일어나는 것은 없고 반드시 원인이 있다고 설명한다. 행동의 원인을 이해하는 데 있어서 무의식과 과거 경험을 강조하였으며, 특히 성격의 형성에 있어서 초기 아동기 경험의 영향력이 결정적인 역할을 한다고 보았다. 프로이트는 원초아를 타고난 것으로 이해하고 성격의 다른 부분도 원초아에서 파생되는 것으로 보기는 했지만, 그 형성과 발달은 어린 시절 부모와 자녀 간의 상호작용을 포함한 사회적 환경에 크게 영향을 받는다는 입장을 통해 심리사회적 영향력을 강조하기도 하였다.

(3) 심리적으로 건강한 사람

프로이트는 인간의 비합리적이고 본능적인 힘을 강조하였고 결정론적 입장을 취한 것에 대해 비판을 받았다. 하지만 그는 사람들이 정신분석과 같은 심리치료를 통해 자신에 대해 통찰을 얻고, 무의식을 의식화하는 과정을 거친다면 자신의 삶을 위해 건강한 선택을 할 수 있다는 설명도 제시하고 있다. 인간의 내면세계는 생물학적이고 결정론적인 영향 속에 있지만, 그 내면에 관심을 가지고 무의식적 갈등 및 욕구를 의식화하면서 현실과 적절히 조화되는 방향으로 욕구를 다룬다면, 사랑하고, 일하고, 즐길 수 있는 자유를 가진 심리적으로 건강한 사람이 될 수 있다는 것이다.

2) 병인론

프로이트의 정신분석 이론은 당시 히스테리를 포함한 정신장애에 대한 이해를 확장하고 원인과 치료방법을 발견하고자 하는 시도에서 비롯되었다. 프로이트는 다양한 신경증이 발생하는 무의식적 과정에 대한 설명을 통해 병인론을 제시하였다.

(1) 심리적 문제의 형성

프로이트는 성격특성과 정신장애가 어린 시절 경험에 기인한다고 보았다. 프로이트는 우리가 심리성적 발달과정을 거치면서 성장한다고 보는데, 그 과정에서 과도한 욕구 만족 또는 과도한 욕구 좌절을 경험하게 되면 특정한 발달단계에 고착되어 성숙한 성격의 발전이 저해되고 성장 후에도 다양한 심리적 문제를 보일 수 있다고 설명한다. 인간은 과거에 경험한 것을 반복하려는 고집스러운 특성을 가지고 있으며, 이로 인해 어린 시절에 경험한 행동을 성장한 이후에도 반복하게 된다는 것이다. 따라서 성인기에 나타나는 심리적 갈등은 어린 시절에 경험했던 갈등의 부활 또는 재현으로 이해될 수 있다.

(2) 특정 정신장애의 원인

정신분석 이론은 환자의 정신장애 유형과 더불어 증상의 의미까지 해석할 수 있다는 틀을 제시한다. 프로이트는 히스테리를 시작으로 다양한 신경증의 기제에 대한 설명을 제공하였다.

우선 과거에 히스테리로 불리던 장애는 전환장애로도 알려져 오다가 최근에는 '기능성 신경학적 증상장애'로 명명되었다. 이 장애는 운동기능의 이상이나 감각기능의 이상과 같이 주로 신경학적 손상을 시사하는 한 가지 이상의 신체적 증상을 호소하는 것을 특징으로 한다. 프로이트는 기능성 신경학적 증상장애를 억압된 성적 욕구와 관련된 무의식적 갈등이 신체증상으로 전환되어 나타난 것이라고 설명하였다. 즉, 개인은 성적 욕구를 표출하고 싶은 소망이 있는데, 그것을 표출하는 것에 대한 두려움으로 인해 그 욕구를 억압하게 되며, 표출과 억압 사이의 타협으로 특정한 신체 부위의 전환 증상이 나타나는 것이다. 증상이 나타나는 신체 부위와 그 증상의 특징은 환자의 무의식적 갈등의 내용을 상징적으로 보여 준다.

이러한 방식의 설명이 다른 특정 정신장애에도 적용된다. 개인의 욕구, 억압된 감정, 그것을 처리하는 무의식적 방식에 따라 정신장애는 다양한 형식으로 나타날 수 있다. 특정공포증은 특정 대상이나 상황을 두려워하며 회피하는 증상인데, 이것은 개인의 무의식적 공포가 외부의 대상으로 전치된 것으로 이해될 수 있다. 어린 한스의 사례에서는, 한스가 어머니에 대한 성애적 애착을 경험하면서 느끼는 아버지에 의한 무의식적 거세 불안을 말에게 투사하여, 말에 대한 특정공포증을 발달시켰다고 설명하였다. 한편, 우울증은 중요한 대상의 상실로 인한 분노 감정이 무의식적으로 자신에게 향하게 될 때 보이는 증상이다. 사랑하는 대상의 상실 경험은 개인에게 자신의 중요한 일부분을 잃은 것 같은 슬픔 및 상실감뿐 아니라 자신을 떠난 대상에 대한 원망과 분노 감정을 유발한다. 그런데 원망과 분노를 표현할 대상이 부재할 뿐만 아니라 사랑하는 대상에 대해 적대적 감정을 경험하면 죄책감이 들기 때문에, 개인은 무의식적으로 그 감정을 자신에게 돌려 자책감, 죄책감, 자기비하와 같은 감정을 경험하면서 우울증을 겪게 되는 것이다.

3. 주요 개념

프로이트는 본능을 성격의 기본 요소로 설명하였다. 성격의 수준은 의식, 전의식, 무의식이라는 세 단계로 구분하여 개념화하였다. 후에 프로이트는 성격의 세 가지 수준에 대한 개념을 수정하고, 성격에 대한 해부학적 설명을 도입하였다. 이에 따르면 성격은 원초아, 자아, 초자아라는 세 가지 구조의 조합으로 이루어진다(Schultz & Schultz, 2023).

1) 본능: 삶의 본능, 죽음의 본능

프로이트는 본능(instinct)을 인간의 행동을 유도하고 행동의 방향성을 결정하도록 동기화하는 힘이라고 설명한다. 본능은 인간 행동의 유일한 에너지원이며, 그 욕구를 충족시키는 것을 통해 긴장을 줄이고 항상성을 유지하고자 한다. 본능의 에너지는 다양한 활동으로 나타날 수 있다. 예를 들어, 성욕은 여러 형태의 성적 행위를 통해 충족을 추구할 수 있으며, 개인의 관심, 선호, 태도를 통해 전치되어 나타날 수 있다. 이러한 본능은 삶의 본능과 죽음의 본능으로 나누어진다.

(1) 삶의 본능

삶의 본능(life instinct, Eros)은 공기, 물, 음식, 성 등에 대한 욕구의 형태로 나타나며, 삶의 본능으로 인해 생기는 정신 에너지를 리비도(libido)라고 한다. 리비도는 개체 및 종의 생존을 추구하며, 삶의 성장과 발전을 도모한다. 프로이트는 삶의 본능에서 성(sexuality)을 특히 강조하였으며, 이것을 우리 삶의 주요 동기로 보았다. 그가 강조한 성은 성애적인 욕구나 행위뿐만 아니라 인간의 모든 즐거운 행동과 생각을 포함하는 포괄적인 개념이다. 인간은 성이라는 삶의 본능을 바탕으로 쾌락을 추구하는데, 이것을 억제하거나 억누르는 것이 성격의 발달에 영향을 미친다.

(2) 죽음의 본능

프로이트는 삶의 본능과 함께 죽음의 본능(death instinct, Thanatos)을 제안하였다. 이것은 파괴적 본능으로 삶의 본능과 반대된다. 모든 생물이 썩고 죽어 원래의 무생물 상태로 돌아가듯이, 인간은 죽고자 하는 무의식적 소망을 가지고 있다고 보았다. 죽음의 본능을 구성하는 요소 중 하나는 공격적 추동(aggressive drive)이다. 프로이트에 따르면, 이러한 공격적 추동으로 인해 인간은 무언가를 파괴하고, 정복하고, 때로는 살해까지 저지르게 된다.

2) 무의식과 지형학적 이론

프로이트는 인간의 마음이 의식, 전의식, 무의식이라는 영역으로 구성된다고 보았다. 인간의 심리기능을 이렇게 나누어 설명하는 것이 마치 사람의 마음을 지도처럼 나누어 설명하는 것과 같기 때문에, 이것을 정신에 대한 지형학적 이론(topographical theory)이라고 한다(최영민, 2010). 모든 인간의 마음에 이 세 가지 영역은 항상 존재하며, 무의식이 가장 큰 비중을 차지한다.

(1) 의식

의식은 특정한 순간에 개인에 의해 지각되는 모든 감각과 경험을 말한다. 그런데 의식은 우리 정신생활의 극히 일부분이어서 빙산의 일각과 같다. 의식은 외부 세계에서 오는 감각과 내부 과정에서 오는 억압되지 않은 감정과 사고를 인식하며, 보통 각성 상태에서 생각을 다룬다. 프로이트는 의식을 "우리의 통로를 밝혀 주어 정신생활의 어두움 속에서 우리를 인도해 주는 것"이라고 기술하였다(Freud, 1915: 최영민, 2010에서 재인용).

(2) 전의식

의식과 무의식 사이에는 전의식이 존재한다. 전의식은 인식 밖에 있지만 접근 가능하여, 조금만 노력하면 의식할 수 있는 모든 경험을 말한다. 예를 들어, 지난주 금요일에 누구를 만났는지 또는 첫 소개팅을 한 장소는 어디였는지 등의 기억은 조금만 노력하면 떠올릴 수 있다.

(3) 무의식

무의식은 의식의 범위 밖에 있는 충동과 욕구로, 전혀 의식되지 않는데도 우리의 생각과 행동을 결정하는 데 중요한 역할을 한다. 무의식은 대부분의 용납될 수 없는 사고와 충동, 이기적인 욕망, 비이성적인 소망, 수치스러운 기억 등의 저장고가 된다.

전의식과 무의식은 의식되지 않는 정신의 부분이지만, 실제 인간 행동에는 의식보다 훨씬 큰 영향을 미친다. 프로이트의 이론을 심리결정론이라고 할 때, 그것은 어느 것도 우연한 것이 없다는 의미이다. 우리가 말과 글에서 하는 실수, 꿈 같은 것에서 무의식의 흔적을 찾을 수 있다고 보는 것이다. 예를 들어, 어떤 사람이 논문을 쓰면서 '마친다'를 '미친다'로 썼다면, 그것은 그 사람이 논문을 쓰면서 느꼈던 무의식적 스트레스를 표현한 것일 수 있다. 꿈은 무의식적 소망을 보여 주는 가장 좋은 통로가 되기도 하는데, 꿈에서는 근친상간적 소망이라든지 친한 친구에 대한 숨은 공격성과 같은 현실에서 인정하기 힘든 욕구가 표현된다.

3) 성격의 삼원구조: 원초아, 자아, 초자아

프로이트는 마음의 지형학적 이론을 성격의 삼원구조 이론(tripatrite theory of personality)으로 발전시켰다. 원초아, 자아, 초자아라는 인간의 성격구조가 의식, 전의식, 무의식에 걸쳐 있다고 보았으며, 특히 자아의 기능을 강조하였다. 이러한 이해를 그림으로 시각화해 보면 [그림 3-1]과 같다.

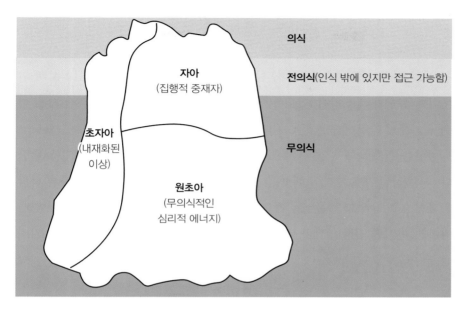

[그림 3-1] 성격의 삼원구조

(1) 원초아

원초아(id)는 기본적인 성적 추동과 공격적 추동을 만족시키려는 무의식적 정신 에너지의 저장고이다. 원초아를 움직이는 기본 원리는 쾌락 원리이다. 즉, 즉각적 만족을 추구하여 반사적이고 일차적인 욕구를 충족시키는 것을 목적으로 움직인다. 맛있는 음식을 보면 먹고 싶고, 매력적인 사람을 보면 다가가고 싶어진다. 흡연, 음주, 무분별한 성관계와 같이 일차적 욕구의 만족에 지나치게 몰두되어 있는 사람은 원초아의 욕구에 충실하게 움직이는 사람이라고 볼 수 있다.

(2) 자아

자아(ego)는 원초아와 초자아, 그리고 현실의 요구를 중재하는 성격의 '집행자'에 해당하며, 대체로 의식에 걸쳐 있다. 현실원리에 따라 현실적인 방법으로 원초아의 충동을 만족시키려고 노력한다. 예를 들어, 배가 고픈데 돈이 없을 때, 음식점의 음식을 보고 훔쳐 먹는 대신 현실적으로 용납되는 방식으로 집에 가서 음식을 먹기로 결정하고 배고픔을 지연시킬 수 있다. 즉, 자아는 적절한 환경에서 자신을 해치지 않으면서 타인과의 관계의 조화를 고려하며 원초아의 욕구가 해소될 수 있도록 원초아의 욕구를 지연시키거나 조절한다. 이는 유기체의 안정성을 보존하는 데 중요한 역할을 한다.

자아는 원초아와 현실 사이에서 둘의 상충되는 요구를 중재하려고 노력한다. 본능적인 생물학적 힘에 따른 원초아의 요구와 사회적 규칙과 다른 사람들과의 조화의 원리 등을 포함하는 현실의 요구는 끊임없는 전투 상태에 있다. 자아는 이러한 긴장 상태로부터 우리를 보호하기 위해 다양한 무의식적 기제를 활용하기도 한다.

(3) 초자아

초자아(superego)는 내재화된 이상을 대표하며, 양심의 소리 역할을 하는 성격 부분이다. 초자아는 자아로 하여금 현실적인 것뿐만 아니라 이상적인 것도 고려하게 하며, 어떻게 행동하는 것이 바람직한지를 기준으로 고민하게 한다. 초자아는 완벽을 추구하며, 행위를 판단하고, 자신감이라는 긍정적 감정이나 죄책감이라는 부정적 감정을 만들어 낸다. 지나치게 강력한 초자아를 가지고 있는 사람은 도덕적이지만 죄책감에 쉽게 휩싸일 수 있다. 초자아가 약한 사람은 무분별하고 무자비한 모습을 보일 수 있다.

초자아의 욕구는 원초아의 욕구와 상충되기 쉽다. 자아는 둘을 화해시키려고 노력한다. 만일 배고픈 철수가 돈이 없는데 시장을 지나가면서 만두 냄새를 맡는다고 하면, 원초아는 훔쳐서라도 음식을 바로 먹고 싶은 유혹을 느낀다. 하지만 만두를 훔치는 것은 철수의 초자아가 용납하지 않는다. 결국 근처에 사는 영수에게 연락하여 돈을 빌려 만두를 사 먹으면서 원초아와 초자아를 모두 만족시키게 되는데, 이러한 중재를 하는 것이 자아의 역할이다.

4) 불안

불안(anxiety)은 뚜렷한 원인이나 대상이 없는 상태에서 경험되는 두려움의 기분이다. 불안은 뭔가 조치를 취하지 않으면 자아가 전복될 수 있다고 개인에게 경고하는 역할을 한다. 이런 측면에서 우리는 불안에 대해 무언가를 하도록 동기를 부여하는 긴장 상태로 이해할 수 있다. 원초아, 자아, 초자아 간에 불협화음이 생길 때 불안이 발생하는데, 이 불안이 모든 신경증적 행동과 정신병리적 행동의 발달에 기본이 된다. 불안은 현실적 불안, 신경증적 불안, 도덕적 불안이라는 세 가지 유형으로 분류된다.

(1) 현실적 불안

현실적 불안(또는 객관적 불안)은 실제 외부 세계로부터 받는 위협, 위험 등에 대한 인식으로 인해 생겨나는 불안이다. 이것은 현실 세계의 실제 위험에 대한 공포와 같은 것이다. 우리는 화재나 지진 등의 재난 상황을 두려워하며, 곰이나 호랑이 같은 동물을 보면 피하려 한다. 따라서 현실적 불안은 실제 위험으로부터 자신을 보호하거나 도피하도록 우리의 행동의 방향성을 정해 주는 긍정적인 역할을 한다.

(2) 신경증적 불안

신경증적 불안 및 도덕적 불안은 우리의 정신건강을 위협할 수 있다. 신경증적 불안은 원초아가 지배하는 행동을 충동적으로 표현하면 처벌을 받을 수 있다는 것에 대한 무의식적 공포이다. 신경증적 불안은 아동기 경험 및 본능적 만족과 현실 사이의 갈등에 의해 발생한다. 아동은 성적 충동이나 공격적 충동을 노골적으로 표현하면 처벌을 받을 수 있다. 따라서 원초아의 충동을 만족시키고자 하는 욕망은 불안을 유발할 수 있다. 이 공포는 본능 자체가 아니라 본능을 만족시킴으로서 생길 수 있는 결과에 대한 공포이다. 갈등은 원초아와 자아 사이에서 생겨나고, 어느 정도 현실적 근거를 갖는다.

(3) 도덕적 불안

도덕적 불안은 원초아와 초자아 사이의 갈등에서 비롯된 불안이다. 본능적인 충동을 표현하려고 할 때 초자아는 도덕적 규범에 위배되는지를 판단하게된다. 이때 본능의 표현이 도덕적 규범에 위배된다고 판단되면 수치심이나 죄책감을 동반한 불안을 경험하게 된다. 이것은 우리가 양심의 가책으로 기술하는 경험이다.

도덕적 불안은 초자아의 발달에 영향을 받는다. 자기 절제를 매우 강조하는 방식의 양심을 가진 사람은 덜 엄격한 도덕적 지침을 가진 사람보다 더 큰 갈등을 겪을 것이다. 신경증적 불안과 마찬가지로 도덕적 불안도 현실적 근거를 어느 정도 가진다. 아동은 부모가 제시하는 도덕적 기준을 어길 때 벌을 받고, 성인은 사회적 도덕 규범을 어길 때 규탄을 받거나 처벌을 받게 된다.

5) 방어기제

방어기제(defence mechanism)는 프로이트가 고안한 정신분석적 용어로 현실을 무의식적으로 왜곡시킴으로써 불안을 감소시키고 자아를 보호하는 방법을 일컫는다. 프로이트는 억압, 부인, 투사와 같은 기본적인 방어기제를 소개하였고, 그의 막내딸 안나 프로이트(Anna Freud)는 1936년 『자아와 방어기제(The Ego and the Mechanisms of Defence)』를 발표하면서 다양한 종류의 방어기제를 설명하였다(Hendrick, 1938).

(1) 방어기제의 기능

사회적으로나 도덕적으로 용납되지 않는 성적 추동 및 공격적 추동은 개인에게 하나의 위험으로 인식되고 불안을 일으킨다. 불안은 세 가지 성격구조(원초아, 자아, 초자아) 간의 끊임없는 갈등을 야기하는데, 자아는 충동적으로 쾌락을 추구하는 원초아와 완벽성 및 도덕성을 추구하는 초자아 사이의 갈등을 감소시키는 방안을 찾아 불안을 줄이려 한다. 자아가 합리적인 방법으로 불안감을 해결하지 못하면, 개인은 자신이 의식하지 못하는 가운데 비현실적인 방법으로 불안감을 제거하려는 심리적 기제를 사용하게 되는데, 그것이 방어기제이다. 이는 자동적이고 미분화된 반응을 통하여 고통스러운 감정과 갈등을 줄이려는 무의식적이고 주관적인 왜곡이라고 할 수 있다. 개인은 갈등에서 비롯된 불안으로부터 자신을 보호하기 위해 다양한 방어기제를 사용한다.

(2) 방어기제의 종류

방어기제의 종류와 방어 정도는 개인 각자의 발달 수준과 불안 정도에 따라 다르다. 우리가 보편적으로 사용하는 방어기제에는 어떤 것들이 있는지 살펴보자.

① 억압

억압(repression)은 충동과 정서가 방출되려 할 때 무의식에 눌러 놓는 것이다. 즉, 의식에서 용납하기 힘든 생각, 욕망, 충동을 의식 속에서 몰아내는 것이다. 억압은 불안에 대한 1차적 방어기제로 다른 모든 방어기제의 기저가 된다. 동기화된 망각이 여기에 해당한다. 프로이트는 억압이 아동기에 이성 부모에게 성적 욕망을 가졌던 사실을 기억하지 못하는 이유를 설명해 준다고 믿었다. 그런데 억압은 완벽하지 않기 때문에 억압된 충동은 꿈의 상징과 말실수 등을 통해 나타난다.

② 부인

부인(denial)은 그 일이 일어났음을 받아들이지 않는 것을 의미한다. 즉, 의식화되면 감당할 수 없을 것 같은 생각, 욕구, 충동, 사건 등을 무의식적으로 차단해 버리는 것이다. 여기에는 '내가 이 사건을 인정하지 않으면, 이 사건은 일어나지 않은 거야'라는 비논리적인 신념이 작용한다. 예를 들어, 사랑하는 아이를 갑작스러운 사고로 잃은 부모가 아이의 죽음을 인정하지 않고 아이의 방을 그대로 꾸며 놓고 곧 아이가 올 것처럼 이야기할 수 있다. 부인의 과정은 무의식적인 차원에서 일어나기 때문에, 이차적 이득을 위해 의식적으로 하는 거짓말과는 차이가 있다.

③ 퇴행

퇴행(regression)은 발달적으로 이전 단계의 행동이나 심리적 상태로 되돌아가는 것이다. 일반적으로 퇴행은 발달과정에서 그 사람에게 더 안전하거나 편안했던 과거의 행동양식으로 후퇴하는 것을 의미하는데, 예로는 배변훈련이 잘 되어 있던 네 살짜리 아이가 동생이 태어나자 침구나 옷에 소변을 보는 경우가 있다. 초등학교 입학식 전날 손가락을 빠는 것도 예가 될 수 있다.

④ 반동형성

반동형성(reaction formation)은 자신의 욕망과 반대로 생각하고 행동하는 것이다. 밑바닥에 흐르는 생각, 소원, 충동이 너무나도 부도덕하고 받아들이기에 두려운 것일 때, 이와 정반대의 것을 선택함으로써 의식으로 떠오르는 것을 막는 과정이다. 예를 들면, 어떤 사람이 다른 사람에게 강한 적대감을 느끼지만 그 감정에 대한 죄책감이 있을 때, 상대에게 지나치게 친절하게 대할 수 있다. '미운 놈 떡 하나 더 준다'라는 속담은 반동형성의 예라고 할 수 있다.

⑤ 투사

투사(projection)는 자신이 지닌 욕구를 다른 사람이 지닌 것으로 간주하는 것이다. 예를 들면, 어떤 사람이 친구들이 아무도 자신을 좋아하지 않는다고 불평한다면, 사실은 그 자신이 자신을 포함한 어느 누구도 좋아하지 않는 것일 수 있다. 의처증, 의부증에는 이러한 기제가 작용할 가능성이 높다. 즉, 외도하고 싶은 자신의 욕구를 배우자에게 투사하여 배우자가 외도를 하려 한다고 의심하고 추궁한다.

⑥ 합리화

합리화(rationalization)는 수용하기 어려운 욕망에 대해서 그럴듯한 현실적 이유를 붙여 정당화시키는 설명을 만들어 불안을 회피하는 것이다. 그 행동 속에 숨어 있는 실제 원인은 의식에서 용납할 수 없는 내용이므로 자신은 모르고 있으며, 자신이 생각할 때 가장 도덕적이고 합리적인 설명을 한다. 이솝우화 중 '여우와 신포도'는 합리화의 좋은 예이다. 여우는 높은 곳에 매달린 포도를 보고 먹으려고 여러 번 시도하지만 결국 도달하지 못한다. 여우는 "저 포도는 신포도라서 맛이 없을 거야."라고 스스로 위로한다. 즉, 실패를 합리화하여 자존감을 보호한 것이다.

⑦ 전치

전치(displacement)는 한 대상에 대한 어떤 추동, 정서, 집착, 행동의 방향을 다른 대상으로 바꾸어 배출하는 것이다. 원래 한 대상에게 주었던 감정을 덜 위험한 대상에게로 옮기는 과정이다. '종로에서 뺨 맞고 한강에 가서 눈 흘긴다'는 속담이 좋은 예이다. 한 학생이 학교에서 친구에게 놀림을 당하고는 집에 가서 어린 동생을 못살게 굴고 가구를 부순다면 이 학생은 가해 학생에 대한 감정을 동생과 가구에 전치시킨 것이다.

⑧ 주지화

주지화(intellectualization)는 정서적인 주제를 지적인 주제로 전환하여 추상적으로 다루는 것이다. 감정과 충동을 억누르기 위해 그것을 경험하는 대신에 그것에 대한 지적인 생각을 많이 하면서 불안을 막는 방어기제이다. 사랑하던 여자로부터 이별 통보를 받은 남자는 현대 여성의 심리와 연애에 대해 지적인 분석을 하면서 자신의 고통과 상처를 회피할 수 있다.

⑨ 승화

승화(sublimation)는 사회적으로 용납할 수 없는 욕구나 충동을 사회적으로 인정되는 형태와 방법을 통해서 발산하는 것이다. 예를 들어, 성적인 욕구를 아름다운 그림으로 표현하거나, 자신의 공격성을 표현하기 위해 복싱이나 이종격투기와 같은 공격성이 용납되는 직업을 가져서 사회적으로 인정되는 방식으로 발산하는 경우이다. 승화는 다른 방어기제와 달리 충동 에너지가 그대로 사회적으로 쓸모 있게 전용된 것으로 가장 바람직한 방어기제라고 할 수 있다.

(3) 방어기제의 사용

방어기제의 사용이 한번 성공하게 되면 몇 번이고 계속 사용하게 되는 경우가 많아서 그 사람의 성격의 일부가 될 수 있다. 따라서 방어기제는 성격의 중요한 일부가 되기도 한다. 방어기제를 통해 사람은 무의식적으로 어떤 강력하고 위협적인 감정(대개는 불안이지만 때로는 감당할 수 없는 슬픔이나 다른 혼란스러운 정서 경험)을 피하거나 다루면서 현실에 적응할 수 있다. 또한 방어기제의 사용으로 자존감이 유지된다.

방어기제의 활용은 불안을 감소시킨다는 장점이 있지만, 방어기제를 지나치게 자주 활용하면 개인적 성장을 방해하고 인간관계가 만족스럽지 못하게 된다. 왜냐하면 방어기제의 잦은 사용은 현실을 왜곡시키고 개인의 진정한 감정을 깨닫는 것을 방해하여 부적응적인 문제를 초래할 수 있기 때문이다. 방어기제를 통해 표현되는 태도나 행동은 가끔 미성숙하며, 비현실적이고, 신경증적인 것으로 평가된다. 특히 외부 세계와의 긴장을 해소하기 위해 특정 방어기제에만 의존한다면 적응 문제, 신경증 또는 정신병으로 이어질 수 있다.

6) 심리성적 발달 단계

프로이트에 따르면 아동은 일련의 심리성적 발달 단계들을 거치면서 성격을 발달시키게 된다. 각 단계에서 원초아의 쾌락추구 에너지는 성적 쾌감에 민감한 신체의 특정 부위에 초점을 맞춘다. 쾌락추구가 지나치게 만족되거나 박탈되면 그 단계에 고착된다. 이렇게 해결되지 않은 갈등은 개인의 성격 발달과 성인기의 부적응적 행동에 영향을 미친다.

환자의 개인사를 분석하면서 프로이트는 생애 처음 몇 년의 경험에 의해 성격이 형성된다고 확신하였다. 환자의 증상은 아동기 초기에 해소되지 않은 갈등에 뿌리를 두고 있는 것 같았다. 프로이트의 심리성적 발달 단계는 다음과 같은 순서로 이루어진다.

(1) 구강기

구강기(oral stage)는 처음 태어나서 18개월까지로 쾌감이 입에 집중되는 시기이다. 이 시기의 유아는 수유를 하며, 빨기, 깨물기, 씹기 등을 통해 만족을 추구한다. 구강기에는 특히 유아가 세상에서 처음 경험하게 되는 중요한 타자인 어머니와의 관계가 중요하다. 구강기의 경험을 통해 인간은 의존, 신뢰와 같은 세상과 인간에 대한 기본적인 태도를 형성하게 된다.

구강기의 욕구가 지나치게 만족되거나 좌절되면 개인은 구강기적 성격을 나타내게 된다. 구강기적 성격은 이빨이 나기 전에 엄마가 주는 젖을 수동적으로 받아먹는 단계에서 형성되는 구강—수동적 성격과, 이빨이 난 후 보다 적극적으로 수유 행위를 하는 단계에서 형성되는 구강—공격적 성격으로 나누어진다. 구강—수동적 성격의 특징은 지나친 낙관주의, 과잉신뢰, 타인의 평가에 대한 지나친 의식, 마마보이로 대표된다. 구강—공격적 성격의 특징에는 논쟁, 비꼬기, 괴롭힘 등이 있다.

(2) 항문기

항문기(anal stage)는 18개월에서 36개월의 유아에게 해당하는 시기로, 쾌감이 항문 주위에 집중된다. 대부분의 아동에게 이 시기는 배변훈련 시기이다. 아동은 배설물을 보류하고 방출하는 것에서 쾌감을 느낀다. 양육자가 대소변 훈련을 시키면서 통제를 요구하기 때문에 아동은 이에 대처해야 한다.

아동은 배변훈련을 통해 처음으로 세상의 질서를 배우고, 자신의 욕구를 관리하는 방법을 배운다. 항문기에 고착되면 질서, 인색함, 고집이라는 3대 항문기적 성격을 보이게 된다. 어지르기, 무질서, 부주의, 낭비벽, 사치벽, 반항심, 적개심, 잔인함, 파괴 등이 나타날 수도 있고, 과도한 청결주의, 시간 엄수, 질서, 인색 등 모으고 쌓아 두기의 특징을 보일 수도 있다.

(3) 남근기

남근기(phallic stage)는 만 3세에서 6세에 해당하는 학령전기의 시기로, 이때 쾌감은 성기에 집중된다. 아동은 남자와 여자 간에 신체구조가 다른 것에 대해 관심을 가지게 된다. 또한 성적 애착이 이성의 부모에게 향한다는 특징이 있다. 아동은 이러한 근친상간의 성적 감정에 대처해야 하며, 이 시기에 경험하는 갈등이 아동의 성격 형성에 중요한 영향을 미친다.

이 시기에 남아는 오이디푸스 콤플렉스, 여아는 엘렉트라 콤플렉스를 겪는다. 오이디푸스 콤플렉스는 어머니를 향한 남아의 성적 욕구 그리고 경쟁자인 아버지에 대한 질투와 혐오감을 의미한다. 프로이트는 이러한 복합적 감정을 자신도 모르게 아버지를 살해하고 어머니와 결혼한 그리스의 오이디푸스 신화를 빌어 지칭하였다. 어머니를 향한 성적 욕구는 남아에게 위협적으로 경험된다. 남아는 죄책감을 느끼며, 아버지가 자신의 성기를 거세하는 처벌을 가할지도 모른다는 잠재적 공포를 느낀다. 결국 남아는 자신의 어머니에 대한 성적 욕구를 억압하고, 경쟁자로 느껴지는 아버지와 동일시, 즉 똑같이 되려는 시도를 함으로써 위협적인 감정에 대처하게 된다.

여아는 이에 상응하는 엘렉트라 콤플렉스를 경험한다고 보았는데, 프로이트는 여아가 남근 선망적 소망을 가진다고 설명하였다. 하지만 이 문제에 대한 프로이트의 생각은 가변적이었던 것으로 보인다. 사실 엘렉트라 콤플렉스에 대한 증거는 별로 없다. 하지만 이 시기에 여아도 어머니와 동일시하는 모습을 보인다. 여아와 남아 모두에게서 나타나는 이 동일시 과정에서 아동은 부모의 많은 가치를 자신의 것으로 받아들이게 된다. 더불어 동성 부모와의 동일시를 통해 성정체감을 발달시키게 된다.

오이디푸스기 성격의 주요 특징은 자신의 아름다움과 비범함에 도취되어 남들로부터 끊임없이 인정받고 싶어 하는 것이다. 이 단계에 고착되어 발달한 성격을 일명 자기애적 성격(narcissistic personality)이라고 부른다.

(4) 잠복기

잠복기(latent stage)는 만 6세에서 사춘기가 시작되기 전까지에 해당한다. 이 시기에는 성적 욕구가 일시적으로 잠복하여 이전 단계에 나타났던 성적 호기심과 성적 에너지가 다소 감소한다. 대신 아동은 동성 친구나 외부 세계에 관심을 집중하여 학습하고 경쟁하며, 사회적 기술과 지적 능력을 발달시키는 데 더 많은 에너지를 사용한다.

(5) 생식기

프로이트의 심리성적 발달 단계 중 마지막 단계인 생식기(genital stage)는 사춘기가 시작되는 시점부터 성인기를 포함하는 시기에 해당한다. 사춘기에 2차 성징이 일어나면서 개인의 성적 관심은 한층 성숙해지고 성적 욕구가 외부 세계를 향해 본격적으로 활성화되어 나타난다. 신체적 성숙과 함께 진정한 의미의 성욕이 나타나는 시기로 볼 수 있다.

아동기에 형성된 성격구조는 이 단계의 성적 행동과 관계 설정에 중요한 역할을 하게 된다. 초기 심리성적 단계(구강기, 항문기, 오이디푸스기)에 해결되지 않은 갈등은 생식기 이후 어른이 되어서도 부적응적인 행동으로 표출될 수 있다. 심리성적 발달 단계를 거치는 과정에서 원초아의 욕구나 충동을 자아와 초자아가 얼마나 효과적으로 통제하고 조절하였는가에 따라 개인의 성격은 달라질 수 있다.

4. 상담 과정

정신분석 치료는 내담자의 성격구조를 건강하게 변화시키는 것을 궁극적인 목표로 본다. 이를 위해 상담자와 내담자는 장기간에 걸쳐 집중적 분석 작업을 하는 편이며, 증상의 감소를 넘어 건강하고 성숙한 성격의 인간으로 성장하는 것을 이루고자 한다.

1) 상담목표

정신분석 치료는 건강한 성격구조의 형성에 초점을 두며, 이를 위해 무의식을 의식화하는 것과 자아 기능을 강화하는 것을 치료목표로 삼는다. 무의식을 의식화한다는 것은 인식하지 못했던 내면세계에 대한 자각을 촉진하고 확대하는 것이다. 내담자가 자각하지 못하고 있었던 무의식적 욕망과 충동, 그리고 갈등을 인식하도록 한다. 그 과정에서 무의식적 욕망과 갈등의 원천인 어린 시절의 경험에 대한 인식, 논의, 재구성, 해석 등이 이루어진다. 또한 자아의 기능을 강화시키는 것을 통해 행동이 현실과 조화를 이루면서 원초아에 따른 비합리적이거나 해로운 충동 또는 초자아에 의한 비이성적인 죄책감을 보다 효과적으로 통제하게 된다. 즉, 자아가 불합리한 죄책감이나 수치심, 신경증적 불안에 압도되지 않고, 원초아, 초자아, 현실의 요구를 효과적으로 조율하게 되는 것이 치료적 목표가 된다.

무의식을 의식화하고 자아가 강화될 때 개인은 증상의 무의식적 의미를 이해하고, 다른 사람과의 관계 양상에 대한 통찰을 얻으며, 부적절한 방어기제의 사용을 줄이게 된다. 그 과정에서 개인은 자신에 대한 이해를 확장하고, 자신에게 도움이 되는 방식의 자기표현을 늘리며, 건강하고 친밀한 대인관계를 형성할 수 있는 능력을 발달시킨다. 이것은 삶의 안녕감 향상으로 이어진다.

2) 상담관계

정신분석 치료에서 상담자와 내담자의 관계는 내담자의 자기에 대한 인식, 이해, 탐색을 촉진하는 데 매우 중요한 역할을 한다. 이 관계는 내담자의 무의식적 갈등이 재현되는 장이자 치료의 핵심 도구로 사용된다.

(1) 상담자의 기능과 역할

정신분석 치료에서 상담자는 잘 훈련된 분석가로 기능한다. 상담자는 최대한 자신을 드러내지 않으며, 중립적이고 비판단적인 자세를 견지한다. 상담자의 중립적 태도는 내담자가 자신의 무의식적 갈등과 충동을 자유롭게 탐색할 수 있는 환경을 조성하며, 내담자가 과거 중요한 인물들에 대한 감정이나 태도를 상담자에게 이입하는 것을 관찰하고 분석할 수 있도록 돕는다. 상담자는 내담자가 마음속에 떠오르는 것을 사소한 것이라도 무엇이든 자유롭게 표현할 수 있도록 격려한다.

치료과정에서 상담자는 내담자가 경험하는 정신내적 세계에 대한 이해를 시도하고, 내담자의 언어적 · 비언어적 표현 모두에 골고루 주의를 기울인다. 이러한 기민한 자세를 유지하면서 상담자는 질문, 탐색, 자유연상 등을 활용하여 내담자의 과거와 현재를 탐색하고, 꿈의 의미를 발견하며, 방어와 저항에 대한 해석을 제공하고, 무의식적 내용에 대한 통찰을 촉진한다.

(2) 상담자와 내담자의 관계

치료과정에서 내담자는 과거의 중요한 타인(주로 부모 중 한 사람)이 자신에게 보였던 감정, 태도, 공상을 상담자의 특성인 것처럼 경험하고 반응하는데, 이것을 전이(transference)라고 한다. 예를 들어, 내담자는 엄격하고 격려가 부족했던 아버지를 향한 감정을 상담자에게 전이하여, 상담자가 엄격하고 격려가 부족하다고 경험할 수 있다. 또한 상담자에게 따뜻한 애정을 많이 주었던 할머니의 특성을 투사하여, 상담자를 사랑과 수용의 대상으로 경험할 수도 있다. 이는 무의식적 과정으로 내담자는 대체로 이것이 전이라는 것을 인식하지 못한다. 전이가 나타나면 내담자의 억압된 자료는 현재 관계에서 재현된다. 상담자는 내담자가 보이는 전이 반응에 대해 인식하고 분석하면서, 필요할 때 적절한 해석을 제공하여 내담자의 통찰을 촉진한다. 전이에서 나타나는 어린 시절에서 비롯된 무의식적 내용 및 방어를 반복적이고 정교하게 분석하면, 내담자는 이에 대한 통찰을 얻고 새로운 선택을 할 수 있게 된다.

때로는 상담자가 자신의 과거에 기반하여 내담자에 대한 무의식적 감정과 반응을 경험하게 될 수 있는데, 이를 역전이(counter-transference)라고 한다. 프로이트는 역전이를 상담자의 중립성을 훼손하는 요소로 피해야 하는 경험으로 보았지만, 오늘날 정신분석 치료를 하는 많은 상담자들은 역전이가 내담자에 대한 자연스러운 반응이라고 본다. 오히려 이에 주의를 기울여 상담자 자신을 이해하는 데 활용하기도 하고, 내담자가 다른 사람에게 불러일으키는 정서 반응을 이해할 수 있는 자료로 사용하기도 한다. 상담자는 역전이를 통해 치료에 방해가 될 수 있는 개인적인 문제를 발견할 수 있다. 자신의 문제를 발견하게 되면 이에 대해 작업하고 해결하여 더욱 효과적인 치료자가 될 수 있도록 해야 한다. 그 과정에서 적절한 자문이나 슈퍼비전, 교육분석 등이 필요할 수 있다.

3) 상담 과정

정신분석 치료는 치료의 목표나 주제, 상담의 빈도, 내담자의 여건 및 상담자의 입장 등에 따라 다양한 형태의 상담 과정을 거칠 수 있다. 하지만 대략적 과정은 상담자와 내담자의 관계 형성이 이루어지는 초기 단계, 저항과 전이가 나타나는 중기 단계, 통찰과 훈습이 나타나는 후기 단계로 나누어 볼 수 있다.

(1) 초기 단계

상담의 초기 단계는 상담자와 내담자가 치료동맹을 맺는 단계이다. 상담자와 내담자는 치료목표에 합의하고, 상담시간, 비용, 비밀보장의 한계 및 치료과정에서의 상담자와 내담자의 역할 등에 대해 논의하고 상담 작업을 시작하게 된다. 상담자는 자연스러운 호기심과 공감적 조율을 통해 내담자를 알아가고, 내담자는 자신의 감정, 동기, 생각 등에 대해 자유롭게 표현하도록 격려받는다. 그 과정에서 내담자는 상담자의 무비판적 수용을 경험하고, 상담자에 대해 더욱 신뢰하며 자신의 문제에 대한 분석의 동기가 고취되는 경험을 하게 된다.

(2) 중기 단계

초기 단계를 지나고 중기로 접어들면서 내담자는 저항과 전이를 보이기 시작한다. 여기서 저항은 내담자가 무의식적인 충동, 감정, 기억에 접근하는 것을 방해하거나 피하려는 시도를 의미한다. 상담시간을 잊어버리거나, 중요하지 않은 이야기를 횡설수설하듯 늘어놓거나, 상담자의 탐색적 질문에 대한 대답을 거부하는 등 치료과정을 방해하는 모든 행동을 저항으로 볼 수 있다. 상담자는 내담자의 저항을 인식하고, 내담자도 그 저항을 인식할 수 있도록 하면서 그 의미를 탐색해 간다. 이 과정을 통해 내담자의 자기이해가 증가하고, 치료동맹이 강화될 수 있다.

상담 중기에는 전이가 나타나면서 내담자는 상담자를 어린 시절의 중요한 타인처럼 대하는 행동을 보인다. 상담자의 의도를 오해하거나, 부적절한 감정을 표출하거나, 지나치게 동조하거나 회피하는 모습 등이 나타날 수 있다. 내담자는 자신의 전이 욕구를 상담자를 통해 충족시키려 하는데, 상담자는 이에 대해 인식하고 중립적인 태도를 유지하며 내담자가 그러한 자신의 행동의 무의식적 의미를 통찰할 수 있도록 돕는 역할을 수행한다.

(3) 후기 단계

내담자는 저항과 전이의 과정 속에서 그 무의식적 의미를 파악해 가면서 자신의 무의식적 갈등에 대한 통찰을 얻게 된다. 자신을 힘들게 했던 자신의 행동이 어떻게 형성된 것인지, 그것이 현재의 관계 및 생활방식에 어떤 영향을 끼치고 있는지 등을 깨닫게 된다. 이제 내담자는 서서히 새로운 적응적인 행동을 선택할 수 있게 된다.

내담자는 새로운 적응 전략을 일상생활에 실천해 가는 훈습을 하게 된다. 그 과정에서 내담자는 변화에 대한 저항을 보이기도 하고, 이전 단계로 퇴행하는 모습을 보이기도 한다. 상담자는 이에 대해 지속적으로 거울처럼 비추어 주면서 반복적이고 정교한 분석을 제공한다. 내담자는 서서히 일상생활 속에서 건강한 생활방식으로 살아가는 모습을 보이게 된다. 내담자의 변화가 안정적이라고 판단되면, 상담자는 내담자와 치료의 효과를 검토하면서 종결을 준비한다.

5. 상담 기법

정신분석 치료에서는 내담자가 증상의 무의식적 기원에 대해 이해하고 통찰을 얻는 것을 통해 심리적 치유를 도모한다. 프로이트는 카우치에 내담자가 누워 있는 상태에서 자유연상을 하도록 하거나, 그들의 꿈을 분석하는 과정을 통해 내담자의 통찰을 촉진하였다. 때로는 내담자의 삶을 심리성적 발달의 관점에서 분석하기도 하였다. 무의식적 소재를 탐색하여 의식화하고 통찰하도록 돕기 위해, 정신분석 치료에서는 자유연상, 해석, 꿈 분석, 저항 분석, 전이 분석과 같은 기법을 활용한다.

1) 자유연상

정신분석에서 무의식의 탐구를 위해 사용하는 방법이 자유연상(free association)이다. 자유연상은 이완된 상태에서 아무리 사소하거나 당황스러운 것이라도 마음에 떠오르는 것은 무엇이든 말하게 하는 방법이다. 자유연상을 통해 내담자는 평소에 자신의 도덕적 기준이나 타인의 시선 때문에 표현하지 못했던 자신의 소망과 욕구를 표현할 수 있는 기회를 갖게 된다. 이러한 방법을 통해 내담자와 상담자는 함께 내담자의 무의식 세계를 탐색한다.

2) 해석

해석(interpretation)은 상담자가 내담자의 행동의 의미를 추리하여 설명해주는 것을 의미한다. 상담자는 해석을 통해 내담자가 자신의 생각과 감정을 구체화하고, 무의식적 소재를 더 탐색할 수 있도록 동기를 부여하며, 행동의 의미를 깨달을 수 있도록 돕는다.

해석에는 다음과 같은 몇 가지 원칙이 있다(Fine, 1982). 첫째, 무의식적 갈등보다는 저항에 대한 해석을 먼저 한다. 둘째, 해석하려는 내용이 내담자의 의식에 어느 정도 가까이 와 있다고 판단될 때 해석을 제공한다. 내담자가 수용할 준비가 되지 않았을 때 제공되는 해석은 거절되는 경향이 있다. 따라서 내담자의 준비도에 대한 예민한 평가를 기반으로 해석을 시도하는 것이 중요하다. 마지막으로, 해석은 표면적인 것에서 시작하며 점차 깊이 있는 것으로 가는 방향으로 시도한다. 그렇게 해석이 진행될 때 내담자는 해석을 더욱 잘 수용하게 된다.

3) 꿈 분석

프로이트는 1900년에 출판한 기념비적 저서인 『꿈의 해석』에서 꿈을 '모든 발견 중에서 가장 가치 있는 것'이라고 제안하였고, 꿈이 소망을 충족시킴으로써 다른 방식으로는 용인될 수 없는 감정을 방출시키는 정신적 안전밸브를 제공한다고 주장하였다. 프로이트는 꿈이 내적 갈등을 이해하는 열쇠라고 생각하였다.

프로이트에 따르면, 꿈의 잠재내용(latent content)의 상징적 버전인 표출내용(manifest content)은 검열을 받는다. 잠재내용은 직접적으로 표현하면 위협적일 수 있는 무의식적 추동과 욕망으로 구성된다. 따라서 꿈 분석 속에서 표출내용을 통해 잠재내용을 이해하는 작업을 하게 된다. 상담자는 치료과정에서 내담자가 꿈의 내용을 말하도록 하고, 그 내용에 대한 자유연상과 감정 표현을 격려하면서, 꿈의 의미를 이해할 수 있도록 돕는다.

4) 저항 분석

저항 분석(resistance analysis)은 내담자가 치료과정에서 보이는 비협조적이거나 저항적인 행동의 의미를 분석하는 작업이다. 상담 과정에서 저항은 내담자의 의미 있는 통찰을 방해하는 역할을 하는데, 한편으로는 내담자가 변화에 대해 느끼는 불안과 두려움을 반영하기도 한다. 상담자가 내담자의 저항을 존중하는 방식으로 다루며 내담자가 이해할 수 있는 방식으로 해석을 제공할 때, 내담자는 자신의 저항을 인식하고 저항을 줄이며 보다 능동적으로 치료에 참여하게 된다.

5) 전이 분석

전이 분석(transference analysis)은 내담자가 치료과정에서 상담자와의 관계에서 보이는 전이 현상의 의미를 분석하는 것이다. 상담자의 중립적 태도는 전이가 나타나는 것을 촉진하고, 내담자는 전이를 통해 의식적으로 접근하기 어려웠던 다양한 감정, 신념, 소망 등을 재경험하고 표현하는 기회를 얻게 된다. 상담자는 전이를 분석하여 내담자가 무의식적 갈등과 방어기제를 자각하도록 돕는다.

6. 평가

프로이트의 이론에 기반한 정신분석적 심리치료는 인간의 무의식과 어린 시절 경험이 성격 발달과 정신건강 문제에 미치는 영향을 깊이 있게 다룬다는 특징이 있다. 이러한 치료적 접근은 내담자가 자신의 무의식적 동기와 갈등을 이해하도록 촉진하고, 이를 통해 정신적 갈등을 해결하고 개인적 성장을 도모하도록 효과적으로 도울 수 있다. 프로이트의 이론은 현대 심리학과 정신의학의 이론과 실천의 기초를 마련했으며, 복잡한 인간 심리의 이해에 깊이를 더한 것으로 평가된다. 프로이트 이론은 일반 문화와 예술 분야에서도 영향을 미쳐, 다양한 창작 활동에서 심리적 요소를 탐구하는 데 기여하고 있다.

그러나 프로이트의 정신분석 치료에는 여러 가지 한계도 있다. 첫째, 그의 이론은 과학적 방법론에 의해 충분히 검증되지 않았으며, 원초아, 자아, 초자아와 같은 모호한 개념들을 포함하고 있어 과학적으로 측정하거나 확인하기 어렵다. 둘째, 정신분석은 시간과 비용이 많이 소요되며, 모든 환자에게 동일하게 효과적이지는 않을 수 있다. 현대 심리치료에서는 보다 짧은 시간에 구체적인 문제해결을 추구하며, 이러한 맥락에서 인지행동치료와 같은 다른 접근법이 선호되기도 한다. 셋째, 프로이트의 이론은 성별과 성 정체성에 대한 고정관념적인 시각을 포함하고 있어 현대 사회의 다양성과 포용성에 부합하지 않는 부분이 있다. 비평가들은 프로이트가 성과 공격성을 주요 동기로 언급한 것에 이의를 제기하면서, 인간의 사회적 동기 및 자유의지를 강조하기도 한다.

이러한 다양한 이유로, 많은 현대 심리학자들은 프로이트의 이론을 수정하거나 새로운 이론을 개발하면서 더 포괄적이고 과학적인 접근을 추구하고 있다. 이후의 심리치료 이론들은 프로이트의 업적을 확장하거나, 수정하거나, 반대하는 방식으로 발전하였다는 측면에서, 프로이트에게 빚지고 있다. 웨스턴(Western, 1998)이 프로이트에 대해 "인간의 자기이해에 결코 내팽개칠 수 없는 중요한 족적을 남겼다."라고 평가했듯이, 그의 이론은 여러 논란에도 불구하고 인간 이해 및 상담과 심리치료의 발전에 매우 중요한 토대가 되었다.

4장 대상관계이론

1. 이론의 발달

프로이트(Sigmund Freud)의 정신분석 이론은 성격의 형성과 정신병리의 발생 과정에 대해 추동-갈등 모델을 제시했다. 그에 의하면 심리적 에너지로서의 본능적 충동이 쾌락의 원리에 따라 즉각적으로 욕구를 충족하려 하고, 충동으로 인해 발생한 심리적 긴장의 해소를 추구하는데, 이러한 과정에서 겪게 되는 갈등이 정신병리를 야기한다는 것이다. 자아, 초자아, 원초아로 이루어진 성격구조는 각기 다른 특성과 지향점으로 인해 심리적인 갈등을 필연적으로 유발하게 되고, 이러한 갈등 관계에서 나타나는 억압과 불안이 심리적 부적응의 원인이 된다고 하였다. 프로이트의 고전적 정신분석 이론은 한사람 심리학이라고 불리기도 하는데, 이는 개인 내부의 심리적 추동과 성격구조 간의 갈등에 초점을 두고 있기 때문이다. 이러한 추동-갈등 모델은 이후 많은 학자들에 의해 관계중심모델로 발전하게 되는데, 대표적인 이론으로 설리반(Harry S. Sullivan) 등의 대인관계 정신분석, 클라인(Melanie Klein) 등의 대상관계이론, 코헛(Heinz Kohut)의 자기심리학 등이 있다.

대인관계 정신분석은 설리반, 프롬(Erich Fromm), 호나이(Karen Horney) 등이 대표한다(Greenberg & Mitchell, 1999). 이들에 의하면, 사람은 출생 이후 지속적으로 다양한 대인관계 속에서 성장하므로 성격 발달에 있어 그 사람이 속한 사회 문화적 맥락의 영향이 매우 중요하다. 성격은 대인관계의 맥락 안에서 존재하는 것이며, 개인의 심리적 부적응은 개인과 환경, 즉 개인과 그 주변의 의미 있는 타인과의 상호작용에 영향을 받게 된다. 특히 설리반은 유아에게 '만족에 대한 욕구' '안전에 대한 욕구'가 있으며 이 두 욕구 사이의 균형과 갈등에 의해 심리적 적응과 부적응이 달라질 수 있다고 하였다. 이러한 욕구를 만족시키기 위해 유아는 다른 사람을 필요로 하므로, 만족 및 안전에 대한 근본적인 욕구는 대인관계적 욕구를 기반으로 한다고 할 수 있다. 즉, 프로이트의 추동-갈등 이론은 마음이 추동의 파생물로 이루어져 있다고 보는 반면, 설리반 등의 대인관계 정신분석은 관계 경험의 산물들로 이루어져 있다는 관점에서 차이가 있다. 대인관계 정신분석의 개념들은 대상관계이론, 자기심리학 등이 발달하면서 새롭게 조명받고 있다.

대상관계이론에서 인간의 근본적인 욕구는 의존의 욕구이며, 어린 시절 주양육자와의 관계 속에서 심리적 갈등 및 성격 발달을 하게 된다고 하였다. 이는 개인내적인 심리기제를 강조하는 고전적 정신분석 이론과 대비되는 것으로 인간의 성격 발달 및 정신병리의 발생을 타인과의 관계 경험에서 기인한다고 보는 것이다.

대표적인 대상관계이론가로 주로 런던에서 활동했던 클라인은 추동-갈등 모델에서 관계구조모델로 넘어가는 과도기적 역할을 했다. 그녀는 리비도, 공격성, 오이디푸스 콤플렉스에 관심이 있었다(Greenberg & Mitchell, 1999). 클라인은 본능적 충동이 생리적 추동이 아닌 신체적으로 경험되는 소망과 두려움이며, 추동은 선천적으로 대상 지향적이고 유아는 타인과 연결되고자 하는 욕구가 있다고 했다. 그녀는 프로이트와 달리 생물학적인 측면에 관심을 두지 않았다. 클라인은 프로이트의 구강기에 해당하는 생애 첫해가 발달에 있어 결정적이라고 보았으며, 유아들의 놀이 활동을 관찰하고 분석하였다. 프로이트가 발달 단계에서 리비도가 경험되는 방식을 강조했던 것과 달리, 클라인은 편집-분열적 양태와 우울적 양태에서 불안을 경험하고 다루는 방식을 통해 발달을 설명했다. 클라인은 추동이 대상과 연결되어 있으며, 성격 발달은 쾌락 추구의 원리가 아니라 대상관계에 있어 파괴와 파편화에 대한 소망과 두려움, 대상에 대한 통합의 갈등 등이 주된 동기가 된다고 하였다.

페어베언(William R. D. Fairbairn)은 리비도가 대상을 추구하며 대상과 관계를 맺고자 하는 욕구라고 했고, 이후 리비도적 역량을 지닌 개인이 대상을 추구한다고 했다. 이는 고전적인 추동이론에서 인간은 타자와 상관없이 태어나며 리비도가 쾌락을 추구하고 긴장을 감소하기 위해 이차적으로 타인과 관계를 맺는다고 했던 것과 차이를 보인다. 즉, 페어베언은 추동이론에서 관계구조모델로 전환하는 과도기적 역할을 했다. 그에 의하면 리비도는 쾌락을 추구하지 않고 관계를 추구하며, 타인을 지향하고 관계를 맺고자 하는 욕구이다. 인간의 근본 동기는 타인을 접촉하고 관계를 유지하는 데에 있으며, 정신병리는 타인과 관계를 맺는 것을 방해하는 과정들로 인한 것이다. 인간의 근본적인 불안은 생존을 위해 신체적·정신적으로 의지하고 있는 중요한 타인을 상실할지도 모른다는 것이며, 리비도적인 관계욕구가 좌절되었을 때 공격성이 나타난다고 했다(Gomez, 2008). 그는 세 부분의 자아와 대상으로 구성된 심리내적 체계, 즉 리비도적 자아와 흥분시키는 대상, 반리비도적 자아와 거절하는 대상, 중심적 자아와 이상적 대상을 제시했다. 즉, 모든 자아가 특정 내적 대상과 연결되어 있으며, 각각의 심리내적 체계들은 자아가 사랑하고 갈망하는 감정 상태나 혹은 거절당하고 사랑받지 못하는 상태를 통해 어떻게 대상과 관계 맺는지를 설명하는 심리지도이다.

위니컷(Donald W. Winnicott)은 대상관계이론을 현실 속에 적용하는 데에 기여한 바가 크다. 그는 관계구조모델의 틀 안에서 연구를 했는데, 아기와 어머니를 신체적 교류를 넘어서 상호적인 정서적 교류로 구성되는 하나의 단위라고 보았다. 대상관계를 추동 만족의 수단으로 보았던 고전적 추동이론과 달리, 위니컷은 아동의 발달적 요구, 이에 대해 어머니가 제공하는 신체적 반응, 심리적 환경 등의 상호작용을 통해 초기 대상관계가 형성된다고 보았다. 즉,

클라인은 유아가 타고난 선천적 요소로서의 대상 이미지와 공격성에 의해 대상관계가 형성된다고 했으나, 위니컷은 양육자가 제공하는 심리적·신체적 환경에 의해 대상관계가 결정된다고 했다. 위니컷은 자기개념에 관심을 가졌으며, 아동의 자기가 발달하기 위해 관계욕구를 수용해 줄 모성적 돌봄이 필요하고, 이러한 모성적 돌봄을 충분히 경험했느냐에 따라 자기구조가 달라질 수 있다고 했다(Greenberg & Mitchell, 1999). 이러한 모성적 돌봄의 환경으로 위니컷은 '이만하면 좋은 어머니(good enough mother)'의 개념을 제시했다.

컨버그(Otto F. Kernberg)는 대상관계에서 자기와 대상을 이미지나 표상으로 제시했고, 대상관계단위를 자기, 대상, 추동으로 개념화했다. 이는 자아심리학과 대상관계이론을 통합하려는 시도로, 추동은 자기 이미지 및 대상 이미지와 관련된 것이며 정서와 관련되어 있다고 주장했다.

요약하면, 대상관계이론은 인간의 관계욕구와 그 역할에 중점을 두는 접근법으로, 여기서의 인간관계에는 심리적으로 내재화된 관계와 현실 세계의 관계가 모두 포함된다. 프로이트는 인간의 성격이 원초아와 자아 그리고 초자아 사이에서 발생하는 역동적 상호작용의 결과라는 관점인 반면, 클라인은 '대상과 자기' 사이의 역동적 상호작용을 강조했다. 그녀는 자기와 대상, 그리고 그들을 연결하는 감정 등으로 이루어져 있는 복잡한 내적 대상관계의 내용들이 인간의 경험과 행동을 결정하는 주된 요인이라고 했다(Greenberg & Mitchell, 1999). 클라인은 초기 내적 대상들이 생명 본능과 죽음 본능에서 나오는 무의식적인 환상과 연결되어 있다고 봤다는 면에서 프로이트의 추동이론과 연결되어 있다. 이후 페어베언은 자기와 대상 사이의 차이와 다양성을 강조함으로써 관계모델로 완전히 옮겨 왔다(Stadter, 2006).

한편, 코헛은 정신분석 이론을 신경증을 넘어 보다 넓은 영역으로 적용할 수 있도록 했으며 자기를 중심에 두는 자기심리학을 제안했다. 그는 관계를 강조하고 전통적인 추동모델과 관점을 달리한다는 점에서 페어베언, 위니컷 등과 유사한 입장이라고 할 수 있다(St. Clair, 2010). 자기심리학은 자기애적 성격장애 내담자를 분석하는 데에서 유래했다. 고전적 추동이론에서 신경증은 원초아, 자아, 초자아의 구조 속에서 이들 간의 억압되거나 미해결된 갈등에 기인한다고 본 반면, 자기심리학은 자기라는 성격구조에 결함이 생기고 이로 인해 자기애 등의 문제가 나타난다고 보았다(St. Clair, 2010).

고전적 정신분석 이론에서 자기애적 사람들은 리비도를 외부 대상 대신 자아에 투여하므로 치료적 관계를 맺는 데 어려움이 있고 전이 관계를 기반으로 하는 해석적 개입을 하기에 한계가 있다고 했다. 반면, 코헛은 자기애적 리비도를 다른 사람에게 투여하는 경우 그 사람은 자기대상(self object)으로 경험된다고 했다. 자기대상은 자기의 한 부분으로 경험되거나 자기가 기능을 할 수 있도록 도와주는 도구로 사용되는 사람들로(St. Clair, 2010), 자기대상은 자기의 욕구를 충족시켜 주면서 자기와 분화되지 않은 대상을 말한다. 전통적인 정신분석에서는 나르시시즘을 병리적인 것이라고 했지만, 코헛은 자기애가 건강한 자기발달과 대상에 대한 사랑을 하게 되는 과정에서 경험되는 발달적 과정이며, 성장과정에서 변이적 내면화(transmuting internalization)를 통해 자기대상이 자기로 통합된다고 했다. 그는 초기 대상관계 경험을 통해 성격구조가 형성되며, 아동은 자기대상 관계를 통해 심리적 동기가 되는 에너지를 얻는다고 했다.

프로이트의 고전적 정신분석 이론은 자아심리학, 대상관계이론, 자기심리학 등으로 발전해 왔으며 인간의 성격 및 정신병리의 기원에 대한 관점에 있어 변화를 지속하고 있음을 알 수 있다.

2. 인간관과 병인론

대상관계이론에서의 인간관은 사람들이 다른 사람들과 관계를 맺고 심리적인 교류를 하고자 하는 것이 가장 기본적이고 핵심적인 동기이자 욕구라는 것이다(Greenberg & Mitchell, 1999). 인간은 태어나면서 주양육자에게 전적으로 의존하게 되는데, 이는 신체적 생존과 심리적 건강을 위해 반드시 필요한 것이다(Stadter, 2006). 성장하면서 점차로 심리적 독립을 성취하는데, 이 과정에서 의존적 욕구를 다루는 방법을 잘 습득하고 건강한 독립을 할 수 있느냐가 인간의 심리적 건강과 적응에 가장 핵심적 요소가 된다.

대상관계이론에서 제시하는 인간관과 병인론을 이해하기 위해서는 이들이 제시하는 심리적 발달과정을 살펴보는 것이 도움이 된다. 말러(Margaret Mahler)는 유아의 심리적 탄생 과정을 발달 단계별로 제시했는데, 유아는 자폐 단계와 주양육자와의 심리적 공생 단계를 거쳐 점차 분리개별화를 하고 궁극적으로는 대상항상성을 형성하면서 심리적 독립에 이르게 된다고 했다. 이러한 유아의 심리적 발달과정에서 주양육자는 심리적으로 안전한 기지의 역할을 하면서 동시에 유아의 독립을 지지하고 격려하는 역할을 해야 한다. 주양육자로부터의 심리적 분리 과정을 건강하게 잘 거친 유아는 개별성(individuality)과 대상항상성(object constancy)을 획득하게 된다. 유아는 심리적 개별성을 갖게 됨으로써 변화하는 상황과 기분 상태에서도 자신의 경계를 유지하면서 안정된 자기감을 갖게 된다. 또한 생애 초기에는 주양육자가 물리적으로 곁에 있고 사랑과 보살핌을 제공해 줄 때에만 안정감을 느끼고 사랑받는 경험을 할 수 있지만, 대상항상성이 형성된 이후에는 물리적으로 같이 있지 않고, 사랑과 지지를 제공받지 못할 때에도 주양육자에 대한 일관된 이미지를 유지할 수 있게 된다. 이는 대상에 대해 안정적인 내적 이미지를 형성하는 것을 의미하며, 이후의 안정적인 대인관계 형성의 중요한 토대가 된다.

그러나 이 과정에서 대상항상성을 형성하지 못할 경우 대상에 대한 통합된 이미지를 유지하는 데에 어려움을 겪게 되고 분열된 이미지를 갖게 되면서 이상화와 평가 절하 등의 대인관계 양상이 나타날 수 있다. 대상항상성은 온전한 대상관계 발달과 연결되어 있다. 온전한 대상관계를 형성한 사람들은 타인이 나에게 좋은 모습을 보이고 친밀한 관계지만 때로는 소홀하고 부정적인 모습을 보이는 것에 대해 통합적으로 이해할 수 있다. 즉, 한 사람 안에서 좋고 나쁜 모습이 병존할 수 있으며, 같은 관계 안에서도 우호적일 때와 다툼이 일어나는 때가 있을 수 있음을 이해하고 수용할 수 있다. 그러나 분열된 대상관계를 형성한 사람들은 친밀하고 다정했던 사람이 나에게 소홀한 모습을 보이고 화를 내면 이전의 좋은 모습은 잊고 현재의 부정적인 모습이 이 사람의 전부라고 생각하면서 관계에 실망하고 거리를 두게 된다. 정서적으로 대상항상성을 유지한다는 것은 부모에게 실망하거나 화나는 일이 있을 때에도 부모에 대한 좋은 감정을 떠올릴 수 있는 능력이 있다는 것을 의미하며, 이는 감정 대상에 대해 안정적인 내적 이미지를 유지하는 것을 말한다. 어머니가 지금은 좌절의 대상이라 해도 칭찬과 사랑을 줬던 어머니와 동일한 사람이라는 확신을 유지할 수 있으려면, 이러한 양극단을 통합할 수 있는 신경생리학적 능력의 발달과 함께 반복적인 긍정적 경험을 충분히 하는 것이 필요하다.

이러한 대상항상성과 함께 자기항상성(self constancy)은 자기에 대한 감각을 안정적으로 유지함으로써 개별성을 확립하고 목표 지향적인 활동을 가능하게 하는 데 있어 중요한 역할을 한다. 즉, 자신에 대해 다양한 시간과 공간, 대인관계 맥락에서 지속성을 유지하는 개인이라는 인식이 생기고, 부모에 대한 연결성을 유지하고 안정감을 느낄 수 있게 해 준다.

클라인 역시 유아의 심리적 발달과정을 제시했는데, 그녀는 편집-분열 양태와 우울 양태를 통해 온전한 대상관계를 형성해 가는 과정을 설명했다. 어린 시절 주양육자와의 관계 경험을 통해 대상에 대한 표상을 형성하게 되고 중요한 타인이 나를 대하는 경험을 내면화하면서 자기에 대한 표상도 형성하게 된다. 이렇게 형성된 나와 타인에 대한 표상은 마음에 내재화되어 성장과정에서 지속적인 영향을 미치게 된다. 어린 시절 형성된 대상표상은 분열된 상태로 왜곡되어 있는 경우가 많고 따라서 개인이 세상을 바라보고 타인을 이해하는 데에 제한을 가하는 역할을 하게 되기 쉽다. 또한 나와 대상의 관계에서 주로 경험했던 정서는 이후 정서를 경험했던 실제 상황을 잊어도 정서 자체가 강

렬하게 마음에 남아 있어서 유사한 상황을 겪게 될 때 반복적으로 재경험하게
된다. 어릴 적 느꼈던 죄책감은 분열적 상태에서 매우 강렬하고 압도적인 형태
로 마음에 저장되어 있기 때문에, 성인기가 되어서 죄책감을 유발하는 유사한
상황을 겪을 때 실제 상황에서 적절한 수준의 감정 반응보다 훨씬 강도가 심한
반응으로 나타나게 된다. 이는 현실에 부적절한 반응이 되고 개인의 대처 능력
을 떨어뜨리면서 심리적 부적응 상태로 가게 만든다.

정리하면, 심리적으로 건강한 사람은 온전한 대상관계를 형성하고 현실을
있는 그대로 정확하게 지각하고 그에 맞는 대처를 할 수 있으며 과거의 왜곡된
대상관계로 인한 관계 패턴의 영향을 통제할 수 있다. 그러나 어린 시절 충분
히 좋은 양육자와의 관계 경험이 결핍되고, 자기표상과 대상표상이 분열되어
있으며 이들의 온전한 통합이 결여되는 것은 심리적 어려움의 원인이 된다(김
진숙, 2001). 대상관계이론에서 심리적 부적응은 현재의 대인관계 경험이 실제
상황이나 관계를 있는 그대로 반영하지 못하고 내담자의 과거에 형성된 내적
대상관계에 의해 경직되고 분열된 방식으로 영향을 받음으로써 다양한 부적
응 증상들을 나타내는 것을 말한다(Stadter, 2006).

3. 주요 개념

1) 자기표상과 대상표상

내적 표상은 특정한 생각, 감정, 행동이 포함된 인지 정서 복합체(Stadter,
2006)이며, 생애 초기부터 현재까지 의미 있는 타인들과의 반복된 경험을 통해
만들어진 것이다. 대상표상(object-representations)은 개인의 삶에서 의미 있는
타인과의 경험을 반영하여 형성된 대상에 대한 내적 표상이며, 자기표상(self-
representations)은 대상과 상호작용하는 자기에 대한 경험을 반영한 표상이다.

대상관계단위(object relations units)에는 자기표상, 대상표상, 그리고 이 두 가지 사이에 있는 욕동 및 정서가 포함되어 있다(Hamilton, 2007). 대상관계단위에서 자기와 대상 간의 경계가 희미해진 것을 자기-대상이라고 하며, 이것은 코헛의 자기대상과는 구별되는 개념이다.

2) 분열

분열(splitting)은 자기와 의미 있는 타자에 대한 서로 다른 경험들을 따로 떼어 놓은 것(Kernberg, 1980)으로, 예를 들면 치료자는 전적으로 좋고 배우자는 전적으로 나쁘다, 혹은 한 사람에 대한 좋고 나쁘다는 평가가 극단적으로 번갈아 나타나는 식의 분열이 있다. 이는 전적으로 좋은 관계가 가능하다는 환상을 유지하기 위해 불쾌함을 좋은 관계 밖으로 투사하고 자신의 경험 세계를 2개로 분열하는 것이다. 이 경우에 좋고 나쁨의 상충되는 두 가지가 분리된 채로 의식에 존재하게 된다. 재접근 단계에서 자기와 대상, 즐거움과 고통, 선과 악을 구별할 수 있게 되면서 분열도 나타나는데, 이것은 개인이나 집단 혹은 이념에 집착하고 경계를 만들어 외부의 낯설고 위험한 것으로부터 이것들을 보호하고자 하는 것이다.

3) 함입, 내사, 동일시

내면화(internalization)는 외부 대상의 특징을 개인이 자신의 내면으로 받아들이는 기제를 말하는데, 여기에는 함입(incorporation), 내사(introjection), 동일시(identification) 등이 포함된다.

함입은 자기와 대상 사이의 경계가 분명하게 발달하기 이전에 심리적으로 삼켜지는 것을 표현한 것이며, 대상이 개인의 심리적 내부로 들어와서 구별된 대상으로 분화되지 않고 자기와 융합, 즉 하나가 됨을 의미한다(Hamilton,

2007). 내사는 자기와 대상이 분화되는 것으로, 내사된 대상은 자기 이미지와 융합되는 것이 아니라 독특한 대상 이미지로 보존된다. 내사는 외적 대상의 행동, 태도, 생각, 감정 등을 내부로 받아들이는 것으로 내사된 대상은 대상 이미지가 되어 지속적인 영향을 미치게 된다(Hamilton, 2007). 동일시는 이전에 내사된 대상 이미지 중 일부가 자기 이미지로 되는 것이다. 대상의 특성들을 받아들이고 자기 이미지를 바꾸어 나가는 과정으로, 대상표상의 이미지와 자기 이미지가 분리되어 존재하지만 한편으로는 닮아 가고 동화되는 것을 말한다(Hamilton, 2007). 동일시에는 사랑하는 대상의 긍정적인 측면을 자신의 것으로 받아들이는 의존적 대상에 대한 동일시와 두려움의 대상인 공격자에 대한 동일시가 있다.

4) 편집-분열 양태

클라인이 제시한 발달 단계로 이 단계에서는 관계 경험을 좋은 대상과 나쁜 대상 등 분열된 방식으로 경험하며, 대상을 전체적으로 통합적으로 보지 못하고 전부 아니면 전무, 좋음 아니면 나쁨, 수용 아니면 거절이라는 극단적 형태의 부분 대상으로 보며, 이때 경험하는 주된 정서는 불안과 공포이다. 편집-분열 양태(paranoid-schizoid position)에서 편집은 외부 세계로부터의 지각된 공격에 의해 자신이 파편화되고 멸절될 것이라는 극도의 불안과 공포를 의미하고, 분열은 어떤 상황이나 대상에 대해 전적으로 좋거나 전적으로 나쁘다고 보는 것과 같이 양분화되어 있는 특성을 의미한다(Frankland, 2019). 이 단계에 있는 내담자는 특정 상황에 대해 파국적이고 압도적인 자기파괴의 공포를 느낀다. 이들은 상황을 양극화된 것으로 보기 때문에 극단적인 불안을 느끼고 그 감정을 조절하기가 매우 어렵다. 예를 들어, 대인관계에 어려움이 있는 내담자가 직장에서 동료와 오해가 생겨 비난받는 상황이 생겼을 때 그는 세상이 자신을 파괴하려고 조여 오는 것과 같은 극단의 공포심을 경험한다. 또한 이들은 자신에 대해서도 아주 대단한 존재 혹은 아주 보잘것없는 존재로 느끼고, 자기와 좋은 대상들에게서 나쁜 대상을 고립시킴으로써 내외적으로 존재하는 나쁜 대상의 공격을 막고자 한다. 유아의 초기 정신구조는 좋은 대상들, 좋은 감정들과 나쁜 대상들, 나쁜 감정들을 분리시키는 특징이 있다. 이들은 대상항상성이 결여되어 있고 온전한 대상관계 형성이 어렵다. 즉, 대상이나 상황에 있어 좋은 점과 나쁜 점이 공존한다는 시각을 갖고 현재 관계가 부정적이더라도 이후 회복될 수도 있다는 예상을 하는 것이 어렵다. 따라서 극단적으로 강렬한 감정에서 빠져나오기가 매우 제한적이다. 또한 타인에 대한 진정한 공감이 없고, 타인의 경험을 지각하고 이해하지 못한다. 이 양태에서 주로 기능하는 내담자들은 이번 주에 만난 상담자와 지난주에 만났던 상담자를 연속성이 있는 동일인으로 생각하지 못하며, 자신에 대한 경험 역시 연속적으로 경험하지 못한다. 지난주에 있었던 성공으로 매우 기뻐했던 내담자가 이번 주에는 작은 실패로 완전히 비참한 상태에 빠진다. 한순간이 현실의 전부인 것처럼 경험하고 과거에 일어났던 일과 그 당시 자신의 느낌이 지금의 것과는 전혀 연속성이 없는 별개인 것처럼 느낀다. 편집-분열 양태는 이후 우울 양태로 발달하는데, 상황에 따라 편집-분열 단계를 재경험할 수 있으며 성인 중에서도 편집-분열 단계에 머물러 있는 경우가 많다.

5) 우울 양태

클라인이 제시한 유아의 심리적 발달 단계 중 가장 성숙한 단계인 우울 양태(depressive position)는 자기와 대상에 대해 통합적으로 보는 전체 대상 경험이 가능해진다. 어머니에 대한 분열된 인식들을 통합하고 사랑하지만 거절하고 화를 낼 수도 있는, 좋고 나쁜 특성을 모두 지닌 어머니의 존재를 알게 된다. 이 단계의 주된 정서는 우울과 슬픔이며 아동은 더 이상 이상적인 어머니가 현실에 존재하지 않는다는 사실에 슬픔을 경험하게 된다. 또한 아동은 자신이 분노하는 사람이 나쁜 어머니로 분열된 대상이 아니라 전체 대상으로서의 어머니 그 자체라는 것을 알고 자신의 공격성이 어머니를 파괴할 수도 있다는 생각에 공포와 두려움을 갖게 된다. 이것은 '우울적' 불안으로 경험되는데, 아동이 자신의 공격적이고 파괴적인 환상으로 인해 현실 속에 존재하는 대상이자 내적 대상인 어머니가 파괴될 수 있다는 것에 대한 공포를 느끼는 것을 말한다. 즉, 유아는 자신이 리비도적 애착의 대상에 대해 사랑뿐 아니라 적대적이고 파괴적인 소망도 있음을 알고 그 애착 대상에게 나쁜 영향을 미칠까 두려워한다. 우울 양태는 가장 성숙한 양태이고, 추상적인 사고 능력이 있으며 상징적인 것들을 이해할 수 있다. 심리내적 세계에서 자신과 타인에 대해 긍정적인 것과 부정적인 것이 혼합된 존재로 경험하고, 내적 대상 또는 외적 대상과의 관계에 있어 양가적인 측면이 있음을 알게 된다. 또한 현재 경험에 대해 과거와 미래의 연속적인 맥락 안에서 이해할 수 있고, 자기 자신을 안정성과 응집력을 가진 항상성이 있는 존재로 인식한다. 예를 들면, '나는 이번 시험에 불합격했지만 과거에는 잘한 적이 있고 앞으로도 잘할 수 있는 능력이 있는 사람이다'라는 인식이 가능하다. 우울 양태에서는 다른 사람이 감정이 있는 인간임을 이해하게 되고 공감 능력이 생기면서 동시에 상처를 준 것에 대해 죄책감을 느낄 수도 있다.

6) 중간 대상

위니컷의 중간 대상(transitional object) 현상은 아이가 주양육자와의 융합에서 분리와 독립으로 발달해 가는 과정에서 나타난다. 유아는 담요나 곰인형 등을 통해 분리되거나 혼자 남겨지는 두려움을 완화시키게 되는데, 중간 대상은 엄마를 상징하지만 엄마가 아니며, 아이는 이 시기에 상징과 환상을 사용하는 놀이를 시작하게 된다. 상담 과정에서 상담자는 중간 대상의 역할을 하게 되는데, 이를 통해 내담자는 치료적 발달과정을 재경험할 수 있게 된다(Frankland, 2019).

7) 온전한 대상관계의 발달

자아는 심리적 발달과정을 통해 자기표상의 좋고 나쁜 측면, 대상표상의 좋고 나쁜 측면을 통합하여 분열된 대상관계에서 온전한 대상관계(whole object relaitions)로 성숙해 간다. 온전한 대상관계를 형성하는 능력은 신경생리학적 발달에 따른 기억, 비교, 대조 등의 통합적 자아 기능의 발달을 통해 가능해진다. 클라인은 좋고 나쁜 자기세계와 대상세계가 합쳐지는 상태를 슬픔과 상실을 강조하는 우울 양태로 표현했고, 말러는 '통합과 온전한 대상관계 발달'이라고 명명했고, 코헛은 '응집된 자기의 형성'이라는 용어를 사용했다(Hamilton, 2007, p. 159).

8) 투사적 동일시

개인이 자신이 다른 사람에게 투사한 것을 무의식적으로 동일시하는 것으로, 투사한 사람은 자신이 투사한 감정, 생각, 자기표상에 대해 그것을 받은 사람과 동일한 감정을 경험한다(Ogden, 1982). 내사적 동일시는 다른 사람이 보낸 투사를 무의식적으로 받아들이고 동일시함으로써 한 개인 안에 그것에 따라 행동하려고 하는 무의식적으로 미묘한 대인관계의 압력이 발생하는 과정이다(Stadter, 2006). 투사는 자기의 원치 않는 모습을 타인에게 전가하고 투사한 특성이 자신에게 존재하는 것임을 모르지만, 투사적 동일시는 자신이 투사한 것이 동시에 자기의 일부라는 것을 경험할 수 있다. 투사는 투사 대상자가 자신이 투사의 대상이라는 사실을 모르고 투사된 감정도 경험하지 않을 수 있지만, 투사적 동일시의 대상은 투사된 감정을 경험하거나 투사자의 내적 표상에 의해 유도된 반응을 하도록 심리적인 압력을 받게 된다(Kernberg, 1980; Hamilton, 2007; 김진숙, 2009).

투사적 동일시는 여러 목적과 기능이 있는데, 첫 번째 방어적 목적은 자신의 불편한 감정이나 피하고 싶은 내적 경험을 다른 사람에게 투사함으로써 자신의 것으로 경험하는 것이 약화되고 고통스러운 상태를 피하게 되는 것을 말한다(김진숙, 2009). 두 번째, 투사적 동일시의 의사소통 기능은 다른 사람에게 자신의 힘든 심리내적 상태를 말로 표현하지 않고 무의식적으로 투사적 동일시를 함으로써 상대방이 그것을 경험하게 하고 이를 통해 자신이 이해받게 되는 것을 말한다(Stadter, 2006). 이는 언어 습득 이전의 경험, 언어로 표현하기 어려운 고통스러운 경험을 다른 사람에게 전달하는 수단이 된다. 옥덴(Ogden, 1982)은 투사적 동일시가 원시적인 방어기제이지만 다른 사람과 관계를 맺고 연결될 수 있는 하나의 방식이 된다고 했다.

9) 전이

전이는 내담자가 과거의 중요한 인물에 대해 갖고 있던 다양한 감정과 생각, 태도를 상담자에게로 옮겨 오는 것을 말한다. 고전적 정신분석 이론에서는 상담자가 '빈 스크린'과 같이 중립적이므로 내담자가 상담자에 대해서 갖는 정서 반응은 대부분 비현실적으로 왜곡된 전이라고 했고, 더 혼란된 내담자일수록 이러한 전이 왜곡이 많이 나타난다고 했다. 반면 전이에 대한 현대적 정의는 이와는 다소 차이가 있다. 현대적 의미에서의 전이는 내담자가 상담자에 대해 갖는 현실적인 반응과 왜곡된 감정, 지각, 반응을 모두 포함한다. 즉, 상담자에 대한 정확한 지각과 과거 관계 경험에 의한 왜곡된 지각을 모두 일컫는다. 이것은 상담자가 상담 과정에서 완전하게 중립적이고 객관적일 수 없다는 것을 의미한다. 이러한 전이에 대한 상호주관적 접근에서 내담자는 상담자에 대한 반응을 안전하게 충분히 탐색하고, 그들 관계에서 나타나는 잘못된 지각과 상호작용에 대해 서로가 미친 영향을 탐색하며, 이것이 현실의 다른 사람과의 관계에서 나타나는 양상을 탐색하도록 한다. 상담자에 대한 내담자의 반응은 상담자와의 상호작용에 의한 것이므로 상담자는 내담자의 지각이 왜곡된 전이에 의한 것일 가능성과 현실에 기반한 정확한 것일 수 있다는 것을 인정하는 것이 중요하다. 상담자가 내담자의 전이왜곡을 활성화시켰거나 내담자 반응에 실제적인 영향을 미친 것에 대해 상담 과정에서 방어하지 않고 진실하고 수용적인 자세로 탐색할 경우 내담자는 그 관계에서 존중받고 격려받는 경험을 하게 될 것이다.

전이 반응은 상담자뿐 아니라 일상 생활에서 만나는 사람들과의 관계에서 발생한다. 이는 어린 시절의 경험을 통해 학습한 것을 과거와는 다른 현재 상황, 다른 대상에게 과잉일반화하여 잘못 지각하는 것으로, 심리적으로 취약하거나 불안정할 때 더 증가한다. 내담자는 과거 성장과정에서의 주요한 대상과의 관계에서 경험했던 정서 반응을 상담자와의 현재 관계에 전이하는데, 상담자는 현재, 지금-여기에서의 상담자와의 관계 속에서 이런 잘못된 지각을 명료화하고 내담자가 알아차릴 수 있도록 돕는다. 내담자는 상담관계에서 경험한 전이 반응에 대한 자각을 실제 생활에서 만나는 다른 사람들과의 관계 패턴을 이해하는 데까지 확장할 수 있게 된다.

10) 역전이

프로이트는 역전이에 대해 상담자의 중립적 태도 유지 및 내담자에 대한 정확한 이해를 방해한다고 설명하면서, 상담자가 이러한 역전이를 나타낼 경우, 상담은 내담자의 욕구가 아닌 상담자의 심리적 욕구를 충족시키는 과정이 될 위험이 있다고 했다(Moore & Fine, 2006).

반면 역전이의 현대적 개념은 이와 차이를 보이는데, 래커(Racker, 1957)는 내담자가 자신의 내면의 원치 않는 부분을 상담자에게 투사하면 그것이 투사적 동일시 과정을 통해 상담자에게 정서 반응을 일으킨다고 했다. 상담자는 이러한 역전이 반응을 알아차리고 분석함으로써 상담 과정에 활용할 수 있다. 블럼(Blum)과 굿먼(Goodman)은 상담관계에서 내담자가 자신의 대상관계 패턴에 따른 역할 관계를 상담자를 대상으로 반복한다고 했다(Moore & Fine, 2006). 따라서 상담자는 내담자와의 관계에서 경험하는 자신의 반응을 관찰자적 입장에서 검토할 수 있어야 하며, 이러한 역전이 분석을 통해 상담자는 내담자가 말로 직접 표현하지 못하는 고통스런 감정을 공감하고 이해할 수 있다. 또한 상담자는 내담자의 반복된 대상관계의 역할을 재현하지 않고 치료적 대상의 역할을 함으로써 상담적 변화를 가능하게 할 수 있다(최명식 외, 2020).

4. 상담 과정

대상관계 심리치료에서 치료의 목표는 내담자의 삶에서 주로 나타나는 역기능적 관계 패턴에 대한 통찰을 하고 부적응적인 관계 패턴을 수정하며, 분열되어 있는 대상관계가 온전한 대상관계(whole object relations)로 변화되도록 하는 것에 있다. 이를 통해 자신과 다른 사람에 대해 현실적이고 있는 그대로의 인식을 할 수 있게 되며 현실에 맞는 적응적인 행동을 선택할 수 있게 된다(Wachtel, 2021). 내담자들은 어린 시절 주요한 대상과의 관계에서 형성된 대상 및 자기에 대한 표상이 경직되고 통합적이지 못해서 성인이 된 현재까지 왜곡된 방식으로 영향을 받는 경향이 있으므로 치료를 통해 이를 수정하는 것이 필요하다. 이를 통해 자신과 타인 모두 장점과 단점을 가진, 때로는 선하지만 때로는 모순적이고, 사랑을 주기도 하지만 거절하기도 하는 다면성을 가진 존재라는 것을 이해하고 수용하게 된다. 이것은 관계뿐 아니라 삶에 대한 극단적인 시각을 줄여 주고 다양한 상황에서의 정서조절을 가능하게 하며 자신과 타인에 대한 수용에 도움을 준다. 나아가 대인관계 적응성을 높여 줄 뿐만 아니라 심리정서적 부적응 문제를 감소시켜 주는 결과로 이어진다.

대상관계 심리치료의 치료 원리는 다음과 같다.

내담자의 심리적 부적응 문제는 그것이 직접적으로 대인관계 문제와 관련되어 있지 않더라도 대인관계적 원인에 기반하므로 치료는 타인에 대한 왜곡된 인식과 부적응적으로 반복되는 관계 패턴을 수정하는 것에 초점을 둔다. 어린 시절 주요 대상과의 관계에서 형성된 관계 패턴, 고통스러운 정서 경험들을 탐색하고 이것들이 현재의 삶에 미치는 영향을 이해하고자 한다. 이 과정에서 상담자는 내담자의 감정 상태를 탐색 및 명료화하며 공감하고 수용하는데, 내담자는 이것을 통해 자신의 정서를 자각하고, 나아가 부적응적인 정서를 조절할 수 있게 된다. 또한 해석을 통해 내담자의 개인내적 역동에 대한 통찰과 자각을 돕고, 전이 및 역전이, 투사적 동일시를 통해 상담자와 내담자의 관계에서 재현되는 내담자의 주요한 관계 패턴을 이해하고 변화시키며 이것을 내담자의 현실 대인관계 수정에 적용한다.

상담자와 내담자의 관계에 대해 고전적 정신분석 이론에서는 치료관계가 비대칭적, 즉 상담자는 전문가이고 내담자의 심리적 욕구를 정확하게 반영해 줄 수 있는 빈 스크린과 같은 역할을 하며, 객관적으로 해석·질문·직면해 주는 역할을 한다고 했다. 반면 대상관계 심리치료에서 치료관계는 상호적이고 동등하며, 내담자가 나타내는 저항이나 전이는 치료 장면에서 드러나는 상담자의 실제 특징을 반영한 것일 수 있다고 했다. 상담자는 상담 과정에서 관찰자이자 참여자이며, 내담자의 관계양상이 드러나는 대상의 역할을 하게 된다. 내담자는 상담 과정에서 과거의 부적응적 정서 경험을 재경험하게 되는데, 상담자와의 관계에서 치료적인 교정적 경험을 하고, 이 과정에서 상담자를 내재화하고 자기표상과 타인표상에 변화를 달성할 수 있게 된다(Levenson, 2008). 즉, 생애 초기의 의미 있는 타인들과의 경험을 통해 형성된 내적 표상이 다른 사람이나 상담자를 대상으로 전이의 모습으로 나타나게 된다. 이는 과거의 중요 대상에서 경험했던 갈등과 감정을 재경험하는 것이며 상담자는 이러한 갈등을 해석하고 정서를 표현하도록 도움으로써 왜곡된 대상표상에 대한 자각을 높이고 새로운 대상표상의 형성과 함께 정서조절과 현실 적응력을 높여 줄 수 있다.

5. 치료개입

1) 초기 진단

맥윌리엄스(McWilliams, 2017)는 초기 진단의 주요 영역을 제시했는데 그중 대상관계치료에서 주요한 몇 가지 영역을 소개하면 다음과 같다.

첫째, 발달적 문제에 대한 평가이다. 이는 내담자가 현재 호소하고 있는 문제에 대한 과거 이력을 확인하는 것으로, 이전에 유사한 문제를 경험한 적이 있는지와 유아기 및 초기 아동기의 주요 기억 등에 대해 질문한다. 이를 통해 내담자가 왜 지금 이 시점에 상담을 받으러 왔는지, 현재 주호소 문제를 촉발한 심리내적 원인이 무엇인지에 대한 답을 찾는 데 도움을 받을 수 있다. 내담자가 현재 겪고 있는 스트레스 사건들을 파악하고, 현재의 스트레스 사건들이 자극하고 있는 발달적 문제를 평가하는 것은 내담자 문제의 원인을 찾는 데 매우 중요한 부분을 차지한다.

둘째, 관계성의 평가인데, 내담자의 주호소 문제가 부적응적인 관계 패턴과 관련되어 있는 경우에는 이것을 통해 파악할 수 있고, 주호소가 대인관계 문제가 아닌 경우에는 전이를 통해 나타나는 양상, 내담자의 과거 주요한 대인관계 경험과 갈등 등을 통해 추론할 수 있다. 스트럽과 바인더(Strupp & Binder, 1984)는 주된 대인관계 패턴을 다루기 위한 작업모델로 순환적 부적응 패턴(Cyclical Maladaptive Pattern: CMP)을 제시했다. 순환적 부적응 패턴을 파악하기 위해 먼저 관찰이 가능한 행동, 느낌 등 드러나지 않은 행위들, 의식적 및 무의식적 행동들을 포함하는 내담자의 행동들을 찾고, 다른 사람들이 자신에게 어떻게 반응할 것이라는 다른 사람들의 반응에 대한 내담자의 기대, 내담자에 대한 다른 사람들의 행동, 그리고 자신에 대한 행동, 즉 내담자가 자신과 관계하는 방식을 보여 주는 행동들인 자기 위로, 자기 평가 절하, 자기 공격 등에 대해 평가할 수 있다. 또한 사람 삼각형 모델(Stadter, 2006)에 따라 내담자의 삶에서 재연되는 대상관계를 이해하기 위해 치료자(T), 과거의 중요한 인물(P), 최근의 다른 사람(O)에 대한 내담자의 느낌과 행동들을 연결시켜 줌으로써 대상관계성을 이해할 수 있다.

셋째, 감정을 평가한다. 감정은 어떤 행동을 하도록 하는 주요 동기이며 개인의 깊은 소망, 불안과 연결되어 있다(Greenberg & Mitchell, 1999). 표면적으로 드러나서 방어적 기능을 하는 감정과 방어 이면에 숨겨져 있는 핵심 감정을 평가하고, 전이 및 역전이 감정을 이해하는 것이 필요하다.

넷째, 동일시를 평가한다. 동일시에는 의존적 대상에 대한 동일시와 공격자에 대한 동일시 등이 있다. 의존적 대상에 대한 동일시는 아동이 사랑하는 부모의 좋은 특성을 닮고자 하는 현상이며, 공격자에 대한 동일시는 분노를 경험하거나 공포스러운 상황에서 내가 곧 공격자라는 동일시를 통해 공포와 무력감을 방어할 수 있게 해 준다. 상담자는 초기 상담 과정에서 자신이 내담자의 병리유발적 동일시 대상과 다르다는 것을 명확하게 보여 줌으로써 이후 전이가 나타났을 때 내담자가 투사한 모습과 상담자의 실제 모습의 차이를 변별할 수 있도록 도울 수 있다.

다섯째, 방어를 평가한다. 방어는 심리적으로 혼란스러울 때 자신의 생각, 감정, 행동을 어떻게 조직화하는지를 보여 주는 것으로, 예를 들면 불안할 때 어떤 행동을 하는지, 화가 나면 어떻게 진정하는지 등을 질문할 수 있다. 내담자는 자신이 언제 특정 방어전략을 자동적으로 사용하는지 깨닫고 그것이 그 상황에서 가장 효과적인 반응인지를 숙고하여 보다 유연하고 적응적인 반응을 하도록 변화할 수 있다.

그 외 가바드(Gren O. Gabbard)는 초기 진단에서 가족관계, 전이-역전이 양상, 내적 대상관계에 대한 추정 및 관계 패턴 등 대상관계의 특징을 파악하는 것을 강조했다. 스타터(Stadter, 2006)는 내담자의 성격구조에 영향을 미친 부모, 가족, 그 외 중요한 인물들에 대해 내담자가 어떤 느낌을 갖는지, 대인관계 상호작용의 반복적인 패턴들에 대한 평가와 함께 현재의 기능수준으로써 직장이나 학교, 교우관계 등 친밀한 관계에서 기능 파악, 그리고 상담자와의 관계에서 협력적 관계 형성 가능 여부, 상담자에게 어떤 느낌을 불러일으키는지 등을 파악하는 것을 강조했다.

2) 치료적 개입법

(1) 담아내기/담아 주기

담아내기(containment)는 비온(Wilfred R. Bion)이 제시한 것으로 상담자가 내담자의 고통스러운 내적 경험에 압도되지 않으면서 그것과 함께 느끼고 조절하는 것을 의미한다(Stadter, 2006). 상담 과정에서 내담자는 자신이 느끼는 혼란스럽고 고통스러운 감정들을 상담자에게 전달한다. 내담자는 스스로 감당하기 어렵고 조절이 안 되는 감정을 투사적 동일시 등의 기제를 통해 상담자가 경험하게 함으로써 말로 표현하기 어려운 자신의 감정을 상담자에게 알릴 수 있게 된다. 이때 상담자는 내담자의 강한 감정, 예를 들어 불안, 분노, 무기력 등과 같은 강렬한 감정을 경험하게 되고 이것을 통해 내담자를 보다 생생하게 이해할 수 있게 된다. 또한 내담자가 혼란스러운 중에 극단적으로 경험하는 감정에 대해 상담자는 즉각적으로 해석하지 않고 참아 내고 이해하고 적절하게 조절하는 과정을 거치게 되고 이후에는 혼란스런 감정을 완화시킬 수 있는 언어 반응, 비언어 반응 등과 함께 그 감정을 내담자에게 돌려준다. 치료자가 이런 감정을 담아 주면, 내담자는 그동안 감당하기 어려웠던 격렬한 감정들을 좀 더 감당할 수 있게 되는데, 이 과정을 통해 내담자는 자신의 감정을 조절할 수 있게 된다. 여기서 상담자의 역할이 담아내는 것에 해당하고, 내담자의 경험이 담기는 것에 해당한다. 상담 장면에서의 이러한 작업은 상담자의 역전이 경험을 통해서도 발생할 수 있다. 내담자로 인한 투사적 동일시는 상담자가 내담자의 감정을 동일하게 경험하는 역전이 경험이 되고 이 속에서 담아내기를 할 수 있게 된다. 이때 상담자는 내담자의 투사적 동일시에 의해 유발된 감정을 내적으로 경험하면서 동시에 이러한 경험을 하고 있는 자신을 객관적으로 관찰하고 적절하게 반응하는 등 내담자와 분리된 자기의 경계를 지킬 수 있어야 한다(김진숙, 2009).

이러한 경험은 유아의 성장기에 주양육자와의 관계에서도 흔히 나타난다. 유아는 보통 감정 경험을 강렬하게 하는 경향이 있는데, 작은 소리에도 깜짝 놀라거나 엄마가 눈앞에서 잠깐만 보이지 않아도 무서워서 우는 등이 그 예이다. 유아가 이러한 강렬한 감정을 경험하면서 그 감정을 스스로 조절하지 못할 때 엄마는 그 감정을 함께 느끼면서 아이를 달래고 안아 주거나 미소를 짓고 부드러운 목소리로 감정을 읽어 주는 행동을 하게 되는데 이 과정에서 엄마가 먼저 아이의 강렬한 감정을 자기 안에서 조절하고 완화시키고 이것을 아이에게 되돌려 주고 아이는 이것을 다시 내사함으로써 변형된 감정을 자신의 것으로 경험할 수 있게 된다. 이것이 바로 성장과정에서의 담아 주기라고 할 수 있다. 유아는 주양육자와 이러한 감정을 담아 주는 반복된 경험을 함으로써 점점 혼자 힘으로도 자신의 감정을 조절할 수 있는 방법을 익히게 된다(Hamilton, 2007).

(2) 안아 주기/보듬어 주기

위니컷은 유아를 양육하는 과정에서 주양육자가 제공하는 적절한 수준의 안아 주는 환경(holding environment)을 강조했다. 안아 주기(holding)는 신체적 및 심리적 측면을 모두 포함하는데, 유아기에는 엄마의 팔에 안기는 것이 될 수 있고, 성장기에는 충분한 관심과 대화를 통해 심리적으로 엄마에게 안기는 것이 될 수 있다. 안아 주기는 아이의 세계를 침범하거나 통제하지 않으면서 혼란스러운 감정과 충격 등에 대해 세심하게 이해하고 공감하며 보호하고 함께해 주는 것을 의미한다(Gomez, 2008). 마찬가지로 상담 장면에서 상담자는 내담자를 신체적으로 안아 주지는 않지만 적절한 관심으로 내담자를 감싸 주고, 말을 얼마나 어떤 방식으로 하는가, 공감을 어느 정도로 하는가, 상담자 자신에 대해 어느 수준으로 드러내는가 등을 통해 적절한 안아 주기 환경을 제공할 수 있다. 이러한 상담자와 내담자의 관계가 치료의 맥락으로 작용하며 심리적 성장이 이루어질 수 있는 치료적 환경으로 제공될 수 있다.

(3) 공감

공감은 내담자의 마음을 표현되지 않은 부분까지 깊이 이해하는 것이며, 대상관계치료에서는 안아 주기와 담아 주기를 하는 과정에서 활용될 수 있다. 상담자의 공감적 표현은 해석적 기능이 있어 내담자의 통찰을 증진시킬 수 있으며, 내담자의 말과 행동을 통해 상담자에게 공감적으로 경험되는 감정, 생각 등은 내담자를 더 실감 나게 이해할 수 있게 해 준다. 해밀턴(Hamilton, 1981)은 내담자에 대한 상담자의 관찰, 상담자 자신의 감정에 대한 관찰, 다른 사람들의 감정 반응에 대한 지식 등에 대한 종합적인 과정을 통해 공감이 이루어진다고 했다.

(4) 좋고 나쁜 대상관계 단위 나란히 놓기

내담자가 자기표상과 대상표상을 좋고 나쁜 것으로 분열하는 것에 대해 상담자는 한 대상의 좋은 것과 나쁜 것을 동시에 제시함으로써 온전하고 통합적인 대상표상을 형성하도록 도울 수 있다. 예를 들어, 이번 주에는 상담자에게 만족감을 표현하며 훌륭한 치료자라고 말하는 내담자에게 지난주 상담에서 상담자에 대해 형편없다고 말하고 실망감에 빠졌던 것을 상기시킨다. 이를 통해 내담자는 상담자가 자신을 만족시켜 줄 수도 있고, 실망시킬 수도 있는 존재임을 이해할 수 있게 된다.

6. 평가

대상관계이론은 유럽과 미국 등에서 여러 학자들을 통해 각각 독립적으로 발전된 이론이지만 생물학적 추동을 기반으로 하는 추동이론을 유아와 어머니의 심리적 양자 경험에 의한 관계구조이론으로 확장했다는 데에 공통점이 있다. 특히 클라인, 말러 등은 영유아와 어머니들에 대한 관찰을 통한 연구 자료를 기반으로 발달과정에 대한 이론을 제안했는데, 이것은 성격 발달에 대한 이해를 넓혔을 뿐 아니라 성인기 정신병리의 원인과 역동에 대한 이해에 기여했다. 뿐만 아니라 부모가 자녀를 양육하는 과정에서 자녀의 심리적 독립을 돕는 방안들에 대한 함의를 제시했고 안아 주기, 담아 주기 등 상담 과정에서의 유용한 치료적 개입법을 발전시켰다는 데에 그 의의가 있다.

그러나 대상관계이론은 여러 지역에서 여러 학자가 각자의 이론과 개념들을 제시했기 때문에 명료하게 통일된 이론으로 정리하기 어렵고 유사한 내용을 설명하는 개념과 용어들이 상이하게 사용되고 있으며, 추상적이고 복잡한 개념들이 많아서 공부하는 데에 어려움이 있다. 또한 상담자와 내담자의 관계 경험을 치료의 맥락으로 한 장기 상담이 필요하므로 상담에 참여할 수 있는 내담자의 범위가 제한적이다.

그럼에도 불구하고 대상관계이론은 지속적인 실증연구를 바탕으로 계속 발전하고 있으며 개인의 심리적 탄생의 기원과 이후 심리적 독립으로 향하는 과정에 대해 깊은 통찰을 제시하고 이를 통해 다양한 정신병리적 문제들을 치료하는 데에 크게 기여하고 있다.

단기 역동 심리치료

1. 이론의 발달

1) 1세대

전통적으로 정신분석을 생각하면 장기 치료를 지향하는 것으로 생각하기 쉽다. 그래서 프로이트(Sigmund Freud)도 장기 분석을 위주로 시행했을 것으로 생각하기 쉬우나 그것은 어디까지나 정신분석이 발전하면서 생긴 오해의 결과이다. 프로이트의 사례에서도 초창기부터 단기로 분석을 진행한 경우는 많이 찾아볼 수 있다. 그중에 대표적인 사례가 유명한 지휘자인 브루노 발터(Bruno Walter)와 작곡자인 구스타프 말러(Gustav Mahler)의 사례이다(이준석, 2012; Levenson, 2016). 오른쪽 팔의 마비 증상을 보인 발터의 경우 6회, 부부 문제와 강박신경증을 보인 말러의 경우 4시간 당일 1회 상담으로 진행되었다. 이 두 사례 모두 성공적으로 이루어졌으며, 이때 프로이트가 사용한 기법도 설득과 지지, 격려 등이었다고 전해지고 있다. 이렇듯 정신분석의 창시자인 프로이트도 단기로 진행한 사례들이 있을 만큼 단기치료의 역사는 정신분석의 시작과 함께 시작되었다고 해도 과언이 아니다.

프로이트 이후에도 단기치료를 지향한 분석가들이 존재하는데, 페렌치(Sandor Ferenczi)와 랭크(Otto Rank)가 대표적인 분석가들이다. 페렌치는 치료자의 '적극적인(active)' 치료를 권고하였는데, 예를 들면 환자를 안아 주거나 키스를 하는 등의 기법들도 포함되어 있었다. 또한 공포증에 대해 직면하도록 돕는 지지 기법과 지금-여기에서의 전이 해석에 대해 역설하였다. 랭크는 치료의 종결 날짜를 정해 놓는 것이 갖는 장점, 즉 환자의 해결되지 않은 분리와 개별화라는 발달 과제를 다루는 데 도움이 된다는 측면에서 치료 시간을 한정했다. 페렌치와 랭크는 반드시 과거를 깊이 분석해야 한다고 생각하기보다 지금-여기에서의 경험을 강조하였다(Stadter, 2006).

알렉산더와 프렌치(Alexander & French, 1946)의 『정신분석적 치료 (Psychoanalytic Therapy)』는 단기 역동치료의 최초의 저서로 알려져 있다. 특히 교정적 정서 경험의 개념이 이 책에서 제시되었는데, 이 개념은 분석에서 과거에 경험한 왜곡된 정서 경험에서 벗어난 지금-여기에서의 교정적 정서 경험을 강조하는 것이다. 현재의 정서 경험을 강조한다는 면에서 현대의 단기 역동치료의 강조점과 일맥상통한다고 볼 수 있다.

2) 2세대

말란 등(Malan et al., 2011)은 잠정적 해석을 평가과정의 중요한 부분으로 보고, 신중한 환자 선택, 세심한 치료의 초점과 계획의 수립 및 실행, 해석의 활용 등을 강조하였다. 해석을 강조한 말란이 개발한 것으로 해석의 도식을 설명하는 대표적인 2개의 삼각형 모형이 있다. 하나는 갈등의 삼각형으로 충동, 불안, 방어 사이의 연결에 초점을 둔 모형이고, 다른 하나는 사람의 삼각형 또는 전이 삼각형으로 불리는 치료자, 과거 중요 대상, 현재 대인관계 사이의 연결에 초점을 둔 모형이다. 말란은 종결에 대해 융통성 있게 접근하여 노련한 치료자는 20회기, 훈련 중인 치료자는 30회기가 치료회기로 합리적이라고 하였다.

다반루(Davanloo, 1996) 또한 말란과 마찬가지로 환자의 신중한 선택, 해석적인 접근, 해석의 효율성에 대한 연구를 특징으로 단기치료를 발전시켰다.

특히 다반루는 이전 이론가들보다 더 강력하고 지속적이고 활발하게 해석 기법을 적용하는 것으로 유명했다. 이런 해석 기법이 환자에게 과도할 수 있다는 지적에 대해 다반루는 거기에 맞는 환자를 선택하는 평가과정이 있기 때문에 치료에 참여한 환자들이 강력한 직면과 해석에도 불구하고 치료를 지지적인 것으로 경험한다고 반박하였다. 다반루의 단기 역동치료에서는 평가과정이 6시간 동안 이루어지며 이 과정을 통해 드러난 내용을 잠정적인 해석에 사용하여 환자의 반응을 살피고 환자에게 치료가 적절한지 평가하게 된다. 평가과정을 통해서 치료의 초점이 결정되고 그 초점을 치료 기간 동안 적극적으로 검토하고 다루는 것을 특징으로 한다. 다반루도 말란의 해석 삼각형에 근거한 해석 작업을 통해 치료목표인 환자의 '무의식을 여는 것'을 지향하며, 환자의 저항을 직면시키고 해석시키는 작업을 하였다.

시프노스(Sifneos)는 불안-유발 단기치료로 유명하며, 환자 선택 문제에 있어 다른 어떤 이론가들보다 중요성을 강조하였다. 일반적인 임상환자의 2~10%만 이 모델의 기준에 맞는다고 알려져 있다(Flegenheimer, 1982: Stadter, 2006에서 재인용). 대부분 7~20회 사이에서 치료 기간이 정해지며 잠정적 해석을 통해 환자가 정신역동적 작업을 할 수 있는지 판단한다. 이 접근법은 전이와 저항을 치료 초기에 적극적으로 해석하는 것을 특징으로 한다. 초점이 되는 문제는 주로 오이디푸스적 상황에 대한 것들이지만 재교육을 하는 것을 치료자의 중요한 역할에 포함시켰다.

만(Mann, 1993)은 12회 한정된 기간의 심리치료를 제안하면서 시간, 부정적 자기 이미지, 분리/상실의 경험을 중점적으로 다루었다. 사람이 경험하는 두 가지 시간, 즉 사실적(categorial) 시간과 실존적(existential) 시간 중 사실적 시간, 다른 의미로는 성인기 시간을 강조하고 환자로 하여금 사실적 시간을 지향하게 만들고 퇴행을 감소시키는 전략으로 치료를 진행하였다. 3회의 평가 기간을 가지고 중심적인 문제를 결정하는데 환자와의 논의를 통해 이루어진다. 중심 문제는 환자의 자기 이미지, 즉 자기표상과 관련된 것으로 치료의 목표는 환자의 부정적인 자기 이미지를 감소시키는 것이다. 만의 접근법은 12회 한정이면서 동시에 치료에 다시 돌아올 수 없다는 점을 규칙으로 정하고 엄격하게 지켰다. 치료 종결과 재치료 가능성에 대해 융통성이 없는 접근법인데, 이를 통해 시간과 분리, 상실의 문제를 다루는 것이 특징이다.

3) 3세대

스트럽과 바인더(Strupp & Binder, 1984)는 시간제한 역동적 치료(Time-Limited Dynamic Psychotherapy: TLDP)라고 명명하는 모델을 제안하였는데, 단기치료 모델 중에서 치료적 관계를 가장 강조하는 모델이다. 이들의 이론은 설리반(Sullivan)의 대인관계이론에 기초를 두고 있다. 경험적 연구에 기반을 두고 나온 이 접근에서 환자를 선택하는 과정을 거친 후 환자의 문제를 대인관계 용어로 개념화한 후 순환적 부적응 패턴(Cyclical Maladaptive Pattern: CMP)을 결정하여 이 패턴을 다루는 방식으로 치료를 진행하였다. 치료 기간은 대체로 25회기로 하고 진행한다. 이 모델은 전이와 역전이의 분석을 강조하며, 치료자가 자신의 역전이에 주목하는 것을 강조하는데, 역전이를 다루는 작업을 강력하고 생산적인 치료 작업의 중요한 부분으로 본다. 특히 초기에 내담자에게 부정적·적대적 전이를 직면시키고, 치료자의 부정적 역전이는 치료자가 관리하고 담아내는 것이 중요하다는 점을 강조하였다.

버드먼과 거먼(Budman & Gurman, 1988)은 유연성과 절충주의를 특징으로 하는 I-D-E(Interpersonal-Development-Existential) 모델을 발전시켰다. 이 모델의 특징은 해석을 강조하지 않는 점, 기법상의 유연성, 다양한 상담 횟수, 다양한 상담 기간, 종결 후 재치료를 허용하는 점 등이다. 대개 12회에서 40회 내에서 이뤄지며 가족 구성원을 참여시키기도 하고 인지를 재구조화하거나 재구성하는 기법도 사용한다.

이후 단기 역동적 접근들은 정신분석 이외의 다양한 개념들과 기법들을 통합하여 사용하며, 치료 시간에 일어나는 체험적 요인들을 강조하고 실용주의와 효율성을 강조하는 방향으로 발전하였다. 대표적으로 맥컬로 베일런트(McCullough Vaillant)의 단기 불안조절 심리치료(Short-Term Anxiety-Regulating Psychotherapy: STARP), 사프란과 머란(Safran & Muran)의 단기 관계치료(Brief Relational Therapy: BRT), 포샤(Fosha)의 가속체험 역동치료(Accelerated Experiential Dynamic Therapy: AECP), 레벤슨(Levenson, 2016)의 통합적, 애착-기반, 체험적 TLDP(integrative, attachment-based, experiential version of TLDP) 등이 있다.

2. 인간관과 병인론

단기 역동 심리치료는 그 이론적 기반이 정신분석 이론, 대상관계이론 등의 제반 정신역동 상담이론들에 기반하고 있으므로 이론의 인간관이나 병인론은 앞서 기술된 정신분석적 심리치료나 대상관계 심리치료의 장을 참고하면 된다. 다만 성격구조의 변화라는 측면에서 보면 단기 역동 심리치료로도 성격구조에서 지속적인 변화를 이끌어 낼 수 있다고 본다(Schacht & Strupp, 1989). 즉, 인간의 성격구조의 변화가 기존 정신분석에서 말하듯 반드시 장기적인 심리치료를 받지 않고도 가능하다는 점에서 인간의 변화 가능성에 대해서 유연한 태도를 가지고 있다고 볼 수 있다.

여기서는 단기 역동 심리치료 이론가들이 언급한 정신분석의 개념들을 살펴보고 앞서 다른 이론가들의 강조점과 무엇이 다른지 살펴보고자 한다.

3. 주요 개념

1) 두 개의 삼각형

말란은 갈등의 삼각형과 사람의 삼각형으로 개념화된 역동적 구조화를 형상화하였다. 사람의 삼각형은 다른 말로 전이 삼각형이라고도 한다. 원래 갈등의 삼각형은 메닝거(Karl Menninger)가 정신내적 갈등을 충동(instinct)과 불안(anxiety) 그리고 방어(defense)로 이루어진 '통찰의 삼각형'의 그림으로 형상화한 것을 말란이 좀 더 발전시킨 것이다(Della Selva, 2009; [그림 5-1] 참조). 즉, 내적 충동과 감정을 있는 그대로 받아들이기 어려울 경우 신경증적 불안을 경험하게 되고 이를 방어하기 위해 방어기제를 동원한다는 것이다. 정신내적 갈등을 이해하기 위해 치료자는 이 세 가지를 명확히 이해해야 하며 이를 내담자에게 통찰시키는 작업이 필요하다고 보았다. 사람의 삼각형 또는 전이 삼각형은 내담자가 갖는 관계의 특성을 삼각형으로 형상화한 것이다. 전이의 세 가지 측면, 즉 부모와 같은 과거의 중요 인물(past), 현재 또는 과거의 타인(object), 치료자(therapist)의 세 측면을 강조한 것이다. 전이는 정신분석 초창기에는 현재 갈등의 기원을 과거에서 찾아내는 데 중점을 두어 전이 신경증을 발달시키고 그 발생적 기원으로 환원시키는 작업을 주로 하였다. 이것은 주로 전이를 과거의 중요 인물(past)에 대한 감정과 갈등을 치료자에게 투사하여 재연하는 것을 의미했다. 이에 비해 현대의 경향은 전이를 과거의 중요 인물(past)에 대한 감정과 갈등을 치료자뿐만 아니라 타인(object)에게도 투사하여 재연하는 것으로 본다(Bauer, 2006). 따라서 이 전이 삼각형의 모형은 정신분석 초기 좁은 의미의 전이와 현대의 넓은 의미의 전이를 모두 포함하는 모형이라고 할 수 있다.

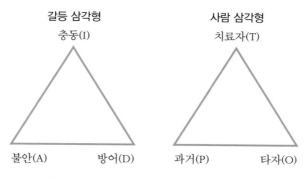

[그림 5-1] 말란의 갈등 삼각형과 사람 삼각형

스타터(Stadter, 2006)는 여기에 자기(I)의 관점을 덧붙여 사람의 삼각형 내에서 대상과 자기의 연결 관계를 보여 주는 삼각형을 제시하였다([그림 5-2] 참조). 스타터는 전이 관계 안에는 필수적으로 자기 자신에 대한 감정이나 느낌이 포함된다고 강조한다. 예를 들어, 권위적 아버지에 대한 전이 감정을 치료자에게 느끼는 내담자는 자신에 대한 느낌을 주눅 들고 자기주장을 못하는 나약한 모습으로 인식할 수 있다. 또는 방치하는 어머니에 대한 감정을 치료자에게 투사하는 내담자는 자신을 관심 밖의 방치되고 무가치한 존재로 인식할 수 있는 것이다. 이렇듯 전이 관계에서 경험하는 자기(self)의 경험을 모형에 포함시켰다.

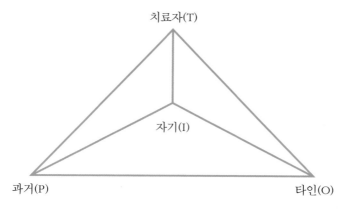

[그림 5-2] 자기(I)가 포함된 해석 도식

출처: Stadter (2006).

2) 이중 초점: 증상 초점과 역동 초점

스타터는 단기 역동 심리치료와 장기 역동 심리치료 사이의 가장 중요한 차이점은 치료 초점을 맞추는 것에 있다고 하였다. 여러 초점이 있을 수 있으나 스타터는 두 가지 초점, 즉 증상 초점과 역동 초점을 제시하였다(Stadter, 2006). 증상 초점이라 하면 이것은 내담자의 전형적인 심리적 고통이나 기능장애를 말하는 것이다. 반면 역동 초점은 내담자의 근본적인 정신역동 구조에 초점을 둔 것을 말한다. 좀 더 쉽게 표현하면 증상 초점은 내담자의 주호소 문제를 가리키는 경우가 많으며, 역동 초점은 그 문제 이면에서 작동하는 내담자의 역동적 주제들을 의미한다. 보통 이 두 초점은 서로 연결되어 있으며 한 가지 초점을 다루는 것은 다른 초점을 이해하는 데 많은 도움을 줄 수 있다. 상담자는 이러한 두 초점의 내용을 잘 이해하고 숙지하고 있어야 할 뿐만 아니라 필요할 때 해석을 통해 내담자에게 두 초점의 연결을 이해시킬 필요가 있다. 그러나 적절한 역동 초점이 발견되지 않는다면 보통 통찰을 목표로 하는 표현적 치료를 통한 개입보다는 지지적 치료를 통한 개입을 위주로 진행하는 것이 내담자에게 바람직할 수 있다.

3) 연쇄적 단기치료

연쇄적 단기치료(serial brief therapy)는 호이트(Hoyt, 1990: Stader, 2006에서 재인용)가 주기적인 단기치료 계약들을 설명하기 위해 사용한 serial short-term therapy에서 온 용어로, 한 번의 단기치료가 아닌 여러 번 이루어지는 반복적인 단기치료를 일컫는 용어이다. 실제로 내담자들은 여러 번의 단기치료를 받는 경우가 많다. 그리고 내담자의 성장과 발달은 지속적인 현상으로 일생의 과정에서 각기 다른 필요로 심리치료에 찾아오게 된다. 정신역동적 치료자는 자칫 장기 심리치료에 대한 선호를 갖고 중요한 역동의 문제들이 완전히 해결될 때까지 종결을 미루려 할 수 있다. 그러나 이러한 태도는 오히려 종결을 치료의 완결로 이해하고 내담자가 다시 오는 것을 '재발'로 인식하여 다시 오는 것에 저항감을 갖게 할 수도 있다. 다시 오게 되는 경우는 증상이 완화되었어도 근저의 문제들이 다시 다뤄질 필요가 있는 경우, 또는 새로운 발달적 위기나 도전들이 발생하는 경우 등이 있을 수 있다. 연쇄적 단기치료는 내담자들이 이전에 다룬 역동적 주제들을 더 깊이 다루거나 이전에 이룬 진전에서 더 나아가기를 원할 때 유용한 치료적 방식이다. 때로는 내담자들은 하나의 역동적 주제를 다루고 다음 단기치료에서는 새로운 역동 문제를 다루기를 원하기도 한다. 치료자는 치료의 과정을 도달하는 과정(arriving process)이라기보다 되어 가는 과정(becoming process)으로 보는 것이 필요하다.

4) 순환적 부적응 패턴

순환적 부적응 패턴(Cyclical Maladaptive Pattern: CMP)이란 자기도 모르게 반복하는 행동들, 즉 융통성 없고, 자기 완성적이고, 자멸적인 예측들, 부정적 자기 평가가 되고 사람들과 역기능적이고 부적응적인 상호작용을 하도록 만드는 순환 혹은 패턴을 뜻한다(Butler, Strupp, & Binder, 1993: Levenson, 2016에서 재인용). 이것은 스트럽과 바인더의 시간제한 역동적 치료(Time-Limited Dynamic Psychotherapy: TLDP)에서 주창한 개념이다.

여기에는 다음 네 가지 범주가 포함된다.

① 자기 행동(acts of the self): 대인관계적 특성을 지닌 내담자의 사고, 감정, 동기, 지각, 그리고 행동을 포함하는 것
② 타인의 반응에 대한 기대(expectations of other's reactions): 내담자가 다른 사람들이 자신에게 어떻게 반응할 것이라고 상상하는지와 관련된 진술들
③ 자기에 대한 타인의 행동(acts of others toward the self): 내담자에 의해서

관찰되거나 혹은 추정되고 해석된 다른 사람들의 행동들

④ 자기에 대한 자신의 행동(acts of the self toward the self): 내사(introject)로 자신을 객체로 보는 주체로서의 자기가 보여 주는 행동, 감정, 또는 사고 모두 포함. 즉, 내담자가 자기 자신을 어떻게 대하는가 하는 내용

여기에 최근 레벤슨(2016)은 다섯 번째 범주로 치료자의 상호적 역전이 (therapist's interactive countertransference)를 추가했다. 치료자의 상호적 역전이란 내담자에 대한 치료자의 반응과 그 반응을 이끌어 낸 요소, 치료자의 내면적 사건 등을 말하며 이를 통해 보다 심각하고 경직된 대인관계 패턴을 가진 어려운 내담자들과 작업에서 드러나는 치료자의 내적·외적 반응들을 말한다. 이 반응들은 내담자의 오랜 역기능적인 상호작용 패턴을 이해하는 데 중요한 정보를 제공한다.

4. 상담 과정

1) 초기

(1) 내담자 선택(심리검사의 활용)

단기 역동 심리치료에서 그에 맞는 내담자를 선택하는 것은 매우 중요한 문제이다. 제한된 시간 안에 일정 수준의 치료 성과를 보일 수 있는 내담자를 선택하는 것은 치료의 성패를 좌우하고 내담자의 자원을 절약할 수 있기 때문이다.

다반루의 경우 단기치료에 높은 반응을 보이는 내담자로 ① 한정된 문제를 보이는 내담자, ② 성격문제가 없는 내담자, ③ 하나의 신경증에 초점이 맞춰진 내담자를 제시하였다(Davanloo, 1996).

단기 역동 심리치료에 적합한 내담자의 기준들을 살펴보면 다음과 같다.

첫째, 내담자가 과거 최소 1명 이상의 좋은 관계 경험을 가져야 한다. 이는 단기치료의 성격상 빠른 시간 안에 치료동맹을 맺을 수 있어야 하는데 이를 위해 이전 관계 경험이 필요한 것이다.

둘째, 일정 수준 이상의 심리적 감수성(psychological mindedness)을 가질 필요가 있다. 자신과 타인의 생각, 정서, 동기 등을 자각하고 이를 대화로 전달하는 능력이 있어야 빠른 시간 안에 단기치료에 반응할 수 있다.

셋째, 증상 완화 수준 이상의 변화하고자 하는 동기도 필요하다. 이러한 동기가 있을 때 내담자는 단기치료에서 치료자가 진행하는 치료적 활동에 적극 참여하며 이 활동에서 비롯되는 심리적 부담을 견딜 동기를 갖게 된다.

넷째, 치료자의 잠정적 해석에 대한 좋은 반응이 있을 경우에도 단기치료에 적합하다고 할 수 있다. 치료 초기 내담자의 문제를 평가하고 이에 대한 잠정적 해석을 할 때 여기에 대한 긍정적 반응을 보일 경우 치료자는 내담자가 일정 수준 이상의 내적 성찰과 심리적 감수성을 가지고 있다고 판단할 수 있다. 이를 통해 내담자의 적합성을 판단할 수 있다.

이러한 내담자 선택의 과정에서 면담은 필수적인 것이나 부가적으로 심리 평가의 도움을 받을 수 있다. 다양한 심리검사를 통해 내담자의 증상 정도, 성격장애의 가능성 여부, 자아강도의 적절성 등을 지표로 확인하여 이 내담자가 단기 역동 심리치료에 적합한지 판단할 수 있다. 따라서 초기 심리평가를 적극적으로 활용할 필요가 있다.

(2) 초점 설정

앞서 설명한 대로 단기 역동 심리치료에서 초점 설정은 중요하다. 또한 다양한 초점을 다룰 시간적 여유가 부족하기 때문에 단기치료에서는 한두 가지의 초점에 한정지어 다루는 것이 더 효율적이다. 버드먼과 거먼(Budman & Gurman, 1988)은 다섯 가지 빈번한 증상 초점을 다음과 같이 기술하였다.

① 상실: 과거와 현재 그리고 미래의 상실, 중요한 타자들의 상실, 건강·직업·지위·자기 이미지 등의 상실
② 발달상의 부조화(developmental dyssynchrony): 전환기의 특정 시점에서 기대가 충족되지 않을 때, 동료들이 자신보다 더 성공한 것처럼 보일 때
③ 대인관계 갈등: 부부 또는 가족과 같은 친밀한 관계에서 빈번하게 벌어지는 갈등, 권위 인물 및 동료들과의 관계에서 벌어지는 갈등
④ 드러난 증상: 내담자가 도움받기를 원하는 구체적인 증상들, 우울·불안·불면증·공포증·성기능장애 등
⑤ 인격장애: 자기 및 대인관계 패턴에서 지속되는 병리

역동 초점은 각 이론가들마다 중요하게 보는 이론적 개념들이 다르기 때문에 그것을 일률적으로 제시하기는 힘들다. 예를 들어, 버드먼과 거먼(1988)의 I-D-E 접근에서는 대인관계적(interpersonal) 문제를 파악하고 이러한 문제가 내담자의 발달(development) 단계 및 실존적(existential) 관심과 어떤 관련성이 있는지에 초점을 맞추려고 한다. 또한 스트럽과 바인더는 순환적 부적응 패턴(CMP)의 개념을 중심으로 내담자의 대인관계 패턴, 즉 타인에게 부여하는 역할과 거기서 발생하는 자기 패배적인 기대 및 부적응적인 상호작용을 파악하고 초점을 맞추려고 한다. 역동 초점은 이런 단기 역동 심리치료 이론가들뿐만 아니라 역동적 이론가들이 말하는 핵심갈등, 대인관계 패턴, 대상관계에서 말하는 대상과 자기에 대한 상과 거기에 포함된 감정, 생각, 신념 등이 모두 포함될 수 있다. 따라서 초점 설정은 증상 초점과 증상 초점의 밑에서 증상 초점에 영향을 주는 역동적 주제들을 파악하고 명확히 하는 과정을 포함한다.

(3) 작업동맹의 발달

단기치료에서 작업동맹을 발달시키기 위해 치료자가 우선 검토해야 하는 것은 조급함이라는 역전이를 검토하는 것이다. 단기치료에서 상담자는 시간

과 비용의 압박 때문에 조급함이라는 역전이가 발생한다는 점을 인식하고 있어야 한다. 조급하게 초점을 설정하고 작업하려고 하면 작업동맹을 맺는 데 실패하기 쉽다.

초기 단계에는 목표 및 초점을 설정하기 위해 개인력을 청취하는 과정을 밟게 된다. 개인력 청취는 그 자체로 치료적일 수 있다. 자신의 과거 역사를 훑어보는 과정에서 내담자 스스로 현재 문제의 원인에 대한 잠정적인 통찰을 얻기도 한다. 그러나 자칫 이 과정이 치료자가 묻고 내담자가 수동적으로 대답하는 방식이 되면 이러한 통찰을 얻기 어려우며 치료자도 내담자에 대한 역동적 정보를 얻기 어려울 수 있다. 따라서 개인력 청취의 과정은 치료자와 내담자가 함께 발견하는 과정으로 삼는 것이 중요하다. 내담자가 자신의 과거력을 능동적이고 주체적으로 살펴볼 수 있다면 앞으로 진행될 중기의 과정에서도 내담자는 치료과정의 능동성을 유지하면서 임할 수 있기 때문이다. 또한 이렇게 함께 발견하는 과정으로서 개인력을 청취하고 함께 초점을 설정하는 과정은 작업동맹의 형성에 많은 긍정적 영향을 끼치게 된다.

초기 단계에서 마지막으로 살펴볼 것은 전이와 역전이 반응이다. 비록 초기 단계이기는 하나 전이 반응과 이에 반응하는 치료자의 역전이 반응이 나타난다. 이를 바탕으로 내담자의 대인관계 문제를 인식할 수 있다. 투사적 동일시 과정을 거쳐 치료자에게 나타나는 역전이 반응은 역전이의 위치를 알 수 있도록 해 준다. 즉, 치료자가 경험하는 것이 일치적 동일시, 즉 내담자의 내적인 상태에서 비롯된 것인지, 또는 상보적 동일시, 즉 내담자 주변 타인의 내적인 상태에서 비롯된 것인지를 명확히 해 주기도 한다. 이를 통해 치료자는 내담자의 주된 갈등과 대인관계 패턴, 핵심 역동 등을 이해하는 데 많은 도움을 받게 된다.

2) 중기

단기 역동 심리치료에서 중기에 가장 중요한 과업은 초기 단계에서 파악된 역동적 주제들에 반복적으로 초점을 맞추어 다루는 것이다. 앞서 언급한 이론 가들도 이 단계에서 주된 주제들의 해석, 특히 전이와 대인관계 패턴 등의 해석과 지금-여기에서의 상호작용의 중요성을 강조하였다. 가장 핵심이 되는 활동은 해석이라고 볼 수 있다. 중기에서 하게 되는 치료자의 내적·외적 활동을 살펴보면 다음과 같다.

(1) 초점을 유지하기

치료자와 내담자가 협력하여 치료의 초점을 유지하며 진행하는 것은 단기 역동 심리치료의 성패를 가르는 중요한 요소이다. 그러나 치료자가 지나치게 초점을 고집하면 치료는 활기를 잃고 단조롭게 되기 쉬우며 융통성과 유연성을 발휘하기 어렵게 된다. 초점을 고집하기보다 현재 진행하고 있는 치료적 활동이 어디쯤 가고 있는지 알 수 있는 표식으로 삼는 것이 더 바람직하다. 치료활동이 초점에서 멀어지고 있는 것은 아닌지 점검하는 것이 필요하다.

(2) 역동적으로 생각하기

치료자는 증상 초점과 역동 초점에 골고루 주의를 기울이며 공감적 태도로 치료를 진행해야 한다. 어느 한쪽에 치우치게 되면 치료는 방향을 잃고 표류하게 될 가능성이 크다. 역동적으로 생각하는 것은 외적인 개입으로 드러나지 않을 수 있다. 그보다 내담자를 수용하고 담아 주는(containing) 태도로 나타나며, 이러한 내적인 활동은 비언어적·무의식적 과정을 통해 내담자에게 전달될 수 있다.

(3) 예비 해석에 근거한 해석하기

　예비 해석은 본격적인 해석 작업에 들어가기 전 내담자의 준비성과 반응을 관찰하고 앞으로의 작업을 수행할 의도와 능력을 평가해 보는 해석 작업이다. 이를 통해 치료자는 내담자와의 작업동맹을 강화하고 해석에 대한 내담자의 능력을 평가해 보고 내담자가 가진 문제의 역동에 대한 정보를 얻을 수 있다. 그러나 이러한 예비 해석에 내담자의 반응이 부정적이라면 치료자는 내담자가 언어적 해석을 받아들일 능력이나 의향이 없는지, 해석이 부정확한 것은 아니었는지, 해석을 제공하는 시점이 잘못되었는지 평가해 보아야 한다.

(4) 추론적 태도로 해석하기

　해석 작업에서 중요한 치료자의 태도는 추론적 태도이다. 교조적이고 확정적인 태도로 해석을 할 경우 내담자의 저항에 부딪힐 가능성이 커진다. "혹시 이런 것은 아닌지" "나는 이렇게 생각하는데, 당신 생각은 어떤지요?" 등의 추론적 태도의 해석 방식을 통해 내담자를 이 해석 작업의 동반자로 초대하는 것이 치료자와 내담자의 상호작용을 증가시킬 뿐만 아니라 내담자의 저항을 낮출 수 있다. 또한 치료자의 해석이 부정확할 경우 내담자들은 그것을 보다 정밀하고 정확하게 교정해 주는 역할을 하면서 치료의 과정에서 주체적 역할을 경험하게 된다.

(5) 반복된 패턴의 관찰

　치료과정에서 해석을 위한 중요한 과정은 반복된 패턴, 특히 대인관계 패턴을 관찰하는 것이다. 이것은 단순히 내담자가 내놓는 자료 속에서만 발견되는 것은 아니다. 치료자와 내담자의 상호작용 안에서도 반복되는 패턴들이 많이 발생하고 즉시적으로 재연되고 있다. 이러한 패턴을 관찰하고 이것을 다루는 것은 단기 역동 심리치료에서 매우 중요한 과업이다. 때로는 이 과업이 치료 작업의 전부일 수도 있다. 전이 삼각형에서 치료자와 내담자 사이의 패턴을 내담자가 인식할 수 있다면 내담자는 자신과 과거 인물, 또는 현재 인물과 반복하는 패턴을 보다 쉽게 인식할 수 있고 여기서 발생하는 자신의 감정과 타인과의 관계 양상에 대해 성찰할 기회를 갖게 된다.

(6) 전이와 역전이, 갈등과 방어의 이해와 해석

앞서 설명한 갈등의 삼각형과 사람의 삼각형(또는 전이 삼각형)을 통해 해석 작업을 하는 것은 중기의 중요한 과업이다. 우선 갈등의 삼각형에 근거하여 해석하는 작업을 살펴보면 보편적으로 방어-불안-충동의 순으로 해석한다. 그것은 내담자가 받아들이기 쉬운 수준부터, 그리고 의식적인 수준부터 해석하는 것이 더 안전하기 때문이다. 처음부터 갈등의 핵심인 충동부터 해석하는 것은 내담자의 불안을 더 키우게 할 수 있을 뿐만 아니라 치료자의 해석을 거부하거나 치료적 활동에 저항하게 만들 수 있기 때문이다.

예를 들어, 부모에게 화난 감정을 이야기할 때 웃으면서 하는 내담자에게 부모에 대한 화난 감정부터 해석하기보다 웃으면서 이야기하는 내담자의 행동에 대한 해석부터 진행하는 것이 바람직하다. 그리고 이러한 웃음이 내담자의 어떤 불안을 반영하고 있는지 해석하는 작업을 한 후에야 내담자는 부모에 대한 화와 분노 감정을 다룰 수 있다.

다음으로 사람의 삼각형(전이 삼각형)을 통한 해석을 살펴보면 치료자와 과거 인물의 관계, 치료자와 현재 인물의 관계, 과거 인물과 현재 인물의 관계, 치료자와 자기에 대한 느낌 등을 해석할 수 있다. 이 중 강력한 경험을 주는 것은 지금-여기, 치료자와 내담자 사이에 이루어지는 느낌과 감정 등의 상호작용을 다루는 것이다. 과거 인물에 대한 느낌은 시간적으로 지나간 사건에 대한 감정이 되기 때문에 시간적으로 멀리 떨어진 일이 되고, 현재 인물에 대한 느낌은 공간적으로 여기, 즉 상담실이 아닌 상담실 밖에서 벌어진, 공간적으로 멀리 떨어진 일이 되기 때문에 생생함을 경험할 가능성이 적기 때문이다. 반면 지금-여기에서 이루어지는 치료자와의 상호작용은 바로 눈앞에서 벌어지는 생생한 현상으로 내담자가 즉시적으로 경험하고 성찰할 수 있는 사건이며 이를 통해 내담자는 경험적 통찰을 얻을 수 있기 때문이다.

예를 들어, 권위적 아버지와 권위적 대상에 대한 갈등을 경험하는 내담자의 경우 권위적 아버지와 남성 지도교수, 그리고 남성 치료자에 대해 비슷한 감정을 경험할 수 있다. 그들 앞에서는 수동적이고 규율을 잘 지키는 복종적인 모습을 보이려고 노력할 수 있으며, 이로 인해 그들 앞에서 할 수 있는 당연한 자기표현이나 주장을 하지 않고 그들의 의견에 동조할 수 있다. 이러한 일이 발생할 경우 치료자는 아버지와 지도교수 사이에서 일어난 일을 다룰 수도 있고, 치료자와의 상호작용에서 일어난 일을 다룰 수도 있다. 전이 삼각형에서 어떤 쌍의 전이를 다루는가는 그 치료 시간에 나오는 내용을 바탕으로 내담자의 의식에 가까운 순서대로 다루면 될 것이다. 그러나 앞서 언급했듯이 가장 강력하고 내담자가 받아들일 수밖에 없는 직면적 전이 해석은 치료자와의 상호작용에서 나오는 전이 감정 또는 전이 행동이며, 치료자는 이를 과거 대상 혹은 현재 대상의 관계와 연결시켜 해석해 줌으로써 내담자의 인식의 폭을 넓혀 주고 해석의 확장성을 강화할 수 있다.

(7) 역전이 활용 및 치료자의 자기 개방

역전이는 고전적 의미 또는 협의의 의미에서 치료자의 문제로 인해 내담자에게 투사하는 감정이나 사고, 이미지 등을 일컫는 말이었으나 현대적 의미 또는 광의의 의미에서 치료자가 내담자에게 가지는 모든 감정과 생각을 포함한 내적인 반응을 일컫는 말이다. 즉, 협의의 정의에서 역전이는 치료자가 분석이나 지도감독을 통해 해결해야 할 문제로 보았다면 광의의 정의로 그 의미가 확장되면서 역전이는 내담자의 내면을 이해하는 도구로 인식되기 시작하였다 (최명식, 2005). 따라서 역전이를 어떻게 활용하느냐에 따라 그것은 심리치료에 유용한 정보 및 개입의 방향, 내용을 알려 주는 중요한 개입의 방식이 될 수 있다.

역전이 활용은 크게 ① 역전이 자각, ② 역전이 관리, ③ 역전이 내적 활용, ④ 역전이 외적 활용 등으로 나눌 수 있다. 역전이 자각은 말 그대로 치료자가 자신의 내면에서 일어나는 내담자와 관련된 모든 반응을 주시하고 관찰하며 그것들을 자각하는 것을 말한다. 역전이 관리는 이러한 역전이의 내용들이 내담자에게 부정적 영향을 끼치는 방향으로 드러나지 않도록 관리하는 활동들을 말한다. 대표적으로 사례개념화를 들 수 있는데, 이를 통해 치료 중에 일어날 수 있는 역전이 반응들을 예상하고 이것이 역전이 행동으로 나타나지 않도록 하는 것이 포함될 수 있다. 역전이의 내적 활용은 역전이를 활용한 치료자의 내면의 활동으로 역전이 감정의 위치 확인, 역전이 감정의 담아 주기 활동 등이 그 예이다. 역전이의 외적 활용은 이를 치료 시간에 적극적으로 활용하는 것으로, 해석에 활용하거나 자기 개방을 통해 치료자-내담자 간의 상호작용을 분석하는 데 활용하는 것을 말한다. 이때 치료자의 자기 개방은 단순히 치료자 개인의 정보를 개방하는 것이 아니라 내담자에게서 기인하는 치료자의 반응을 숙고하여 돌려주는 것을 말한다. 이를 통해 내담자는 자신의 대인관계 패턴을 인식하고 통찰하여 새로운 변화로 나아갈 수 있는 토대를 마련할 수 있다(최명식, 2005; Levenson, 2008).

3) 종결

단기치료에서 종결은 내담자의 변화가 완성된 후가 아니라 변화가 시작되는 단계에서 이루어지는 경우가 많다. 변화의 시작 단계에서 종결 작업을 해야 되는 것이다. 모든 상담이 그렇듯 단기 역동 심리치료에서도 목표의 성취가 종결의 신호가 될 수 있다. 즉, 증상의 감소나 호전 등이 종결의 신호가 된다. 그러나 증상의 감소나 호전 이외에 역동적 관점에서 종결을 결정하는 데 도움이 되는 것은 어떤 것들이 있을까? 레벤슨(2016)은 다음 여섯 가지 질문이 단기 역동 심리치료의 종결을 결정하는 데에 도움이 된다고 하였다.

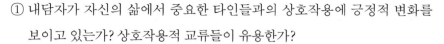

① 내담자가 자신의 삶에서 중요한 타인들과의 상호작용에 긍정적 변화를 보이고 있는가? 상호작용적 교류들이 유용한가?

② 내담자가 자신 안에 보다 많은 정서적 유연성을 보이는가? 자신에 대해 좀 더 충만한 경험을 보고하는가?

③ 내담자가 심리치료 내에서 자기 자신 및 치료자와 새로운 경험들을 하는가?

④ 치료자와 내담자가 관계를 맺는 수준(보통 부모–자녀 관계에서 성인 대 성인의 관계로)에 변화가 있는가?

⑤ 내담자에 대한 치료자의 역전이 반응에 변화(보통 부정적인 것에서 긍정적인 것으로)가 있는가?

⑥ 내담자가 자신의 역동과 그것을 유지하는 데 기여한 자신의 역할에 대한 깨달음이 생겼는가?

앞의 질문에 긍정적으로 답할 수 있다면 이것은 종결의 신호가 되고 종결을 위한 작업을 해도 좋다는 의미이기도 하다. 그렇다면 종결 단계에서 치료자와 내담자는 어떤 작업을 하게 되는가? 스타터(2006)는 다음의 여섯 가지를 종결 단계의 목표 및 과업으로 설명하였다.

① 치료 기간 동안 이룬 결실들을 공고히 하기

② 상실과 종결의 경험을 탐구하고 극복하기

③ 단기간이나마 집중적인 관계 경험을 함께 했던 내담자에게 '작별인사 나누기'

④ 내담자의 진전을 유지하고 발전시키는 데 방해가 되는 장애물이 어떤 것인지 그리고 그 장애물을 어떻게 다룰 것인지에 대해 논의하기

⑤ 치료과정의 내재화를 강화하기

⑥ 환자가 훗날 다시 치료로 돌아올 수 있는 조건을 탐색하고 그 과정을 촉진하기

이와 같은 작업과 더불어 내담자에게 다음에 다시 상담에 올 수 있음을 안내하는 것도 중요한 과업이다. 연쇄적 단기치료에서 언급하였듯이 한 번의 치료에서 모든 것을 다 할 수 없으므로 다음 기회의 심리치료를 안내함으로써 내담자가 미처 다루지 못한 주제들 또는 동일한 문제의 재발에 대비할 수 있도록 하는 것이 종결 시기에 치료자가 해야 할 과업이다.

5. 치료개입

1) 해석 작업

단기 역동 심리치료에서는 치료자의 보다 적극적인 해석 작업을 중요시한다. 이러한 개입을 통해 내담자의 방어를 빠르게 포기하게 하고 보다 빠르고 깊게 내담자의 갈등을 드러내고 해결해 가는 작업을 하는 것이 단기 역동 심리치료의 공통된 특징이기도 하다. 여기서는 40대 중반 여성의 사례를 가지고 어떻게 갈등의 삼각형에 입각한 해석을 할 수 있는지와 전이 삼각형에 따른 전이 해석을 할 수 있는지 그 예를 설명하고자 한다.

(1) 갈등 삼각형에 따른 해석([그림 5-1] 참조)

내담자는 남편이 시댁에 자신만 보내고 남편은 가지 않거나 출장 등의 일이 바쁘다는 이유로 무관심하다고 느낀다. 그러나 내담자의 소극적이고 수동적인 태도로 인해 남편에게 자기표현이나 주장을 하지 못하고 이런 불만이 쌓일 때 무기력감과 신체화 증상을 경험하고 있다. 이러한 내담자의 문제를 갈등 삼각형에 따라 해석하면 다음과 같이 할 수 있다.

• I-A 해석: "○○ 씨가 남편에게 관심을 받고 싶어 하는 것 같네요[I: 충동].

그런데 그런 표현을 하고 싶은 마음이 들 때 불안해하시는 것 같네요[A: 불안]."

- I-D 해석: "○○ 씨가 솔직한 감정을 얘기하지 못하고 짜증 내는 것[D: 방어]이 오히려 남편의 관심으로부터 멀어지게 만들고 있는 것 같네요[I: 충동]."
- A-D 해석: "남편이 일 때문에 바쁘고 무관심한 것 때문에 ○○ 씨가 불안해 할 때[A: 불안] 그 때문에 ○○ 씨가 몸에서 힘이 빠지는 듯한 무력감[D: 방어]을 경험하고 있다고 생각해요."
- I-A-D 해석: "지금까지 이야기한 것을 보면 ○○ 씨는 남편이 멀어지는 것 같은 느낌[I: 충동]이 들 때 몹시 불안해하며[A: 불안] 무기력해지거나 ○○ 씨도 알 수 없는 짜증을 내는 것[D: 방어] 같아요."

(2) 전이 삼각형에 따른 해석([그림 5-1] [그림 5-2] 참조)

상담 진행 중 상담자의 사정으로 한 회를 쉬게 되었다. 이 사건 이후에 내담자는 그동안 하지 않던 지각을 하거나 상담시간에 이전보다 소극적 태도로 임하는 모습을 보여 주었다. 이것은 내담자가 자신의 어머니와 현재 남편이나 시어머니에게 느끼는 전이 감정을 상담자에게 경험하고 있음을 보여 주고 있었다. 이러한 내담자의 내적 상태를 전이 삼각형을 활용하여 해석하면 다음과 같다.

- T-P 해석: "지난번 상담을 내 사정으로 쉬게 되었을 때 내가 ○○ 씨의 상담을 중요하지 않게 생각하고 ○○ 씨를 뒷전으로 미룬 것 같은 느낌을 받은 것 같습니다[T: 치료자]. 이것은 마치 어머니가 ○○ 씨를 소홀하게 대하고 뒷전으로 미뤄 놓는 느낌과 비슷한 감정을 불러일으킨 것 같네요[P: 과거]."
- P-O 해석: "어머니가 ○○ 씨를 혼자 남겨 두고 집을 떠났을 때 느낀 감정[P: 과거]처럼 남편이 출장을 자주 가는데다 집에 와서도 피곤하다는 이유

로 당신과 시간을 잘 보내지 않는 것이 마치 뒷전으로 밀려난 느낌을 불러일으키며 비슷한 감정을 경험하고 있는 것으로 보이네요[O: 타인]."

- T-O 해석: "지난번 상담을 쉬었을 때 ○○ 씨는 상담이 꼭 필요한 시점이었는데 내가 ○○ 씨의 중요한 일을 마치 중요하지 않은 것으로 여기는 느낌을 받았나 보군요[T: 치료자]. 이것은 마치 남편이 ○○ 씨의 중요한 일에는 관심을 기울이지 않고 그럴 때마다 출장이나 회사 일로 바쁘다고 잘 들어주지 않을 때의 느낌과 비슷한 것 같네요[O: 타인]."

- T-P-O 해석: "지난번 상담 취소로 ○○ 씨가 나에 대해 불편한 감정이 생긴 것 같네요. 그래서 지난 2주 동안 연속으로 지각한 것은 아닐까 싶네요[T: 치료자]. 어릴 때 어머니에게 불만이 있을 때도 어머니가 힘들지 않을까를 생각하느라 말로 표현하기보다 꿍하고 있었던 것[P: 과거]이나 지금 남편에게도 불만이 있을 때 직접 말하기보다 짜증을 내거나 침묵하면서 간접적으로 화를 내고 있는 모습[O: 타인]이 지금 나에게 하는 모습과 비슷하다고 생각합니다. ○○ 씨는 어떻게 생각하나요?

자기(self)가 포함된 해석은 다음과 같다.

- T-P-O-S 해석: "나를 포함해 어머니나 남편이 ○○ 씨에게 소홀하고 무관심하다고 느낄 때 ○○ 씨는 자신이 마치 쓸모없고 무가치한 존재가 된 것 같은 느낌을 느끼는 것 같아요[S: 자기]. 그래서 정당하게 불만을 이야기하고 요구를 할 수 있는 상황에서도 나같이 별 볼일 없는 사람이 그런 말을 해서 무슨 소용이 있나 하면서 자신을 보잘것없는 사람으로 보는 것 같군요."

2) 감정초점 기법

맥컬러(McCullough, 2001)의 감정공포증에 대한 탈감각화(desensitization of affect phobias) 기법은 대표적인 단기 역동 심리치료의 감정초점 기법이다. 감정공포증이란 정신역동적 관점에서 보면 불안이나 다른 갈등적인 감정, 예를 들어 수치심이나 죄책감과 같은 감정 때문에 견디기 어려운 경험이나 표현을 피하기 위해 스스로 방어하려는 시도를 말한다. 예를 들어, 슬픔을 두려워하여 눈물을 참는 것을 들 수 있다. 이러한 감정공포증을 일종의 행동주의 기법인 탈감각화를 통해 극복하는 일련의 과정을 맥컬러는 다음의 단계로 제시하였다.

① 방어의 인식
② 방어의 포기
③ 감정 경험
④ 감정 표현
⑤ 자신/타인의 상을 재구성

이러한 5단계의 과정을 40대 중년 부인의 사례에 대입하여 살펴보도록 하겠다.

(1) 방어의 인식

이 단계는 방어적 문제행동을 인식시키는 단계이다. 눈물을 참는다거나 말을 빠르게 한다거나 멍하고 무감각해지거나 침묵을 하거나 하는 등의 부적응적 방어행동을 인식시키는 단계이다.

예: 내담자가 남편에 대한 불만을 털어놓다가 갑자기 침묵하며 무기력한 표

정을 지으며 무슨 소용이 있냐고 하소연한다. 이때 상담자는 다음과 같은 말로 내담자의 방어 행동을 인식시킨다.

> "지금 남편에 대해 화난 내용을 이야기하다가 무력감을 느끼면서 침묵하고 소용이 없다고 말하고 있군요. ○○ 씨가 화난 이야기를 할 때 종종 이런 모습을 보았어요."

(2) 방어의 포기

방어 행동을 포기할 동기를 경험하게 하는 단계로 이전과 다르게 표현해 보도록 제안하고 격려하는 단계이다. 예를 들어, 말을 빠르게 하는 내담자에게 말을 천천히 하게 하거나, 웃으며 말하는 내담자에게 표정 없이 다시 말하게 하는 방법 등이 있다.

예: 내담자에게 다시 한번 남편에 대한 불만을 이야기하게 하며 하고 싶은 말을 끝까지 해 보도록 시도한다.

> "지금 다시 남편에 대한 불만을 끝까지 이야기해 볼 수 있을까요? 말하고 싶지 않은 마음이 들더라도 하고 싶은 말을 감정을 담아 한번 할 수 있는 데까지 다시 해 보지요."

(3) 감정 경험

내담자가 2단계의 시도를 하고 난 뒤 어떤 감정의 변화가 있는지 내담자 자신이 경험하는 단계이다. 말을 천천히 하거나 웃음기 뺀 표정으로 말을 하면서 내담자가 경험한 감정을 확인하고 한 번 더 언어적으로 표현하도록 하는 단계이다. 예를 들면 다음과 같다.

> 상담자: "지금 남편에 대한 불만을 끝까지 얘기하면서 감정이 어떤가요?"
> 내담자: "전에는 말하다 중간에 멈추니까 뭔가 몸에서 힘이 쭉 빠지면서 우울해졌는데, 지금은 끝까지 얘기해 보니 시원하기도 하고 두렵기도 하네요. 근데 시원한 감정이 더 크고 뭔가 힘이 생기는 느낌도 드네요."

(4) 감정의 표현

감정을 경험한 후 내담자에게 새롭고 적응적인 방법을 시도하게 한다. 이 단계에서 내담자는 자신의 가까운 사람에게 이전에 표현해 본 적이 없는 감정을 표현하는 과제를 해 보게 된다. 예를 들면 다음과 같다.

> 상담자: "이런 감정을 남편에게 얘기해 본 적이 있나요?"
> 내담자: "전에도 얘기하다가 남편이 불편해하면 다 얘기 못하고 삼켰어요."
> 상담자: "그렇다면 한번 기회를 봐서 남편에게 하고 싶은 말을 다 해 보는 기회를 가져 보지요."

(5) 자신/타인의 상을 재구성

감정의 표현 단계를 거치면 내담자는 자신 또는 타인에 대한 상을 재구성할 기회를 가지게 된다. 생각보다 상대방이 자신의 감정 표현에 긍정적으로 반응하는 경우도 많고 설사 상대의 반응이 부정적이었다 하더라도 자신이 이러한 표현을 적절하게 그리고 자신 있게 표현하였다는 점에서 자신의 상이 바뀌는 경험을 하게 된다. 예를 들면 다음과 같다.

> 상담자: "남편분과 얘기해 보니 어떻던가요?"
> 내담자: "남편이 처음에는 불편해하고 표정도 좋지 않아서 저도 말하기가 힘들었는데, 그래도 선생님과 약속했으니 끝까지 하고 싶은 말을

다했어요. 그랬더니 남편이 불편해하면서도 다 들어 주고 이해해
주더라고요."

이 기법의 장점은 정신역동적 관점과 행동주의적 기법의 치료적 통합에 있
다. 갈등의 삼각형의 세 요소를 다 담고 있으면서 이를 치료적으로 발전시키기
위해 행동주의적인 탈감각화 과정을 적용시킨 것이라 하겠다.

6. 평가

단기 역동 심리치료는 장기로 진행될 수 있는 상담을 보다 구조화하여 시간
과 비용을 절약하고 효율적으로 사용할 수 있도록 하는 접근법이라고 할 수 있
다. 단기치료이지만 그 효과는 크리츠-크리스토프(Crits-Christoph, 1992)의 메
타 분석 연구에서도 나타났듯이 특정한 중심 증상의 감소, 일반적 수준의 정
신증적 증상의 감소, 사회적 기능의 개선 등으로 나타났다. 샤흐트와 스트럽
(Schacht & Strupp, 1989)도 단기 역동 심리치료가 성격문제의 해결과 성격구조
의 변화를 이끌어 낼 수 있다고 하였다. 이를 통해 단기치료가 이전에 생각해
왔던 것보다 더 효율적이고 효과적으로 정신내적 갈등들을 다룰 수 있음을 보
여 주고 있다.

그럼에도 단기 역동 심리치료에는 몇 가지 단점들이 존재한다. 앞서 설명하
였듯이 이 접근법에 맞는 내담자를 선별하는 과정이 있고 그 내담자들에게 적
용하는 접근법이어서 모든 내담자들에게 이 접근법을 적용할 수는 없다. 현대
의 심리치료들이 그렇듯이 일련의 특성을 가진 내담자들에게 맞는 치료법들
이 발전해 왔듯, 단기 역동 심리치료도 일정 수준 이상의 기능 수준을 보이는,
즉 고기능 수준의 내담자들에게 적용할 수 있는 치료적 접근법이다. 또한 단기
치료의 특성상 내담자의 변화를 충분히 훈습하고 종결하는 것이 아니라 변화

가 시작되는 시점에서 종결할 가능성이 높다. 인간의 변화에는 변화의 계기뿐만 아니라 변화를 지속시키는 훈습의 과정이 필요하다. 그런 점에서 단기 역동 심리치료는 훈습의 기회가 장기치료보다 적을 수밖에 없다. 그럼에도 보다 빠르고 즉각적인 해결을 바라는 현대 사회의 경향에 비추어 볼 때 단기 역동 심리치료의 효용성은 앞으로 더욱 커질 것으로 보인다.

3부

인지행동 상담이론

인지행동 상담이론의 발전과정은 크게 세 번의 흐름(wave) 또는 3개의 세대(generation)로 구분하여 소개할 수 있다(문현미, 2005; Hayes, 2004; Spiegler, 2016). 첫 번째 세대의 인지행동 상담이론은 1950년대부터 등장한 것으로, 왓슨(John. B. Watson), 스키너(Burrhus. F. Skinner), 월피(Joseph Wolpe), 반두라(Albert Bandura) 등에 의해 개발된 고전적인 행동치료를 의미한다. 1세대 행동치료에서는 고전적 조건형성, 조작적 조건형성, 관찰학습, 강화와 처벌 등의 학습 원리를 적용하여 문제행동의 습득과정을 설명하고, 적응적 행동을 형성하기 위하여 상담 장면에서도 다양한 학습의 원리를 활용하고자 하였다. 이 치료들은 정신분석에서 강조했던 무의식의 탐색을 거부하고, 객관적으로 관찰과 측정이 가능한 행동만을 주요한 관심의 초점으로 삼았다. 정신분석이 가지고 있는 추상적이고 모호한 개념으로 인한 한계를 극복하고자 하는 시도이기는 했으나, 내면적인 심리과정을 무시하고, 인간을 환경자극에 반응하는 피동적인 존재로 본다는 제약이 있었다.

두 번째 흐름은 1970년대 전후로 등장하였다. 2세대 인지행동 상담이론은 주의 깊게 살펴야 할 내면적 과정으로서 인간의 정보처리과정인 인지적 요인에 초점을 맞추었다. 엘리스(Albert Ellis)의 합리적 정서행동치료나 벡(Aaron Beck)의 인지치료에서는 비합리적 신념, 역기능적 인지도식, 인지적 오류와 같이 인지 과정에서의 편향과 왜곡이 이상행동을 일으키는 주요한 요인이라고 주장하였다. 이와 같은 2세대 인지행동 상담이론에서는 인지적 요인의 변화가 곧 치료의 목표가 되었다.

인지행동 상담이론의 세 번째 흐름은 1990년대부터 발전하였다. 1세대 행동치료와 2세대 인지행동치료는 치료의 궁극적 목표가 내담자의 문제를 제거하거나 심리적 고통을 경감시키는 데 있었다. 그러나 3세대 인지행동 상담이론의 흐름은 본질적으로 다른 가정에 근거하고 있는데, 특정한 행동이나 인지 내용의 변화에 초점을 두기보다는 그것을 바라보는 시각이나 조망을 변화시킬 것을 제안하고 있다. 즉, 1~2세대 인지행동 상담이론이 변화시키고자 했던 어떤 행동이나 심리적 고통을 삶의 필연적인 부분으로 적극 수용하고, 자신의 현재 삶에서 가치 있고 의미 있는 활동들을 지속할 수 있도록 돕는 것이 바로 3세대 인지행동 상담이론의 목표인 것이다. 이러한 세 번째 흐름은 수용기반 치료로서, 마음챙김, 수용, 치료적 관계, 정서적 표현 등을 기존의 인지행동치료 전략에 유연하게 통합하는 다양한 치료적 접근을 제안하고 있다(권석만, 2012).

3부에서는 이러한 인지행동 상담이론의 발전과정에 기초하여 제1동향에서는 6장 고전적 행동치료, 제2동향에서는 7장 인지행동치료, 제3동향에서는 8장 변증법적 행동치료, 9장 수용–전념치료, 10장 마음챙김 기반 인지치료, 11장 정서도식치료를 소개하고자 한다.

[그림 1] 인지행동 상담이론의 발전과정

6장
행동치료

1. 이론의 발달

행동치료는 행동주의적 관점에 기반을 둔 치료적 접근이다. 프로이트 (Sigmund Freud)의 정신분석이 눈에 보이지 않는 무의식을 통해 인간을 이해하고자 했다면, 행동주의는 오직 관찰 가능한 자극과 반응을 통해서만 인간의 행동을 연구하고자 하였다. 이러한 행동주의는 20세기 초, 학습의 원리를 밝히고자 했던 몇몇 실험적 연구에서 비롯되었는데, 파블로프의 실험이나 왓슨의 '어린 앨버트 실험' 등이 그 대표적 예라고 할 수 있다.

[그림 6-1] 행동치료의 주요 인물

1) 조건형성과 행동주의의 확립

(1) 파블로프

러시아의 생리학자 이반 파블로프(Ivan Pavlov)의 조건형성에 관한 연구는 행동주의 심리학의 매우 중요한 시작이 되었다. 그는 개를 대상으로 한 실험을 통해 고전적 조건형성을 설명하였다. 고전적 조건형성의 원리는 중립 자극과 어떤 행동을 이끌어 내는 자극을 반복적으로 짝지어 제시하면, 중립 자극도 결국 동일한 행동을 이끌어 내는 힘을 가지게 되는 것을 의미한다. 이는 인간이 어떤 반응이나 행동을 하게 되는 중요한 학습 원리 중 하나로서, 파블로프는 이러한 원리를 심리치료에 적용할 수 있다고 주장하기도 하였다. 그리고 이러한 파블로프의 연구 결과와 주장은 행동주의의 창시자라고 불리는 왓슨에게 큰 영향을 미쳤다.

(2) 왓슨

미국 존스홉킨스대학교의 실험심리학자인 왓슨(John. B. Watson)은 행동치료의 밑바탕이 되는 행동주의의 창시자라고 할 수 있다. 행동주의는 통찰지향적인 정신분석의 개념들이 모호하고 측정 불가능하며, 객관적 관찰이 불가능하다는 한계에서 벗어나고자 시작된 흐름이었기 때문에, 철저히 관찰 가능한 자극과 반응에만 초점을 맞추고자 하였다. 왓슨을 비롯한 행동주의 심리학자들은 의식, 생각, 상상과 같은 관찰 불가능한 사고과정은 과학적인 심리학의 연구주제가 될 수 없다고 생각하였고, 이러한 개념들을 이용하여 인간의 심리과정과 행동을 설명하기를 거부하였다. 왓슨은 파블로프가 개 실험을 통해 제안한 고전적 조건형성의 원리를 이용하여 인간의 특정 행동과 반응 또한 형성될 수 있음을 보여 주었는데, 그것이 바로 유명한 '어린 앨버트 실험'이다. 실험 당시 앨버트는 생후 9개월 된 남아로서, 처음에는 작은 동물에 대한 공포감을 보이지 않았다고 한다. 그런 앨버트 앞에 실험용 흰쥐처럼 작은 동물이 지나갈 때마다 반복적으로 큰 쇠막대기 소리를 들려주는 실험을 진행하였다. 쇠막대기 소리는 누구에게나 공포 반응을 일으킬 만큼 불쾌하고 큰 소리였고, 앨버트 역시 그 소리 때문에 무서워하며 울게 되었다. 이러한 과정이 여러 번 반복되자, 앨버트는 결국 쇠막대기 소리 없이 작은 동물이 지나가기만 해도 두려운 얼굴로 울게 되었다. 비록 '어린 앨버트 실험'이 현대 심리학 실험의 윤리적 기준에서 볼 때, 비인간적이고 비윤리적인 측면으로 인해 실행할 수 없는 실험임에는 분명하나, 행동주의 심리학과 행동치료의 시작에 있어서는 매우 역사적인 실험이었다. '어린 앨버트 실험'을 통해 왓슨은 두려움과 공포 반응이 고전적 조건형성의 과정을 거쳐 만들어질 수 있음을 증명해 보였기 때문이었다. 이러한 실험을 통해 알 수 있듯이, 왓슨은 행동주의 심리학자로서 모든 인간의 행동은 특정 자극을 제시하거나 특정 상황을 제공함으로써 만들어질 수 있다는 입장을 강력하게 피력한 사람이었다. 이는 인간의 모든 행동이 무의식에서 비롯된다는 정신분석적 입장과는 극명히 대비되는 것이었다.

(3) 스키너

스키너(Burrhus. F. Skinner)는 왓슨과 함께 가장 저명한 행동주의 심리학자 중 한 명이라고 할 수 있다. 그는 왓슨의 『행동주의(Behaviorism)』라는 저서에 감명을 받아 대학원에 진학하여 심리학을 배운 인물로서, 하버드대학교 심리학과 교수로 재직하면서 행동주의 원리를 개인과 사회의 의미 있는 변화에 적용하고자 애쓴 심리학자였다. 파블로프와 왓슨이 고전적 조건형성이라는 중요한 학습 원리를 제안한 것처럼, 스키너 또한 또 다른 중요한 학습 원리로서 조작적 조건형성을 제안하였다. 조작적 조건형성은 '스키너 박스(Skinner's box)'로 알려진 실험에 의해 잘 설명되는데, 이는 어떤 행동이나 반응이 강화에 의해 형성되고 유지되며, 증가될 수 있다는 행동주의 원리이다. 스키너 또한 왓슨처럼 엄격한 행동주의자로서, 감정이나 사고가 인간의 행동을 이끌어 낸다는 주장을 거부했으며, 오로지 객관적이며 관찰 가능한 자극과 그에 대한 반응으로서의 행동만을 연구 대상으로 삼았다.

2) 행동치료의 시작

(1) 월피

파블로프와 왓슨, 스키너로 이어진 행동주의 심리학의 흐름은 남아프리카 공화국의 정신과 의사인 조셉 월피(Joseph Wolpe)에 의해 비로소 임상 장면에서 행동치료로 확립되었다고 할 수 있다. 월피는 가장 대표적인 행동치료 기법 중 하나인 체계적 둔감법을 개발한 인물로 유명하다. 그는 자신의 저서인 『상호억제에 의한 심리치료(Psychotherapy by Reciprocal Inhibition)』라는 책에서 체계적 둔감법을 이용하여 신경증을 성공적으로 치료한 사례를 제시하였다(권석만, 2012). 월피는 행동치료의 확립에 막대한 영향을 끼친 인물로서, 행동치료의 창시자라고 할 수 있다.

3) 행동치료의 확장: 관찰학습과 사회인지이론

(1) 반두라

1960년대에 이르러 행동주의는 이론적 관점과 치료기법에서 더욱 확장되고 성장하는 모습을 보이는데, 이러한 성장과 변화의 중심에는 스탠퍼드대학의 심리학자인 반두라(Albert Bandura)가 있었다. 반두라는 이미 확립된 고전적 · 조작적 조건형성이라는 학습 원리에 관찰학습을 더하여 사회학습이론을 제안하였다. 관찰학습은 반두라의 '보보인형 실험'으로 알려지게 되었는데, 반두라와 동료들(1963)은 이 실험을 통해 성인이 인형을 때리는 장면을 아이들이 관찰하면서 인형을 학대하는 행위를 학습한다는 사실을 보여 주었다. 반두라는 이와 같은 관찰학습을 고전적 · 조작적 조건형성 과정과 결합하여 사회학습이론(social learning theory)을 개발하였고, 이후에 사회인지이론(social cognitive theory)으로 그 이름을 변경하였다. 인지(cognition)는 인간의 정보처리과정에 대한 전반적인 것을 모두 아우르는 개념으로서, 반두라의 입장은 자극-반응 간의 관찰 가능한 경로만을 심리학의 대상으로 삼았던 왓슨이나 스키너의 행동주의적 시각과는 반대되는 입장이다. 특히 반두라가 중요하게 제시했던 자기효능감(self-efficacy)이라는 개념이 자신의 능력에 대한 인지적 평가로서 일종의 믿음이나 신념에 해당한다는 사실을 떠올려 보면, 그의 시각이 초기 행동주의의 대표 인물인 왓슨 및 스키너의 시각과 얼마나 다른 것인지를 짐작할 수 있다. 현재의 행동치료는 왓슨이나 스키너의 주장처럼 더 이상 직접 관찰 가능한 자극과 행동만을 치료 대상으로 보지는 않는다. 이와 같이 급진적이고 엄격한 행동주의 입장이 인간의 사고와 의식의 영역을 인정하고 고려하는 행동치료로 성장하기까지는 반두라의 관점과 이론이 중요한 역할을 했다고 볼 수 있을 것이다. 나아가 반두라의 사회인지이론은 고전적인 행동치료와 이후에 소개될 벡과 엘리스로 대표되는 인지치료 간에 적절한 가교 역할을 하였으며, 이로 인해 인지행동치료가 더욱 성장할 수 있게 되었다.

2. 인간관과 병인론

1) 인간관

왓슨과 스키너에 의해 확립된 행동주의 심리학에 바탕을 두고 있는 전통적 행동치료는 인간의 모든 행동이 학습에 의해 만들어진다고 보는 입장이며, 자극에 대한 반응이라고 설명하고 있다(권석만, 2012). 이러한 맥락에서 보면, 인간은 선천적으로 가지고 태어난 모습보다는 후천적 학습에 더 의존하는 존재이며, 입력되는 자극에 의해 모든 것이 결정되는 수동적인 존재로 인식될 수 있다.

그러나 최근의 행동치료는 인간 행동에 대한 과학적 접근과 학습을 강조한다는 점에서 전통적 행동치료의 맥을 따르고 있지만, 인간이 조건형성의 부산물이라는 수동적이고 결정론적인 가정에만 의존하지는 않는다(Spiegler, 2016). 인간은 특정한 환경에 의해서 만들어지기도 하지만, 동시에 환경을 만들기도 한다는 입장을 유연하게 받아들이고 있는 것이다. 최근의 행동치료는 학습의 원리와 자기통제를 통해 스스로 자신의 행동을 소거하거나 조형, 유지, 강화한다는 측면에서 인간을 능동적 변화 주체로 바라보고 있으며, 이러한 변화의 과정에서 여러 학습 원리를 치료적 도구와 수단으로 활용하고 있다.

2) 병인론

앞에서도 이미 여러 번 언급한 바와 같이, 행동치료에서는 대부분의 행동이 인간과 환경의 상호작용 속에서 후천적 학습에 의해 습득된 것으로 보고 있다. 따라서 같은 맥락에서 문제행동이나 심리적 부적응 양상 또한 학습에 의한 결과라는 입장을 취하고 있다. 물론 최근의 행동치료가 왓슨과 스키너의 입장처럼 인간의 모든 행동이 학습에 의해 전적으로 결정된다는 경직된 관점을 취하는 것은 아니다. 우리의 행동 중에는 분명히 유전적인 요소, 기질적인 측면들이 상호 복합적으로 작용하지만, 행동치료 장면에서 초점을 맞추고자 하는 부분은 학습된 부적응 행동 양상이다.

나아가 행동치료는 문제행동의 원인을 과거에서 찾으려고 하지 않는다. 이는 내담자의 과거 경험이나 무의식과 같은 내면적 요소에서 원인을 찾고 이해하려는 정신분석적 입장과는 반대되는 것이다. 때때로 내담자의 과거를 탐색하는 것이 현재의 문제행동과 관련된 일련의 사건들을 이해하는 데 도움이 될 수도 있다. 그러나 행동치료자 입장에서는 현재의 부적응 양상을 초래한 과거 사건을 다루는 것은 크게 매력적이지 않다. 과거의 모습은 이미 고정적이며 변화 불가능하기 때문에, 행동치료 장면에서는 개입 및 변화가 가능하고, 현재의 문제행동과 훨씬 더 가까운 지점에 있는 직접적인 환경과 자극, 상황에 집중하고자 한다.

3. 주요 개념

행동치료의 주요 개념으로는 학습 원리들을 기술할 것이다. 학습 원리는 행동치료에서 변화의 기제이기 때문에 대표적인 학습 원리를 이해하는 것은 행동치료의 실제에서 매우 중요하다고 할 수 있다.

1) 고전적 조건형성

고전적 조건형성은 파블로프의 '개 실험'과 왓슨의 '어린 앨버트 실험'을 통해 유명해진 학습의 원리 중 하나이다. 파블로프의 '개 실험'을 간단히 소개하면, 개에게 먹이가 가득 담긴 접시를 보여 주면, 개는 저절로 침을 흘리게 된다. 그런데 이때 먹이가 가득 담긴 접시(자극 A)와 종소리(자극 B)를 함께 들려주는 절차를 여러 번 반복하다 보면, 이제 개들은 먹이가 가득 담긴 접시가 없어도 앞서 들었던 종소리만으로 침을 흘리게 된다([그림 6-2] 참조). 침 분비 반응과 무관하였던 종소리를 먹이 접시와 반복하여 제시함으로써 이제는 종소리가 침 분비 반응을 유도하는 힘을 가지게 된 것이다. 동일한 절차는 왓슨의 '어린 앨버트 실험'에서도 그대로 적용되었다. 이 실험에서도 처음에는 앨버트에게 공포 반응을 일으키지 않았던 작은 동물(자극 B)이 쇠막대기 소리(자극 A)와의 반복된 연합을 통해 결국 앨버트에게 공포 반응을 일으키는 힘을 가지게 되었다([그림 6-3] 참조). 이와 같이 하나의 자극(종소리, 작은 동물)이 두 번째 자극(먹이접시, 쇠막대기 소리)과 반복적으로 짝지어 제시된 결과, 두 번째 자극이 유발하던 반응(침 분비, 공포감)을 나타나게 하는 단순한 형태의 학습을 고전적

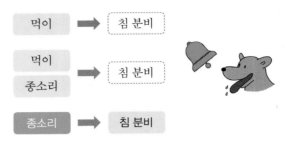

[그림 6-2] 파블로프의 '개 실험'

조건형성이라고 한다. 여기에서 침 분비나 공포감과 같은 반응을 무조건 일어나게 했던 먹이접시나 쇠막대기 소리(자극 A)를 무조건 자극이라고 하며, 이러한 무조건 자극에 대해 자동적으로 일어난 반응을 무조건 반응이라고 한다. 또한 종소리나 작은 동물(자극 B)과 같이 처음에는 특정 반응을 이끌어 내지 못했지만, 반복적인 연합을 통해 특정 반응을 나타나게 한 자극을 조건 자극이라고 하며, 조건 자극에 의해 유발된 반응은 조건 반응이라고 한다.

고전적 조건형성은 2개의 자극이 서로 연합되는 과정이 있기 때문에 '연합학습' '짝짓기학습'이라고도 불리는데, 주로 침 흘림, 눈 깜빡임, 공포 등의 불수의적 반응이 학습되는 과정을 설명해 주는 학습 원리라고 하겠다.

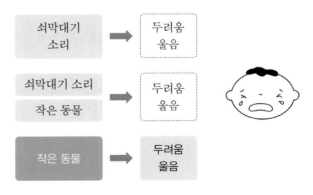

[그림 6-3] 왓슨의 '어린 앨버트 실험'

2) 조작적 조건형성

　조작적 조건형성은 '결과를 보고 배우기'라고 특징지을 수 있는 학습 원리로서, 결과에 따라 행동의 빈도가 증가 또는 감소하는 학습의 과정을 말한다. 이는 '스키너 박스(Skinner's box)' 실험으로 그 원리를 쉽게 이해할 수 있다. 대표적인 행동주의 심리학자인 스키너는 지렛대를 누르면 먹이가 나오도록 설계된 장치가 있는 실험용 상자 안에 배고픈 쥐를 넣어 두었다([그림 6-4] 참조). 쥐는 상자 안을 돌아다니다가 우연히 지렛대를 눌러서 먹이를 획득하는 경험을 하게 되었는데, 배고픈 쥐에게는 그 먹이가 큰 보상이 되었고, 결국 지렛대를 누르는 행동이 증가하였다. 이처럼 보상이 뒤따르는 행동은 그 빈도가 증가하고, 처벌이 뒤따르는 행동은 감소하게 되는 과정이 바로 조작적 조건형성의 원리이다. 이것은 고전적 조건형성에 비해 보다 복잡한 수의적 반응이 학습되는 것을 더 잘 설명해 준다. 가령, 비둘기가 반복된 보상을 통해 목표 표적을 쪼는 행동을 획득하거나, 반려견이 정해진 배변 장소에서만 배변활동을 할 때 보상을 제공함으로써 배변훈련에 성공하는 것이 대표적 예이다.

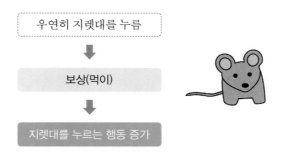

[그림 6-4] 스키너 박스

(1) 강화와 처벌

조작적 조건형성에서는 행동의 증가 및 감소와 관련하여 중요한 개념이 두 가지 있다. 하나는 강화이고, 또 다른 하나는 처벌인데, 무엇이든지 행동의 빈도를 증가시키는 과정이라면 강화에 해당하고, 행동의 빈도를 감소시키는 것이라면 처벌에 해당한다. 그리고 강화와 처벌은 모두 어떤 자극이나 상황이 더해지는 경우에 '정적(positive)', 어떤 자극이나 상황이 제거되는 경우에 '부적(negative)'이라고 한다. 따라서 강화와 처벌은 행동의 증감 여부와 '정적' 또는 '부적'에 따라 [그림 6-5]와 같이 총 네 가지의 경우를 생각해 볼 수 있다.

우선, 정적 강화는 음식이나 사회적 승인(예: 칭찬)처럼 원하는 보상이 어떤 행동 후에 제공되었을 때 그 행동이 증가하게 되는 경우를 말한다. 학점이 좋은 학생에게 장학금을 수여하거나, 수업 시간에 발표를 한 학생을 칭찬하는 것, 올바른 행동을 했을 때 유아에게 칭찬스티커를 주는 것 등은 모두 정적 강화에 해당한다. 반면, 부적 강화는 어떤 행동을 했을 때 통증이나 불안, 비난, 불편감 등이 사라지는 것을 경험하게 되어 그 행동이 증가하게 되는 경우이다. 머리가 아플 때 타이레놀을 복용한 후 두통이 사라지는 경험을 한 사람은 이후에도 두통이 있을 때마다 타이레놀을 복용할 가능성이 높다. 벌레에 물려서 가려운 곳을 긁으면 가려움이 사라지기 때문에 이후에도 가려움을 줄이기 위해 긁는 행동을 반복하게 된다. 이러한 사례들은 모두 부적 강화에 해당하는 대표적인 예

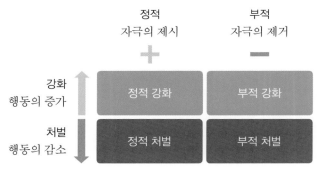

[그림 6-5] 강화와 처벌

이다. 부적 강화는 바라지 않는 어떤 것을 제거하여 바람직한 행동의 빈도를 증가시키는 것을 의미하기 때문에 도피학습 또는 회피학습이라고도 한다.

처벌의 경우에는 어떤 행동을 했을 때 혐오 자극이 제시되는 경우 정적 처벌, 어떤 행동을 한 후에 선호하는 자극이나 상황이 사라져 버리는 경우 부적 처벌에 해당한다. 속도위반 운전자에게 벌금을 부과하는 것, 시험 중 부정행위를 한 학생에게 F 학점을 부여하는 것, 친구와 싸운 아동에게 반성문을 쓰도록 하는 것 등은 모두 정적 처벌의 예가 될 것이다. 반면, 숙제를 안 하거나 친구와 싸웠을 때 놀이 시간을 줄이는 것 등은 부적 처벌의 예가 된다. 그러나 처벌은 행동 변화에 있어서 그 가치가 제한적이다. 왜냐하면 처벌은 바람직하지 않은 행동을 감소시킬 수는 있지만, 대체할 만한 적절하고 바람직한 행동을 습득하게 하는 원리는 아니기 때문이다. 따라서 처벌의 과정에서는 문제가 되는 행동을 억제했을 때, 그것을 대체할 만한 적절한 대안행동을 함께 제시할 필요가 있다.

한편, 정적-부적 구분에 있어서 어떤 상황들은 바라보는 관점에 따라 그 판단을 하기가 모호한 경우들이 있다. 가령, 더울 때 선풍기를 사용하면 더위가 사라지고 시원해지기 때문에 더위를 느낄 때마다 선풍기를 사용하는 행동이 유지되고 증가할 수 있다. 그러나 이 상황은 '시원함'이라는 보상을 얻었기 때문에 선풍기 사용의 빈도가 증가한다고 볼 수도 있으나, '더위의 감소'라는 불편감 해소 때문에 빈도가 증가했다고 볼 수도 있다. 즉, 정적 강화(시원함)의 과정으로도, 부적 강화(더위의 감소)의 과정으로도 해석되는 것이다. 이와 같이 정적-부적 구분이 초래하는 혼란 때문에 어떤 연구자들은 그런 구분을 아예 없애자고 제안하기도 하였는데, 아직까지도 이와 관련된 논의는 지속되고 있다(Chance, 2016).

(2) 이요인 이론: 조작적 조건형성과 고전적 조건형성의 결합

이요인 이론(two-factor theory)은 조작적 조건형성과 고전적 조건형성이 결합하여 특정 행동이 만들어지고 유지되는 기제를 설명하고 있다. 모어러 (Mowrer)는 공포 반응이 형성되고 유지되는 일련의 과정에는 조작적 조건형성과 고전적 조건형성이 모두 포함되어 있다고 언급하면서 이요인 이론을 제안하였다(Mowrer, 1960). 가령, 개에게 물린 사고를 당한 후 개에 대한 극심한 공포 반응을 형성하게 된 사람을 가정해 보자. 처음에 이 사람에게는 개가 공포 반응을 불러일으키지 않았지만, '개에게 물린 사고'라는 위협적인 사건과 '개'가 연합되어 공포 반응이 만들어졌으므로, 이 과정은 고전적 조건형성에 의한 학습과정이라고 할 수 있다. 그리고 이렇게 발달한 공포나 두려움은 조작적 조건형성을 통해 유지된다. 왜냐하면 사람들은 일반적으로 공포를 유발하는 자극이나 상황에 노출되면 그것으로부터 벗어나거나 피함으로써 공포, 불안 등의 불쾌한 정서 경험을 종결시키고자 하기 때문이다. 불쾌한 정서 경험의 종결은 부적 강화로 작용하여 회피행동이 계속 유지되고, 이것은 공포 반응을 경감시킬 수 있는 기회를 박탈하여 결국 공포와 두려움이 유지되고 강화될 가능성이 높아진다. 앞서 언급한 개에 대한 공포 반응을 형성한 사람의 경우에도 개를 지속적으로 피해 다니는 회피행동을 통해 개에 대한 극심한 공포를 경험하지 않고자 노력할 것이다. 이와 같은 회피행동은 부적으로 강화되어 개를 피하는 행동을 유지시키고, 개가 안전한 동물일 수 있다는 사실을 학습할 기회를 잃게 한다. 결국 이 사람은 개에 대한 회피행동과 공포를 유지하고 강화시키게 되며, 이러한 과정은 조작적 조건형성의 학습 원리가 적용된 것이라고 하겠다.

3) 관찰학습

마지막으로 소개하는 학습의 원리는 관찰학습이다. 인간 행동의 상당 부분은 고전적 조건형성과 조작적 조건형성의 원리처럼 자극과 반응 간의 연합이나 보상과 처벌이라는 결과에 의해 습득된다. 그러나 이 2개의 원리만으로 인간의 모든 행동의 습득과정을 설명하기는 곤란하다. 사실 우리는 조건형성의

과정 외에도 타인의 행동을 관찰하거나 모방함으로써 새로운 행동을 학습하게
된다. 이를 관찰학습이라고 하며, 반두라는 인간의 복잡한 행동을 설명하는 데
에는 관찰학습의 원리가 더 적절하다고 언급하기도 하였다(권석만, 2012).

　관찰학습은 일반적으로 '주의과정' '저장과정' '동기화과정' '운동재생과정'의
네 가지 인지 과정을 포함한다고 알려져 있다(Bandura, 1977). '주의과정'은 관
찰대상인 모델의 행동에 관심을 갖고 주의를 기울이는 과정을 의미하며, '저장
과정'은 모델이 하는 행동을 관찰하고 그 관찰내용을 기억하는 과정을 의미한
다. '동기화과정'은 특정 상황에서 어떠한 행동을 하기로 결정하는 과정이며,
'운동재생과정'은 관찰한 행동을 동작으로 재생하는 과정이다(권석만, 2012).

4. 상담 과정

1) 치료목표

　행동치료의 목표는 내담자의 문제행동을 제거하고, 새로운 적응적 행동을
획득하여 궁극적으로 내담자의 일상생활에서 행동 변화를 일으키는 것이다.
더불어 내담자가 선택할 수 있는 적응적 행동 목록과 반응을 더 많이 가질 수
있도록 하여, 자신의 삶에서 더 유연하게 대처할 수 있도록 한다.

　실제 임상 장면에서 치료목표는 명확하고 구체적으로 설정하는 것이 중요
하다. 치료목표는 최대한 내담자의 상황과 특성에 따라 구체화되어야 하고,
너무 비현실적이거나, 내담자 자신이나 타인에게 부정적인 결과가 예상될 때
는 치료자가 현실적이고 적응적인 결과를 가져올 수 있는 내용으로 전환하도
록 도와주어야 한다. 또한 치료자-내담자 간 합의한 목표를 최대한 구체적이
고 분명하게, 측정 가능한 내용으로 표현할 수 있는지 확인하는 것이 좋다.

　치료목표를 구체화하는 과정에서는 표적행동(target behavior)의 설계가 핵

심적인 요소이다. 표적행동은 범위가 좁고, 분명하고, 측정될 수 있으며, 내담자의 문제행동에 적절한 것이어야 한다(Spiegler, 2016). 이러한 표적행동의 유형에는 두 가지가 있는데, 하나는 증가 표적행동이고, 다른 하나는 감소 표적행동이다. 증가 표적행동은 증가시켜야 할 행동으로, 내담자가 적절한 행동을 충분히 하지 못할 때 설정한다. 감소 표적행동은 감소시켜야 할 행동으로, 내담자가 부적절한 행동을 많이 할 때 설정한다. 치료목표를 이루는 데 좋은 치료 전략은 감소 표적행동과 대립되는 증가 표적행동을 증가시킴으로써 감소 표적행동이 간접적으로 줄어들도록 하는 것이다(Spiegler, 2016).

2) 치료관계

행동치료에서는 내담자의 오래된 부적응적 행동을 새롭고 적절한 행동으로 대체하기 위하여 다양한 학습경험을 제공한다. 따라서 치료자는 모방, 행동 시연, 피드백을 통해 구체적인 기술을 적극적으로 가르치며, 이러한 교육적 요소 때문에 흔히 교사 역할을 한다고 언급되기도 한다(Spiegler, 2016). 그러나 치료 장면에서 내담자는 치료자의 안내와 교육을 일방적으로 수용해야만 하는 소극적인 위치에만 머무르지는 않는다. 실제로 행동치료에서는 내담자들이 치료에 적극적이고 능동적으로 참여해야 하며, 서로 협력적인 작업관계를 구축해야 한다는 점을 강조하고 있다. 내담자는 치료자와 함께 치료목표를 설정하고, 치료방법을 선택하는 전 과정에 적극적으로 참여한다.

치료관계는 다른 모든 이론적 관점에서 강조하는 것처럼 행동치료에서도 여전히 중요한 요소이다. 다만 다른 점이 있다면, 실존치료나 인간중심치료에서는 치료관계의 질 자체가 강력한 치료도구가 된다고 보는 반면, 행동치료에서는 내담자의 변화를 위해 필요하지만 치료관계만으로 충분하다고 보지는 않는다. 치료자와 내담자 간의 협동적인 작업관계는 치료의 목표와 전략을 세우기 위한 기초임에는 분명하다. 그러나 행동치료에서 일어나는 내담자의 의미 있고 실질적인 변화는 치료관계보다는 구체적인 행동치료 기법 때문에 가능하다고 보고 있다.

3) 치료 변화기제

행동치료는 부적절한 학습에 의해 형성된 문제행동을 제거하고, 적절하고 적응적인 행동을 새롭게 학습하여 내담자의 적응을 돕는 것이다. 따라서 행동치료의 변화기제는 다양한 학습 원리에 기반을 두고 있다. 고전적 조건형성, 조작적 조건형성, 관찰학습의 원리를 활용한 치료기법들을 적용하여 궁극적으로 내담자의 변화를 유도한다. 학습 원리에 근거한 구체적인 치료기법은 다음 장에서 상세히 소개하도록 하겠다.

5. 치료개입

행동치료 기법들은 많은 연구를 통해 특정공포증을 비롯한 다양한 불안 관련 문제와 강박장애, 외상 및 스트레스 관련 증상, 중독문제 등에 효과적인 것으로 보고되고 있다. 또한 만성적인 정신질환으로 인해 일상생활 기능이 와해된 환자들을 대상으로 자기관리 및 생활 관리 능력을 회복시키는 데에도 도움을 줄 수 있다. 여기에서는 실제 치료 장면에서 자주 활용하는 치료적 개입으로서 노출치료와 토큰경제, 혐오치료를 살펴보고자 한다.

1) 노출치료

불안장애와 강박장애, 외상 후 스트레스 장애를 비롯한 다양한 정신질환 및 부적응 행동에는 강렬한 부정정서(공포, 불안, 수치심, 적대감 등)를 유발하는 자극이나 상황을 피하려는 행동이 포함되는 경우가 많다. 이러한 회피행동은 불편하고 불쾌한 경험을 종결시키거나 경감시킨다는 측면에서 도움이 되지만, 일시적인 효과가 있을 뿐 근본적인 해결방법은 아니다. 오히려 지속적 회피는 부정적 사건이나 상황으로부터 회복하고, 관련 경험을 적극적으로 처리할 수 있는 과정을 방해하는 요소가 되기도 한다(Resick, Monson, & Chard, 2016). 이러한 맥락에서 볼 때, 행동치료에서 제안하고 있는 다양한 '노출' 관련 경험은 부적응을 초래하는 회피행동을 중지하고, 적응적 행동을 회복하는 데 매우 중요한 치료과정이라고 하겠다.

노출치료는 불안이나 공포와 같은 부정적 정서 반응을 유발하는 사건에 내담자를 반복적으로 노출시킴으로써 공포나 불안을 감소시키는 방법이다. 궁극적으로 반복적인 노출은 내담자의 불안과 공포를 둔감화시키도록 돕는다. 노출치료는 노출 기간과 강도에 따라 단기적 · 점진적 노출치료(brief · graduated exposure therapy)와 장기적 · 집중적 노출치료(prolonged · intense exposure therapy)로 나뉜다(Speigler, 2016). 전자는 내담자를 불안하게 하는 자극이나 사건의 위계를 정하여 불안이 낮은 것에서부터 높은 것까지 점진적으로 단기간 동안 노출시키는 방법이고, 후자는 내담자를 처음부터 불안유발 정도가 아주 높은 사건에 긴 시간 동안 노출시키는 것이다. 여기에서는 단기적 · 점진적 노출치료의 대표적 예로서 체계적 둔감법을, 장기적 · 집중적 노출치료의 예로서 홍수법을 살펴보겠다.

(1) 단기적 · 점진적 노출치료: 체계적 둔감법

체계적 둔감법(systemic desensitization)은 가장 대표적인 행동치료 기법으로서, 불안을 유발하는 자극이나 상황에 점진적으로 노출함으로써 과도한 불안이나 두려움을 감소시키는 방법이다. 이 치료방법은 행동치료의 창시자로 불리는 월피에 의해 개발되었으며, 공포증을 비롯한 불안장애의 치료에 매우 효과적인 것으로 보고되고 있다. 일반적으로 불안과 공포는 생리적 반응이 뚜렷

step 1	긴장완화기술 배우기
step 2	공포위계목록 작성하기
step 3	공포위계목록의 내용을 하나씩 상상하거나 실제로 해 보기
step 4	순차적으로 공포위계 올리기

[그림 6-6] 체계적 둔감법 4단계

한 정서 경험으로, 교감신경계의 각성을 불러오기 때문에 심박동 증가, 땀 흘림, 호흡 증가 등과 같은 신체긴장 상태를 유발한다. 따라서 이러한 각성을 줄이도록 하는 신체적 이완은 불안 및 공포의 뚜렷한 생리적 반응을 감소시키기 때문에 불안 수준도 함께 내려가게 된다. 즉, 신체 이완과 불안을 동시에 경험할 수 없는데, 체계적 둔감법은 공존할 수 없는 신체 이완을 통해 불안 및 공포를 억제하려는 원리를 이용하고 있다.

이러한 체계적 둔감법을 단계별로 살펴보면, [그림 6-6]과 같이 네 단계로 구성된다. 첫 번째 단계는 불안 반응을 억제시킬 수 있는 반응으로서 긴장완화기술을 배우는 것이다. 근육이완은 가장 흔히 사용되는 긴장완화기술인데, 근육을 경직될 정도로 강하게 긴장시켰다가 이완하는 방법을 통해서 목, 어깨, 가슴, 팔, 다리가 이완되는 경험을 하는 방법이다. 이 단계에서는 다음단계에서 노출될 불안 상황에서도 내담자가 이완상태를 쉽게 유지할 수 있도록 충분한 훈련을 하여 긴장완화기술을 숙련할 필요가 있다.

두 번째 단계는 공포나 불안의 위계목록을 작성하는 단계이다. 이것은 내담자로 하여금 불안이나 공포를 유발하는 사건의 목록을 불안 정도가 가장 낮은 것부터 가장 높은 것까지 서열화한 것을 말한다. 공포위계의 작성은 체계적 둔감법에서 매우 중요한 작업이다. 왜냐하면 각 단계마다 내담자가 불안과 공포를 느끼지만 결국에는 해소되는 경험을 해야 하므로, 불안의 위계가 내담자가 감당할 수 있는 수준에서 점진적이고 체계적으로 구성되는 것이 치료적 성공에 핵심적 요소이기 때문이다. 따라서 상담자는 내담자와 함께 불안을 유발하는 상황에 대한 정보를 정확하고 세세하게 탐색해야 하며, 이를 근거로 정교한 위계목록을 작성해야 한다. [그림 6-7]은 개에 대한 특정공포증을 가진 내담자를 대상으로 만든 공포위계목록의 예이다. '개'라는 단어를 소리 내어 읽어 보는 가장 낮은 단계에서부터 시작하여, '개'의 사진을 보는 것, '개'의 동영상을 보는 것, 거리를 먼 곳에서부터 가까운 거리로 줄여 보면서 실제 '개'를 지켜보는 것, '개'를 만져 보는 것 등으로 노출상황의 위계를 점진적으로 만들 수 있다.

세 번째 단계는 공포위계목록의 내용을 상상하거나 실제로 해 보는 단계로서, 이 단계에서는 1단계에서 배운 긴장완화기술을 적용하여 불안감과 공포가 해소되는 경험을 동시에 하게 된다.

마지막 단계에서는 순차적으로 공포위계를 올려 가며 결국 마지막 공포위계의 행동까지 도달하여, 가장 크게 지각한 공포와 불안감을 다뤄 보는 것이

1	'개'라는 단어를 소리 내어 읽기
2	작은 개의 사진 보기
3	큰 개의 사진 보기
4	개가 등장하는 동영상 보기
5	실제로 개를 지켜보기(10m 거리)
6	실제로 개를 지켜보기(5m 거리)
7	실제로 개를 지켜보기(2m 거리)
8	실제로 개를 지켜보기(1m 거리)
9	바로 옆에서 개와 걸어 보기
10	개를 살짝 만져 보기

[그림 6-7] 공포위계목록의 예

다. 그리하여 내담자는 궁극적으로 해결하고자 하는 상황이나 자극에 대한 불안과 공포를 해소할 수 있다.

(2) 장기적·집중적 노출치료: 홍수법

장기적·집중적 노출치료의 가장 대표적인 예는 홍수법(flooding)으로, 불안이나 공포를 느끼는 상황에 내담자를 처음부터 오랫동안 강하게 노출시키는 방법이다. 내담자는 불안이 정점에 이르렀다가 감소되기 시작할 때까지 계속해서 자극에 노출되는데, 지속된 노출을 통해 두려워했던 상황이 실제로는 일어나지 않는다는 것을 학습하게 된다.

홍수법에서 노출은 실제로 이루어지기도 하고, 가상으로 진행되기도 한다. 실생활 홍수법(in vivo flooding)은 실제 불안 자극이나 상황에 집중적으로 오래 노출하는 것이다. 이때 불안을 감소시키는 어떠한 행동(예: 회피행동)도 하지 않으면서 장시간 불안유발 자극에 노출시키는 반응방지기법(response prevention)을 병행함으로써, 불안이 저절로 감소되는 경험을 할 수 있다. 이처럼 노출과 반응방지기법을 동시에 적용한 치료적 개입으로는 노출 및 반응방지기법(Exposure and Response Prevention: ERP)이 있는데, 이는 강박장애 치료에 효과적인 것으로 알려졌다. 가령, 오염 상황에 노출되면 반복적으로 손을 씻는 강박증상과 관련하여, 더러운 자극에 노출된 후 손 씻는 행동을 금지시키는 개입을 하는 것이다. 이 경우, 내담자는 처음에 높은 수준의 불안을 경험하지만, 손 씻는 행동을 하지 않아도 오염과 관련된 파국적인 결과가 발생하지 않는다는 것을 알게 되고, 점차로 불안이 완화되어 반복적 손 씻기와 같은 강박행동을 사라지게 할 수 있다.

가상홍수법(imaginal flooding)은 내담자가 상상을 통해 두려운 상황에 노출되는 것으로, 기본적인 원리와 절차는 실생활 홍수법과 동일하다. 가상홍수법은 실제 상황에 노출되는 것이 아니기 때문에 불안유발 상황에 제한이 없다는 장점이 있다. 가령, 교통사고나 화재, 폭력사건 등은 치료를 위한 실제 노출이 불가능한 상황이지만, 가상홍수법을 통해 노출 경험을 상상하면서 치료적 개입을 할 수 있다. 따라서 외상후 스트레스 장애와 같이 실생활 홍수법에서 사용할 수 없는 비현실적이고 비윤리적인 상황에서의 불안과 공포를 치료하는 데 효과적이다.

홍수법은 노출 경험이 장기간 집중적으로 이루어지는 개입이므로 내담자에게 높은 수준의 불안과 불편감, 불쾌감을 유발할 수 있다. 따라서 신중하게 사용하여야 한다. 상담자는 내담자가 불안 상황에 기꺼이 노출할 동기가 있는지를 확인하고, 내담자가 스스로 준비할 수 있도록 도와주어여 하며, 내담자에게 지속적이고 강렬한 노출과정에 대한 정보를 정확하게 제공해야 할 것이다.

2) 토큰경제

토큰경제(token economy)는 바람직한 행동을 촉진하고 바람직하지 못한 행동을 삼가도록 동기를 유발하는 치료적 개입이다. '토큰'은 실물일 수도 있고 상징적인 것이 될 수도 있는데, 모조동전이나 스티커, 포인트 등이 종종 사용된다. 내담자는 적응적 행동을 하면 토큰을 얻고, 부적응적 행동을 하면 토큰을 잃거나 얻지 못하게 된다. 그리고 일정 기간 동안 혹은 일정 개수만큼 모은 토큰을 실제 강화물과 교환할 수 있다. 가령, 일상생활이 많이 와해되어 입원한 조현병 환자에게 양치하거나 세수하기와 같은 개인위생 관련 행동을 적절히 할 때마다 토큰을 1개씩 지급하고, 토큰이 10개 모이면 실제 강화물(예: 외출, 영화 보기 등)과 교환하는 방식을 계획한다면, 이는 토큰경제의 전형적인 예가 된다. 이와 같이 토큰경제는 만성 정신질환을 가진 사람들을 대상으로 독립적인 생활에 필요한 사회기술과 일상생활기술을 학습할 수 있도록 돕는 데 효과적인 것으로 보고되고 있다. 또한 토큰경제는 유치원이나 초등학교에서 아동이 바람직한 행동을 할 때마다 교사가 스티커를 주고, 일정 개수만큼 모이면 학생들이 좋아하는 상품이나 문구류를 주는 장면에서도 쉽게 찾아볼 수 있는 전략이라고 하겠다.

　토큰경제는 개인보다는 집단에 더 자주 이용되는데(Spiegler, 2016), 상담자는 모든 참여자들이 쉽고 정확하게 이해할 수 있도록 토큰을 얻거나 잃게 되는 경우에 대한 명확한 규칙을 설명해야 한다. 또한 실제 강화물은 분명하고 실질적인 보상이 되어야 하므로 모든 구성원들에게 의미 있는 것인지 확인할 필요가 있다.

3) 혐오치료

　일반적으로 상담 장면이나 교육 장면에서는 학습의 원리 중, 처벌보다는 보상과 같은 정적 강화의 사용을 더 선호한다. 처벌은 문제행동의 제거가 목적인 반면, 보상은 바람직한 행동을 형성하고 유지하게끔 도와주기 때문에 궁극적인 치료목표에 더 부합하기 때문이다. 또한 보상으로 인해 내담자의 자존감이 향상되고, 상담자와의 관계에 긍정적인 영향을 미치는 것 또한 보상이 더 선호되는 이유이기도 하다(권석만, 2012). 그러나 어떤 경우에는 문제행동의 제거를 목적으로, 혐오 자극과 내담자의 부적응 행동을 연합시켜서 그 행동 자체를 혐오하도록 만드는 절차를 활용하기도 한다. 이러한 절차가 바로 혐오치료(aversive therapy)이다. 혐오치료에서는 내담자가 부적응 행동을 하는 동안 혐오 자극이 주어지고, 그 행동을 그만두면 혐오 자극이 사라진다. 가장 흔히 사용되는 혐오 자극은 전기충격과 메스껍게 하는 약물을 들 수 있다. 가령, 알코올 중독 환자를 대상으로 구토를 유발하는 약물을 술과 함께 마시게 하는 경우, 술을 마실 때마다 구토를 하게 되고, 이러한 불유쾌한 경험으로 인하여 술에 대한 의존행동을 감소시킬 수 있다. 이와 같이 혐오치료는 다양한 중독행동의 치료에 효과적인 것으로 보고되고 있다. 그러나 혐오치료를 계획할 때에는 혐오 자극이 내담자의 신체적 · 정서적 측면에서 위험이나 부정적인 영향을 주지 않도록 주의해야 하며, 치료과정에서 발생할 수 있는 불유쾌한 경험에 대해 내담자에게 정확한 정보를 제공해야 한다.

6. 평가

행동치료는 행동주의적 관점에 바탕을 둔 치료적 접근이다. 행동주의는 객관적으로 관찰 및 측정이 가능한 행동에만 초점을 맞춤으로써 심리학의 과학화에 기여하였다(권석만, 2013). 따라서 행동주의 심리학에 이론적 기반을 둔 행동치료 역시 과학적인 접근을 중요시한다. 이는 행동치료가 갖는 가장 큰 의의로서, 과학적 방법에 기반한 원리를 따르고 치료적 개념이나 과정 및 절차가 명확하고 검증 가능하다는 강점이 있다. 더욱이 경험적으로 검증된 치료에 대한 중요성이 증가하고 있는 최근의 상담 및 심리치료 분야에서 과학적 접근을 중시하는 행동치료는 근거기반 치료(evidence-based treatment)의 대표적인 예라고 할 수 있다.

그러나 행동치료는 몇몇 한계를 지니고 있다. 첫째, 행동치료는 상담 및 심리치료 장면에서 적용 범위가 다소 제한적이다. 겉으로 드러나는 외현적 행동에만 초점을 두기 때문에 부적응적인 문제행동의 수정에는 효과적이나, 정서나 동기와 같은 내면적 요인들에 의한 심리적 어려움을 치료하는 데에는 한계가 있다. 또한 자기 자신에 대한 깊은 이해나 통찰을 목표로 하는 상담에도 적절치 않다. 둘째, 행동치료는 문제행동의 증상에만 초점을 맞추고 있어 원인을 이해하는 데에는 제한이 있다. 셋째, 행동치료는 다른 치료적 접근에 비해 치료관계의 중요성을 과소평가한다는 비판을 받기도 한다. 그러나 이러한 비판과 제약에도 불구하고 수많은 행동치료 기법이 개발되어 임상 현장에서 유용하게 사용되고 있다. 특히 행동치료는 특정공포증, 강박장애, 사회불안장애, 지적장애 등에서 효과가 입증되었으며, 여전히 주요한 심리치료의 흐름으로 자리매김하고 있다.

7장

인지행동치료

인지행동치료의 첫 번째 흐름이 문제행동의 직접적인 변화를 목표로 하는 전통적인 행동치료였다면, 1960~1970년대 무렵부터 본격적으로 이어진 두 번째 흐름에서는 문제행동을 유발하는 매개요인으로서 인지의 중요성을 인식하고 부적응적인 인지를 변화시키는 데 초점을 맞추었다(Hayes, 2004). 합리적 정서행동치료와 인지치료를 대표로 하는 이 흐름은 개인이 느끼는 정서 이면의 사고 및 정보처리과정에 관심을 두고 다양한 인지적·행동적 기법을 활용하여 개입한다는 의미에서 인지행동치료(Cognitive-Behavioral Therapy)로 불린다. 이 장에서는 대표적 인지행동치료 학자인 엘리스(Albert Ellis)와 벡(Aaron Beck)의 이론을 중심으로 인지행동치료의 제2동향을 살펴보고자 한다.

1. 이론의 발달

1) 엘리스의 합리적 정서행동치료

인지이론과 행동주의 이론을 토대로 다양한 인지행동적 기법을 활용하는 인지행동치료 중 대표적 이론인 합리적 정서행동치료(REBT)는 엘리스로부터 시작되었다. 그는 어린 시절에 병약하여 병원에 자주 입원하고 퇴원하기를 반복하였다. 이 과정에서 그는 자신의 상황에 낙담하지 않고 자신의 능력과 가치에 대해 긍정적인 생각을 가지려고 애썼는데, 이런 노력들은 생각을 통해 어려움을 극복할 수 있음을 깨닫게 되는 계기가 되었다. 엘리스는 1940년대에 임상심리학으로 박사학위를 받은 후 심리치료자로 활동을 시작하였으며 카렌 호나이(Karen Horney)의 이론을 따르는 정신분석가로 훈련을 받았다. 그는 정신분석이 내담자들을 증상에서 자유롭게 하는 데 큰 효과가 없으며 때로는 부적절한 결과를 이끄는 경우를 보면서, 정신분석 치료에 회의를 느껴 보다 절충적이고 적극적이며 지시적인 치료방식을 고안하였다. 이 이론의 초창기인 1955년에는 기존의 행동치료와 접점이 별로 없었고 정서 변화를 이끌어 내는 사고와 인지에 주로 관심을 가져 합리적 심리치료(Rational Therapy: RT)로 소개되었으나, 이후 정서적 측면을 강조한 합리적 정서치료(Rational Emotive Therapy: RET)를 거쳐, 최종적으로는 행동치료적 관점을 포함한 합리적 정서행동치료(Rational Emotive Behavior Therapy: REBT)로 명명되었다. REBT는 인지행동치료 계열 중 가장 먼저 체계를 갖추어 인지행동치료의 핵심적인 이론적 기반을 다지는 데 기여하였다.

REBT는 켈리(George Kelly)의 개인 구성개념 치료(Personal Construct Therapy)에 주요 이론적 근거를 두고 있다. 이 이론에서는 사람들이 자신의 개인적 세계에 대해 가지고 있는 구성개념들을 다루고 있으며, 개인에게 부적응 행동을 일으키는 구성개념을 유연하게 내려놓을 수 있도록 내담자의 구성개념 체계를 분석하고 평가하는 데 중점을 두고 있다(DiGiuseppe et al., 2021). REBT에서 말하는 비합리적 신념과 당위적 사고는 세상에 대한 일종의 구성개념이라고 볼 수 있다는 점에서 두 이론의 연결점을 찾아볼 수 있다.

엘리스의 심리치료 이론은 심리학적·정신의학적 토대뿐 아니라 철학에도 기반을 두고 있다. REBT에서 말하는 인지와 행동 사이의 관계성에 대한 도식은 고대 철학자들의 주장과도 일맥상통한다. 고대 그리스 스토아학파의 에픽테투스(Epictetus)는 "인간은 객관적 사실 때문에 혼란스러운 것이 아니라, 그 사실을 바라보는 자신의 관점 때문에 혼란스러워진다."라고 말한 바 있다. 또한 인간의 행복과 이성의 문제를 바라보는 스피노자(Spinoza), 니체(Nietzsche), 칸트(Kant)와 같은 현대 철학자들의 관점에 영향을 받아 의지와 사고, 합리성 등 인간의 인지적 측면에 관심을 두고 이러한 개념을 이론에 포함하였다.

아들러(Alfred Adler)의 개인심리학 이론도 REBT와 관련이 있는데, 아들러는 외부 세계에 대한 자신의 관계를 결정짓는 것이 삶에 대한 그의 태도라고 보았다. 개인심리학에서 심리적 문제의 근원이 열등감이라고 본 것과 유사하게, 엘리스는 자기 평가를 기초로 한 자아불안이 사람들에게 문제를 일으킨다고 말하고 있다. 또한 REBT에서는 심리적 건강을 결정짓는 사회적 관심의 역할을 강조하고 있는데 이는 아들러의 이론에서 말하는 철학과도 일맥상통한다. 또한 목표, 목적, 가치, 의미에 대한 귀인의 중요성, 적극적이고 지시적인 가르침에 대한 강조, 인지적이고 설득적인 치료방식의 사용, 청중들 앞에서의 치료 시연 등의 개인심리학적 접근도 REBT에 영향을 미쳤다. 그러나 초기 아동기 기억과 출생순위를 강조하며 사회적 관심이 치료의 핵심임을 강조하는 개인심리학과는 달리, REBT에서는 심리적 문제의 생물학적 근원을 강조하고 있으며, 비합리적인 '당위적' 신념을 확인하고 분석, 논박하는 것에 중점을 둔다는 점에서 개인심리학보다 훨씬 더 구체적이고 행동적인 치료접근이라고 볼 수 있다(Dryden & Ellis, 2003).

2) 벡의 인지치료

인지치료는 미국으로 이민 온 러시아 유대인 가정의 막내로 태어난 벡에 의해 시작되었다. 벡의 어머니는 우울하고 과잉보호적인 특성이 있었다고 하며, 어려서 몸이 허약하여 학교에서 한 학년을 유급하게 되면서 벡은 우울과 발표불안 등의 문제를 경험하게 되었다. 그는 의사가 된 이후 정신분석을 배웠으나 이를 따르기보다는 인지치료 접근을 연구하는 데 관심을 두었다. 실제로 수련 중 자신의 생각을 검토하는 방식으로 불안을 완화시키고 문제를 극복한 경험이 훗날 인지치료의 연구에 큰 영향을 미쳤다.

엘리스의 REBT를 필두로 인지적 접근을 강조하는 인지행동치료의 흐름이 시작된 가운데 엘리스보다 학계에 늦게 등장한 벡은 우울증 환자들을 치료하면서 치료 회복에서 가장 중요한 요소는 '사람들이 생각하는 방식, 혼잣말, 반응하는 습관'이라고 결론 내렸다. 나아가 '정서장애는 개인이 자신의 경험을 구조화하는 방식에 의해 결정된다'는 전제에서 인지치료(Cognitive Therapy: CT)를 고안하였다. 인지치료에서는 만약 개인이 어떤 상황을 인지적으로 개념화하는 중 불쾌한 내용을 포함하게 되면, 그는 이에 상응하는 불쾌한 정서 반응을 경험하게 될 것이라고 본다. 이러한 정서적 어려움을 인지적으로 해결하는 과정을 통해 우리의 사고는 정서와 행동에 영향을 미치게 된다.

벡은 인지이론을 체계화하면서 동시대 인지행동치료 선구자였던 엘리스와 마찬가지로 켈리의 개인 구성개념 심리학(Personal Construct Psychology)으로부터 많은 영향을 받았다. 개인 구성개념 심리학에서는 사람들이 개인의 구성개념 체계를 통해 현실을 파악하고 예측하게 된다고 보았으며, 만일 이 구성개념이 맞지 않다는 것을 확인하게 될 경우 대안적 구성개념을 찾을 수 있다고 하였다. 벡은 이러한 개념을 자신의 인지치료 이론에 도입하여 다른 사람과의 경험을 이해하고 분류하는 자신의 세계관을 표현하는 것을 스키마(schema)라는 용어로 소개하였다.

벡은 우울증의 문제해결법을 개발하는 데 많은 연구와 노력을 기울였다. 그의 저서 『우울증의 인지치료(Cognitive Therapy of Depression)』(Beck et al., 1979)는 심리치료 분야에 매우 큰 영향을 미쳤으며 인지치료가 당시의 항우울제보다 우울증 치료에 더 효과적임을 입증하였다. 이후에는 우울증 외의 다른 많은 정신장애로까지 인지치료를 확장하여 체계적이고 표준화된 치료방식을 적용하고 그 치료 효과에 대한 경험적 연구들을 수행하였다. 또한 이러한 연구효과를 보여 줌으로써 인지행동치료의 근거기반 치료로서의 입지를 다지는 데 기여하였다.

3) 인지행동치료 이론의 통합

엘리스와 벡의 연구는 서로 독자적으로 이루어져 각기 다른 두 유형의 치료로 발전하였다. 그러다 1960년대 초반에 엘리스가 우울증에 관한 벡의 논문을 읽고 벡과 오랜 기간 서신을 통한 학술적 교류를 시작하게 되면서 두 사람의 연구는 동시대에 인지행동치료에서 가장 중심적인 이론으로 자리 잡았다. 두 접근 모두 비합리적이거나 왜곡된 사고, 행동, 정서를 찾아 바꿈으로써 문제를 극복하는 데 방점이 있으며, 치료자는 내담자가 자신의 비합리적/왜곡된 생각을 찾고 이를 적응적인 양식으로 수정하며, 사람들과 다른 방식으로 관계하는 기술을 연습하게 함으로써 결국 행동을 변화시키도록 돕는다.

엘리스의 합리적 정서행동치료, 벡의 인지치료와 더불어 등장한 마이헨바움(Donald Meichenbaum)의 인지행동수정(Cognitive Behavior Modification: CBM) 이론은 행동치료의 확장된 이론이자 인지적 접근을 이용한 자기통제 치료로 알려졌다. 마이헨바움은 학습이론의 맥락에서 볼 때 외현적 행동문제와 마찬가지로 사고와 인지 또한 일련의 행동치료적 접근에 의해 수정될 수 있다고 보았다. 그는 내담자의 자기진술과 내적 대화가 스스로의 행동에 영향을 미치며 이들의 부적응적인 자기진술을 변화시킴으로써 잘못된 인지를 수정할 수 있다고 하였다.

합리적 정서행동치료나 인지치료 이론에서와 같이 인지행동수정 이론도 부정적인 정서가 부적응적인 사고의 결과라고 가정한다. 그러나 합리적 정서행동치료가 지시적이고 직접적인 방식으로 비합리적 사고를 다루고 논박하는 것에 반해 인지행동수정에서는 상담자가 내담자로 하여금 자기진술을 인식하도록 돕는다. 마이헨바움이 고안한 자기지시 훈련(self-instructional training) 프

로그램은 내담자에게 자기진술문을 쓰게 한 후 문제들에 더 효과적으로 대처
할 수 있도록 자기지시를 수정하도록 훈련하는 치료기법이다. 자기지시 훈련
을 통해 상담자는 내담자가 스트레스 상황에 마주했을 때 "괜찮아. 화내지 않
아도 돼."와 같은 자기 자신과의 긍정적인 대화, 즉 self-talk을 통해 문제 상황
에 적절하게 대처할 수 있게 돕는다. 이 밖에도 인지행동수정 치료자는 충동
성, 공격성, 시험공포, 발표불안 등과 같은 문제들을 해결하기 위해 조작적 조
건형성, 모델링, 행동 시연 등의 행동치료 기법들을 적용하고 기술훈련을 실시
함으로써 내담자가 불안, 분노, 스트레스 등에 보다 효과적으로 대처할 수 있
도록 한다.

이처럼 전통적 행동치료로부터 합리적 정서행동치료, 인지치료, 인지행동
수정에 이르기까지 다양한 연구자들의 인지, 정서, 학습적 접근들이 통합되어
오늘날까지 널리 행해지는 인지행동치료의 두 번째 흐름을 형성하였다. 본래
마이헨바움으로부터 시작된 인지행동치료(Cognitive-Behavioral Therapy: CBT)
는 행동치료적 요소들을 인지치료에 포함하면서 진화한 것으로 행동보다 인
지에 더 중점을 두고 기술되는 이론이나, 이 장에서 언급하는 인지행동치료
는 특정한 치료방법을 일컫는 용어가 아니라 사고가 정서와 행동의 원인이 된
다고 주장하는 다양하고 포괄적인 치료적 접근을 통합한 이론들을 지칭한다
(Seligman & Reichenberg, 2014).

2. 인간관과 병인론

1) 인간관

합리적 정서행동치료에서는 사람들이 합리적이고 올바른 사고와 비합리적
이고 올바르지 못한 사고를 둘 다 할 수 있는 가능성을 가지고 태어나며, 훈육

에 의해 그렇게 학습을 하기도 한다고 말한다. 사람들은 성장과 자기실현경향성을 가지고 있는 동시에, 자기파괴와 사고회피 등 성장에 방해되는 부정적인 경향성 또한 가지고 있다. 인간이 성장이나 실현경향을 가지고 태어났으며 자신을 무조건적으로 수용해야 함을 강조한 부분은 인본주의적 인간관의 자기실현가능성 및 무조건적 긍정적 존중과도 일맥상통하는 부분이라고 볼 수 있다. 그러나 엘리스는 사람들이 성장과정에서 경험하는 사회적 환경보다는 생물학적 기질적 특성 때문에 비합리적 사고가 시작되는 것임을 역설하였다. 부모가 합리적인 방식으로 양육한다 하더라도 어떤 아이들은 결국 비합리적 사고를 하게 되며 이를 막을 수 없다고 주장하는 것이다. 즉, 인간은 본성적으로 합리적이고 자기개선적인 행동보다는 비합리적이고 자기파괴적인 행동을 더 쉽게 익히게 된다(권석만, 2012). 또한 사람들은 자기 자신과 대화하고 자기를 평가하며 자신에 대한 인식을 유지하려는 경향이 있다. 합리적 정서행동치료에서는 비합리적인 사고와 자기 패배적 양식 때문에 개인의 자기실현이 방해를 받는다고 보았다. 그러나 때로는 비합리적인 사고로 인해 어려움에 부딪힐 때, 새로운 방식으로 사고하고 해결방법을 모색함으로써 문제에서 벗어나 자아실현을 추구하기도 하는 등 인간은 건설적인 문제해결사이기도 하다. 이를 위해서는 각자가 타고난 창의성을 개발하기 위한 노력이 지속적으로 필요하다.

인지치료의 인간관을 전통적인 치료이론들과 비교해 보면, 우선 행동치료와 인간관에 있어 큰 차이를 보인다. 행동치료에서는 인간의 행동이 특정한 환경에서의 후천적 학습에 의해 만들어진다고 인식하고 있음에 반해 인지치료의 인간관에서는 사람들이 자유의지를 가지고 각자의 선택을 할 수 있고, 자신의 선택에 대한 책임을 지는 존재이며, 변화하려는 의지를 가진 존재임을 강조하고 있다.

또한 무의식의 중요성을 강조하는 정신분석과 달리 인지치료는 개인의 의식적 또는 전의식적 경험을 좀 더 의미 있는 것으로 여긴다. 인간은 무의식적 동기와 추동에 의해 움직이는 존재라기보다는 의식적으로 자신의 생각과 행동을 결정하고 선택할 수 있는 존재이며, 자신에 대해 가장 잘 알고 있는 사람임을 강조한다. 따라서 인지치료에서의 상담자는 내담자가 경험한 것을 해석하려고 하기보다는 내담자가 전달한 내용 그 자체를 받아들이는 것에 중점을 둔다.

인지치료와 합리적 정서행동치료의 인간관은 공통적으로 어떤 행동을 이끄는 데 있어 개인의 신념이나 생각이 결정적으로 작용하며 그 신념이나 생각을 바꿈으로써 개인의 행동과 반응을 변화시킬 수 있음을 강조하고 있다. 이러한 주장에는 인간이 기본적으로 자신의 반응을 결정할 수 있는 자유의지를 가지고 있으며, 자기 자신에게 유리한 선택을 할 수 있는 선천적 능력이 있다는 것을 공통 전제로 하고 있다. 두 이론에서 왜곡된 인지를 보는 관점의 차이를 살펴보면, 엘리스가 인간은 보편적으로 당위진술 형태의 자기패배적인 비합리적 신념을 가지고 있다고 강조한 반면, 벡은 비합리적 신념보다는 객관적인 현실과 맞지 않는 왜곡되고 과도한 생각들이 문제가 된다고 본 것에 있다(박기환, 2020).

2) 병인론

엘리스는 생물학적 요인들이 인간의 성격에 많은 영향을 미친다는 견해를 밝혔다. 그는 인간은 스스로에게 상처를 입히거나 혹은 비합리적인 방식으로 생각하는 강력한 경향성을 타고나며 이런 경향이 환경 및 사회학습 결과와 상호작용하면서 심리적 문제가 생기는 것으로 보았다. 사람들은 자신이 원하는 목표를 이루지 못할 경우 이에 대해 특정한 반응을 보이는 선천적 경향성을 가지고 있다. 이때 사건을 유발한 환경적 요소와 상관없이 자신과 타인들을 비난하며 탓하는 방식으로 반응이 나타난다. 이렇게 획득된 비합리적 신념을 마음속으로 계속 되뇌고 고수하는 자기 세뇌 과정을 통해 정서적 고통은 계속된다.

REBT에서는 특히 불안과 우울, 분노에 있어서 인지적 요소가 중요함을 강조하였는데, 비합리적인 신념은 우리의 의식 바로 아래층에 자리 잡고 있어 쉽게 떠오르게 되며, 중요한 감정적·행동적 역기능을 유발한다. 치료자는 비합리적 신념을 변화시킴으로써 역기능적인 감정과 행동에 변화를 일으킬 수 있으며 이러한 변화는 다른 영역에도 일반화되어 내담자의 문제를 개선할 수 있다. 비합리적 신념을 합리적 신념으로 바꾸는 철학적 변화를 통해 내담자는 심리적 불편감에 대해 조금 덜 예민해질 수 있다. 정서나 행동 변화를 일으키는 데에는 많은 시간과 노력과 꾸준함이 요구되는 데 반해 인지 변화는 몇 회의 상담만으로 빠르게 이뤄질 수도 있다(Ellis & MacLaren, 1998). 그러나 대개 비합리적 신념을 합리적 신념으로 전환시키기 위해서는 적극적이고 지속적인 노력이 필요하다. 상담자는 내담자가 자신의 비합리적인 신념을 찾아 반박하고 수정하며 원래의 신념과 반대로 행동하려고 노력하게끔 조력해야 한다. 이를 통해 내담자의 정서적 고통은 줄어들고 긍정적 경험을 하게 되며 궁극적으로는 개인적 목표를 이룰 수 있게 된다.

벡은 심리적 고통이 생물학적·환경적·사회적 요인들의 조합에 의해 생겨나며 단순히 하나의 원인에서 유래하는 것은 아니라고 주장하였다. 때로는 어린 시절에 경험한 사건이 인지 왜곡을 초래할 수도 있으며, 경험이나 훈련 과정에서 비현실적이며 부정적인 사고방식이 나타나기도 한다. 또한 스트레스 상황에서 개인이 위협을 느낄 때 사고의 왜곡이 일어날 수도 있다. 이처럼 부적응적이고 왜곡된 사고는 생물학적·발달적·환경적 요소가 결합되어 복합적으로 나타나는 문제이다. 이때 심리적 고통의 원인이 무엇이건 간에 개인이 부정적 감정에 앞서 떠올리게 되는 부적응적 자동적 사고가 심리적 고통의 정도 및 경과에 중요하게 작용한다.

또한 벡은 사람들이 자신에게 심리적인 고통을 안겨 주는 개개인의 취약성을 가지고 있다고 보았다. 이러한 취약성은 개인의 기질 및 인지도식으로 구성된 성격구조와 관계가 있다. 인지도식은 개인의 기본적 신념과 가정들을 포함하고 있으며, 생애 초기의 개인적 경험과 부모 및 중요한 타인과의 동일시를 통해 조성된다. 이후에는 학습을 통해 이러한 성격구조가 강화되어 다른 신념이나 가치, 태도 등을 형성하게 한다. 인지도식은 적응적일 수도 있고 역기능적일 수도 있는데 일반적으로는 잠재되어 있다가 스트레스나 환경에 의해 자극받을 때 활성화된다고 보았다(Wedding & Corsini, 2014).

벡의 인지적 발달 모형에서는 초기 경험으로부터 조성된 신념체계가 자동적 사고를 거쳐 반응을 이끄는 과정을 [그림 7–1]과 같이 설명하고 있다.

초기 아동기 때 부모나 중요한 타인과의 경험으로부터 조성되는 인지도식과 핵심믿음, 중간믿음은 발달과정 중 겪은 사건이나 외상 경험 등에 따라 영향을 받게 된다. 한번 신념체계가 구축된 이후에는 이와 일치되는 정보들에 더욱 주의를 기울이게 됨으로써 형성된 체계가 더욱 강화되고 유지된다. 이 같은 과정을 통해 개인의 고유한 성격 발달이 이루어지며, 이후 중요한 사건을 경험할 때 인지도식, 핵심믿음, 중간믿음이 활성화되면서 자동적 사고를 일으키고

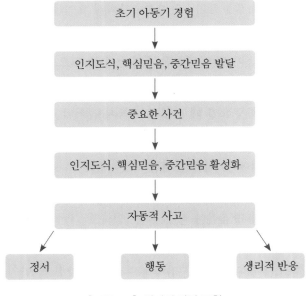

[그림 7–1] 인지적 발달 모형

그 결과, 개인마다 독특한 정서, 행동, 생리적 반응을 보이게 된다.

3. 주요 개념

1) 비합리적 신념

합리적 정서행동치료의 핵심 개념으로 개인이 자신의 신념체계와 일치하지 않는 불쾌한 사건을 경험할 때 겪는 '반드시 ~하지 않으면 안 된다' '당연히 ~해야 한다' 등 자신, 타인, 세상에 대해 가지는 당위적이며 절대적인 신념을 가리킨다. 비합리적 신념들은 삶을 극단적으로 바라보고 판단을 내림으로써 부정적인 정서를 느끼게 하여 다양한 정서적 장애를 유발하며, 회피, 공격 등 부적절한 행동 반응을 이끌어 낸다.

● **자신에 대한 당위적 요구**(self-demandingness)
현실적으로 이루기 힘든 과도하고 완벽주의적인 기대와 요구를 부과하는 것. 자신에게 부과한 당위적 요구를 달성하지 못할 경우 자기 패배적 사고를 통해 과잉일반화의 오류에 이를 수 있음
예: 나는 아무런 실수 없이 완벽하게 일을 마쳐야 한다.

● **타인에 대한 당위적 요구**(other-demandingness)
타인에 대해서 과도하게 기대하고 요구하는 마음 혹은 타인이 자신의 기대에 따르기를 일방적으로 원하는 신념
예: 그가 내 친구라면 내가 힘들 때 무조건 달려와 나를 위로해 줘야 한다.

● 세상에 대한 당위적 요구(world-demandingness)

우리가 속한 세상에 대한 비현실적이고 과도한 기대. 세상이 우리 생각대로 돌아가지 않을 경우 분노하고 우울함을 경험하게 됨

예: 선하고 노력하는 사람은 이 세상에서 반드시 복을 받아야 한다.

2) 정신장애의 ABC 모델

합리적 정서행동치료에서는 개인이 합리적 사고와 비합리적 사고 모두의 경향성을 가지고 있다고 보았으며, 일상생활에서 겪는 특정한 사건(activating events: A)에 대해 개인이 어떤 신념체계(belief system: B)를 활성화하느냐에 따라 정서적/행동적 결과(consequences: C)가 달라질 수 있다고 보았다. 합리적인 신념체계를 가진 사람들은 긍정적인 생활사건을 겪을 때는 물론이고, 부정적인 사건을 겪을 때에도 그 상황에 적합한 사고를 거쳐 적절한 정서적·행동적 결과를 경험하게 된다. 그러나 비합리적 신념체계를 활성화하는 사람들은 문제가 되는 사건의 의미를 과장 혹은 왜곡함으로써 건강하지 못하고 부정적인 정서와 행동을 보이게 된다. 이러한 과정은 연쇄적으로 일어나 첫 번째 ABC 과정에서 도출된 정서, 행동적 결과물이 또 다른 선행사건이 되어 이차적인 ABC 과정을 이끈다.

3) 무조건적 자기수용, 타인수용, 삶의 수용

합리적 정서행동치료에서는 무조건적 수용의 철학을 강조하고 있다(Ellis & Ellis, 2013). 사람들은 존재 그 자체만으로도 무조건적인 수용을 받을 자격이 있으며, 다른 사람의 인정을 받거나 성취할 때에만 스스로를 칭찬하는 '조건적인 자기존중'이 심리적 문제를 이끄는 가장 큰 원인이라고 보고 있다. 실수에 대해서 과도하게 일반화하며 나의 가치를 좋은 사람 혹은 나쁜 사람

으로 평가하는 것은 문제가 있으므로 자기존중을 넘어 '무조건적인 자기수용(unconditional self-acceptance)'을 할 것을 권장한다. '무조건적 타인수용(unconditional other acceptance)'은 자신들과 마찬가지로 타인들도 실수하고 오류를 범할 수 있는 인간이라는 사실을 수용해야 함을 말하며, '무조건적 삶의 수용(unconditional life acceptance)'은 우리가 노력에 의해 변화시킬 수 없는 삶의 역경들과 불쾌한 상황 등을 수용하는 것이 정서적인 안정과 자기실현을 가져올 수 있음을 가리킨다.

4) 자동적 사고

자동적 사고(autonomic thoughts)란 벡의 인지치료 이론의 핵심 개념으로, 개인의 선택이나 노력과 관계없이 우리 마음속에서 자동적으로 일어나는 사고 과정을 말한다. 어떤 경험에 대한 반응으로서 자연스럽게 스쳐 가듯 떠오르는 사고로, 심사숙고하거나 합리적인 판단에 의해 나온 생각이 아니며 정확하게 인식하기도 힘들다. 이를 정신분석에서의 용어로 비유하자면 전의식 수준에 가깝다고 볼 수 있다. 우울증 환자들이 가진 자동적 사고는 왜곡되거나 극단적인 경우가 많은데, 자동적 사고는 평소에는 의식하기 힘들지만 자동적 사고에 뒤따르는 감정적 · 신체적 변화를 인식하고 주의를 기울이는 훈련을 통해 자신의 자동적 사고를 확인하고 변화시킬 수도 있다.

5) 중간믿음

중간믿음(intermediate belief)이란 자동적 사고를 형성하는 극단적이고 절대적인 내면의 규칙, 태도 및 가정들로, 자동적 사고보다는 인식되기 어렵고 핵심믿음보다는 인식되기 쉬운 생각들을 가리킨다. 치료자는 내담자의 자동적 사고의 기저에 있는 핵심믿음과 인지도식을 찾아가는 과정에서 중간믿음을 확인하여 치료 작업에 포함하기도 한다. 그러나 치료과정 중 지나치게 다양한 개념을 다루는 것이 치료 작업을 난해하게 만든다고 판단될 경우 중간믿음에 대한 탐색을 생략할 수도 있다.

6) 핵심믿음

핵심믿음(core belief)이란 자동적 사고의 기저에 있는 중간믿음을 구성하는 자기 자신에 대한 중심사고들을 말한다. 주로 어린 시절의 경험으로부터 유래한 지나치게 일반화된 경직된 생각들로 세상, 타인, 자신, 미래에 대한 생각들을 포함한다. 핵심믿음은 인지도식과 같은 의미로 사용되기도 하나 이 장에서는 인지도식을 가장 깊은 수준의 인지로 보고 핵심믿음과 구분하여 설명하기로 한다.

7) 인지도식

인지도식(스키마, schema)이란 핵심믿음을 관할하는 정보처리의 기본적인 틀이자 규칙으로, 생의 초기에 시작되어 생애 전반에 걸쳐 발달하는, 개인이 자기 자신과 세상, 미래에 대해 생각하는 방식이자 인간관을 가리킨다. 자동적 사고가 특정한 상황과 관련하여 생기는 표면적인 수준의 인지에 해당하는 것에 반해 인지도식은 가장 근원적인 수준의 믿음으로 모든 영역에 영향을 미치며 일반화되는 경향이 있다. 도식은 개인의 내면에 잠재되어 있다가 특정한 상황에서 촉발되고 활성화된다. 어떤 상황에서 인지도식이 활성화되면 개인은 이를 뒷받침하는 정보들만 선택하고 이에 위배되는 정보는 무시하는 경향이 있다.

　[그림 7-2]에서는 자동적 사고, 중간믿음, 핵심믿음, 인지도식의 예와 그에 따른 반응을 보여 주고 있다.

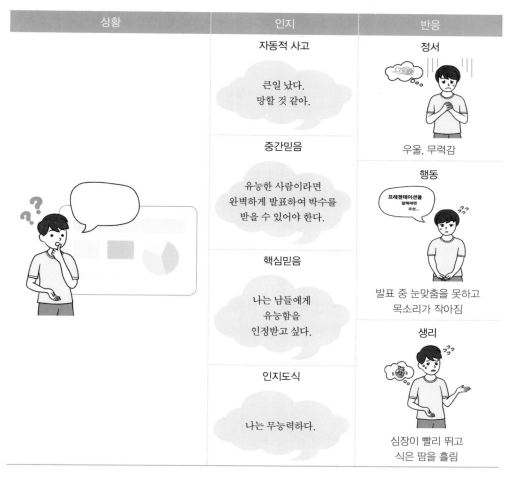

[그림 7-2] 발표 도중 말이 막힌 상황에서 경험하는 인지와 반응

8) 인지적 오류

인지적 오류(cognitive error)란 합리적 정서행동치료의 비합리적 신념과 대치되는 인지치료의 주요 개념으로 우울증을 가진 사람들이 정보처리과정에서 흔히 보이는 사고의 왜곡들을 말한다. 개인이 마주한 사건의 의미를 부정적인 것으로 받아들이는 다양한 종류의 체계적 · 논리적 오류를 가리키며, 이러한

인지적 오류들로 인해 개인은 현실을 실제보다 더 과장되게 지각하여 부정적인 감정을 느끼게 된다.

● **이분법적 사고**(dichotomous thinking)

어떤 상황을 연속적으로 보기보다는 극단적인 측면에서 보는 것, 완벽한 성공 혹은 실패라는 양자택일적이고 흑백논리적인 사고

예: 2년간 준비한 시험에서 합격하기는커녕 작년보다도 성적이 떨어지다니 그간의 노력은 모두 수포로 돌아갔고 나는 실패한 거야.

● **선택적 추상화**(selective abstraction)

우울하고 부정적 사고와 관련한 사건에서 그럴 만한 증거가 없음에도 불구하고 일부의 정보만 선택적으로 받아들이고 집중하여 그것이 마치 전체를 의미하는 것으로 잘못 해석하는 것

예: 내가 노래를 불렀을 때 대다수가 박수를 치는 상황에서 유독 제일 앞에 앉았던 사람이 아무런 반응을 보이지 않다니 내 노래가 형편없었던 것 같아.

● **독심술**(mind-reading)

충분한 근거나 증거가 없는데도 다른 사람들이 어떤 생각을 하고 있는지 알고 있으며 이들이 부정적인 생각과 반응을 한다고 추측하고 단정하는 것

예: 내가 저지른 실수에 대해 다른 사람들이 소리 내어 말하진 않지만, 그들이 무슨 생각을 하는지 나는 다 알고 있어.

● **파국화**(catastrophizing)

어떤 사건에 대해 과도하게 염려하고 두려워하며, 미래의 결과를 지나치게 부정적·극단적으로 예상하고 걱정하는 것

예: 나는 이번 면접에서 선발이 되지 못할 것이고, 아무데도 취업하지 못할 것

이며, 결국 평생 누군가에게 경제적으로 의존하는 무능한 삶을 살게 될 거야.

● 과잉일반화(overgeneraliztion)

한 가지 상황이나 부정적인 증거를 가지고 모든 상황에 확대하여 일반화하여 결론을 적용시키는 오류

예: 이번 소개팅에 실패한 것을 보니 나는 앞으로 아무리 노력을 하고 그 누구를 만난다 해도 새로운 연애를 시작할 수 없을 거야.

● 낙인찍기 및 잘못된 낙인(mislabelling)

자신이나 타인에 대한 생각에 과잉일반화를 함으로써 정당하지 않고 평가적인 꼬리표를 붙이고 낙인찍는 것

예: 조별 활동에서 내게 맡겨진 작은 역할조차 잘 못해 내다니…… 나는 정말 낙오자고 쓰레기야.

● 극대화/극소화(maximization/minimization)

어떤 상황에 있어 부정적인 측면은 과장 혹은 극대화하고 긍정적인 측면은 축소 혹은 극소화하여 부정적인 면에 치중하는 것

예: 지역 수영대회에서 나는 200미터 평영 종목에서 간신히 동메달을 하나 땄을 뿐, 주요 종목인 자유형에서는 결승 진출조차 하지 못했어.

● 개인화(personalization)

개인에게 의미가 없거나 관계가 없는 사건을 자신과 관련된 것으로 잘못 해석하고 왜곡하여 지나치게 책임을 지거나 자기 비난을 하는 것

예: 하필 내가 뒤풀이에 참석할 때마다 친구들 간에 다툼이 생겨 일찍 헤어지다니…… 나 때문에 분위기가 나빠지는 게 틀림없어.

9) 인지적 내용-특수성 가설

벡은 개인이 가진 심리장애가 자동적 사고의 주제와 밀접하게 관련되어 있다는 가설을 주장하였다. 사람들은 생활사건을 각자가 가진 인지도식의 틀로 해석하는데, 심리장애가 있는 사람들의 경우 장애마다 나름대로 독특한 인지적 내용을 지니고 있다고 보았다. 예를 들어, 우울한 환자들은 상실 및 패배와 관련한 우울한 내용의 자동적 사고를 보이는 반면, 불안한 환자들은 신체적 혹은 심리적 위험과 관련한 불안한 내용의 인지를, 자살사고를 가진 사람들은 절망에 대한 사고를, 공황장애는 신체나 정신적 경험에 대한 파국적 해석과 관련한 자동적 사고를 보이는 것으로 나타났다.

10) 인지삼제

인지삼제(cognitive triad)란 벡의 인지치료에서 말하는 개념으로 우울한 사람들이 자신, 미래, 세상에 대해 가지는 부정적인 사고를 가리킨다. 우울한 사람들은 자기 자신에 대해 결점이 많고, 무가치하며, 실패자로 여기고, 세상과 타인을 위협적이고 적대적인 것으로 인식하며, 미래에 대해 비관적이고 절망적인 것으로 보는 특징을 가지고 있다. 이러한 사고를 통해 모든 상황을 부정적으로 해석하고 결론짓기 때문에 상황을 개선하려는 노력을 하는 대신, 심리적·사회적으로 위축된 모습을 보이게 된다.

4. 상담 과정

1) 치료목표

합리적 정서행동치료에서는 내담자의 정서적 고통과 자기패배적 행동 등의 역기능적인 정서와 행동을 건강한 정서와 행동으로 대체하도록 도와줌으로써 내담자가 자신의 잠재능력을 효과적으로 발휘하고 이를 토대로 삶의 목표를 이루게 하는 데 기본 목표를 두고 있다.

REBT에서 보는 심리적 건강이란 자신에 대한 관심 및 사회적 관심을 가지고 있으며, 자기 주도성과 좌절에 대한 인내력이 있는 상태를 말한다. 또한 융통성이 있고, 불확실성을 수용하며, 창의적인 활동과 과학적 사고를 실천하고, 자기를 수용하며 때로는 실패의 위험을 감수할 수 있는 상태이다. 이와 더불어 즉각적 만족과 쾌락이 아닌 장기적인 즐거움을 추구하고, 공상적인 이상주의에서 탈피하며, 정서적 불편감에 대한 자기 책임을 수용할 수 있는 것을 가리킨다(Ellis & Dryden, 1997). 이러한 심리적 건강상태를 이루기 위해 합리적 정서행동치료에서는 내담자가 합리적으로 사고하며 적절한 정서를 느끼고 효과적으로 행동하도록 변화시키는 방법을 가르치고자 한다. 나아가 치료자는 내담자가 가지고 있는 문제 증상을 없애는 것뿐 아니라 문제를 유발한 내담자의 비합리적 신념과 가치체계를 극복하고 인생에 대한 철학적 변화를 토대로 삶을 효율적으로 살 수 있도록 돕는 것에 보다 궁극적인 목표를 두고 있다.

인지치료의 주요 상담목표는 특정 사건과 정서적 · 행동적 · 생리적 반응을 매개하는 자동적 사고를 찾아내고 이에 내재한 자신과 타인, 세상에 대한 왜곡된 인지도식을 재구성하는 것이다. 이를 위해 상담자는 내담자의 잘못된 정보처리과정을 살펴보고, 역기능적인 정서와 행동을 유발하는 부적응적 가정들을 수정하기 위해 다양한 인지적 · 행동적 기법을 사용하여 상담을 진행한다. 인지치료 상담자는 내담자의 경직되고 왜곡된 인지를 수정함으로써 불쾌하고 고통스러운 정서 등의 증상을 완화시키고 문제를 해결할 수 있도록 조력한다. 나아가 내담자가 자신의 사고의 편향성을 자각하고 이것이 과연 타당하고 효과적인지에 대해 성찰하고 현실적인 사고를 하도록 변화를 도모한다. 궁극적으로는 내담자들이 왜곡된 정보처리 방식을 버리고 보다 유연하고 새로운 사고를 통해 삶을 보다 성숙한 시각으로 바라보며 살게 하는 데 치료목표를 두고 있다.

2) 치료관계

합리적 정서행동치료에서 내담자와 상담자는 서로 협력적인 관계를 도모한다. 엘리스가 내담자에게 자신에 대한 무조건적 수용을 강조한 만큼, 상담자는 내담자를 인간중심치료에서와 마찬가지로 무조건적으로 수용하는 마음으로 접근하며 상담 초기는 보통 라포 형성과 관계 수립에 초점을 두고 진행한다. 첫 시간에 상담자는 상담 목적에 대해 설명하고 내담자에게 자신이 내담자를 변화시킬 수 있는 능력과 치료방법을 가지고 있음을 제시하면서 내담자와 신뢰할 수 있는 상담관계를 형성한다. 이어지는 치료에서 상담자는 내담자에게 선행사건-비합리적 신념-정서 및 행동 결과물의 관계에 대해 교육하고, 무조건적 당위적 신념을 찾아내고 이를 대체해 보는 과제를 내 주며, 독서와 행동수정 등 다양한 기법을 적극적으로 시행하는 교사와 같은 역할을 수행한다. REBT 치료자들은 때때로 치료과정에서 자신의 영향력을 치료과정에 포함하여 내담자의 변화를 이끌어 내기도 한다. 실제로 엘리스는 지시적이고 퉁명스러운 치료 스타일을 보이기도 하였으나 대체로 진솔하고 신뢰할 만하며 융통성을 중요하게 생각하는 치료자로 평가되었다. 그는 상담자가 내담자의 말을 경청하고 반응하면서 내담자의 당면문제를 해결하도록 도와주는 것이야말로 한 차원 더 높은 수준의 공감이라고 하였다. 또한 REBT 치료자들은 설득, 칭찬, 과장, 교육, 자신의 에피소드를 사용하는 등 자신의 생각과 경험을 드러내면서도 내담자와 전문적인 관계를 유지하며, 적극적이고 진솔한 지도적 태도를 가지고 치료에 임한다.

벡의 인지치료에서는 상담자와 내담자 간의 긍정적이고 건강한 치료동맹이 필수적임을 강조한다. 상담자는 심리치료의 목표와 치료방식을 결정하기 위해 내담자를 이끄는 인지, 행동, 감정이 무엇인지 탐색하며, 내담자는 자신의 생각과 감정의 변화에 대한 정보를 상담자에게 적극적으로 제공하여 치료자가 내담자의 주관적 경험치를 파악할 수 있게 하는 등 상담자와 내담자는 상호 협력적 치료관계를 유지한다. 이처럼 상담자와 내담자가 공동연구자처럼 같은 목표를 위해 협동하며 작업하는 과정을 인지치료에서는 '협력적 경험주의(collaborative empiricism)'라고 부른다. 협력적 경험주의에서는 상담자와 내담자가 동등한 관계를 유지하며 내담자의 경험 속에서 왜곡된 인지를 찾아내고 이를 대안적 인지로 바꾸는 작업을 함께 해 나간다. 상담자는 이러한 치료과정에서 왜곡된 인지를 변화시키는 치료 원리와 기술을 내담자에게 알려 줌으로써 내담자가 향후 자기 자신을 스스로 치료할 수 있게 하는 등 자가치료(self-treatment)의 철학을 견지해 간다. 인지치료 과정은 내담자와 상담자 모두 새로운 가정을 검증하는 일종의 과학적 탐색과정이라고 볼 수 있다. 이 과정에서 상담자는 내담자에게 일방적으로 해결책을 제시하거나 논박하기보다는, 신념의 근거와 대안적 해석, 의미를 객관적으로 탐색하는 삼단논법을 사용한 '소크라테스식 대화'를 이끈다. 또한 상담자는 내담자 스스로 자신의 부정적이고 왜곡된 사고를 발견하고, 대안적 사고를 찾도록 안내하고 유도함으로써 '인도된 발견(guided discovery)'이 이루어지게 한다.

합리적 정서행동치료와 인지치료 상담자는 모두 내담자와의 협력적 관계를 유지하며 치료한다는 면에서 공통적이나 치료 장면의 모습에서는 차이가 있다. 합리적 정서행동치료의 상담자는 지시적·설득적·직면적이며 교육하는 상담자의 역할을 중요하게 생각한다. 상담자는 합리적으로 사고하는 모델이 되어 내담자가 자신의 비합리적인 신념을 발견하게 하며, 이에 대한 논박과 직

면을 통해 내담자를 설득하고 교육하는 방식을 지향하였다. 반면 인지치료자
는 내담자에 대한 공감과 민감성을 매우 중요하게 생각하며 소크라테스식 대
화를 이용한 개방형 질문을 위주로 상담을 진행함으로써 내담자 스스로 자신
이 가진 생각의 경험적 타당성을 검증해 나가도록 격려하는 것을 강조하였다.
또한 인지치료 상담자는 따뜻하고 공감적인 동시에 인지적 개념화를 도구로
사용하여 내담자의 문제를 효과적으로 개념화하는 창의적이고 능동적인 치료
자의 모습을 지향하였다.

3) 치료 변화기제

(1) 합리적 정서행동치료의 ABCDEF 모델

REBT의 목표는 치료자가 내담자로 하여금 비합리적인 사고체계에서 벗어
나 합리적으로 사고함으로써 건강한 인지, 정서, 행동을 경험하도록 돕는 것이
다. 이를 위해 치료자는 내담자가 가진 비합리적 신념이 무엇인지를 파악하고
이에 대해 논박함으로써 내담자가 합리적인 신념으로 바꾸도록 조력한다. 이
러한 과정을 ABCDEF 모델로 설명하고 있다.

이 모델에서 첫 단계(A, activating events)는 부정적 감정을 유발한 촉발사건
이 무엇인지 확인하는 단계이며, 두 번째(B, beliefs)는 이 사건에 대한 내담자
의 신념체계가 무엇인지 탐색하고 찾아내는 과정이다. 만약 비합리적 신념체
계가 활성화된 것이라면 이에 대해 치료하기 전에 이 신념이 무엇인지 구체적
으로 확인하는 것이 필요하다. 세 번째 단계(C, consequences)는 비합리적 신념
으로 인해 나타난 부적응적인 감정과 행동을 의미한다. 네 번째(D, disputing)
는 논박하기 단계로 내담자가 가지고 있는 비합리적 신념이 합리적이지 않음
을 마치 철학자들이 토론을 하듯이 다양한 관점에서 논박하고 평가함으로써
합리적 신념으로 변화시키는 과정이다. 다섯 번째(E, effective philosophy)는 내
담자와 비합리적 신념에 대한 논박을 마친 후 내담자가 비합리적 신념을 포기

하고 합리적 신념으로 생각을 변화시켜 가도록 돕는 과정을 말한다. 이 과정을 통해 내담자는 비합리적으로 왜곡되며 극단적인 정서가 아닌, 상황에 보다 적절한 정서와 행동을 이끄는 효과적인 철학을 가지게 된다. 마지막 단계(F, new feelings and behaviors)에서는 합리적 신념과 효과적인 철학을 발견한 내담자가 새로운 감정과 행동을 경험하게 되는 과정이다. 이러한 과정을 통해 내담자는 자신의 비합리적 신념을 합리적 신념으로 변화시키는 경험을 하게 되며 궁극적으로 내담자의 삶은 보다 건강하고 적응적으로 나아가게 된다.

(2) 벡의 인지모델

인지치료에서는 인지용어로 내담자의 문제를 공식화(formulation)하고 이를 기초로 치료를 시작한다. 상담자는 내담자가 제공하는 자료를 기초로 사례에 대한 개념화를 시작하고 치료를 진행함에 따라 추가적으로 수집된 자료들을 바탕으로 인지개념화(cognitive conceptualization)를 수정해 나간다. 사례에 대한 인지개념화 단계에서 파악해야 할 질문들은 내담자의 진단, 현재 문제가 발생하고 지속된 상황, 문제와 관련한 역기능적 사고와 신념, 이에 따르는 감정, 신체, 행동 반응들이다. 앞의 문제들을 파악한 후에 상담자는 내담자가 이런 문제를 어떻게 발전시켜 왔는지를 다음과 같은 틀로 개념화하며 가설을 세워 본다(Beck, 1995).

- 현재의 문제 발생에 기여한 초기의 경험이나 학습 혹은 유전적 소인
- 내재된 믿음(태도, 기대, 규칙)과 생각
- 역기능적 믿음에 대처해 온 방식
- 역기능적 믿음에 대처하기 위해 사용한 인지적·정서적·행동적(적응적·부적응적) 기제들
- 자신, 타인, 세상, 미래를 바라보는 관점
- 심리적 문제를 야기하거나 문제해결에 방해가 되는 스트레스원

인지치료 상담자는 이와 같은 체계적인 공식화를 통해 지속적인 사례개념화를 하며 이를 통해 효과적인 치료 계획을 세울 수 있다. 이렇게 도출된 사례개념화를 바탕으로 내담자에게 심리적 고통과 심리장애를 유발한 왜곡된 인지를 수정하고 건강한 인지로 재구성하는 것이 인지치료의 기본 원리이다. 왜곡된 인지의 수정은 가장 얕은 수준의 자각하기 쉬운 자동적 사고에서 시작하여 자동적 사고의 기저에 있는 중간믿음, 핵심믿음을 거쳐 인지도식까지 점차 깊은 수준의 인지를 수정해 가는 방식으로 이루어진다. 최종적으로 인지도식의 변화가 이뤄지고 건강하고 효율적인 도식으로 재구성될 경우 내담자의 문제가 깊이 있게 치료되어 후일 문제가 재발되는 것을 막을 수 있다.

5. 치료개입

1) 합리적 정서행동치료의 치료기법

REBT에서는 내담자의 비합리적 신념을 변화시키는 데 초점을 두고 있지만 인지의 변화뿐 아니라 정서적 · 행동적 변화를 이끄는 다양한 기법을 활용하고 있다.

(1) 인지적 치료기법

합리적 정서행동치료에서는 ABC 기법에 따라 내담자의 비합리적 신념을 찾아 논박한다. ABC 기법은 내담자가 불쾌한 감정을 느끼는 상황을 분석하고 그 상황과 관련한 비합리적 신념을 찾아내는 과정이다. 이때 상담자는 내담자의 비합리적 신념을 끌어내기 위해 소크라테스식 문답법을 이용하여 기능적 · 경험적 · 논리적 · 철학적 · 대안적 차원에서 토론하고 내담자가 자신의 신념이 비합리적임을 스스로 깨닫도록 노력한다. 또한 상담자는 교사가 된 것처럼 내담자의 문제에 대해 강의식으로 설명함으로써 내담자가 자신의 문제를 잘 인식하도록 돕는다. 때로 풍자적 방법을 사용하여 내담자의 신념을 과장하거나 희화화함으로써 내담자가 역설적으로 자신의 비합리성을 깨닫게 하는 방법도 활용한다. 마지막으로 대리적 모델링을 통해 내담자와 비슷한 경험을 하였으나 내담자와 같은 문제에 빠지지 않거나 오히려 이를 극복하고 성장한 다른 사람들의 예를 통해 내담자가 자신의 문제를 되돌아보고 비합리적 신념을 수정하도록 조력한다.

이 밖에도 상담자는 내담자에게 REBT 자가치료 양식(〈표 7-1〉 참조)을 과제로 내 주어서 내담자가 자신의 비합리적 신념을 분석하게 하거나, 독서하기, 심리교육 참가하기, 상담을 녹음해서 들어 보기, 문제를 재해석해 보기, 멈추고 관찰하기 등의 다양한 인지적 과제를 부과하여 치료에 활용한다(Ellis & MacLaren, 1998).

다음에는 자가치료 양식 사용법(Ellis & Dryden, 1997)을 기술하였으니 〈표 7-2〉의 내용을 읽어 보고 양식지를 활용하도록 한다. 자가치료 양식지를 사용하기 전에 구체적인 문제 상황을 선정한다. 문제 상황은 구체적일수록 좋으며 상황을 선택한 후에는 〈표 7-2〉의 순서로 양식지에 기입한다.

표 7-1 **REBT의 자가치료 양식**

A(촉발사건 또는 역경)	C(결과)
	• 건강하지 못한 부정적 정서: • 자기파괴적 행동:
• 나를 불안하게 하는 상황을 간략히 요약하기 • A는 실제 사건이거나 혹은 상상일 수 있음 • A는 과거, 현재 또는 미래의 사건일 수 있음	• 건강하지 못한 부정적 정서의 예: 불안, 우울, 분노, 낮은 좌절 인내력, 수치심, 당혹감, 상처, 질투심, 죄책감 등

iB.s(비합리적 신념)	D(비합리적 신념에 대한 논박)	E(효과적인 새로운 철학)	F(효과적인 감정과 행동)
			• 새롭고 건강한 부정적 정서: • 새롭고 건설적인 행동:
• 비합리적 신념인지 알아내기 위해 살펴봐야 할 것 　-독단적 요구(당위) 　-파국화(끔찍함, 공포스러운) 　-낮은 좌절 인내력 　-자기/타인 평가	• 논박을 위해 스스로에게 물을 내용 　-이 신념은 유익한가, 자기파괴적인가? 　-이 신념의 지지근거는 무엇인가? 　-이 신념은 논리적인가? 　-그것은 진짜 끔찍한가? 　-나는 정말 그것을 견딜 수 없는가?	• 합리적인 생각을 하기 위한 노력 　-비독단적인 바람, 욕구, 소망 　-나쁨에 대한 평가(운이 없는 것) 　-높은 좌절 인내력 　-나/타인이 실수할 수 있는 존재임을 수용하기	• 건강한 부정적인 정서의 예: 실망, 염려, 초조함, 슬픔, 후회감, 좌절감 등

출처: Dryden & Walker (1996): Dryden & Ellis (2003), p. 327에서 재인용.

표 7-2 **자가치료 양식 사용법**

항목	내용
C	부정적이며 건강하지 않은 감정을 떠올려 보고 이와 관련한 자기파괴적 행동을 기록한다. 각각의 양식지에는 주된 한 가지 감정을 기준으로 작성한다. 만약 문제가 자기파괴적 행동에만 해당하고 정서적인 문제가 없을 경우, 정서란은 비워 둔다.
A	나를 불편하게 했던 사건의 측면에 초점을 맞춰 기록한다.
iB.s	내가 가진 신념이 어떤 측면에서 비합리적인지 생각해 보고 기록한다.
D	각각의 신념들이 사실인가, 논리적인가, 도움이 되는가의 측면에서 논박하고 '예/아니요'로 기록한다.
E	내가 가진 비합리적 신념들을 보다 합리적 신념들로 대체하여 기록한다.
F	'C'에 기록된 부정적이고 건강하지 않았던 감정들에 대한 보다 건설적이고 대안적인 감정들을 생각해 본 후, 이를 '부정적이지만 건강한 정서'들로 대체하여 기록하고 '부정적이지만 건설적인 행동'도 기록한다. 만약 문제가 자기파괴적 행동에만 해당이 되고 정서적인 문제가 없을 경우, 정서란은 비워 둔다.
A	새롭고 합리적인 신념을 가진 상태에서 다시 'A'로 돌아가서 혹시 촉발사건에 대해 내가 왜곡된 추론을 하지는 않았는지를 생각해 보고 있다면 이를 수정한다.

(2) 정서적/경험적 치료기법

정서적/경험적 치료기법은 REBT에서 사용된 인지적 개입을 보충하고 강화하기 위해 사용된다. 이러한 기법은 비합리적 신념을 규명하는 것에 머무르지 않고 인지적 기법을 통해 얻는 긍정적인 변화를 촉진하는 데 보다 큰 초점을 둔다(Ellis & MacLaren, 1998).

• 합리적 정서 심상법(Rational Emotive Imagery: REI): REBT 치료에서 사용되는 가장 핵심적인 정서적/경험적 치료기법으로, 내담자가 문제 상황에서 느낄 수 있는 적절하고 합리적인 정서가 무엇인지 찾고 자신에게 가장 자연스럽고 설득력 있는 자기진술과 대처방식을 발견하도록 도와주는 방

법이다. 상담자는 내담자의 눈을 감게 한 후 그들에게 극도의 부정적 정서를 불러일으켰던 최근의 힘들었던 상황을 떠올리게 한다. 내담자가 문제 상황과 당시의 감정을 생생하게 떠올리면 상담자는 지금 느끼는 불편한 정서가 무엇인지를 구체적으로 명명(불안, 분노 등)하도록 한 후, 내담자에게 그 고통스러운 정서를 보다 합리적이고 건강한 부정적 정서로 바꿔 보도록 요청한다. 내담자가 이 과정을 마치면 상담자는 내담자에게 천천히 현실로 돌아와 눈을 뜨게 한다. 상담자는 내담자에게 그 감정을 어떻게 변화시켰는지 묻고 그 과정에서 어떤 생각을 했고 어떤 대처방법을 사용했는지를 탐색하고 기록하는데, 이때 내담자의 말 표현 그대로 기록해 두는 것이 중요하다. 이 과정을 통해 상담자는 내담자가 문제 상황 속에서도 (부정적이지만) 건강한 감정과, (건강하지 못한) 부정적 감정을 구별하여 합리적이고 적절한 수준의 정서를 느낄 수 있도록 돕는다.

- 강력한 대처진술 기법: 내담자에게 합리적인 대처진술문을 써 보게 한 후 내담자가 이를 상담시간 중, 혹은 이후 시간에 확실하고 강하게 연습하도록 하는 방법이다. 이때 기술하는 진술문은 평소에 가져왔던 내담자의 불건강하고 비합리적인 신념과는 대치되는 내용으로 작성하도록 하며 이를 반복해서 크게 소리 내어 읽어 보거나 일어서서 외치게 함으로써 자신의 비합리적 신념에 맞서고 이에 따른 감정의 변화를 느껴 보게 한다.

- 역할극/역할 바꾸기 기법: 내담자가 다른 사람과의 관계에서 화났던 경험이나 그럴 것으로 예상되는 상황을 떠올리며 상담자와 역할 연기를 통해 상황을 재연해 봄으로써 자신이 가진 비합리적 신념을 점검해 보게 하는 기법을 말한다. 상담자와 내담자는 구체적인 상황을 그려 보고 그 상황에 대한 시나리오와 역할을 정한 후 상황을 재연한다. 이때 상담자는 내담자에게 역할극 도중 무슨 생각이 들었는지, 입장을 바꿔 역할 연기를 했을 때는 어떤 마음이 들었는지를 질문하여 내담자로 하여금 자신이 가진 신념의 비합리성을 점검해 보게 한다.

· 유머: 내담자의 비합리적 신념을 과장되고 우스꽝스럽게 이끌어 냄으로
써 내담자가 자신의 불완전성과 비합리성을 지나치게 진지하고 심각하게
고민하기보다 가볍고 유머러스한 방식으로 마주하며 깨닫게 하는 방법이
다. 물론 여기서 가볍게 보는 대상은 내담자가 아닌, 그가 가진 비합리적
신념과 행동을 가리킨다. 어떤 상담자들은 내담자의 비합리적 신념을 합
리적이고 유머러스한 노래 가사로 만들어 부르게 시키기도 한다.

이 밖에도 상담자는 내담자에게 긍정적이고 협조적인 태도와 믿음을 보이
며 무조건적으로 수용하고, 내담자에게 무조건적인 자기수용과 무조건적인
타인수용을 가르치며, 감수성훈련 집단상담에 참여하게 하는 등의 방법으로
내담자의 긍정적 변화를 촉진한다.

(3) 행동적 치료기법

행동적 기법은 내담자가 자기 자신과 세상에 대해 가졌던 비합리적 신념의 변
화로 얻은 성과를 직접적인 행동과제들을 통해 더욱 강화하게 하는 방법이다.
행동기법들은 대개 실제 상황에서 직접 연습해 보는 방식인데, 내담자들은 과제
를 통해 변화한 사고 패턴을 직접 체험함으로써 자신의 통찰을 입증할 수 있다.

· 강화와 벌칙 기법: 상담자가 내담자에게 부여한 과제를 잘 수행했는지를
점검한 후 과제의 성공, 실패 여부에 따라 강화 혹은 벌칙을 줌으로써 내
담자의 행동 변화를 촉진하기 위한 방법이다.
· 수치심 깨뜨리기 연습: 수치심을 정서장애의 핵심으로 본 엘리스가 자기
자신에게 직접 적용하여 효과를 본 이후 치료에 활용하는 대표적인 REBT
치료기법이다. 치료자는 내담자가 많은 사람 앞에서 우스꽝스럽고 바보
같은 다양한 행동들을 하게 함으로써 타인의 시선에 대한 불안을 덜고 수
치심을 극복하게 도와준다.

이 밖에도 내담자에게 부족한 사회기술을 훈련시키는 기술훈련기법, 내담 자가 자신이 변화하고자 하는 모습과 반대로 행동함으로써 객관적인 관점에 서 자신의 문제를 바라보게 하는 역설적 과제법, 내담자를 자극에 반복적으로 노출하여 비합리적 공포를 유발한 후 이와 관련한 비합리적 신념을 깨 보게 하 는 둔감화법 등 다양한 행동적 기법들이 인지치료에 활용된다.

2) 인지치료의 치료기법

(1) 인지개념화

인지치료에서는 인지모델에 따라 내담자의 문제를 파악한 후 치료를 시도 한다. [그림 7-3]의 인지개념화 도표(cognitive conceptualization diagram)는 내 담자의 초기 경험, 핵심믿음, 중간믿음, 믿음에 대처하기 위한 보상적 행동들 을 파악해 보고, 이를 종합하여 내담자의 문제에 대한 가설을 설정한 후, 이것 이 각 상황에서 어떻게 설명되는가를 살펴봄으로써 사례를 개념화하는 과정 을 보여 준다.

(2) 벡의 역기능적 사고 기록지

인지치료에서는 내담자의 부정적인 정서 아래 내재된 자동적 사고가 무엇인 지 알아내기 위해 〈표 7-3〉과 같은 역기능적 사고 기록지(dysfunctional thought record)를 활용한다. 이 기록지는 합리적 정서행동치료에서 사용하는 A-B-C 기법의 순서에 따라 그날의 상황과 자동적 사고, 정서, 반응들을 기록하게 한 다. 또한 자동적 사고가 합리적인지를 생각해 보고 보다 적응적인 반응이 무엇 일지 기록한 후 자동적 사고에 대한 확신 정도와 감정의 변화들을 적게 한다.

이때 드러난 내담자의 부정적 사고를 논박하고 수정하기 위하여 상담자는 소크라테스식 방법의 하나인 세 가지 질문하기를 활용한다. 구체적으로 그 믿 음의 증거는 무엇이며, 그 상황을 어떻게 해석할 수 있는가, 만일 그것이 사실

관련된 생활사와 촉진 요인들
핵심믿음의 개발 및 유지에 기여한 경험은 무엇인가?

⬇

핵심믿음(현재 에피소드 중)
내담자가 자신에 대해 가지고 있는 가장 핵심적인 역기능적 믿음은 무엇인가?
타인에 대해서는? 세계에 대해서는?

⬇

중간믿음: 조건부 가정/태도/규칙(현재 에피소드 중)
어떤 가정, 규칙 및 믿음이 핵심믿음에 대처하는 데 도움이 되고 있는가?

⬇

대처 전략(현재 에피소드 중)
어떤 역기능적 행동이 믿음에 대처하는 데 도움이 되고 있는가?

상황 1	상황 2	상황 3
문제 상황이 무엇인가?		
자동적 사고	자동적 사고	자동적 사고
그/그녀의 마음에 무슨 생각이 들었는가?		
자동적 사고의 의미	자동적 사고의 의미	자동적 사고의 의미
자동적 사고는 그/그녀에게 어떤 의미였는가?		
감정	감정	감정
자동적 사고와 관련된 감정은 무엇인가		
행동	행동	행동
내담자는 그때 무엇을 했는가?		

[그림 7-3] 인지개념화 도표

출처: Beck (2023), p. 100.

표 7-3 역기능적 사고 기록지

날짜/시간	상황	자동적 사고	감정	적응적 반응	결과
	1. 불쾌한 감정과 관련되는 사건 또는 (외부적 또는 내부적)은 무엇인가? 아니면 도움이 되지 않는 도움이 되지 않는 어떤 행동을 취했는가?	1. 어떤 생각(들) 및/또는 심상(들)이 (사건이나 도움이 되지 않는 행동 이전, 도중, 이후에) 마음속을 스쳐 지나갔는가? 2. 당신은 그 생각을 얼마나 믿었는가?	1. 어떤 감정(슬픔, 불안, 화남 등)을 느꼈는가?(사건이나 도움이 되지 않는 행동 이전, 도중, 이후에) 2. 감정이 얼마나 강렬했는가?(0~100%)	1. (선택적) 어떤 인지 왜곡을 하였는가? 2. 아래 질문을 사용하여 자동적 사고에 대한 반응을 작성하라. 3. 당신은 각각의 반응을 얼마나 믿는가?	1. 당신은 이제 각각의 자동적 사고를 얼마나 믿는가? 2. 지금 어떤 감정을 느끼는가? 감정이 얼마나 강렬한가? (0~100%) 3. 어떻게 하면 좋을까?
	1.	1.	1.	1.	1.
	2.	2.	2.	2.	2.
/		3.		3.	3.

대안적 반응을 구성하는 데 도움이 되는 질문: ① 자동적 사고가 진실 또는 진실이 아니라는 증거는 무엇인가? ② 대안적 설명이 있는가? ③ 최악의 상황이 발생하면 어떻게 대처할 수 있는가? 일어날 수 있는 최선은 무엇인가? 가장 현실적인 결과는 무엇인가? ④ 자동적 사고를 믿으면 어떤 효과가 있는가? 내 생각을 바꾸면 어떤 영향을 미칠 수 있는가? ⑤ ○○○(사람 이름)이 이런 상황에 있고 이런 생각을 했다면 나는 그에게 뭐라고 말했을까? ⑥ 어떻게 하면 좋을까?

출처: Beck (2023), p. 433.

이라면 그 의미는 무엇인가를 질문하여 내담자가 자신의 왜곡된 믿음을 탐색하고 깨달으며 객관적인 생각을 받아들이게끔 하다.

인지치료자들이 내담자가 말하는 인지의 타당성을 평가하는 데 사용하는 부가적인 방법들은 다음과 같다(Seligman & Reichenberg, 2014).

- 내담자가 존경하는 사람은 이 상황에 대해 어떻게 생각할지 물어보기
- 내담자의 자녀나 친구가 내담자처럼 생각한다면 뭐라고 말할지 물어보기
- 유머나 과장을 이용하여 생각을 극단적으로 해 보게 하기
- 내담자가 부정적으로 생각하는 경향이 있음을 깨닫게 하기
- '만약 최악의 두려운 상황이 벌어진다면' 어떨지 상상하고 이를 다루는 방법에 대해 생각해 보게 함으로써 두려움이 영향을 덜 미치도록 하기
- 상황에 대한 대안적 설명을 찾아보도록 제안하기
- 극단적 사고방식을 중화시키는 사고의 중간 지대를 찾도록 돕기
- 문제를 재정의 혹은 재개념화함으로써 변화가 더 잘 일어나게 하기
- 내담자에게 문제의 원인이나 주의를 기울여야 할 핵심이 자신이 아니라는 것을 알도록 돕거나 탈중심화하기

이러한 과정을 통해서 내담자는 자신에게 불쾌한 감정을 이끈 생각들을 인식하게 되며, 보다 타당하고 합리적인 사고를 할 수 있게 된다.

- 방법: 기분이 나빠졌다는 것을 인식할 때 '지금 내 마음속에 무슨 생각이 지나가는지'를 떠올린 후 떠오른 생각과 심상을 최대한 빨리 자동적 사고 칸에 적어 본다.

(3) 활동계획표 짜기

내담자들은 자기 자신을 비효율적이고 무력한 사람으로 생각하는 경향이

있다. 인지치료자는 내담자와 함께 활동계획표를 작성하여 그가 하루를 적절히 구조화하도록 격려한다. 또한 내담자가 자신의 활동에 대해 하나하나 기록하며, 수행한 활동들로부터 얻은 숙달 경험과 즐거움을 각각 표시하게 함으로써 그간 성공적인 수행에 따른 만족감을 쉽게 잊는 경향이 있었음을 깨닫도록 도와준다(Beck, 2017).

(4) 점진적 과제 부여하기

인지치료자들은 내담자의 적응을 돕기 위해 매회 다양한 과제를 부여한다. 내담자는 주어진 과제를 수행함으로써 상담회기뿐 아니라 다음 상담까지의 시간 동안 자신에게 필요한 적응기술을 습득함으로써 효율적으로 상담을 진행할 수 있다. 이때 사용되는 과제들은 역기능적 사고 기록지 작성, 활동계획표 작성, 행동 실험하기, 독서하기 등이다. 이 과제들은 상담자가 임의로 정하는 것이 아니라 내담자와 협의하여 정해야 하며, 상담자는 내담자가 수행한 과제를 검토하고 격려함으로써 과제들을 통해 문제행동을 더욱 효과적으로 고쳐 나가고 점진적으로 성장할 수 있게 돕는다.

(5) 인지적 시연

인지적 시연(cognitive rehearsal)은 내담자가 목표를 세우고 활동을 수행하는 데 방해가 되는 문제들을 드러내는 데 사용된다. 이는 불안한 상황을 예상하는 내담자에게 그 상황에 대해 머릿속에서 그려 보고 대처방법을 연습하게 하는 방식으로 이루어진다. 상담자는 내담자에게 각 상황에서 적절히 자기표현을 하도록 요구하고 성공적인 결과를 상상하게 한 후 이에 대해 질문함으로써 내담자가 문제로 예견되는 상황에 대해 대비하고 연습하여 성공 경험을 하도록 조력한다.

이 밖에도 인지치료자들은 상담 중 내담자들이 사용하는 고유한 단어가 가진 의미를 구체적으로 질문하고, '항상' '절대로' '아무도' 같은 절대적 표현들에 대해 질문하며, 내담자의 잘못된 귀인을 재귀인하고, 이들이 보이는 인지적 왜곡을 객관적으로 명명하며, 파국적인 사고로 두려워하는 경우 '만약 그런 일이 생긴다면~'이라는 질문을 던지는 탈파국화 기법 등을 사용함으로써 내담자가 가진 왜곡된 인지에 도전하여 그들이 자신의 잘못된 정보처리과정을 인식하고 이를 교정하도록 돕는다.

6. 평가

인지행동치료는 프로이트와 스키너가 대표하는 정신분석 치료 및 행동치료 등 고전적 치료이론들이 주도하던 1950~1960년대에 정서장애를 야기하는 인지적 측면에 새로이 관심을 가지고 단기적인 치료방식을 고안한 것에 가장 큰 의의가 있다. 기존의 전통적 치료방식들은 장기간의 상담 기간, 고비용, 치료 일반화의 한계 등의 문제를 드러내 치료가 대중들에게 활용되기 어려운 측면이 있었다. 이에 반해 인지행동치료는 상담자의 직접 개입뿐 아니라 사고 기록지 활용과 같이 자가치료를 이행할 수 있는 방법을 교육하고 보급하는 등 다양한 개입 전략을 활용함으로써 기존 치료들이 가진 한계점을 극복하는 치료 모델로 자리매김하였다.

엘리스는 합리적 정서행동치료에서 ABC 모델을 통해 정신장애에 인지적 요인이 어떻게 영향을 미치는지 구체적으로 제시하였다. 또한 비합리적 신념을 찾아내 깊이 있게 논박하고 독서를 활용하는 등의 방식을 통해 피상적인 수준의 증상 변화가 아닌 새로운 철학과 인생관을 가지고 건강한 삶을 살 수 있게 도움을 주었다는 점에 큰 의의가 있다.

벡은 기존의 이론들이 치료 효과를 객관적으로 검증하기 힘들었던 것에 비해 과학적으로 이론을 개념화 및 소개하고 체계적이고 표준화된 방식으로 치료 효과를 검증하는 등 상담 및 심리치료 영역에 근거기반 치료의 근간을 마련하는 데 큰 공헌을 하였다.

그러나 인지행동치료가 가진 큰 장점에도 불구하고 이 치료법은 몇 가지 한계점을 가지고 있다. 우선 치료자가 가진 가치관에 따라 내담자의 비합리적이고 역기능적인 신념을 일방적으로 판단하고 이를 교정하도록 강요하는 경우 치료동맹이 깨질 수 있음에 유의해야 한다. 따라서 상담자는 내담자가 가진 사고체계와 철학을 스스로 생각하고 변화시킬 수 있도록 조력해야 한다. 또한 인지행동치료에서 말하는 비합리적 신념과 자동적 사고 등의 개념이 너무 피상적이며 단순하다는 비판도 있다. 무엇보다도 논박과 사고 분석을 중심으로 하는 치료의 특성상 지적 수준이나 심리적 내성 능력이 떨어지는 사람들은 인지행동치료에 적합하지 않다는 한계가 있다.

이와 같은 한계와 비판적 평가에도 불구하고 인지행동치료는 현대 심리치료 이론의 중심에 있으며, 다양한 기법을 통합하며 더욱 확장되어 다음 장에서 이어질 인지행동치료의 제3의 흐름을 이끌어 내고 있다.

8장
변증법적 행동치료

1. 이론의 발달

1) 극심한 정서적 불안정과 반복적 자살 위기 내담자(경계선 성격장애를 가진 내담자)를 위한 심리치료

상담자로서 내담자의 고통에 함께 머물며, 내담자가 문제를 다각도로 봄으로써 새롭게 이해하고, 새롭게 대처하는 방식을 스스로 탐색하도록 돕는 것은 상담의 본질이자 매우 중요한 상담자의 역할이다. 그러나 내담자가 만성적이고 복합적인 어려움을 겪고 있을 때, 이러한 역할만으로는 상담자로서 무기력함을 느끼기 쉽다. 만성적이고 복합적인 어려움을 겪는 내담자들은 끊임없이 위기 상태에 놓이며 불안정한 상황을 반복적으로 경험하기 때문에 매주 벌어지는 위기와 갖가지 문제로 인해 통찰 지향적 접근이나 매뉴얼화된 인지행동치료를 꾸준히 이어 가기 힘들다. 즉, 일관된 치료 전략을 유지하는 것이 가능하지도 않고 효과적이지도 않아 치료적 성과를 이루기 쉽지 않다. 게다가 경계선 성격장애 내담자는 상담자와 협력적 관계를 잘 맺지 못하고, 치료과정에 순응하지도 않으며, 중도탈락도 잦기 때문에 상담자가 소진되기 쉽다.

자신이 경계선 성격장애로 진단되었을 만큼 혼란스러운 시기를 경험했던 리네한(Marsha Linehan)은 자신의 경험을 통해 정서적으로 불안정하고 반복적으로 자살 위기에 빠지는 내담자에 대한 실질적 치료의 필요성을 절감하고 변증법적 행동치료(Dialectical Behavior Therapy: DBT)를 개발하였다. DBT는 살 만한 가치 있는 인생을 사는 데 필요한 기술을 습득하여 삶의 모든 측면에서 효율성을 갖도록 돕는 매우 실용적이고 해결 지향적이며 집중적인 행동 지향적 치료이다(Linehan, 2022). DBT는 인지행동치료 제3동향의 다른 이론과 마찬가지로 고통과 함께하면서 동시에 더 나은 삶을 위해 무엇인가를 해 나가는 것, 이 두 가지 모두의 필요에 집중하며 이를 변증법적으로 다뤄 나가야 한다고 강조한다. 변증법적이란 상반되는 요소의 균형과 합을 이루는 것을 의미하는데, 이러한 철학적 기초 아래 수용과 변화를 동시에 추구하는 것이 DBT의 특징이다. 고통에 함께 머무는 것과 실질적 변화의 방안에 대한 균형을 이뤄 극심한 정서적 불안정과 지속해서 자살 위기를 경험하는 내담자에게 도움을 줄 수 있다는 점에서 DBT는 내담자와 상담자 모두에게 매우 희망적으로 다가온다.

2) 행동치료를 기반으로 한 변증법적 행동치료의 발전

DBT는 이론의 명칭에서 드러나듯이, 인지행동치료의 제1동향이었던 행동 치료의 관점을 취하고 있다. 이에 따라 생각, 감정, 행동을 모두 행동으로 간주하고 학습의 원리를 적용한다. 리네한은 자살 행동을 치료하기 위해 행동주의의 문제해결 전략을 적용하여 무엇이 내담자의 행동을 강화하고 처벌하는지 분석하고 해결하는 변화 패러다임에서 시작했다. 그 후 고통을 다루는 과정에서 선불교에 근거한 수용 패러다임을 추가하고, 갈등, 양극성, 경직성을 다루기 위해 변증법적 관점을 추가하였다.

전통적인 인지행동치료와 변증법적 행동치료의 가장 큰 차이점은 마음챙김 기술이다. 비슷한 시기에 카밧진(Kabat-Zinn, 1990)이 마음챙김 기반 스트레스 완화(Mindfulness-Based Stress Reduction: MBSR) 프로그램에서 마음챙김기술 훈련을 도입했다. MBSR과 MBCT(Mindfulness-Based Cognitive Therapy; Segal et al., 2002)는 마음챙김에 기반한 치료모형이지만, DBT는 마음챙김을 적용한 치료모형으로 이들은 마음챙김기술 훈련에 투여하는 시간과 강조하는 관점에 차이가 있다. MBSR과 MBCT는 마음챙김 명상에 많은 시간을 할애하며, 이를 통해 스트레스 감소와 우울증 예방을 주된 목표로 한다. 반면, DBT는 마음챙김기술을 전체 치료과정 중 일부로 활용하며 정서조절기술, 대인관계기술, 고통감내기술에도 충분히 시간을 배분한다.

또한 인지행동치료는 치료과정이 매우 구조화되어 있으며, 세부적인 치료 단계와 방법을 따르는 것을 강조하는 기법 중심(protocol-driven) 접근이다. 기법 중심 접근에서는 정해진 프로토콜에 따라 치료가 진행되며, 단계별로 명확한 절차와 기법이 적용되어 치료의 일관성을 유지하게 되는데, DBT는 불안정한 내담자에게 기법에 얽매이는 것은 적절하지도 가능하지도 않다고 본다. DBT는 프로토콜에 기반한 치료보다는 원리에 기반한(principle-driven) 치료를 제시한다. 상담자는 치료의 기본 원칙에 따르면서 내담자와의 상호작용에 반응하여 움직이며 상황에 맞게 치료를 조정하고, 변화에 맞추어 유연하게 접근한다.

이처럼 기존 접근에서 변화를 꾀하며, DBT는 정서에 초점을 둔, 기술 지향적 치료로 발전하였고, 개인심리치료, 기술훈련집단, 전화 코칭, 치료자 자문팀, 환경 개입의 치료양식으로 구성되었다. 각각의 치료양식은 서로를 보완해서 전체적인 치료 효과를 향상하는데, 그중 특히 기술 습득은 중심 역할을 한다.

2. 인간관과 병인론

1) 변증법

DBT는 변증법적 세계관에 기초한다. 변증철학은 상반되는 명제들 사이의 모순을 발견하고 해결하여 끊임없이 새로운 명제를 도출하는 정-반-합의 과정이다. 변증법적 세계관에서는 모든 것이 끊임없이 변화하는 상태이다. 현실은 고정된 것이 아니라 대립하는 내적인 힘(정과 반)으로 이루어져 있으며, 이것으로부터 합이 만들어진다. 따라서 완전한 진실, 혹은 절대적으로 틀리거나 옳은 것이 없다. 진실은 시간이 지남에 따라 진화한다. 예를 들어, 과거에 지켰던 가치가 현재엔 중요하지 않을 수 있다. 즉, 변증법은 대립되는 것들의 통합을 통해 그 순간의 진실을 구하는 과정이다. 변증법은 진리를 찾기 위해 대립되는 개념들을 자세히 살펴보고 논의하는 방법으로 대립되는 것을 모두 타당화하며 공존할 수 있게 해 준다. 예를 들어, 약한 동시에 강할 수 있고, 행복하면서 슬플 수 있다. 따라서 흑백사고, 이분법적 접근에서 벗어나 균형 잡힌 접근을 가능하게 한다. 그런데 경계선 성격장애를 가졌거나 자살 행동이 있는 사람은 모순되는 관점의 경직된 양극단을 빈번히 오가며 두 관점의 합으로 진전하지 못한다. 이들은 현실을 모 아니면 도의 극단적 범주와 매우 고정된 틀을 통해 바라본다(Linehan, 2023). 즉, 변증법이 부재한 상태인 것이다.

DBT는 내담자를 온전하게 받아들이는 수용 전략과 문제행동을 수정하는 변화 전략 사이에서 변증법적 균형을 강조한다. 전통적인 인지행동치료에서는 내담자 반응의 타당하지 않은 측면을 수정하려고 개입하지만, DBT에서는 내담자 반응의 타당한 측면을 적극적으로 수용하면서도 변화의 필요성을 동시에 다룬다. 경계선 성격장애 내담자들은 자신의 정서, 생각, 행동을 신뢰하지 못하기 때문에 타인의 인정과 수용을 갈구하고, 그렇지 못하다고 지각하면 과민하게 반응한다. 따라서 변화를 추구하는 상담자로부터 자신이 잘못됐다는 오해를 쌓고 치료에 협력하지 않게 된다. 한편, 무조건적 수용과 타당화만 받는 내담자들은 상담자가 자신의 문제를 대수롭지 않게 여긴다고 오해할 위험이 또 존재하게 된다. 삶이 견딜 수 없이 힘든데 변화를 위한 실질적 방안이 없으면 더욱 비관적으로 되기도 쉽다. 이 경우에도 치료에 협력하지 않는 내담자가 된다. 그리하여 변증법적 행동치료에서는 수용 전략과 변화 전략을 균형 있게 통합한다. 수용 전략에서는 그 순간 함께 존재하며 경청하고, 질문하고,

타당화하고, 설명하고, 객관성을 전달하고, 연민과 명료함을 제공한다. 변화
전략에서는 목표와 표적행동을 드러내고, 장애물을 평가하고, 해결책을 모색
하고, 행동을 요구하고 기능 수준을 증진시켜 변화를 촉진한다.

치료과정뿐만 아니라 내담자 스스로 자신을 수용하는 것과 변화해야 하는
상태를 경험하는 것도 상반되는 힘이 작용하여 긴장을 유발한다. 또한 내담자
가 새로운 기술을 습득하면서 얻게 되는 것이 있고 동시에 잃게 되는 것이 있
다. 이처럼 DBT의 병인론, 내용 구성, 변화의 과정 전반에 걸쳐 변증법적 세계
관이 작용한다.

2) 생물-심리-사회모형

DBT는 전통적 인지행동치료와 달리 정서를 인지 매개의 결과가 아니라 원
인으로 강조하며, 경계선 성격장애 내담자의 가장 근본적인 어려움으로 정서
조절장애에 주목한다. 정서적 반응에는 생리적 반응, 감각적 반응, 행동적 반
응, 그리고 인지적 반응이 모두 포함되는데 DBT에서는 생물학적 소인과 환경
적 맥락 요인의 상호작용 결과로 인해 결핍된 정서조절능력이 정서조절장애
를 유발한다고 본다.

생물학적 소인인 정서적 취약성은 유전, 태아기 요인, 초기 외상 경험, 뇌 발
달 및 기능에 영향을 미친 학대, 학습 경험 등에 의해 조성될 수 있으며, 과민
성, 반응성, 지속성의 특징을 포함한다. 과민성은 정서적 자극에 지나치게 민
감해서 사소한 자극만 받아도 쉽게 각성되는 특징을, 반응성은 정서적 자극에
매우 강렬하게 반응하는 특징을, 지속성은 정서적으로 각성되었다가 기저선
으로 회복하는 데까지 더 많은 시간이 필요한 특징을 의미한다.

이처럼 빈도, 강도, 지속시간 측면에서 취약성을 지닌 개인이 타당화해 주지
않는 환경(invalidating environments)과 상호작용하면 정서조절곤란 상태가 야
기된다. 타당화해 주지 않는 환경은 자신의 경험에 대해 중요한 타인이 이상

하게, 부적절하게, 변덕스럽게, 극단적으로 반응하는 환경을 뜻한다(Linehan, 2023). 특히 가족 내에서 감정에 대해 타당화해 주지 않고, 감정을 적절히 표현하는 방법을 배우지 못하고, 오히려 감정적으로 흥분상태를 강화하는 상호작용을 하는 등 아동의 기질과 양육방식이 서로 맞지 않는 양상을 보인다. 자신의 경험을 인정해 주지 않고, 하찮은 것으로 치부해 버리고, 돌봐 주지 않고 오히려 비난과 처벌을 가하는 사람들에게 지속적으로 노출되면, 자신의 경험을 무시해야 하고, 타인에게 드러내지 말아야 한다는 것을 학습하게 된다. 그리고 자기 스스로를 타당화하지 않는 상태가 되어 버린다. 그러다 내담자가 문제행동을 하면 타당화해 주지 않던 사람들이 간헐적 관심으로 반응하며 강화를 해 주기 때문에 문제행동은 점점 더 극단적으로 되어 버린다. 결과적으로 타당화해 주지 않는 환경은 후천적으로 정서조절능력을 발달시킬 기회를 박탈한다. 그리하여 정서조절기술, 충동통제기술, 대인관계기술, 문제해결기술이 결핍되어 역기능적 행동이 두드러지게 된다.

반면 타당화해 주는 환경에서 자란 정서적으로 취약한 개인은 정서적 민감성과 반응성을 최대한 활용하면서 더불어 살기 위한 효과적인 방법을 배우게 된다. 즉, 극단적인 정서적 불안정성은 기질과 환경의 상호작용을 통해 형성, 유지되며 생물학적 취약성과 환경적 위험요인이 서로를 강화하면 감정조절장애와 행동조절장애가 증가하고, 건강한 정서 · 사회 발달을 방해해 광범위한 문제를 초래한다.

3. 상담 과정

1) 상담목표

DBT는 내담자를 타당화하는 맥락을 만들고, 그 맥락 안에서 내담자의 안 좋은 행동을 막거나 없애고 좋은 행동을 강화하여 좋은 행동을 계속하도록 이끄는 과정이다. DBT의 상담목표는 부적응적 행동의 감소를 거쳐, 삶의 문제를 해결할 수 있는 일반적인 기술을 습득하여 살 만한 삶을 살도록 돕는 데 있다. 목표는 위계적으로 구성되는데, 1단계의 치료목표는 내담자의 행동기술을 증진시켜 생명위협행동(자살행동, 타살행동, 유사자살행동 등), 치료방해행동(불참, 지각, 비협조적 행동, 상담자의 동기를 약화시키는 행동 등), 생활방해행동(삶을 불안정하게 동요시키는 심각한 문제행동으로 폭식, 우울, 공격행동, 약물남용, 착취적 관계 유지 등)을 감소시키는 것이다. 그리하여 혼란스럽고 파괴적인 행동 패턴을 안정성과 통제력으로 대체하는 데 초점을 맞춘다. 다른 개인상담에서 대인관계 패턴이나 어린 시절 외상 등을 이해하는 것을 먼저 다룬다면, DBT에서는 현재 보이는 부적응적 행동부터 교정하도록 한다. 2단계의 치료목표는 감정적인 고통을 감소하고 감정조절을 할 수 있도록 하는 데 초점을 둔다. 3단계의 치료목표는 개인의 삶의 목표와 자존감 향상에 있다. 4단계의 치료목표는 자유감, 의미, 지속적인 기쁨을 확립하는 것이다. 2, 3, 4단계는 대부분의 심리치료적 접근이 공유하는 부분이며, DBT의 주된 관심은 1단계에 있다.

2) 상담관계

종종 상담관계는 경계선 성격장애를 가진 사람들의 행동을 조절하고 변화시키는 데 중요한 강화 요소로 작용하고, 자살 경향이 높은 내담자가 살아 있게 만드는 유일한 원동력이 되기도 한다. 따라서 다른 많은 심리치료에서와 마찬가지로 DBT도 상담관계에서 내담자가 진정으로 보살핌을 받고 수용받는 경험 자체는 치료적이라고 전제한다.

DBT 상담자로서 태도와 행동을 통해 내담자를 안내하는 과정은 선불교와 마음챙김 명상에 뿌리를 둔다. 모든 인간이 마음챙김, 즉 현재 순간에 비판도, 애착도 없이 의식적으로 집중하는 행동을 통해 이성과 감정의 균형을 맞춰 지혜로운 마음 상태에 머물 수 있다고 보는 관점은 인간주의적 가정과 연결된다. 또한 리네한(2023)은 '철저한 수용'을 수용과 구분하고 있는데, 있는 그대로 받아들이거나 인정하고 현실과 싸우지 않는 것이 수용이라면, '철저한 수용'은 머리와 가슴과 몸으로 온 힘을 다해 받아들이는 것이다. 영혼 깊숙한 곳에서 수용하고 마음을 열어 그 순간 있는 그대로의 현실을 온전히 경험하는 것이다. 따라서 상담자가 내담자를 수용할 때도 영혼 깊숙한 곳에서 우러난 수용이어야 한다고 강조한다. 이처럼 상담자가 내담자를 수용하고 있음을 전달하기 위해서는 인간중심치료, 정서중심치료에 기반한 치료관계가 필요하다. 동일한 맥락으로 리네한(2022)은 DBT의 특별함이 상담자와 내담자 사이의 실질적이고 평등한 관계에 있음을 강조한다. 상담자와 내담자 모두 같은 인간으로 상담자도 어느 정도 자신의 이야기를 터놓는다든지, 내담자가 절실할 때 전화를 받는 등 인간적 만남을 통해 내담자가 자신을 버티게 해 주는 생명줄이 되고, 변화를 위한 기술 습득의 의지를 지속시킬 수 있게 해 준다. 상담자로서 역할을 충실히 하는 것이 아니라 진실되게 자기 자신으로 내담자와 만난다는 점은 기존의 전통적인 인지행동치료와는 차별되는 점이라 할 수 있다.

3) 상담 과정

DBT는 다섯 가지 치료양식으로 구성되며 이들은 동시에 진행된다. 각 치료양식은 특수한 기능을 담당하기 때문에 모두 중요하게 다뤄질 필요가 있다. 각 양식에 대한 상세한 내용은 리네한의 저서에서 매우 꼼꼼하게 설명하고 있으므로 이를 살펴보길 추천한다.

(1) 개인심리치료

다섯 가지 치료양식 중 다른 네 가지 치료양식은 개인상담을 중심으로 이루어지며 개인심리치료 상담자는 내담자가 부적응 행동을 억제하고, 적응적이고 효과적인 반응으로 대체하도록 도울 책임이 있다. 대개 주 1회 진행하고 한 차수는 통상 50~60분 진행하지만, 학대 관련 노출 등 특정 치료계획이 있거나 정서를 접촉하고 봉합하는 데 시간이 필요한 내담자의 경우에는 90~120분으로 계획하기도 한다.

초반 3~6회 정도에 걸쳐 내담자의 치료목표를 파악 및 설정하고, 문제행동의 심각성을 평가하고, 프로그램에 대한 정보를 제공하며 내담자가 DBT에 전념할 수 있도록 준비시킨다. DBT의 사례개념화는 표적행동을 유지하게 하는 '요인'을 중심으로 한다는 특징이 있다. 따라서 제일 중요한 표적행동 하나를 행동체인분석을 기반으로 분석하여 치료체계를 구축하게 된다. 행동체인분석에서는 표적행동을 촉발하는 선행사건부터 행동결과까지 일련의 과정을 내담자와 규명한다. 내담자의 심각한 문제행동을 분석하고 해결책을 모색하여 부적응적 반응패턴(삶을 위협하는 행동, 치료를 방해하는 행동, 합리적 삶의 질을 방해하는 행동)을 감소시키고, 치료동기를 향상시킬 수 있도록 개입한다. 또한 기술훈련집단에서 획득한 기술을 일상에 적용할 기회를 탐색하며, 치료실 안에서 함께 연습하고 치료실 밖에서 기술을 발휘하도록 격려하여 기술을 강화하고 일반화하도록 돕는다.

(2) 기술훈련집단

기술훈련집단은 심리교육 형식으로 제공되며 매주 2시간 정도 개방형 집단으로 운영하는 것이 보편적이지만, 기관의 사정에 따라 다른 형태의 집단도 가능하다. 개인치료 상담자가 실시할 수도 있고 다른 치료자가 실시할 수도 있다. 중요한 점은 기술훈련집단에서 학습한 기술을 일상에 적용하기 위해 개인심리치료가 병행되어야 한다는 것이다. 이는 경계선 성격장애를 지닌 내담자들이 집중적인 도움 없이 역기능적 대처 방식을 적응적인 대처 방식으로 효과적으로 바꾸기 어렵기 때문이다.

기술훈련집단의 내용은 정서적 취약성 및 환경적 취약성으로 인해 적응에

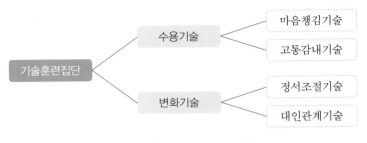

[그림 8-1] 기술훈련집단의 구성

필요한 기술을 제대로 습득하지 못한 내담자들이 정서조절능력, 고통감내능력, 대인관계능력을 향상시킬 수 있도록 훈련하는 과정으로 구성되어 있다. 이 과정은 [그림 8-1]과 같이 구성되며, 치료 매뉴얼은 매우 구조화되어 있다. 개인기술훈련으로도 진행할 수 있지만, 주로 집단의 형태로 진행되는데, 기술을 획득하고 강화하는 데 주력해야 하는 기술훈련집단에서 내담자들이 보이는 수동성, 정서적 취약성 등은 리더를 소진시키기 쉽기 때문이다. 이에 따라 집단은 기술을 가르치는 역할을 하는 주리더와 갈등을 중재하며 개별 내담자를 관찰하는 역할을 하는 공동리더가 함께 운영한다. 주리더는 집단의 규칙을 철저히 지키도록 만들고, 공동리더는 힘듦과 어려움을 감싸 안는 역할을 한다.

(3) 전화 코칭

내담자가 일상생활 중 강렬한 정서로 인해 불안정해질 경우, 기술훈련을 통해 습득한 기술을 막상 사용하기 어려울 수 있다. 전화 코칭은 이때 상담자가 전화 통화를 통해 습득한 기술을 사용할 수 있도록 안내하는 치료양식이다. 상담자는 문제 상황에서 내담자가 적절한 기술을 선택하고 적용하도록 조언하여, 치료 성과를 실제 삶에 일반화하도록 돕는다. 심층적인 작업은 개인심리치료에서 진행되므로 전화 접촉은 짧게 이루어진다.

또한 많은 경계선 성격장애 성향을 지닌 사람들이 두려움, 수치심, 스스로 도움받을 가치가 없다고 느낌 등의 이유로 효과적으로 도움을 청하는 데 어려움을 겪는다. 이로 인해 직접 도움을 청하지 못하고 유사자살행동을 하거나 다른 위험 행동을 하기도 한다. 전화 코칭은 이런 역기능 양상을 변화시키는 연습이기도 하다.

(4) 치료자 자문팀

상담자의 치료 행위에서 발생하는 문제를 다루기 위해 치료자 자문회의를 매주 운영한다. 극심한 고통을 경험하고 있는 내담자들은 치료에 효과적으로 참여하지도 않고, 긍정적인 관계를 지속하기도 어렵다. 오히려 상담자를 빠르게 소진시켜 상담자가 희망을 품고 치료적 태도를 유지하기 매우 어렵게 만든다. 그 결과 상담자가 내담자에게 해로운 행동을 할 위험이 있기도 하다. 또한 자살 고위험군을 상담하는 과정은 큰 도전이기에 상담자들도 지지가 필요하다. 따라서 치료자 자문팀은 내담자의 문제가 아닌 상담자의 문제에 초점을 맞춰 상담자를 타당화하면서 당면한 문제의 해결책을 모색하며 상담자들을 위한 돌봄의 역할을 한다. 더불어 상담자들이 효율성을 잃지 않고 DBT 매뉴얼을 준수하도록 조력한다.

(5) 환경

내담자가 타당화해 주지 않는 환경에 지속적으로 노출되고 부적절한 행동이 강화되면, 내담자의 변화를 이루어 내기 어렵다. 특히 청소년의 경우, 부모가 함께 기술훈련집단에 참여하거나 가족치료를 실시하여 환경의 변화를 꾀하는 것이 효과적이다.

4. 치료개입

DBT의 기본 치료개입은 변증법 전략, 핵심 전략, 스타일 전략, 사례 관리 전략의 네 가지 큰 범주로 구분된다. 변증법 전략은 치료 전반에 걸쳐 있는 세계관으로 치료 전체를 이끈다. 핵심 전략은 타당화와 문제해결 전략으로 이루어지며 치료의 중심에 위치한다. 스타일 전략은 대인관계 양식, 의사소통 양식을 구체화하고, 사례 관리 전략은 내담자가 속한 사회 연결망에서 상담자가 상호작용하고 반응하는 방법에 대한 것이다(Linehan, 2023). 리네한의 저서에서 각 내용을 세심하고 친절하게 상세히 기술하고 있으므로 각 내용에 대한 추가적인 학습은 해당 도서를 꼭 읽어 보기를 추천한다. 여기서는 치료 중심에 위치한 핵심 전략에 해당하는 타당화 전략과 문제해결 전략을 간단히 살펴보고자 한다.

1) 타당화 전략

타당화 전략은 분명하고 직접적인 수용 전략이다. 역기능적으로 보이는 내담자의 행동은 과거 경험과 지속되고 있는 환경을 고려하면 충분히 납득할 수 있는 타당한 반응이라고 이해할 수 있다. 또한 내담자는 매 순간 할 수 있는 최선을 다하고 있다. 이러한 관점을 유지하며 DBT 상담자는 경계선 내담자가 경험했던 타당화해 주지 않는 환경과는 반대되는 타당화해 주는 환경을 제공하게 된다. 상담자는 경계선 성격장애를 보이는 내담자가 강력한 역기능적인 반응을 보여도 타당화할 수 있는 부분을 찾으려고 노력해야 한다. 내담자를 적극적으로 수용하고, 그들의 반응을 진지하게 받아들이며, 무시하거나 하찮게 여기지 않는다.

타당화에는 적극적 관찰, 반영, 직접 타당화의 세 단계가 있다. 첫 단계에서 상담자는 내담자에게 어떤 일이 일어났는지 혹은 그 순간에 무엇이 일어나고 있는지에 관한 정보를 모으고, 내담자의 생각, 감정, 행동을 경청하고 관찰한다. 두 번째 단계에서 상담자는 판단하지 않는 태도로 내담자의 감정, 생각, 행동, 가정을 정확히 반영해서 되돌려 준다. 세 번째가 다른 치료와 구분되는 DBT의 핵심적인 부분인데, 상담자는 내담자의 반응 안에서 지혜와 타당성을 찾아 반영하고 그의 반응을 이해할 수 있다고 전달한다. 경계선 성격장애를 지니고 있는 내담자들은 타당화해 주지 않는 환경에서 성장해서 자신의 반응이 정확하다고 생각하지 못하고 혼란스러워한다. 상담자가 현재 맥락 안에서 내담자의 반응을 타당화하면 내담자 스스로도 자신을 타당화하고 흥분상태를 안정시키고 치료 작업을 지속할 수 있다.

2) 문제해결 전략

문제해결 전략은 직접적인 변화 전략으로 상담자는 내담자가 자신의 행동을 분석하고, 변화에 전념하며, 자신의 행동을 변화시키기 위해 적극적인 조처를 하도록 한다. 이를 위해 먼저 문제행동을 정의하고, 문제행동에 영향을 미치는 요인을 파악하기 위해 행동분석을 실시하고, 문제행동을 효과적으로 수정하기 위해 해결책을 모색한다. 초반에 내담자들은 문제행동에 대해 대개 일반적이고 모호하게 말하기 쉬운데, 상담자는 사건을 단계별로 상세하게 기술하도록 도와야 한다.

문제행동을 확인하기 위해 내담자는 문제행동이 발생한 시간, 강도, 빈도를 추적하여 일지카드를 작성한다. 상담자는 내담자가 가지고 온 일지카드를 가지고 많이 일어난 행동을 확인하고 목표행동을 파악하기 위해 행동체인분석을 실시한다. 상담자와 내담자는 촉발사건을 철저하게 조사하는데 내담자의 감정, 신체감각, 사고, 심상, 행동, 이어진 사건 등 모든 것이 연결되어 체인을 나타낸다고 본다. 모든 촉발 요인과 모든 결과를 조사하여 행동의 기능을 파악한다.

해결책으로 기술훈련, 인지 재구성, 수반성 관리, 노출을 다양하게 구사한다. 기술이 부족한 내담자라면 기술훈련을, 조건화된 두려움이나 죄책감에 기인한 억제가 문제라면 노출을, 역기능적 생각으로 기술을 활용하지 못하고 있다면 인지 재구성을 하게 된다. 문제행동을 강화하는 환경이 있다면 수반성 관리가 바람직하다.

① 마음챙김기술

모든 기술을 효과적으로 사용하기 위한 토대가 되는 기술이기 때문에 핵심 마음챙김기술이라고 불린다. 이 기술은 현재 경험에 판단적이지 않은 알아차림과 주의집중 능력을 함양하여 현재에 온전히 참여할 수 있도록 한다. 이를 위해 '무엇을'이라고 불리는 세 가지 기술(관찰하기, 기술하기, 참여하기)과 '어떻게'라고 불리는 세 가지 기술(판단하지 않기, 집중하는 마음 상태 유지하기, 효과적인 것에 집중하기)을 훈련한다.

먼저 '무엇을' 기술은 자각이 없는 참여는 충동적이고 기분에 의존하는 특징이 있다고 가정하고 자각한 상태에서 참여하는 행동을 개발하는 것을 목표로 한다. '관찰하기'는 한걸음 물러서서 바라볼 수 있는 능력으로, 지금 이 순간 일어나는 것을 피하지 않고 그대로 자각하면서 경험하는 것을 가능하게 한다. 예를 들어, 생각과 감정이 오고 가는 것, 지나가는 사람, 자연을 관찰하는 것 등의 활동이 포함된다. '기술하기'는 관찰한 사건과 개인 내적 반응을 말로 표현하는 것으로, 사실만 기술하고 해석은 하지 않도록 한다. '참여하기'는 자의식 없이 참여하는 능력을 말하는데 주어진 일에 주의집중을 한 상태에서 참여하는 것이다. 주의 분산 없이 친구와 수다 떠는 것, 춤추거나 노래 부르기에 온전히 집중하는 것 등이 포함된다.

'어떻게' 기술은 말 그대로 어떻게 주의 집중을 하고 참여할 것인가에 관한 것이다. 첫 번째 '판단하지 않기'에서는 평가하지 않는 자세를 갖는 것, 좋고 나쁨을 판단하지 않는 상태를 유지하는 것을 연습한다. 판단하기는 삶에 유용한 기능이지만 때로는 해가 될 수 있다. 판단하고 있다는 것을 알아차리고 관찰한 기술로 대체해 보는 활동 등을 하게 된다. '집중하는 마음 상태 유지하기'는 멀티태스킹을 하지 않고 한번에 한 가지 일만 하는 활동이다. '효과적인 것에 집중하기'는 옳은지 그른지, 정당한지 아닌지에 집중하기보다 실제 결과물을 얻을 수 있는지에 초점을 맞추도록 한다.

② 고통감내기술

고통감내기술은 강렬한 감정을 경험할 때, 감정적인 상태로 행동하려는 충동을 견디는 기술이다. 괴로움은 고통을 회피하기 때문에 발생하므로 고통감내기술의 핵심은 고통을 철저히 수용하는 것이다. 이는 마음챙김기술의 연장선으로, 현재 경험을 적극적으로 환영하고 참여하는 것을 의미한다. 고통감내기술은 안 좋은 상황을 더 안 좋게 만들지 않고 지나가게 하는 '위기생존기술'과 극심한 스트레스 상황에서 즉각적 해결책을 찾기 어려울 때 사용하는 '현실수용기술'로 나뉜다.

'위기생존기술'은 단기간만 지속되는 위기 상황을 더 나쁘게 만들지 않고 지나가도록 돕는다. 이 기술에는 '주의 분산하기' '여섯 가지 감각기관을 사용한 자기위안' '순간을 살리는 기술' '장점과 단점 비교하기' '몸의 화학적 상태를 재빠르게 변화시키기' 등이 포함된다. '주의 분산하기'는 마음챙김하며 단기적으로 주의를 돌리는 방법으로 무언가를 하는 활동 등이 포함된다. '자기위안'은 나 자신을 위로하고 친절하게 대하기 위해 감각기관을 사용하는 것이다. 차분한 음악, 아로마 향, 풍경 사진, 부드러운 인형 등을 활용할 수 있다. '순간을 살리는 기술'은 자신이나 상황에 대해 생각하는 방법을 바꾸는 것과 도움이 되는 방식으로 마음에 집중하는 것이 포함된다. '장점과 단점 비교하기'는 충동적으로 행동하고 현실을 거부하기보다 장점과 단점을 비교해서 고통과 충동에 잘 대처하는 방법을 배우도록 한다. 감정이 너무 고조되어 아무것도 할 수 없을 때는 '몸의 화학적 상태를 재빠르게 변화시키기'를 사용한다. 강렬한 운동, 복식호흡, 차갑게 식히기 등을 통해 몸에 생리적 변화를 주어 감정의 강도를 줄일 수 있다.

'현실수용기술'은 장기적인 고통 상황에서 필요하다. 이 기술에는 '철저한 수용' '마음 돌리기' '기꺼이 하기와 고집스러움'이 포함된다. 좋지 않은 상황을 변화시키거나 나아지게 만들 수 없을 때가 종종 있는데, '철저한 수용'은 이럴 때 사용하는 기술이다. '마음 돌리기'는 현실 수용을 반복적으로 선택해 마음을 돌리는 것이다. '기꺼이 하기'는 주어진 상황이 요구하는 것에 맞춰 효율적인 태도를 취하는 것인데, 현실을 직시하지 않고 주어진 상황에 필요한 행동을 하지 않는 고집스러움과 반대이다.

③ 정서조절기술

대개 경계선 성격장애 내담자들은 정서적 고통을 느끼지 않으려 하고, 해결해야 하는 문제로 취급하기 때문에 자살행동이나 약물남용과 같은 역기능적인 행동을 통해 고통을 해결하려고 한다. 따라서 이들이 겪는 정서적 긴장감, 불안정감을 다루기 위해 정서조절기술을 배우는 것은 도움이 된다. 이 기술의 목표는 우리가 경험하는 정서를 이해하고, 원치 않는 정서를 줄이며, 정서적 취약성을 줄이고, 정서적 괴로움을 줄이는 것이다. 이를 위해 정서조절기술은 현재의 감정을 파악하고 명명하는 것, 감정의 기능을 파악하는 것, 문제를 해결하는 것, 정서적 취약성을 줄이는 것(긍정 경험 쌓기, 즐거운 활동 참여하기, 질병 치료, 균형 잡힌 식사, 수면, 적절한 운동 등), 원하지 않는 감정의 빈도를 줄이는 것(정반대 행동하기), 정서적 괴로움을 줄이는 것 등을 포함한다.

④ 대인관계기술

경계선 성격장애 내담자들은 흔히 갈등 유발 상황의 감정을 견디지 못하거나, 무판단적인 태도로 인해 타인의 요구를 판단하기 어렵고, 상황을 파악하지 못하는 경향으로 인해 대인관계 갈등을 해결하지 못한다. 따라서 대인관계기술이 효과적으로 작용하기 위해서는 마음챙김기술, 정서조절기술 등의 다른 기술이 함께 적용되어야 한다.

대인관계기술에는 원하는 것을 요구하는 것, 원하지 않는 것에 대해 거절하는 것, 대인관계 갈등을 효율적으로 다루는 전략과 같은 자기주장 훈련과 사회기술훈련이 포함된다. 경계선 성격장애 내담자들은 흔히 감정적인 상태에 따라 행동해서 문제가 되곤 한다. 따라서 훈련을 통해 원하는 것을 얻는 것, 대인관계를 원만하게 유지하는 것, 그리고 자아존중감을 유지하는 것이 가능하도록 하는 것이 목표이다.

(2) 인지 재구성

전통적인 인지행동치료에서처럼 내담자의 역기능적인 가정이나 신념을 면밀히 조사, 관찰, 수정하는 작업이다. 다만 전통적인 인지행동치료와 달리 DBT에서는 내담자의 인지를 타당화하려고 노력하고 인지 재구성의 대안으로 마음챙김기술을 통해 판단하는 행동 자체를 자각하도록 한다. 또한 행동주의에 기초하여 생각을 행동으로 간주하고 인지와 연합되어 있는 선행사건과 후속 결과에 변화를 주어 인지적 행동의 빈도를 증가시키거나 감소시킨다.

(3) 수반성 관리

행동주의 이론에 기초하여 강화, 처벌, 소거 같은 전략을 이용해서 수반성을 관리한다. 내담자의 특정 반응, 특히 문제행동이 긍정적으로 보상받고 있음을 알아차리고 모든 긍정적 강화물에 대해 매우 신중하게 검토할 필요가 있다. 자살시도 후 의료진이나 가족이 보이는 관심과 염려, 응급차를 타고 가면서 느끼는 중요한 사람이 된 듯한 기분은 세심하게 살펴봐야 알 수 있는 미묘한 강화물의 예이다. 검토 후에는 처벌과 소거기법을 이용해서 부적응 행동을 줄여 나가도록 한다. 처벌과 소거기법을 사용할 때 사람 자체가 아닌 행동을 처벌하고 일종의 무시를 하는 것임을 분명히 해야 한다.

(4) 노출

DBT 상담자도 표준적인 노출기법을 사용한다. 문제행동의 주요 원인으로 간주되는 불안, 공포, 수치심, 죄책감, 슬픔, 분노 등의 모든 감정에 내담자를 노출한다. 내담자는 강렬한 감정을 촉발시키는 자극에 노출되어 감정이 증폭되고 감소되는 과정을 경험해야 한다. 그리고 감정이 이끄는 대로 행동하는 것이 아니라 그와 정반대로 행동하게 한다. 예를 들어, 공포가 유발하는 회피행동을 멈추고, 분노가 유발하는 공격행동을 중단하도록 하는 것이다. 즉, DBT에서는 단순히 감정에 노출하는 것만 강조하는 것이 아니라 다르게 행동하기가 함께 강조된다. 그리하여 모든 역기능적 행동을 중단하게 하는 것이 중요하다.

5. 평가

DBT는 경계선 성격장애 외에 여러 심리장애를 치료하는 데 확대 적용되고 있으며, 분노 관리 등 감정을 조절하기 어렵거나 과도하게 통제하는 문제와 관련되는 광범위한 장애를 치료하는 데 효과적이라는 사실이 확인되었다. 또한 음주 문제, 가정폭력 피해자와 같은 다양한 문제를 겪는 집단을 대상으로 DBT 기술훈련만으로도 효과가 있다는 연구가 증가하고 있다(Lynch et al., 2006). 이처럼 DBT의 활용도가 높아지고 있고, 특히 기술훈련만 적용하여 효과를 보는 사례가 많지만, 만성적이고 복합적인 문제를 호소하는 내담자들에게는 DBT의 모든 치료양식을 동시에 적용하는 것이 여전히 중요하다.

9장
수용-전념치료

1. 이론의 발달

1) 행동주의 흐름 속에서의 수용-전념치료

ACT(Acceptance Commitment Therapy)는 제3의 행동주의 치료라 불리듯 행동주의 전통의 일부인 치료이다. 우선 ACT가 행동주의의 어떤 흐름 속에서 탄생하게 되었는지 대략적으로 살펴보고자 한다.

행동주의의 제1흐름인 전통적 행동주의 치료는 잘 확립된 기초적인 학습 원리에 기반을 두고 문제행동을 제거하거나 그 강도를 감소시키는 시도를 한다. 이에 전통적 행동주의 치료는 직접적인 원인을 조작하는 치료이다. 즉, 증상의 원인이 되는 행동을 표적으로 삼아 직접적으로 조정하는 '일차적 변화'를 증진시키는 치료이다. 그러나 행동주의 치료의 제1흐름의 치료에서는 '생각'의 문제, 즉 사적 경험의 영향을 다루는 데 어려움이 있었다. 그리하여 1960년대 후반에서 1970년대 초반에 걸쳐 인지심리학이 부상하면서 인간의 내적 작용의 과정에 대하여 인지적으로 이해하려는 시도와 함께 행동주의 치료에서는 제2흐름이 일어나게 된다. 두 번째 흐름인 인지행동치료에서는 상황에 대한 해석이나 생각, 즉 인지 내용이 감정에 영향을 미친다고 보았다. 이에 인지 내용을 합리적으로 바꾸거나 적응적으로 교정하는 것이 치료의 방향이 되었다.

그러나 실제 생각의 '내용'을 변화시키는 것이 치료 효과를 가져오는지에 대한 경험적 연구 결과는 빈약하였다. 또한 전통적 행동치료에서 말하는 표적행동의 '일차적 변화'에 대한 강조도 바뀌지 않았다. 인지치료에서는 표적이 되는 행동에 대한 비합리적 생각을 변화시키려는 방향으로 확장되었으며, 일차적 변화에 대한 강조는 행동에 방점을 두었다. 이는 CBT(Cognitive Behavioral Therapy)라는 이름에서도 드러나고 있다. 한편 실험심리학 분야에서는 생각을 억제하는 것이 효과가 없고, 억제할수록 오히려 더 많이 생각하게 된다는 역설적 효과를 보이는 연구 결과가 제시되었다. 예를 들면, 불안과 관련된 생각이나 감정을 억제하거나 통제할 때 불안을 수용하도록 한 실험집단보다 불안이 더 높았으며, 추후에 불안한 상황에 머무르려는 자발성도 더 저하되었다(Levitt et al., 2004). 이에 행동이나 인지를 통제하는 접근에 의문이 제기되었고 새로운 심리치료 이론이 요구되기 시작하며 제3흐름의 행동주의가 등장하게 된다. 행동주의 제3흐름의 대표적인 치료로서 ACT는 최근에도 치료와 연구 활동이 활발하게 이루어지고 있다.

2) ACT의 등장과 발달

수용–전념치료(ACT)의 초창기 이론은 1980년대 초에 헤이스(Steven Hayes)에 의해 개략적인 형태로 개발되었다. 헤이스는 1984년에 '영성에 대한 이해(making sense of spirituality)'라는 제목으로 치료에서 자아라는 영적 측면을 사용하는 것에 대해 논의하였는데, 영성적 접근이 이론적으로나 실제로도 유용하다고 주장하는 논문(Hayes, 1984)에서 ACT 모형이 처음으로 제안되었다.

이후 ACT의 통제 연구(Zettle & Hayes, 1986)와 임상 프로그램 내용 기술문(Hayes, 1987)이 출간되었으나, 곧 ACT의 성과 연구는 중지되었다. 왜냐하면 기존 행동치료가 일차적인 변화 방법에 초점을 두는 것과는 달리, ACT는 맥락적 치료이기에 이에 대한 철학적 배경이 좀 더 명확하게 제시되어야 한다는 필요성과 인간 인지의 토대가 되는 기초과학의 내용을 설명할 필요성이 대두되었기 때문이었다.

이러한 필요성으로 인해 맥락주의적 접근법에 유용할 만한 구체적인 이론으로서 ACT의 이론적 토대가 되는 관계구성틀 이론이 구축되었다(Hayes et al., 2001). ACT의 철학적 토대인 기능적 맥락주의와 ACT의 이론적 토대가 되는 관계구성틀 이론의 내용은 다음과 같다.

3) ACT의 철학적 토대: 기능적 맥락주의

'기능적 맥락주의'는 용어 그대로 기능주의와 맥락주의에 영향을 받은 철학이다. 기능주의(functionalism)는 인간의 심리적 요소나 의식의 구성 내용에 초점을 맞추기보다 인간의 생존과 적응에 유리한 심리적 작용 과정에 관심을 기울인다. 이에 인간의 마음이 환경과 개인의 요구 사이에서 매개하는 작용을 한다고 보고 있다. 또한 맥락주의(contextualism)란 여러 맥락에 따라 심리적 과정이 형성되는 현상(Torneke, 2010)을 일컫는데, 이때의 맥락에는 시간, 발달단계, 물리적 환경이나 사회적 맥락, 하나의 심리적 작용에 대해서 일어나는 다른 심리적 작용 과정 등이 포함된다. 기능적 맥락주의는 진실이나 의미가 이미 정해진 것이 아니라 역동적인 것이며 맥락상의 목적에 연결되어 있다고 보고 있다(이선영, 2017). 기능적 맥락주의의 철학은 ACT의 기본 철학을 형성하였으며 그 내용은 다음과 같다.

① 생각 또는 감정은 행동의 원인이 아니고 하나의 맥락을 이루며 행동과 공존하는 것이다.
② 이에 부정적 감정이나 고통을 병리적으로 보지 않고 삶의 일부라 본다.
③ 따라서 부정적 감정을 줄이는 것 자체를 평가나 치료의 목적으로 생각하지 않는다.

④ 행동을 생각, 감정의 원인으로 보기보다 어떻게 유지되는지 기능적으로 분석하며, 현재의 행동을 맥락과의 관계에서 이해한다. 이에 치료는 현재 순간이 중요하며, 현재 순간에 머무는 것을 방해하는 이차 조건형성 과정에 초점을 맞춰야 한다.

⑤ 행동이 유지되는 것은 어떤 식으로든 기능을 하고 있기에, 행동에 대하여 옳고 그름을 판단하는 것은 기능분석에 방해가 된다. 이에 비판단적 입장을 유지하는 것이 중요하다.

⑥ 행동에 대한 기능분석 이후에는 그 내용이 아닌 맥락을 변화시킨다.

⑦ 언어나 명칭의 의미는 사회–언어적 맥락에 따라 결정되므로 고통 또한 개인이 속한 사회–언어적 맥락을 통한 언어에 의해 유지된다.

4) ACT의 기본 이론: 관계구성틀 이론

관계구성틀 이론(Relational Frame Theory: RFT)은 인간 언어와 인지에 대한 기능적이고 맥락적인 요소들을 설명하는 이론으로서 인간의 내적 특성 중 생각(사전 언어)과 마음과의 관계를 설명하는 이론이다. 이 이론은 ACT 이론에 적용된다. 행동주의에서 언급하고 있는 고전적 조건형성과 조작적 조건형성은 사건과 직접 관계를 통해 이루어지는 직접 조건형성이다. 그러나 이러한 직접적 조건형성에는 생각, 감정, 기억 등 우리의 내적 경험이 설명되어 있지 않으며, 현재 일어나고 있는 가시적 맥락적 요소 외에 시간이나 공간 등의 다른 맥락적 요소는 포함되어 있지 않다. ACT를 포함하여 맥락주의적 치료 접근법에서는 이러한 내적 경험이나 다른 맥락적 요소를 포함하여 설명하기 위해서 관계구성틀 이론(RFT)이 필요했다. 인간의 언어는 실제 사물이나 사건뿐 아니라 이를 표상하는 말만으로도 이와 관련된 경험을 시간과 공간을 넘어서 그 의미를 전달할 수 있다. 사물이나 사건에 대한 여러 경험을 통해 다양한 감각과 이미지, 경험, 감정 등이 연합되어 있는데 이를 간접 조건형성이라 할 수 있다.

간접 조건형성은 내적 언어인 생각을 통해 미래를 그려 보고 예상할 수 있으며 언어를 매개로 다른 공간에서 그리고 다른 시간에서 의사소통할 수 있는 순기능이 있다. 한편 언어의 이러한 간접 조건형성의 역기능으로는 경험과 언어가 간접적으로 조건형성이 되면 처음과 상황이 달라졌음에도 간접 조건형성된 생각을 멈추는 것이 불가능하다는 점을 들 수 있다. 이러한 역기능적 측면은 인간에게 고통을 초래할 수 있다. 예를 들면, 과거에 고통스러웠던 사건이 종결되었음에도 고통스러웠던 그때의 심리적 반응이 현재에도 지속될 수 있는 것은 인간의 경험과 언어의 간접 조건형성 때문인 것이다. 더더군다나 인간은 고통스러운 생각과 감정을 회피하려고 애쓰게 되는데 이러한 경험의 회피는 실제 현실과 접촉하지 못하게 됨으로써 결과적으로 새로운 경험을 쌓을 기회를 잃게 되고 고통이 심화하는 부적응적 악순환을 가져오게 된다.

ACT의 기반이 되는 RFT의 구축과 더불어 또 다른 축에서는 정신병리에 대한 이론과 모형이 개발되기 시작하였으며(Hayes et al., 1996), 그 내용은 다음 절에서 설명하고자 한다.

2. 인간관과 병인론

관계구성틀 이론(RFT)에 의거하면 인간은 언어적 존재이다. 인간은 다른 유기체들과는 달리 언어를 통해 계획을 세우고 문제를 해결할 수 있으며, 원인과 결과가 있는 사건이나 확률적인 사건에 대해 예상을 할 수 있고 자기통제 및 빠른 방어와 대처를 할 수 있게 된다. 언어를 통해 보이지 않는 세상을 상상하고 시간과 공간을 초월해서 소통할 수도 있다. 그렇지만 때론 언어가 인간의 행동 레퍼토리를 협소하게도 만든다. RFT에서 언급한 바와 같이 인간은 자기 경험에 따라 사건을 서로 관련짓는 것을 배우고 인지하게 된다. 그러나 인지-언어적 관계 구성으로 습득된 것에 과잉 지배될수록, 다시 말해 직접 경험한 것에 기초한 것이 아닌 언어적으로 획득된 방식에 지배될수록 사회적으로 형성된 관계 방식에 갇히게 될 수도 있다. 이로 인해 지금-여기의 자신의 고유한 경험에 대해 덜 알아차리게 되고, 이는 정신적 고통도 초래할 수도 있다. ACT 관점에서 보면 인간의 고통과 정신병리는 인간 언어의 과잉 확장으로 인하여 언어의 레퍼토리가 축소되고 심리적 경직성을 초래하여 본인이 바라는 목적을 이루기 위해 그때그때 행동을 변화시키거나 유지하는 데 문제가 생긴 것으로 보고 있다. 즉, 심리적 경직성으로 인해 유연한 변화를 못 하게 됨으로써 인간의 정신병리가 생긴다고 보고 있다. ACT에서는 우울, 불안 등 심리적 장애의 모습이 다를지라도 그것의 원인이 되는 심리적 과정은 공통적인 과정으로 보고 있다.

3. 주요 개념

ACT는 정신병리의 원인이라고 가정되는 여섯 가지 과정인 1) 경험 회피, 2) 인지적 융합, 3) 개념화된 과거와 미래의 지배, 제한된 자기 인식, 4) 개념화된 자기에 대한 집착, 5) 가치 명료화/접촉의 결여, 6) 무활동, 충동성, 회피 지속이라는 개념을 제안하고 있다.

1) 경험 회피

우리는 예측하고 평가하는 언어적 능력이 있는데, 그 언어적 능력을 기반으로 경험을 추구하거나 회피한다. '경험 회피'는 그 자체가 심리적 해로움을 유발하는데도 불구하고 자신의 사고, 감정, 감각, 기억과 같은 내적 경험의 형태나 빈도 또는 상황적 민감성을 바꾸거나 통제하려는 시도를 말한다(Hayes et al., 1996). 경험 회피는 비록 단기적으로 도움이 되는 때도 있지만, 장기적으로 볼 때 도움이 되지 않는 경우가 많다. 예를 들어, 사회불안의 경우, 사람들 앞에 있을 때의 불안을 벗어나기 위해 술을 마시는 경우 불안을 통제하려는 이러한 노력이 단기간에 불안을 둔감화시킬 순 있지만 결국 더 깊은 불안으로 돌아올 가능성이 크다.

2) 인지적 융합

'인지적 융합'이란 자신이 사고하는 내용에 압도되어 건강한 행동 조절을 위해 다른 유용한 자원을 사용하지 못하게 되는 상태를 말한다. 인지적 융합이 일어나면, 개인은 자기 생각에 빠져서 그 생각과의 상호작용을 마치 실제 세계와 상호작용하고 있는 것처럼 착각하게 된다. 그 결과 현재 여기에서 실제 세계와의 생생한 상호작용과 접촉이 어려워진다.

3) 개념화된 과거와 미래의 지배, 제한된 자기 인식

'개념화된 과거와 미래의 지배, 제한된 자기 인식'이란 앞에서 언급한 경험 회피와 인지적 융합의 결과로서 지금, 이 순간 경험에 접촉하지 못하고 개념화된 과거나 미래가 현재 지금, 이 순간보다 우위를 차지하게 된다는 개념이다. 현재 순간과 충분히 접촉하지 않게 되면 과거 경험에 대한 인지와 반응에 지배되기 때문에 과거의 행동이 반복될 가능성이 커지게 된다.

4) 개념화된 자기에 대한 집착

사람들은 자기와 관련하여 무엇을 해 왔고, 무엇을 좋아하며, 왜 문제가 생겼고, 우린 어떤 사람이며, 다른 사람과는 어떻게 다른지 등 자신에 대한 인지적 해석, 평가, 예상 등을 하고 있다. '개념화된 자기에 대한 집착'이란 자기에 대해 개념화할 경우, 때론 그 개념화 안에 갇히게 되어 융통성 없는 행동 패턴을 보이게 되는 것을 말한다.

5) 가치 명료화/접촉의 결여

가치란 자신의 삶을 의미 있는 방식으로 살아가기 위해 선택한 기준이다. 만약 한 개인이 부정적 경험을 기존에 많이 겪어 고통과 관련된 경험을 회피하기 위한 행동을 선택한다면, 그 개인은 자신에게 가치 있는 삶에 대해 정립해 볼 기회가 없거나 고통으로 인해 삶에 대한 가치가 억압될 수 있다. 이런 '가치 명료화의 결여 혹은 접촉의 결여'는 삶에서 의미를 두고 선택한 길을 추구하지 못하고, 결국 중요하지 않은 과정의 목표를 추구하게 되어 또다시 고통을 겪을 가능성이 있다.

6) 무활동, 충동성, 회피 지속

인지적 융합으로 인해 경험 회피를 하게 되거나 개념화된 자기로 인해 현재 순간의 접촉이 어렵게 된다면, 자신이 선택한 가치에 따라 삶을 영위하지 못하게 될 것이다. 삶의 큰 의미와 활력을 가질 수 있는 목표보다는 자신을 방어하고 최소한의 자존감을 지키는 데 에너지를 쏟게 되면서 회피행동은 지속될 것이다. 결과적으로 삶의 방향이 없어져 무활동이나 충동성, 경직된 고집(회피 지속)이 나타날 수 있다.

ACT에서는 앞에서 제시한 내용을 바탕으로 병리모형(심리적 경직성)을 육면체 모형(hexaflex model)으로 제안하고 있으며([그림 9-1] 참조) 이 여섯 가지 과정은 서로 연결되어 있다.

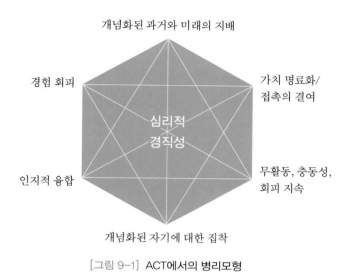

[그림 9-1] ACT에서의 병리모형

4. 상담 과정

　정신병리가 앞에서 살펴본 여섯 가지 과정들로서 심리적 경직성으로 인해 발생했다면, ACT의 치료과정은 이 여섯 가지 과정들에 대해 치료적으로 접근해 잘 기능하도록 돕고 심리적 유연성을 증진시키는 과정이라고 할 수 있다 (Hayes et al., 2011). ACT 치료모형(심리적 유연성)도 육면체 모형으로 나타낼 수 있는데, 각 꼭짓점은 병리모형의 각 꼭짓점에 대응하는 내용으로 이루어져 있다([그림 9-2] 참조).

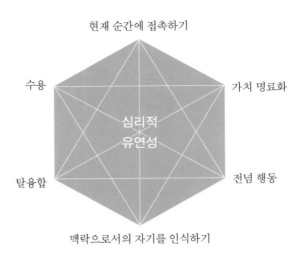

현재 순간에 접촉하기

수용

가치 명료화

심리적
유연성

탈융합

전념 행동

맥락으로서의 자기를 인식하기

[그림 9-2] **ACT에서의 치료모형**

1) 수용

치료과정의 여섯 가지 핵심적 과정의 경험 회피 대신 '수용'의 과정이다. 수용의 과정은 내담자가 원하지 않는 감정 또는 생각을 경험할 때, 감정 통제와 회피가 지배하고 있음을 인식하면서 경험 회피 대신 수용과 기꺼이 경험을 할 수 있도록 촉진하는 과정이다. ACT에서 수용은 그 자체가 목적은 아니고 가치에 기반을 둔 행동을 할 수 있게 하는 밑거름 훈련이라 할 수 있다.

2) 탈융합

인지적 융합의 과정 대신 '탈융합'으로 기능하도록 하는 과정이다. 탈융합의 과정은 도움이 되지 않는 비현실적인 인지적 융합을 끊는다는 의미이다. 그러나 이는 생각하는 것이나 생각의 영향을 없애는 과정을 의미하지는 않는다. 탈융합이란 과거의 경험에 따라 현실에 대해 자동적이고 습관적으로 왜곡된 의미를 부여하는 자신의 사고 반응에 대해 관찰하고 바라보는 마음챙김을 할 수 있는 관점을 갖게 하는 것으로서 행동적 유연성을 높여 준다.

3) 현재 순간에 접촉하기

개념화된 과거와 미래의 지배 대신 '현재 순간에 접촉하기' 과정이다. 현재
순간에 접촉하게 되면 원치 않는 생각이나 감정이 일어날 때 과거 경험의 개념
이나 미래의 두려움에 지배당하기보다, 현재 상황에 중심을 두고 과거나 미래
에 대한 생각을 관찰하면서 현재 주어진 기회를 배우게 된다. 이에 따라 유연
하고 반응적이며 가능성에 대해 인식할 수 있게 된다.

4) 맥락으로서의 자기를 인식하기

개념화된 자기를 집착하는 과정 대신 '맥락으로서의 자기를 인식하기' 과정
이다. 맥락으로서의 자기를 인식하는 과정은 사건을 경험한 나, 생각이나 감
정 또는 기억에 근거한 나, 특정한 경험에 의한 나로서 나를 인식하는 개념화
된 자기의 집착에서 탈피하도록 한다. 대신 그 순간의 특정 경험과 관계없이
관찰하고 있는 안정적인 자기감을 확립하게 한다. 즉, 맥락으로서의 자기를
인식하기는 나라고 하는 존재를 순간순간 계속 변화하는 유기체로서 인식하
는 것이라고 할 수 있다.

5) 가치 명료화

가치 명료화의 결여 혹은 가치접촉의 결여 대신 '가치 명료화'의 과정이다. 가
치가 명료하지 않으면 단지 주변의 요구에 순응하거나 힘든 상황을 회피하는
행동만을 하게 된다. 반면 자신의 가치를 명료화하면 우리 삶에 무엇이 의미 있
는지를 알게 됨으로써 건설적인 행동을 할 수 있게 된다. ACT에서 수용, 탈융

합, 현재에 존재하기의 과정은 가치를 명료화하고 가치에 일치하는 삶을 위한 과정으로 이해할 수 있으며, 가치는 ACT의 핵심이라 할 수 있다. 명료화된 가치에 의해 이끌어지는 삶은 좀 더 의미 있고 풍요로운 삶이 될 수 있을 것이다.

6) 전념 행동

무활동/충동성/회피 지속의 과정 대신 '전념 행동'의 과정이다. ACT는 선택된 가치가 실현되기 위하여 가치와 관련 있는 효과적인 행동을 더 할 수 있도록 독려한다. 이 과정은 전통적인 행동주의적 요소가 가장 분명히 드러나는 부분으로 외부 세상에 행동하고 관여함으로써 변화를 이끌어 내는 과정이다. 이 과정에서 상담자는 행동 형성, 직면, 기술 습득, 목표설정 등의 변화 기법을 사용할 수 있다.

ACT 과정의 여섯 가지 과정은 서로 중복되기도 하고 상호작용을 하기도 한다. 이 모든 과정은 심리적 유연성을 목표로 하고 있는데, 심리적 유연성을 정의한다면 '의식적인 한 인간으로서 현재 순간과 접촉하며, 자신이 선택한 가치를 위하여 행동 조절을 할 수 있는 능력'이라고 할 수 있다(Hayes & Strosahl, 2005). 수용-전념치료라는 명칭처럼 이 치료는 크게 두 파트로 나뉘는데, 첫째는 수용(Acceptance)의 파트이다. 이는 앞의 여섯 가지 과정 중에는 수용, 탈융합, 현재 순간에 접촉하기, 맥락적 자기 과정을 포함한다. 두 번째는 전념(Commitment)의 파트이다. 이는 앞의 여섯 가지 과정 중에서 현재 순간에 접촉하기, 맥락적 자기, 가치 명료화, 전념 행동을 포함한다. 그리고 현재 순간과 접촉하기와 맥락적 자기는 두 파트에 모두 포함된다.

이 여섯 가지 과정은 정신병리 모델이자, 치료과정 모델이 포함된 내용이라 할 수 있다. 그리고 이 각각에 대한 구체적 치료개입은 다음의 절에서 기술하였다.

5. 치료개입

1) 수용의 태도 향상하기

내담자가 경험을 회피하고 있다는 신호는 수용을 향상하는 과정에 초점을 맞출 필요가 있다는 치료적 지표가 된다. 수용을 향상하는 과정은 우선 내담자가 자신의 내적 경험과 관련하여 무엇을 통제하려고 하고 있는지를 이해하는 데서 시작된다. 예를 들면, 내담자가 불안이라는 감정을 경험하지 않기 위해 과식이나 약물복용을 하고 있다면 자기 행동의 목적이 무엇인지 알아차리도록 돕는다. 이와 동시에 과식이나 약물복용처럼 불안을 경험하지 않기 위한 회피행동이 장기적으로 고통을 감소하는지 그리고 자기 삶이 가치 있는 방향으로 나아갔는지와 같이 그 행동의 효용성이 있는지를 검토한다. 이렇게 검토하면서 상담자는 그 경험에 대한 통제나 회피의 노력이 내담자의 고통에서 벗어나려는 투쟁으로서는 타당할 수 있음을 공감하지만 효과적이지 않다는 것을 알고 그 노력을 내려놓는 것으로 옮겨 가도록 돕는다. 이렇게 경험 통제에 대한 내담자의 집착이 느슨해진다면 그다음 단계로 수용이 무엇인지 가르친다. 수용이란 비판단적인 자기 경험과의 접촉이며, 선택할 수 있는 행동이라는 점을 내담자에게 이해시킨다. 그리고 내담자가 경험하기 꺼리는 감정이나 행동 등에 대해 어느 영역에서 어느 정도는 기꺼이 해 볼 수 있는지에 대해 논의하고 그 행동을 시작해 보면서 계속해서 연습을 해 나가게 된다.

2) 인지적 탈융합

인지적 탈융합은 내담자의 의식에 떠오르는 생각, 느낌이나 기억에 대해 관찰하고 내용의 문자적 의미에서 거리를 두도록 돕는 것이다. 생각 속에 빠지는 것이 아니라 생각을 바라보면서 효율성 측면에서 생각에 반응할 수 있게 된다. 탈융합을 돕는 치료기법은 다양한 접근이 가능하다. 예를 들면, 언어의 한계를 교육하며 경험적 지식에 대해 알게 하는 것, 마음이나 생각이 자신을 평가하고 예측하고 영향을 주는 외부 대상 같은 것으로 보도록 하면서 생각과 생각하는 사람과의 거리 만들기, 내담자가 스스로 말하고 있다는 사실을 알아차림으로써 생각을 통해 보는 것이 아니라 생각 자체를 바라보기 등이 있을 수 있다.

3) 현재 순간에 접촉하기

현재 순간에 접촉하기는 내담자가 개념화된 과거나 미래로부터 현재로 돌아올 수 있도록 도우면서 지금, 이 순간에 일어나고 있는 삶과 접촉할 수 있도록 지금을 알아차리도록 돕는 것이다. 내담자는 마음챙김 훈련을 통해 경험을 회피하거나 개념화된 생각에 빠지지 않으면서, 생각이 어떻게 생기고 어떻게 변화하고 움직이는지를 관찰하여, 즉각적이고 진행 중인 변화를 알아차리고 순간에 접촉하는 것을 배울 수 있다. 이러한 마음챙김은 다양한 장면에 적용할 수 있다. 상담실 안에서도 상담 중에 내담자의 생각과 느낌, 기억을 단지 떠오르는 대로 알아차리는 것, 상담실 안에서의 모습이나 소리, 감각을 알아차리는 것, 자신의 신체감각을 알아차리는 것을 연습해 볼 수 있다. 내담자의 대인관계 속에서도 지금 관계 안에서 어떤 일이 일어나고 있는지 과정에 초점을 맞추면서 관계적 맥락에서도 알아차림을 연습해 볼 수 있다. 또한 알아차리고 있는 것을 지켜보는 현재 순간의 자신을 알아차림으로써 맥락적 자기감을 향상할 수 있다. 이렇게 현재 순간에 접촉하기는 수용이나 탈융합, 가치 명료화 등을 향상하는 데 필수적인 방법이다.

4) 맥락으로서의 자기 인식하기

맥락적 자기를 인식한다는 것은 과거의 경험과 사건들에 의해 개념화된 자기가 아닌 현재 순간의 다양한 측면을 경험하고 알아차리는 더 큰 '내'가 존재한다는 것을 아는 것이다. 맥락적 자기를 인식하는 것은 다양한 연습을 통해 이루어진다. 예를 들면, 체스 말들은 생각과 경험들이고 체스판 자체는 그 경험을 관찰하는 것과 같다는 은유를 통해 맥락적 자기를 설명할 수 있다. 또는 정체성을 가상으로 선택해 정체성과 동일시하는 것이 자기 생각과 느낌 등에 어떤 영향을 미치는지 알아봄으로써 개념화된 자기에 대해 이해하고 이와 동일시하고 고착되는 것을 감소시킬 수 있다. 또 다른 연습으로서는 다양한 경험을 하는 자기에 대해 관찰하는 것이다. 자기의 역할, 감각, 감정, 생각, 욕구가 변화하지만, 그 변화하는 자기 속에서 이를 관찰하는 영속적인 자기를 의식함으로써 맥락적 자기를 의식할 수 있다. 또는 자기 평가와 융합되어 있는 것을 관찰하면서 자기에 대한 평가가 진실이라고 믿는 대신, 이를 알아차리는 연습을 해 볼 수도 있다. 이렇게 맥락적 자기를 인식하는 연습들은 개념화된 자기에 고착되는 것을 감소시키고, 안전하고 일관성 있는 자기감(sense of self)과 접촉하게 한다. 이를 통해 모든 변화하는 경험을 관찰하고 수용할 수 있도록 돕게 되며 더 많은 유연성을 기를 수 있다.

5) 가치 명료화

가치 명료화는 삶에 의미를 주는 자신의 가치를 명료화하면서 그 가치와 접촉하도록 돕는 것이다. 가치가 명료해지면 습관적이고 자동적인 반응과 경험이 일어나더라도 다른 한편에서는 자신의 가치와 연결하여 행동을 선택하고 행동할 수 있게 된다. 내담자의 가치에 관해 대화하면서 상담자는 내담자의 추상적인 가치에서 좀 더 명확하고 분명한 가치가 드러나도록 돕고 이를 언급할 수 있도록 돕는다. 이때 상담자는 내담자에게 어떤 강압도 하지 않도록 하여 내담자 자신의 가치와 접촉되도록 해야 할 것이다. 그리고 내담자가 의도한 대로 삶을 살지 않은 것으로 인한 고통을 접촉하면서 내담자가 현재 삶의 방향과 일치하는 가치를 살펴볼 수 있도록 돕는다. 내담자가 자신의 가치를 명료화해 나갈 때, 이 과정을 궁극적 가치를 성취하거나 획득하는 데 필요한 과정적 목표로 표현하곤 한다. 궁극적 가치란 삶의 나침반과 같은 선택된 삶의 방향이나 행동으로서의 가치인데, 자신의 가치를 찾는 과정은 궁극적 가치를 실현하기 위한 과정적 목표라 할 수 있다. 그리고 가치 명료화의 과정에서 결과에 대한 집착이 아닌 가치 두기의 과정에 초점을 두도록 안내한다.

6) 전념 행동 만들기

전념 행동 만들기란 자신이 선택한 가치에 대한 책임감을 느끼고 행동을 바꾸어 나가도록 돕는 것이다. 전념 행동을 만들기 위해서는 우선 내담자의 삶에서 최우선 순위의 가치 영역을 골라 효과적인 목표와 행동 변화 계획을 수립한다. 그 후 자신의 가치와 연결된 행동에 마음챙김을 하면서 전념할 수 있도록 돕는다. 목표를 설정하고 행동에 전념할 때 두렵거나 회피해 왔던 자극과 경험(불안, 우울, 지루함, 부정적 생각, 불쾌한 기억 등)을 직면하게 될 수 있는데, 이때 수용, 탈융합, 마음챙김 등의 기술을 통해 극복하도록 안내할 수 있다. 이 과정을 통해 한 영역에서 전념 행동이 만들어지면 다시 다른 영역에서도 전념 행동을 만들고 지속해 보는 작업을 하면서 전념 행동을 일반화하는 작업을 한다. 이러한 전념 행동 만들기는 궁극적으로는 그 행동들이 자신의 가치 있는 삶을 영위하도록 도울 것이다.

6. 평가

ACT의 기본 원리는 상관연구, 정신병리학에 대한 실험연구, 그리고 결과 증거 등에 비추어 강력한 지지를 받고 있다(Ruiz, 2010). ACT에 관한 개관 연구(Hayes et al., 2004)에서 보면, 여러 심리장애에서 효과가 있는 것으로 보고된다. 우울증에서 우울 사고를 믿는 정도가 감소하였으며, 사회공포증이나 광장공포증, 학업 불안 등의 불안장애에서 회피행동이 감소하는 등의 효과가 있었다. 정신증에서도 효과를 나타냈으며, 약물남용장애, 스트레스 조절, 부부 갈등 등에서도 호전을 보고하였다. ACT가 등장한 이후에 누적된 이론적·경험적 연구들을 기반으로 하여 ACT는 현재 증상이나 병리별로 치료 매뉴얼이 개발되는 중이다. 한편 ACT의 효과를 좀 더 높이기 위한 연구들이 제안되고 있다. 예를 들면, 인지적 탈융합과 가치 명료화 연습과 관련하여 어떤 특정한 기능을 변화시키면 좋을지(예: 효과적 은유와 같은 특정 언어 과정을 통한 변화) 등에 관한 연구들은 ACT의 치료 효과를 높일 것으로 기대된다(Ruiz, 2010).

마음챙김 기반 인지치료

1. 이론의 발달

마음챙김 기반 인지치료(Mindfulness-Based Cognitive Therapy: MBCT; Segal et al., 2018)는 전 세계적으로 높은 유병률을 보이는 우울증의 재발을 방지하고자 개발된 접근으로, 생각, 감정, 신체감각과의 '관계'를 바꾸는 것을 목적으로 한다.

우울증은 개인적 측면에서 괴로움, 기능손상이 심할 뿐 아니라 사회적 부담 측면에서도 파급력이 큰 질환으로 정신건강 분야의 지대한 관심을 받아 왔다. 그 결과 생각과 사건에 대한 해석 내용을 변화시킴으로써 치료를 꾀하는 인지치료 그리고 항우울제와 같은 약물치료가 동등하게 효과성이 있다고 밝혀졌다. 그러나 이처럼 확인된 효용성에도 불구하고, 우울증을 한번 경험한 사람들이 다시금 우울 삽화를 경험한다는 것이 문제였다. 즉, 기존의 우울증 치료는 급성 삽화에 대한 개입에 초점을 두었으나, 극심한 고통이 완화된 후에도 지속해서 재발하는 문제에 대한 이해 및 접근 방안은 여전히 부재한 실정이었다. 특히 인지치료를 통해 역기능적 신념을 변화시켜 우울한 기분이 일반 집단의 평균 수준으로 회복된 환자들조차 우울증이 재발하는 것은 역기능적 신념을 바꾸는 것에 대한 한계를 드러냈다.

한편, 대인관계기술을 배워 관계 문제의 해결을 돕는 대인관계치료의 경우,

항우울제나 인지치료와 마찬가지의 효과성이 확인되었고, 무엇보다 재발 우려를 줄여 주는 유지치료로서의 가치가 증명되었다. 일상에서 흔히 경험하는 상실, 거부, 갈등 등과 같은 부정적 생활사건이 우울증 재발 위험을 높이는데, 대인관계치료는 이러한 대인관계 문제를 근본적으로 다뤄 재발 가능성을 낮추는 것이다. 이를 근거로 점차 우울증의 예방책으로 다양한 심리치료 모델의 필요성이 대두되었다.

이러한 맥락에서 시걸 등(Segal et al., 2018)은 당시 타당도와 신뢰도 있는 측정치를 사용해서 치료과정과 결과를 평가하는 인지치료의 강점을 기반으로 유지치료에 대한 고민을 시작했다. 또한 우울증 치료의 수요가 공급보다 많다는 점에 따라 개인치료보다 집단치료로 효과적인 방안을 찾고자 했다. 이들은 우울증을 경험했던 사람들이 그렇지 않은 사람들과 다르게 슬픈 기분을 느낄 때 취약한 태도나 신념을 재활성화시킨다는 점에 주목했고, 우울감을 이해하고 해결하기 위해 반추를 하는 과정에서 오히려 우울증을 심화, 지속시킨다는 이해를 도모하였다.

또한 전통적인 인지치료에서 사고 내용을 바꾸기 위한 수단으로 이용되었던 탈중심화가 생각을 사실이 아닌 단지 생각으로 바라보게 하여 지속적 우울증을 해소할 수 있게 한다는 점에 주목하였다. 그렇다면 어떻게 탈중심화를 가능하게 할 것인가? 이에 대한 고민은 카밧진(Kabat-Zinn, 1990)의 마음챙김에 기초한 스트레스 감소(Mindfulness-Based Stress Reduction: MBSR) 프로그램에서 마음챙김 명상을 만나며 해소될 수 있었다. 그리하여 마음챙김과 인지치료 전략을 병합하여 매뉴얼화된 프로그램이 구성되었다. 이 접근은 문제를 고치고 바꾸고 통제하려는 옛날 방식과는 다른 입장을 취함으로써 더 잘 대응하는 방법을 볼 수 있도록 한다. 여기서 옛날 방식과 다른 입장은 있는 그대로 모든 것을 허용하는 새로운 방식, 즉 마음챙김을 말한다.

2. 인간관과 병인론

1) 인간관

전통적인 인지치료에서는 생각에 대해 현실검증을 하며 반박하고, 반론을 제기하고, 증거를 수집하는 과정을 통해 사고의 내용을 바꾸는 것을 강조했다. 이때 상담자는 정보를 제공하고 기술을 교육하는 교사의 역할을, 내담자는 새로운 기술을 배우고 실천하는 학생의 역할을 하는 것으로 보는 경향이 있었다. 반면, 전통적 인지치료와는 달리 MBCT에서는 도움을 찾는 사람과 도움을 주는 사람의 마음은 별반 차이가 없다고 보고, 인간의 마음이 보편적으로 작동하는 방식에 주목한다. 그 방식은 문제해결적 접근이다. 문제를 해결하고자 하는 마음의 작동방식은 진화적으로 탁월한 효과를 가졌기에 인간의 강력한 기능으로 남아 있다. 인간은 문제를 해결하고자 도구를 사용하고 끊임없이 더 발전된 기술을 개발해 왔고, 현재를 사는 우리도 매일 당면한 문제를 해결하며 살아간다. 그런데 모든 문제를 해결해야 한다는 강렬한 느낌을 수반하는 마음 상태가 해결할 수 없거나 해결되지 않는 것을 붙잡고 있을 때는 괴로워진다. 대표적인 예가 우울감이다. 우울감을 해결하고자 왜 우울한지 반추에 빠질 때 상황은 때로 더 악화된다. 문제에 대한 반추가 해결책을 줄 것으로 기대하지만 실상 그렇지 못한 것이다. 즉, 인간 마음의 보편적인 작동방식인 문제해결적 접근이 효율적이지 않을 때조차 경직되게 작동될 때 괴로움이 유발된다고 보는 것이다.

또한 MBCT는 삶에서 고통이 필연적인 한 부분이며, 이를 회피하려는 것이 더 큰 괴로움을 초래한다고 본다. 앞서 언급한 바와 같이 고통은 삶 속에 있기 마련으로, 이를 해결하여 없앨 수 있는 문제가 아닌데 없애고 해결하고자 고군분투할 때 오히려 괴로움이 유발되는 것이다. 이는 고통이 없는 건강한 마음 상태를 지향하던 것에서 고통을 삶의 한 부분으로 받아들이는 것으로 관점의 대전환이 이루어진 것을 의미한다. 힘든 경험에 대한 궁극적인 해결책은 없다. 그것은 그저 인간 삶의 보편적 경험 중 하나인 것이다.

이처럼 인간으로서 경험하는 마음의 작동방식과 삶의 고통을 바라보는 관점의 전환이 MBCT의 기반이 된다. 나아가 인간의 보편성에 기반하여 인간이 가지고 있는 또 다른 독보적 능력인 메타인지를 활용하여, 바라보고 알아차리며 경험과의 관계를 바꾸도록 접근한다. 때로는 부정적이고 불편하고 고통스럽기도 한 생각, 감정, 신체감각의 자연스러운 반응과 변화를 회피하지 않고 더 개방적으로 된다면 기분에 덜 휘말리게 된다고 보았다. 그리고 습관적이고 자동적인 마음의 반응을 멈추고 있는 그대로 경험하는 것을 배움으로써 적응적인 숙고 반응을 선택하는 토대를 마련할 수 있다고 주장하고 있다.

2) 병인론

우울한 사람들은 자신이 부적절하고, 가치 없으며, 비난받을 만하다고 느끼고 이를 사실이라고 믿어 의심치 않는 경향이 있는데, 이러한 부정적 사고 패턴은 자동적으로, 의식하지 않은 채로, 습관처럼 의도 없이 일어난다. 이런 오래된 정신적 습관은 원하는 상태와 그렇지 않은 현재 상태 사이의 불일치를 해결하려는 시도로 재활성화되지만, 도움이 되지 않고 결국 우울증을 재발시킨다. 예를 들어, 자신이 가치 없다고 느끼고 있는 사람은 사교모임에 초대받지 못한 경험을 통해 그것이 사실이라고 확인한다. 이 사람은 가치 있는 사람이 되고 싶은 욕구와 그렇지 못하다고 여기는 현재 상태 간의 불일치를 해결하기 위해 자신이 가치 있는지 없는지 매 순간 평가하며, 자기의 잘못을 반추하고, 타인의 언행을 자기중심으로 해석하며, 가치 있는 사람이 되고자 부단히 노력한다. 그러나 결국 가치 없음을 확인하는 편향된 정보 수집에 자신을 가두게 되고, 사교모임에 초대받지 못하는 불편한 경험을 되풀이하지 않기 위해 자신을 고립시키며 반복적으로 우울을 경험한다. 불일치를 해결하기 위해 자기 비난적이고 자기 초점적인 부정적 생각을 반복하거나, 힘든 생각, 감정, 신체감각을 경험하지 않기 위해 애써 회피하는 것이다. 이처럼 우울증의 재발에는 반추와 경험 회피라는 자동적인 문제해결 모드가 작용한다.

MBCT의 시초가 된 MBSR에서부터 강조하고 있는 것은 문제를 교정하고자 하는 노력이 오히려 반추를 부추기고, 문제를 적으로 간주하여 물리쳐 없애려는 시도를 지속하게 만들기 때문에 괴로움을 악화 및 유지시킨다는 점이다. 따라서 노력하면 문제가 교정 또는 제거될 것이라는 기대를 내려놓는 것이 필요하다. 또한 내적 경험을 피하거나 변화시켜야 할 문제로 보면 자기수용과 거리가 멀어지게 된다. 따라서 부정적 경험, 감정, 사고에 맞서 싸우는 것이 아니라 삶의 일부임을 포용하고, 따뜻하며 수용적이고 자비로운 입장에서 어떻게 살아갈지를 다룰 필요가 있는 것이다. 앞의 예로 돌아가 보면, 가치 있는 사람이 되고 싶은 욕구를 수용하고 그런 욕구가 좌절될 때 유발되는 생각과 감정, 신체감각에 주의를 기울이며, 이런 부정적 내적 경험을 흘러가게 놔두면 되는 것이다. 불쾌한 느낌은 삶의 일부이고, 특정 상황에 대한 자연스러운 반응이다. 그냥 두면 사라진다. 그런데 불쾌한 느낌을 느끼면 우리는 무엇인가를 해야만 한다고 느끼고 원치 않는 느낌을 없애려고 할 때 역설적으로 더 깊은 고통에 빠지게 된다. 문제는 불쾌한 기분이 아니라 불편하거나 불행한, 혹은 저조한 느낌 등에 반응하는 방식이다. MBCT에서는 마음챙김을 통해 경험을 회피하지 않고 멈춰 보면서 알아차림을 발달시키고, 친절함, 호기심, 비판단적 태도를 함양하며, 나눔을 통해 괴로움의 본질, 우울증 재발에 대한 취약성을 연결 지어 경험적 학습과 통합한다. 그리하여 궁극적으로 부적응적인 습관적 패턴에서 빠져나올 수 있도록 한다.

3. 주요 개념

1) 행위 모드

마음의 작용은 뇌의 활동과 관련되는데, 뇌는 신경세포 네트워크 간의 상호작용을 통해 활동한다. 우리는 뇌 네트워크 간의 상호작용 패턴에 따라 마음의 작용을 보게 되는 것이다. 뇌 활동이 어떤 식으로 이루어지는지에 대해 여기서는 다루지 않고, 그 양상으로 드러나는 마음의 작용에 있어서, 시걸 등(2018)이 주목하는 행위와 존재 모드를 살펴보고자 한다.

먼저 행위(doing) 모드는 특정한 목표를 성취하기 위해 행동하고 일을 끝내는 마음의 작용을 말한다. 예를 들어, 요리해 먹거나, 여행을 하는 것, 어울리는 옷을 구매하는 것, 좋은 사람이 되고자 노력하는 것, 우울감에 빠지지 않으려고 반추하는 것이 다 행위 모드에 해당한다. 행위 모드는 목표 지향적이며 실제와 바람 간의 차이를 줄이기 위해 동기화되며, 할 수 있는 일을 할 때 삶을 더 나아지게 만든다.

그런데 문제는 해결하려는 노력이 효과적이지도 않고 성공적이지도 않을 때이다. 대표적인 것이 부정적인 감정이다. 힘든 감정을 다루기 위해 유발되는 행위 모드는 반추적 사고를 극대화시켜 더욱 부정적 감정을 강렬하게 느끼게 만들거나, 부정적 감정을 회피하도록 하여 자신의 내면과 접촉하지 않게 만든다. 특히 시걸 등(2018)은 자기 관련 목표에 대해 행위 모드가 작동할 때 이를 추진-행위 모드라고 구분하고 있다. 이 모드로 마음이 작동하면 자신이 바라는 것과 실제 상태 간의 불일치를 처리하는 데 온 마음이 집착되어 불일치를 줄이기 위해 지속적으로 모니터링하고 어떻게 하면 해결할 수 있을까 고민하지만 실상 도움이 되지 않는 생각을 반복하는 것이다. 앞서 언급했던 자신이 가치 없다고 느끼는 사람은 '내가 얼마나 가치 있나?' '사람들이 얼마나 나를 찾나'를 지속해서 점검하며 가치 있는 사람이 되고자 노력하지만 밑 빠진 독에 물 붓기처럼 간극은 메워지지 않는다. 불일치를 해결할 수 있는 즉각적 행동방안이 없기 때문에 마음은 어떻게 해야 하는지, 무슨 일이 있었는지를 계속 생각하며 불일치를 줄이고자 시도한다. 그러나 이는 효과가 없는 노력을 반복할 뿐이다. 시걸 등(2018)은 추진-행위 모드가 우울증 재발을 일으키는 반추적 사고의 기저에 있다고 본다. 흥미롭게도 정서적 괴로움의 덫에 빠지게 되는 마음의 작용은 보다 충만한 삶을 살도록 하는 마음의 작용과 본질적으로 같은 것이다(Teasdale et al., 2017).

2) 존재 모드

존재(being) 모드는 행위 모드와 대조되는 마음의 상태로, 자동적이지 않고 의도적이다. 특정 목표를 성취하기 위해 전념하지 않으며, 실제 상태와 바라는 상태 간의 불일치를 줄이기 위해 경험을 평가하지도 않는다. 그리고 경험을 있는 그대로 수용하고 허용한다. 삶을 느끼고 경험하고 직접적으로 알아 가며, 삶의 풍요로움과 끊임없는 변화를 맛본다.

행위 모드는 무엇이 문제였는지, 어떻게 해야 하는지를 고민하기 때문에 마음이 과거나 미래를 향해 있는 상태라면, 존재 모드는 무엇을 지향할 필요도, 해야 할 필요도 없으므로 마음이 온전히 지금-여기에 머문다. 또한 행위 모드가 자기 경험이 좋은지 나쁜지 평가한다면, 존재 모드는 마음속에 일어나는 경험을 생겼다 사라지는 자각의 대상으로 여긴다. 따라서 현재를 직접적이고 즉각적으로 그리고 친밀하게 경험한다(Segal et al., 2018). 그리고 불쾌한 경험에도 관심을 가지고 존중하는 마음으로 접근한다. MBCT에서는 행위 모드와 존재 모드를 다 활용할 수 있다면 매 순간 유연하게 반응하여 더욱 균형 있고 건강한 삶을 살 수 있다고 가정한다.

3) 자동조종 상태

자동조종 상태는 의식적인 주의, 의도, 지금 이 순간의 지각에 대한 알아차림 없이 행동하는 마음 상태를 의미한다. 우리가 새로운 기술을 습득할 때는 온 신경을 쓰지만, 익숙한 활동을 할 때는 의식적 주의를 기울이지 않고도 자동적으로 해낼 수 있다. 바로 이런 상태가 자동조종 상태이다. 예를 들어, 걷기, 먹기는 대부분 사람이, 컴퓨터 타자 치기, 운전하기 등은 여러 번 반복하여 익숙하게 기술을 습득한 사람들이 의식적 주의를 기울이지 않고 수행할 수 있다. 걷는 행위만 해도 매우 복잡한 수행인데 의식하지 않고 할 수 있기 때문에 자동조종은 인간에게 매우 적응적인 상태이다. 특히 의식적 주의는 지속 시간이나 정보처리의 양에 제한이 있으므로 자동조종 상태로 다양한 수행을 할 수 있다는 것은 상당히 큰 이점이 있다.

그러나 자동조종 상태의 문제는 실제 경험과는 접촉하지 않는다는 점이다. 내적 경험을 회피하려는 시도가 심리적 문제를 초래하고 유지하는데, 자동조종 상태는 이런 취약함과 밀접히 관련된다. 생각은 내·외적 경험을 관찰하고 즉각 판단하여 문제를 해결하는 데 자주 관여하는데, 반추적 사고와 경험 회피도 바로 자동적으로 행해진다. 더구나 자동적으로 행해지는 마음의 작동이 너무 습관적이라 미처 깨닫지도 못한 채 이미 우울증은 재발하게 된다. 즉, 자동조종 상태에서는 다시 우울하게 만드는 행위 모드와 반추적 사고 패턴에 무심코 빠지기 쉬운 것이다. 따라서 MBCT에서는 명상을 통해 현재의 경험을 알아차리도록 하는 것에 주안점을 둔다.

4) 알아차림

자동조종 상태와 반대되는 상태로, 의식적으로 주의를 기울이고 경험을 분석, 판단하지 않고 개방적이고 수용적인 태도로 접촉하는 것을 의미한다. 이와 관련되는 개념으로 탈중심화, 마음챙김이 있다.

(1) 탈중심화

탈중심화는 한 발짝 물러서서 생각, 감정, 신체감각을 일시적이고 객관적인 사건으로 관찰하는 능력으로, 파도가 치듯 오고 가는 생각, 감정, 감각을 지켜보는 힘을 의미한다. 전통적인 인지치료에서 탈중심화는 생각에 국한된, 생각을 수정하기 위한 수단이었다면, MBCT에서 탈중심화는 생각뿐 아니라 감정, 신체감각, 행동을 아우르는 전체적인 마음-몸 상태에 대한 관계를 의미한다. 역기능적 생각을 바꾸고자 알아차리는 것이 아니라 그저 모든 경험을 허용하고 환영하는 마음챙김 태도로 받아들이는 것을 말한다.

(2) 마음챙김

마음챙김은 생각을 통제하거나 부정적인 경험을 긍정적으로 바꾸는 것이 아니며 의도적으로 현재 순간에 판단하지 않고 머무르는 것으로(Segal et al., 2018), 알아차림에 의도적으로 접근하는 것을 배우는 방법이다. 또한 앞서 살펴본 존재 모드를 경험하고 함양하는 방법이며, 마음챙김 연습은 탈중심화를 촉진한다(Carmody et al., 2009).

원하지 않는 감정, 생각, 신체감각을 피하는 것은 자신과의 단절을 가져오고 힘든 경험에 대해 지혜롭게 대응할 수 있는 능력을 감소시켜 우울증의 지속으로 이어진다. 마음챙김은 어려움을 포함해 모든 경험에 개방적이고자 환영하고 허용하는 태도로 관대하게 접근하는 것이고, 반대되는 자동조종은 무슨 일이 일어나고 있는지 알아차리지 못한 채, 아무 생각 없이 그저 어떤 행동을 하는 상태이다. 예를 들어, 우울증으로부터 회복한 사람이 어떤 자극에 의해 또다시 원치 않는 생각, 감정을 경험하면서 스스로는 이를 자각하지 못하며 괴로움에 사로잡혀 있는 것이다. MBCT에서는 마음챙김 연습을 통해 자동조종 상태의 마음을 알아차리고 의도적으로 주의를 돌리는 것을 가르친다. 이처럼 어떤 일을 자동조종 상태로 행하고 있는 것이 아니라, 내가 무엇을 하는지 직접적이고 열린 마음으로 아는 것이 마음챙김이다.

한편 진정한 마음챙김은 중립적으로 현존하는 것이 아니라 따뜻함, 자비심, 관심으로 가득한 알아차림과 주의를 의미한다(Feldman, 2001). 따라서 마음챙김은 경험에 대해 호기심을 가지고, 친절하고 따뜻하게 경험하는 것이기 때문에 우울증 재발방지에 도움이 된다.

마음챙김을 하면 고통스러운 경험을 없애거나 바꾸려는 평소 방식과 다르게 마음이 계속해서 방황하는 것을 경험하기 마련이다. 이때 오해하지 말아야 할 것은 마음챙김이 마음을 비우는 것 또는 마음이 가만히 있는 것이 아니라는 점이다. 마음은 그 속성상 계속해서 생각하는데, 생각을 안 하는 것이 아니라 있는 그대로 생각이 흘러가게 보는 것이 마음챙김이다. 그리하여 마음의 오랜 습관인 문제를 해결하려는 욕망에서 자유로워지는 것이 핵심이다.

4. 상담 과정

1) 상담목표

MBCT는 8주로 구성된 구조화된 집단 프로그램으로, 교육과 훈련을 구체적으로 제시하고 있으며 우울증의 재발 없이 잘 지내는 것을 궁극적인 목표로 한다. 이를 위해 모든 경험이 처리되는 방식에 주의를 기울여, 반추적이고 부정적인 마음 상태에서 벗어나 자유롭도록 돕는다. 이는 전통적인 인지치료가 강조하는 부정적인 생각의 내용을 바꾸는 것과는 확연히 다른 목표이다. MBCT는 불쾌한 경험과 함께 현재에 머무는 것이 우울증의 재발을 막는 가장 좋은 방법이라고 제안하고 있다.

2) 상담관계

MBCT는 인지치료의 맥락에서 개발되었고, 공급자가 많아지길 바라는 의도에서 치료 매뉴얼을 지향하지만, 상담자가 마음챙김 실습을 통해 스스로 정통해 있지 않으면서 타인에게 진정성 있게 전달하고 깊이 있게 나눌 수 없음을 강조한다. 특히 내담자를 환자가 아닌 손님으로 대접하고 존중하며, 변화에 대한 용기를 따뜻하게 환대하는 태도를 중요시하는 점도 기존의 인지행동치료와 구별되는 지점이다. 이러한 태도는 궁극적으로 참가자들이 자기 경험을 친절하고 따뜻하게 대할 수 있도록 도와준다.

상담자가 사용하는 기법이 아닌 '참가자들과 함께하는 것'이 효과성을 좌우하며 '함께하는 것'이 잘 전달되기 위해 진실하고 따뜻한 관심, 알지 못한다는 마음, 즉 인내와 겸손함을 강조한다. 이 또한 과거 인지치료의 상담자가 교육자로 역할을 취했던 것과 다르다. 즉, MBCT가 치료 매뉴얼이지만 모든 상담이 그렇듯 상담이 효과적이기 위해 상담자가 내담자의 경험과 이야기에 함께하는 것이 기본 중의 기본이다. 따라서 지도자의 따뜻한 성품은 MBCT를 잘 구현할 수 있는 필수 요건이 되기 때문에 자애명상을 통해 계발하는 것이 필요하다. MBCT에서는 참가자들이 자애, 자비명상을 하지 않지만 참가자들을 대하는 지도자의 자비로운 방식에서 친절을 경험하고 마음챙김 훈련을 통해 자비역량을 갖추게 된다고 본다.

3) 상담 과정

MBCT는 매주 2시간~2시간 반 정도 진행되는 8회 구조화된 프로그램으로, 매일 45분의 공식 마음챙김 명상 과제와 비공식적인 일상의 마음챙김 과제를 제시한다. MBCT에서 실습 과제는 필수인데, 새롭게 배우기 위해서는 행하는 것이 중요하기 때문이다. 실습 과제는 매일 공식 명상 실습을 하고 기록하도록 한다. 매순간 경험을 더 잘 자각하는 일련의 실습을 통해 경험의 한 측면에만 주의가 집중될 때보다 넓은 조망을 갖게 해 주어 융통성과 유연함을 증진시킨다. 그리고 마음의 양식을 행위에서 존재로, 문제를 해결하는 것에서 놓아두는 것으로 바꾸게 된다.

초기 단계는 행위 모드가 표출되는 다양한 양상을 인식하고 마음챙김 수련을 통해 존재 모드를 기른다. 마음챙김기술이 향상되면, 불편하고 힘든 감정에도 머무를 수 있는 훈련이 이루어진다. 참가자들은 마음챙김을 하면서 자신이 잘하는지 못하는지 신경 쓰게 되는데, 이때 상담자는 잘하는 것이 중요하지 않고 호기심을 가지고 매 순간 경험을 의도적으로 알아차리는 것이 중요하다는 것을 강조한다. 마음은 자꾸 방황하는데 이는 잘못된 것이 아니고, 마음의 속성이 원래 그런 것임을 알려 준다. 또한 여러 가지 생각과 감정을 경험하고 표현하게 되는데 왜 그런지 묻거나 이해하려고 하지 않고 그저 경험하고 있는 것을 알아차리고 인정하도록 한다.

의도적으로 현재 순간의 경험에 주의 기울이기를 연습하기 위해 맛보고, 보고, 듣고, 냄새 맡고, 느끼는 감각을 통해 세상 및 자신과 직접 접촉한다. 이런 연습을 통해 수용, 친절함, 호기심, 따뜻함, 너무 애쓰지 않음을 특징으로 하는 태도를 함양한다. 그런데 마음챙김 명상 실습은 우울감의 직접적인 해결책이 아니기 때문에 참가자들이 흔히 어려움을 겪기도 한다. 이때 실습은 문제해결을 원하는 마음과 거리를 두고, 문제를 풀어야 한다는 욕구를 내려놓고, 함께 머무는 방법을 새롭게 배우는 것임을 상기시킨다.

실습 후 참여자들이 훈련 중 경험한 바를 돌아보고 탐구하도록 격려하며 발견한 것을 나누는 대화 작업을 한다. 대화를 통해 훈련 중 경험하는 것이 일상생활 및 우울증을 다루는 것과 어떻게 관련되는지 연결 짓게 된다.

5. 치료개입

매뉴얼화된 MBCT 프로그램의 간략한 내용은 〈표 10-1〉과 같다. 〈표 10-1〉에 반복적으로 등장하고 있는 3MBS는 3분 호흡 공간 명상(Three Minute Breathing Space)의 약자이다. 3MBS는 실습을 준비하기 위해 자동조종 상태에서 깨어나 의도적으로 지금 이 순간에 일어나는 것에 주의를 돌릴 수 있도록 자세를 알아차리고 조절하도록 안내하는 작은 명상이다. 또한 일상에서 필요한 시점에 존재 모드로 빠르고 효과적으로 전환시켜 주는 첫 단계로 활용될 수 있는 명상이다. 이 실습은 세 단계로 이루어지는데, 1단계에서는 생각, 감정, 신체감각에서 일어나는 일을 알아차리는 데 중점을 둔다. 2단계에서는 호흡 감각에 주의를 모으는 것을 강조한다. 3단계에서는 모든 경험에 마음을 열고, 호흡을 닻으로 사용하여 신체 전반으로 알아차림을 확장한다. 단순한 실습을 통해 자동조종 상태를 멈추고, 마음을 열고, 인식하고, 호흡에 집중해 알아차리는 식으로 존재 모드로 전환시켜 주는 이 과정은 MBCT의 구성요소를 포괄하고 있어 핵심적이다.

그 밖에 공식 훈련(바디스캔, 마음챙김 움직임 및 정좌 명상)과 자세한 유인물은 시걸 등(2018)과 워크북(Teasdale et al., 2017)을 참고하길 바란다. 여기서는

표 10-1 **차수별 내용**

차수	주제	교육과정	과제
1	알아차림과 자동조종 상태	• 오리엔테이션, 규칙 정하기, 자기소개 및 참여동기 • 건포도 명상 실습, 피드백과 토의 • 바디스캔 실습, 피드백과 토의 • 과제 부여 및 과제할 시간, 발생 가능한 장애에 대한 토의 • 회차 요약, 2~3분 호흡 명상	• 바디스캔 • 일상적 활동에 대한 마음챙김

2	머릿속에서 살기	• 바디스캔 실습, 검토 • 과제 검토 • 생각과 감정에 대한 연습 • 즐거운 경험 기록지 검토 • 정좌 명상 • 과제 부여	• 바디스캔 • 10분 호흡 명상 • 즐거운 경험 기록지 • 일상적인 활동에서 마음챙김

3	흩어진
	마음 모으기
		• 5분 보기 혹은 듣기 실습
		• 정좌 명상 실습
		• 실습 검토
		• 과제 검토
		• 3분 호흡 공간 실습, 검토
		• 마음챙김 스트레칭, 검토
		• 불쾌한 경험 기록지 실습
		• 과제 부여
			• 1, 3, 5일 스트레칭
			  과 호흡 명상
			• 2, 4, 6일 마음챙김
			  움직임
			• 불쾌한 경험 기록지
			• 하루 세 번 3MBS

4	혐오를
	알아차리기
		• 5분 보기 혹은 듣기 실습
		• 정좌 명상
		• 실습 검토
		• 과제 검토
		• 우울증 영역 등 해당 집단의 특성을
		  초점으로 대안적 영역 정의 및 탐색
		• 3MBS, 검토
		• 마음챙김 걷기
		• 과제 부여
			• 정좌 명상
			• 하루 세 번 3MBS
			• 불쾌한 감정 느낄 때
			  마다 3MBS

5	허용하기/
	내버려 두기
		• 정좌 명상
		• 실습 검토
		• 과제 점검
		• 호흡하기, 검토
		• 루미의 시 〈여인숙〉 읽기
		• 과제 부여
			• 1, 3, 5일 어려움을
			  다루는 명상
			• 2, 4, 6일 정좌 명상
			• 하루 세 번 3MBS
			• 불쾌한 감정 느낄 때
			  마다 3MBS

6	생각은 사실이
	아니다
		• 정좌 명상
		• 실습 검토
		• 과제 점검
		• 과정의 종결에 대한 준비 언급
		• 기분, 생각 그리고 대안적인 사고
		  훈련
		• 호흡하기, 검토
		• 우울증 재발 징후 토의
		• 과제 부여
			• 하루 40분 안내된 명
			  상 연습
			• 하루 세 번 3MBS
			• 불쾌한 감정 느낄 때
			  마다 3MBS

		종일 실습의 날	

7	어떻게 하면
	나 자신을
	잘 보살필 수
	있을까
		• 정좌 명상
		• 실습 검토
		• 과제 검토
		• 활동과 기분 연결 고리 탐색 연습
		• 기분이 압도되는 위험을 느낄 때 즐
		  거움과 숙달감을 주는 활동 잘 계획
		  하기
		• 마음챙김 활동을 선택하기 전 첫 단
		  계로 3MBS
		• 재발 위험을 다루기 위한 행동 확인
		• 3분 호흡 혹은 걷기 명상
		• 과제 부여
			• 모든 연습 중 프로그
			  램 종료 후에도 규칙
			  적으로 할 의도 있는
			  훈련 선택
			• 하루 세 번 3MBS
			• 불쾌한 감정 느낄 때
			  마다 3MBS
			• 우울한 기분에 직면
			  할 때 사용할 행동
			  계획 개발

8	새로운 학습을
	유지하고
	확장하기
		• 바디스캔
		• 실습 검토
		• 과제 검토
		• 전체 과정 검토
		• 프로그램에 대해 생각해 볼 수 있는
		  질문지
		• 지난 7주 동안 개발해 온 훈련을 가
		  장 잘 유지할 방법에 대해 토의
		• 계획 검토하고 토의, 훈련을 유지할
		  수 있도록 긍정적 동기와 연결
		• 종결 명상	

차수별로 중점을 두고 있는 바를 간단히 소개하고자 한다.

1) 1회 알아차림과 자동조종 상태

건포도 명상으로 마음챙김 연습을 시작한다. 먹는 행위는 너무나 자동적인 행위로 무슨 일이 일어나고 있는지 모르는 채 행동하는 것(자동조종)과 천천히 집중해서 주의를 기울이는 것(마음챙김)을 비교해 볼 수 있도록 한다. 또한 마음이 자주 자동조종 상태에 있고, 이때 마음은 언제나 방황을 할 수 있다는 것을 이해하는 시간이 된다. 매 순간 실제 일어나고 있는 일에 얼마나 적게 주의를 기울이고 있는지 대신, 과거나 미래에 마음이 가 있는지 깨닫고, 주의를 집중하면 자동조종 상태에서 벗어나 현재를 더 충실히 경험할 수 있다는 것을 배우게 된다. 이어지는 바디스캔 명상에서는 신체적 자각을 통해 마음챙김을 연습한다. 참가자들 대부분이 몸의 다른 부위로 의도적으로 주의를 돌리는 간단한 작업이 생각보다 상당히 어렵다는 것을 경험하게 된다. 그렇지만 고통스러운 감정을 피하려고 애쓰느라 생각에 빠지던 기존 방식 대신, 감각에 주의를 옮기면 새롭게 감정을 만나게 된다. 이렇게 몸을 잘 알아차리면 감정조절에 도움이 된다.

2) 2회 머릿속에서 살기

바디스캔에 중점을 두고 실습한다. 몸은 현재 순간의 직접적인 경험 중 가장 접근하기 쉬운 곳이다(Welwood, 2000). 바디스캔은 신체 부위에 세밀한 주의를 기울이는 것으로, 이를 통해 행위 모드가 작동할 때 이를 명확히 자각하고 존재 모드로 전환하는 효과가 있어, 반추적 사고에 빠지지 않고 불쾌한 경험을 알아차리게 돕는다. 바디스캔의 목표는 이완 상태에 이르는 것이 아니라, 가능한 한 생각에 빠지지 않고 직접적인 신체감각을 알아차리는 것이다.

그리고 상황, 생각, 감정의 ABC 모형을 토대로 상황 자체보다 상황에 대한 해석이 감정을 결정한다는 것을 알게 된다. 과제로 즐거운 경험 기록지를 작성하는데, 이는 즐거운 활동에서 경험하는 생각, 기분, 신체감각을 자각하는 연습이 된다.

3) 3회 흩어진 마음 모으기

정좌 명상에서 호흡은 많은 의미를 담고 있다. 호흡은 과거, 미래가 아닌 현재에 일어나는 일이므로, 호흡에 주의를 두는 것은 현재 순간에 있도록 하며 목표를 추구하는 것과 반대로 존재 모드로 있게 한다. 또한 반추적 생각이 차지하던 마음의 비중을 의도적으로 호흡으로 돌려 반추적 생각을 대체할 수 있다. 마음이 여러 생각으로 방황할 때 이를 알아차리고 호흡으로 되돌아가는 단순한 연습을 통해, 생각을 생각으로 보는 탈중심화 기술이 향상된다. 실습 후 주의가 떠돌아다니는 곳에 호기심을 갖되, 판단이나 분류, 저항, 그리고 거부하지 않으며 관찰하고 나눈다.

4) 4회 혐오를 알아차리기

불쾌한 느낌을 만든 경험을 없애고 다시 일어나는 것을 막기 위해 반추에 몰두하다 보면 오히려 우울감에 빠지는 역효과가 일어난다. 이때 촉발된 생각, 감정, 신체감각을 자각하면 습관적이고 자동적인 방식으로 반응하지 않을 수 있게 된다. 정좌 명상을 연습하며 부정적 생각과 감정을 자각한다. 그리고 다시 호흡으로 돌아가길 반복하는데, 이는 결코 쉬운 일이 아니다. 왜냐하면 부정적 경험에 대해 무언가를 하고자 하는 자동적이고 습관적인 반응이 쉽게 일어나기 때문이다. 이때 상담자는 부정적 경험에 자동적으로 반응하기보다, 내용은 상관하지 말고, 의식적으로 모든 경험을 더 많이 알아차리도록 지시한다. 실습을 마치고 나면, 참가자들은 마음이 방황해서 실패했다는 호소를 자주 한다. 이때 상담자는 명상이 마음을 비우는 것이 아니라 마음을 알아차리고, 인정하며, 친절하고 온화하게 다시 호흡으로 돌아가도록 안내하는 것임을 상기시킨다. 실패와 좌절에 대해서 내리는 각종 판단도 그저 알아차리기만 한다. 자동적 사고 질문지를 통해 부정적 생각을 알아차리고, 이는 사실이 아니라 생각임을 인식하도록 한다. 걷기 명상은 발걸음의 감각에 주의를 기울이며, 목적지 없이 그 자체의 목적으로 걷는 것이다. 이 또한 몸의 경험에 주의를 돌려 매 순간 경험의 실재에 가까이 머물도록 배우는 과정이다.

5) 5회 허용하기/내버려 두기

고통스러운 생각과 감정으로 주의가 갈 때, 주의를 호흡으로 돌리는 것이 아니라 그 생각과 느낌에 머물러 본다. 그리고 주의를 몸으로 옮겨 생각이나 감정과 함께 있는 신체감각을 알아차린다. 이를 통해 원치 않는 경험과 근본적으로 다른 관계를 맺을 수 있도록 단계별로 돕는 것이 목표이다. 여기서 '다른 관계'란 수용하고 그대로 두고 내려놓는 것을 말한다. 바꾸려고 하지 않고 무엇이든 그대로 두는 것을 의미한다. 무엇이 있든 단순히 알아차리고 관찰하는 것이 주의를 강력하게 끌어당기는 경험을 다루는 새로운 방식이다. 알아차림이 반복적으로 같은 방향, 특정 사고의 흐름, 감정, 신체감각으로 이어질 때 어떻게 반응할지 가르친다. 심리적 고통의 징후인 신체감각에 주의를 옮겨 "무엇이든 괜찮아. 부드럽게, 마음을 열고."라고 말하면서 감각과 관계 맺는 방식을 부드럽게 하려고 한다. 알아차린다는 것은 직면해서 이름 붙이고 함께한다는 것이고, 무엇인가를 부드럽게 호기심을 갖고 만나는 것 자체가 수용의 일종이다.

6) 6회 생각은 사실이 아니다

자신의 생각을 사실이라고 확고히 믿는 정도를 완화시켜, 생각을 단지 생각으로 바라보도록 격려하는 것이 목표이다. 생각을 사실로 믿어 휩쓸리지 않고, 관찰과 자각의 대상으로 바라보도록 돕는다. 사건에 대한 해석과 생각은 무슨 일이 실제 있었는지뿐 아니라 그 순간 우리 기분의 영향을 받는다. 즉, 생각은 마음에 떠오른 하나의 정신적 사건일 뿐이다. 이러한 이해를 바탕으로 머릿속에 생각이 압도적으로 밀려올 때, 우선 호흡을 통해 선택할 수 있는 공간을 만들어 생각의 내용에 끌려 가지 않으면 마음챙김 능력이 강화된다.

● 종일 실습의 날

6회까지 모든 공식 마음챙김 명상을 수행하였다면 6회와 7회 사이에 종일 명상 실습을 진행할 수 있다. 참가자들은 마음챙김 명상을 깊이 할 수 있도록 말하기와 고의적 시선접촉을 자제한 채 프로그램에 참여하고, 마지막 시간에 집단토의를 하게 된다.

7) 7회 어떻게 하면 나 자신을 잘 보살필 수 있을까

우울할 때 자신을 돌보기 위해 능숙한 행동을 취하여 기분을 좋게 할 수 있다. 그런데 우울증은 동기 과정과 반대로 작용하여, 피로감, 귀찮음 등 활동하기를 가로막는 내적 상태를 유발한다. 따라서 무엇인가를 하고 싶다는 마음이 들기 전에, 재발 위험 징후를 알아차리고 활동을 증가시키는 것이 필요하다. 기분을 고양시켜 주는 즐거운 활동, 숙달감을 주는 활동 목록을 확장하고 친숙하게 다룰 수 있게 함으로써, 기분이 저조해질 때 호흡을 통해 선택의 공간을 마련하고 자신을 돌보기 위해 할 수 있는 활동을 선택할 수 있게 격려한다.

8) 8회 새로운 학습을 유지하고 확장하기

새로운 학습을 유지하고 확장하는 것이 마지막 차수의 주제이다. 프로그램에 참여하게 되었던 계기, 당시의 바람, 변화, 마치는 소감을 나눈다. 그리고 매주 진행된 8주차 수업이 끝난 후 지속적으로 실습할 이유를 스스로 찾고, 어떻게 할 수 있을지 계획해 본다.

6. 평가

우울증 재발 방지를 위한 MBCT의 효과는 무선통제 시행을 통해 확인되었다. 그리고 어린이(Semple & Lee, 2011), 물질남용(Bowen et al., 2011), 건강염려증(McManus et al., 2012), 사회공포증(Piet et al., 2010), 만성피로증후군(Rimes & Wingrove, 2013), 암 환자(Bartley, 2011) 등을 대상으로도 적용 가능성이 높다고 알려져 있다. MBCT 프로그램에 참여한 환자들이 생각을 생각으로, 우울증을 '내가 아닌 것'으로 보게 되었다는 보고는 객관화하는 능력의 증진을 통해 반추가 감소하고, 자기자비는 증가하는 태도의 변화로 이어짐을 보여 준다(Segal et al., 2018). 특히 최근 연구는 마음챙김이 투쟁, 도피 또는 얼어붙는 시스템을 유발하는 편도체의 크기와 그 영향을 감소시켜 정서적인 반응을 조절하는 두뇌의 네트워크를 강화시킨다고 밝히고 있다. 한편 MBCT의 효과가 다각도로 입증되고 있지만 급성 스트레스, 심각한 심리 증상이 있는 환자들에게는 적합하지 않을 수 있다.

정서도식치료

1. 이론의 발달

1) 인지치료의 변화 속에서 정서도식치료 모델 제안

1960년대 인지치료가 시작한 이후 그 토대는 거의 변하지 않았지만, 인지치료는 통합적인 관점에서 치료하기 위한 노력을 지속하며 계속 발전하고 있다. 그런데 심리학에서는 점점 인지 기능만으로 인간의 내면을 이해할 수 없으며, 정서에 관한 관심과 이해가 필요하다는 인식이 강하게 일어나고 있는 추세이다. 이에 인지행동치료의 제3동향에서도 정서에 중요성이 강조되고 있다. 과거 전통적인 인지행동치료에서는 '정서를 불러일으키는 원인이 되는 생각이 무엇인가?'에 주로 관심을 두었으며, 정서는 실제에 대한 구체적 해석의 결과로 보고, 정서 그 자체에 대한 해석은 거의 강조되지 않았다. 그러나 전통적 인지치료의 한계를 넘어서고자 하는 인지행동치료의 제3동향에서는 인지 내용 자체의 변화가 아닌 경험의 수용, 체험의 강조, 감정의 중요성에 중점을 두고 있다. 그리고 '감정에 대해 개인이 관계 맺는 방식'에 집중한다. 인지행동치료의 제3동향 중 정서도식치료(Emotional Schema Therapy: EST)는 인지치료의 한계를 극복하려는 과정에서 다양한 관점을 접목, 수정, 보완하면서 리히(Robert Leahy, 2002)에 의해 제안된 치료모델이다. 이 모델은 인간에 관한 관심을 인지 영역에서 정서 영역으로 확장하여, 정서 경험을 처리하는 개념의 틀로서 '정서도식(emotional schema)'이라는 개념을 채택하여 정서 문제를 해결하고자 시도하고 있다.

2) 인지행동치료들을 토대로 한 정서도식치료의 발전

(1) 벡의 인지치료와 정서도식치료

인지치료의 창시자인 벡(Aaron Beck, 1979)의 인지치료 모델에서는 개인의 정서와 행동은 개인이 세계를 구조화하는 방식인 인지도식에 기초하여 결정된다고 가정한다. 그리하여 부정적 혹은 비-적응적 인지도식이 심리적 어려움을 초래한다고 본다. 이에 정서 문제에 개입할 때 상담자는 주로 특정 정서 경험을 유발하게 하는 인지도식에 관심을 두어 도식의 결함을 평가하고 이를 수정하고자 시도한다. 리히(Robert Leahy, 2002)의 정서도식모델에서는 정서 자체가 인지의 대상이 될 수 있다고 접근하고 있다. 사람들은 자신의 정서를 처리하고 평가하며 그것에 반응하는 일에 대한 특정 신념을 지니고 있는데, 어떤 정서에 반응하여 선택한 계획, 개념, 전략을 정서도식이라고 정의하였다. 이렇게 정서도식을 해석과 전략으로 바라보는 관점은 벡(1979)의 인지도식 개념과 유사하다. 그러나 벡의 접근과는 다르게 정서도식치료에서는 정서도식을 사건 속에서 발생하는 내부 경험으로서 정서에 주의를 기울이고 그 정서에 대한 해석 방식을 결정하는 것으로 본다. 즉, 정서가 어떤 인지도식으로부터 어떻게 발생하느냐에 관심을 가지기보다 정서에 관한 생각의 내용이 어떻게 부적응적인 대처 전략을 유지하느냐에 관심을 두고 있다.

(2) 도식치료와 정서도식치료

벡(1979)은 인지치료 초기 모형에서부터 인지도식에 중점을 뒀으며, 벡과 동료들(Beck et al., 2015)은 인지적 모형을 확장하여 여러 도식적 특징과 성격장애와의 관련성에 대해 초점을 두었다. 개인이 심리적 어려움에 부딪힐 때, 관련된 부정적 인지도식이 활성화되면서 정서적·행동적·동기적 도식 등의 여러 도식에 영향을 미친다고 보았다. 영과 동료들(Young, 1990; Young et al., 2003)은 이러한 인지치료의 초기 모형을 좀 더 발전시켜 성격장애와 독립적으로 개인적인 도식을 강조한 도식치료(schema therapy)를 개발하였다. 도식치료는 자신과 타인의 개인적인 속성 혹은 성격 그 자체에 대한 이론이다. 즉, 개인들은 초기 경험의 결과들을 바탕으로 자기감(sense of self)에 대한 개념을 발달시키며, 이러한 자기개념 혹은 도식은 회피, 보상, 유지를 통해 지속된다고 보고 있다. 초기의 심리 도식은 개인의 자기감의 핵심을 이루는 견고한 패턴으로서 아동기에 형성되어 생애 전반에 걸쳐 정교화된다고 한다. 생애 초기에 형성된 부적응적 도식은 경직되고 역기능적인 대처방식을 획득하게 되기 때문에 도식치료에서는 자기도식, 타인도식, 세계도식을 확인하여 체계적인 도식의 변화를 돕는다. 한 개인 내에 도식이 존재하고 그 도식의 변화에 관심을 둔다는 점에서 정서도식치료도 도식치료와 같은 맥락을 갖는다고 할 수 있다. 그러나 도식치료는 성격이나 자기개념에 대한 모델인 데 반해, 정서도식치료는 정서에 대한 신념들과 정서 대처 전략들에 관한 모델이라 할 수 있겠다.

(3) 웰스의 메타인지모델과 정서도식치료

전통적인 인지치료는 인지 편향과 비합리적 신념의 역할을 강조하였다. 반면 웰스(Wells)는 인지 편향이 인지도식의 내용(예: 비합리적 신념의 내용)이 아니라 생각하는 방식에서 나타나는 것이며, 이러한 생각하는 방식의 처리는 메타인지에서 유래된다고 보았다. 이에 심리적 고통의 발달과 유지에서 인지도식 기반을 초월한 메타인지 신념의 중요성을 강조하였다(Wells, 2005). 리히(2002)는 메타인지모델이 정서도식치료 모델과 가장 직접적으로 연결되어 있다고 하면서 이러한 강조점을 정서적 영역에 적용하였다. 메타인지모델에서는 원치 않는 생각을 통제하려 하거나 없애려고 하고 명확성을 얻으려고 하는 기존의 인지 내용 변화에 대한 초점이 부적응적임을 강조하였다. 그리고 사고와 관련된 도식 내용에 초점 맞추는 것이 아니라 사고에 대한 평가와 전략 등 메타인지 과정에서의 인지에 대한 신념을 변화시킴으로써 인지 방식을 변화시키는 데에 초점을 맞추고 있다(Fisher & Wells, 2009). 정서도식치료 모델은 이와 비슷하지만, 인지가 아닌 감정에 초점을 맞춰 내적 정서 경험에 대한 개인의 인식과 평가, 그리고 이에 대처하는 개인의 전략에 주목한다. 예를 들면, 정서를 통제하려고 하거나 없애려 하는 정서적 평가와 정서 통제 전략이 정신병리학의 발달과 지속에 이바지한다고 제안하고 있다.

(4) 수용−전념치료와 정서도식치료

전통적 인지치료에서 인지도식의 '내용' 변화에 한계를 느껴 제안된 또 다른 치료로는 수용−전념치료가 있다. 수용−전념치료(Acceptance Commitment Therapy: ACT)는 정서를 불러일으키는 생각의 내용보다는 개인이 생각과 정서에 대해 지니는 관계를 더 중시한다. 마음챙김을 강조하면서 사고나 감각에 대해 관찰자적 입장으로 이를 활용하는 치료이다. 즉, 어떤 정서를 회피하거나 억압하려고 시도하는 대신, 그 정서를 알아차리고 관찰하는 접근법을 사용한다. 그리고 정서는 근본적으로 개인의 가치와 연관된다고 보고 있으며, 이 가치를 인식하고 실현하도록 하여 고통스러운 정서들을 조절할 수 있도록 돕는다. 정서도식치료도 이러한 수용−전념치료의 중요 개념들과 같은 맥락을 지닌다. 그러나 정서도식치료는 정서에 대한 생각의 내용과 정서 이론, 정서조절 등에 대해 더 자세히 기술하면서 개인 고유의 신념이나 정서에 대한 이론을 설명하고자 한다.

(5) 정서중심치료와 정서도식치료

인지치료에서는 정서 문제의 개입을 위해 초기 벡(1979)부터 시작하여 도식의 개념을 도입하여 적용했다. 그러나 정서에 관한 신경과학적 연구 결과가 진전되면서, 상담자들이 내담자의 정서 문제를 직접 다루려는 시도들이 증가하였다. 정서에 기반을 두고 있는 대표적인 접근으로서 그린버그(Leslie Greenberg, 2010)의 정서중심치료가 있다. 정서중심치료에서는 정서와 관련하여 정서 경험의 중요성, 정서가 자신의 욕구와 가치를 충족하기 위해 적절한 행위를 준비하도록 안내하는 역할을 한다는 것, 정서에도 생각에 대한 정보가 담겨 있다는 것, 어떤 자극에 대해 최초의 정서 반응인 1차적 정서가 있고 1차적 정서(개인적 경계를 침범당함으로 인한 화)에 대한 반응으로 2차적 정서(예: 화나는 것에 대한 죄책감 등)가 존재한다는 내용들을 주장하고 있다. 정서도식치료도 이와 같은 내용들과 궤를 같이한다. 그러나 정서중심치료는 인간중심상담과 게슈탈트 상담과 같은 전통적으로 정서 경험주의적 지향의 접근에서 도출되었다. 이에 반해 정서도식치료는 정서에 대한 신념과 정서가 어떻게 기능하는지에 대해 직접적으로 평가하면서 정서도식을 일련의 해석과 전략으로 바라본다는 점에서 인지행동 접근의 한계를 극복하려는 메타인지 접근의 특성을 보인다.

2. 인간관과 병인론

우리의 삶은 희로애락이라고 하듯이 사람들은 그들의 삶에서 항상 즐거움과 기쁨만 느끼지 않는다. 때론 슬픔, 불안, 분노 등 고통스러운 감정들도 경험한다. 그런데 심리적 장애를 겪는 사람들은 고통스러운 정서들을 자주 보고하여 고통스러운 정서와 심리적 장애가 연관이 있어 보인다. 그러나 고통스러운 정서들을 경험한다고 모두가 우울증이나 불안장애 등을 겪는 것은 아니다. 그렇다면 고통스러운 정서와 심리적으로 병적인 상태는 어떤 관계가 있는가? 무엇이 고통스러운 정서들을 지속시키고 심리적 질병을 생기게 하는가?

정서도식치료에서는 고통스러운 정서라 하더라도 그 정서를 경험하는 것 자체가 문제는 아니라고 본다. 그보다는 고통스러운 정서를 경험할 때, 그 정서에 대한 신념, 개인의 해석, 이를 조절하기 위한 정서조절전략 방식에 따라 어떤 이는 고통스러운 정서들로부터 순조로운 삶의 방식으로 나아가기도 하고, 어떤 이는 정신적 질병을 겪게 된다고 보고 있다. 즉, 고통스러운 경험을 할 때 고통스러운 감정을 느끼게 되는데, 그 정서에 대한 신념이나 해석에 따라 다른 반응을 하게 된다. 예를 들면, '고통스러운 정서는 자신을 압도할 것이고, 사라지지 않을 것이며, 다른 사람들은 경험하지 않는 특이한 경험으로서 수치스러운 것이다'라는 신념이 있다면, 그 정서를 억누르기 위해 물질남용, 반추, 폭식 등의 대처 전략에 의존하여 고통을 덜고자 할 수 있어 정신건강에 악영향을 줄 수 있을 것이다. 반면, '정서적 고통이 자신에게 주는 의미와 가치를 알면 자신을 압도하지 않은 채 찾아왔다가 사라질 수 있다'라는 신념을 갖고 있다면, 자신의 고통스러운 정서를 회피하고 억누르기 위하여 도움이 되지 않는 대처 전략에 의존하지 않을 것이다.

한편 특정 정서도식들은 특정 장애를 예측하는 데 있어 다른 도식들보다 더 효과적일 수 있다. 예를 들면, 개인이 자신의 정서에 대해 죄책감이나 수치심을 느끼는 것, 자신의 감정에 대해 부적응적으로 끊임없이 반추하는 것으로 대응하는 태도, 자신의 부정적 정서를 바꾸는 것에 대해 통제할 수 없을 것이라는 믿음, 자신의 감정을 수용해 줄 수 있는 타인이 없다는 신념 등과 같은 정서도식들은 우울증을 잘 예측한다(Leahy et al., 2012). 또 다른 예로, 감각과 정서는 통제되어야 한다는 믿음, 정서 위험에 대한 통제를 상실할 것이라는 믿음, 통제 상실은 큰 참사를 초래하기 때문에 통제가 필수적이라는 신념 등과 같은 정서도식들은 불안장애를 잘 예측할 수 있다(Barlow, 2002; Hayes, 2002; Mennin et al., 2002).

3. 주요 개념

1) 정서도식치료에서 보는 정서에 대한 관점

(1) 정서에 대한 다면적 이해

정서도식치료에서는 정서를 이해할 때 정서를 느끼게 하는 상황, 인지적 평가, 정서의 의도 혹은 목적, 생리적 각성, 행동경향, 그리고 대인 전략, 대처 행동 등 다면적인 부분을 이해하고자 한다. 그리하여 정서도식치료에서는 정서 경험과 반응의 각 요소를 개입의 표적으로 이해하여 각각의 측면에 개입하는 것을 중요하게 생각한다. 또한 내담자가 하나의 감정에 관해 표현하더라도 정서의 다층적인 특성을 이해하여 여러 다른 감정들이 깔려 있음을 알고 감정들의 다양성을 확장하여 이해하고자 한다. 어떤 경우에는 한 가지 감정이 또 다른 감정을 덮을 수도 있기 때문이다.

(2) 정서에 대한 포용과 수용

정서도식치료에서는 감정을 제거할 필요가 있다는 관점이 아닌 '감정의 포용과 수용'의 필요성을 제안한다. 불쾌한 감정과 경험은 없애야 하는 것이 아니다. 우리는 삶에서 항상 좋은 감정만을 느낄 수는 없고 다양한 범위의 감정들을 필수 불가결하게 느낄 수밖에 없기에 정서도식치료에서는 그 감정들을 포용하는 능력을 향상하는 데 초점을 둔다. 즉, 모든 것을 느낄 수 있는 삶을 살아가는 것을 목표로 삼는다(Leahy, 2015).

원치 않는 감정에 대한 인식과 수용을 강조하는 내용은 수용과 마음챙김을 강조하는 치료 흐름과 같이 한다. 그리고 침투적인 사고나 충동을 관찰하고 견디는 것을 중시하는 메타인지모델과도 같은 맥락을 지닌다. 감정에 대한 인식과 수용은 여러 감정에 대해 우리가 인정하고, 수용하고, 정상화하고, 관찰하고, 삶의 또 다른 지점으로 흘러가도록 하는, 계속 변화하는 경험이다.

(3) 진화적 적응, 사회적 경험, 양육의 상호작용 결과인 정서

정서도식치료에서는 현재의 감정 안에는 진화적 원인이 있음을 인식하여 자신의 감정을 이해하도록 도와서 현재의 정서 경험을 병리적으로 이해하지 않도록 한다. 공포, 불안, 질투, 복수심 등을 포함한 감정 대부분에 대해 진화론적 증거를 찾을 수 있다고 보고 있다. 동시에 정서를 진화론적 소인과 더불어 생물학적 소인의 토대를 인정하면서 사회화 경험과의 상호작용으로 본다. 즉, 문화나 사회 분위기에 따라 같은 감정이라 할지라도 그 감정에 대한 가치 평가와 바라보는 시각이 달라지며, 이는 한 개인의 감정과 타인의 감정에 대한 반응의 차이를 초래한다. 따라서 정서도식치료에서는 감정에 대한 판단이 문화적이고 사회적인 영향임을 알아차리도록 돕는다. 그리하여 감정을 판단하기보다는 자신의 욕구, 가치, 좌절, 열망을 반영하는 것으로 보도록 격려한다. 또한 정서도식치료에서는 부모와 같이 친밀한 타인이 개인의 감정에 어떻게 반응하는지에 따라 감정에 관한 태도에 영향을 미친다고 생각한다. 중요한 타인이 개인의 감정을 비난하고, 타당하게 생각하지 않으며, 표현하려는 것을 좌절시키고, 그 감정을 독특하고 이상하다고 생각하면 자신의 감정을 안전하게 드러낼 수 없을 것이다. 이에 정서도식치료에서는 친밀한 관계에서 상대방의 감정에 관심을 보이고 타당화하고 수용하는 것이 중요하다고 제안한다.

2) 인지적 대상으로서 정서

정서도식치료에서 각 개인은 자신의 감정과 타인의 감정에 대한 암묵적 이론을 갖고 있다고 제안하며, 감정이 일어날 때 감정에 반응하는 전략을 활성화하는데, 이것이 바로 정서도식이라고 한다. 이를 통해 정서에 대한 인식, 감정의 변별, 감정과 사건의 연결, 이전 경험에 대한 회상, 감정에 대한 예측, 감정에 대해 정상화하거나 병리화하는 것, 감정에 대한 감정(죄책감과 수치심 등), 감정의 지속시간에 대한 평가, 감정의 이해 등의 인지적 활동들이 일어나게 된다. 개인들은 자신의 감정을 인지적 대상으로 해석함으로써 특정한 편향이 일어나기도 하며 왜곡된 사고를 지닐 수 있게 됨으로써 감정에 대한 감정이 일어날 수 있다. 예를 들면, 불안에 대해 파국적인 인지 특성이 불안에 대해 더 불안을 느끼게 할 것이다.

3) 정서도식의 14가지 차원

정서도식모델에서는 한 정서와 그에 대한 반응의 개념화 및 평가를 14가지 차원으로 나누고 있다. 정서도식치료에서는 이러한 차원들을 평가하고 이에 대해 개입한다. 이 14가지 차원은 다음과 같다.

- 지속: 정서가 얼마나 오래 지속될 것인지에 대한 믿음
- 통제: 정서를 통제할 필요에 대한 믿음
- 이해 가능성: 자신의 정서에 대한 이해 가능성
- 합의: 자신의 정서가 자신만 유일하게 느끼는 것이라고 믿는 신념
- 죄책감과 수치심: 자신의 정서에 대한 수치심과 죄책감의 정도
- 합리성: 정서적 경험보다 이성을 강조하며 합리적으로 대처해야 한다는 신념
- 정서에 대한 단편적 시각: 어떤 상황에 대해 오직 한 가지 방식으로만 느껴야 한다는 신념
- 가치: 정서를 통해 자신의 가치를 명확히 할 수 있다는 믿음
- 표현: 정서에 대해 기꺼이 이야기하고 표현할 수 있는지에 대한 믿음
- 타당화: 자신의 정서를 수용해 주는 타인들이 있다는 믿음
- 수용: 자신의 정서를 있는 그대로 느낄 수 있도록 허용하는 정도

- 비난: 자신의 부정적 정서가 타인에 의해 초래되었다고 여기며 비난하는 정도
- 무감각: 정서를 경험하는 것 자체에 대한 어려움
- 반추: 한 정서에 사로잡혀 답을 찾을 수 없는 질문을 던지며 원치 않는 생각을 끊임없이 하는 정도

4. 상담 과정

1) 자기보고 평가 및 초기면접

정서도식치료에서는 정서도식의 14개의 범주를 측정하는 질문지를 통해 자기보고 평가를 하도록 한다. 그리고 추가적으로 평가의 관심 대상이 되는 주요 특정 정서(예: 분노, 불안, 외로움 등)에 따라 어떻게 생각하고 반응하는지에 초점을 맞춰 탐색할 수 있다. 그 외에도 정서조절전략 질문지(ERSQ), 긍정적 정서 및 부정적 정서척도(PANAS), 수용 행동 질문지 II(AAQ-II), 메타인지 척도(MCQ-30) 등의 자기보고 평가지를 사용하여 광범위한 초기사정을 통해 내담자의 구체적인 문제 범위, 정서에 대한 신념, 사회화 경험, 정서조절에 대한 이해를 할 수 있다(Leahy, 2015).

초기면접에서 치료자는 내담자의 강렬한 감정적 내용을 동반하는 기억 및 현재 경험을 탐색하는 것으로 시작하게 된다. 이 탐색을 통해 내담자를 힘들게 하는 구체적인 정서, 정서들에 대한 내담자의 신념, 그동안 원가족에서 그 정서들을 다뤄 왔던 방식, 현재 다른 사람들과의 관계 속에서 정서적으로 기능하는 방식, 정서를 조절하는 데 사용하는 역기능적 전략들, 고통스러운 정서에 대처하기 위한 과거의 대처방식들 등의 정보를 파악하게 된다. 더불어 내담자가 그 정서를 표현할 때의 특성, 정서가 올라올 때 정서에 대한 반응, 정서에

대한 암묵적 신념들에 대한 정보도 파악하게 된다.

2) 사례개념화

초기 평가와 초기면접 후, 정서도식치료자는 여러 신념과 역기능적인 정서 조절전략들이 어떻게 현재의 호소 문제와 증상에 영향을 미치는지 이해하기 위한 사례개념화 작업을 한다. 예를 들면, 내담자가 느끼는 역기능적 정서들은 무엇인지, 이에 영향을 미치는 지배적인 정서도식은 무엇인지, 이 정서도식이 형성하게 된 어린 시절의 경험과 정서에 관한 사회화 과정이 어떠한지에 대한 이해를 할 수 있을 것이다. 또한 현재의 고통스러운 정서를 조절하기 위한 역기능적 정서조절전략이 무엇인지, 가능한 적응적 정서조절전략이 무엇인지 등에 대해 이해할 수 있을 것이다. 그리고 정서도식들, 정서조절 그리고 현재의 고통스러운 감정과의 관계가 대인관계에 어떤 결과를 초래했는지에 관해 이해할 수 있을 것이다.

3) 내담자에게 정서도식모델 교육

평가와 사례개념화 후, 치료의 첫 단계는 내담자의 정서도식에 관한 이해를 돕는 것이다. 즉, 내담자에게 정서와 정서도식이 무엇인지 알려 주고, 정서도식에 따라 어떤 역기능적 대처 전략을 사용하게 되는지 이해를 돕는다. 그리고 정서도식이 가족 내에서 어떻게 학습되는지도 확인할 수 있다. 또한 정서도식이 정신적 장애를 지속시키는 데 어떻게 영향을 미치는지 이해할 수 있도록 돕는다.

4) 사례개념화 활용하여 치료 계획 수립하기 및 치료개입

이후 치료자는 사례개념화 내용을 내담자와 공유하면서 내담자가 자신의 정서에 대한 신념, 부적응적 대처 전략, 자신의 정서와 관련된 신념들이 어떻게 발달하여 왔는지, 이러한 신념들이 어떻게 내담자가 역기능적인 전략들을 사용하는 데 영향을 미쳐 왔는지에 대해 이해할 수 있도록 돕는다. 자신에 관한 사례개념화를 이해하게 되면 사례개념화를 활용하여 치료 계획을 수립하게 된다. 치료 계획의 내용으로는 내담자가 정서도식치료 모델을 이해하도록 돕고, 정서도식을 확인하고 수정하며, 정서에 대처하는 역기능적 전략을 제거하고, 행동과 선택을 하도록 하는 본인의 가치를 확인하고, 정서적으로 풍부한 삶을 살게 하기 위한 작업이 포함된다.

이러한 치료과정은 다음과 같은 구체적인 치료개입에 의해 이루어지게 된다.

5. 치료개입

1) 타당화

타당화는 화자가 자신이 현재 겪고 있는 그 경험이 어떠하였고, 어떤 정서를 느꼈으며, 그 경험이 무엇을 의미하는지를 청자에게 이해받았다는 느낌을 말한다. 이러한 타당화 과정은 인생의 초기에서부터 중요한 역할을 하는데, 영아의 고통스러운 울음소리에 대한 부모의 반응과 달래는 행동은 아기의 고통에 대한 타당화 과정이기에 타당화는 곧 애착이라고 할 수 있을 것이다. 초기에 자신의 감정을 타당화 받지 못하고 반대로 무효화, 무시, 비판받는 반응을 많이 접한 내담자들은 고통을 보고하는데, 타당화의 결핍은 정서조절장애, 정서의 과도한 극적 표현, 건강염려, 억압적 정서 방식, 정서 표현 불능증, 물질 사용장애, 자기 패배적 관계 등의 보상행동을 유발하여 정신병리에 영향을 미친다.

이에 정서도식치료에서는 감정 경험을 위한 안전한 공간을 만들고, 내담자들이 수치심이나 죄책감 없이 감정 경험을 표현하고 공유할 수 있도록 치료의 초기 단계에서부터 전체 치료 기간에 걸쳐 정서 경험의 타당화를 치료과정의 핵심으로 두고 있다. 타당화를 통해서 내담자는 다른 사람들도 자신과 비슷한 감정을 느낀다는 것을 알게 되고, 자신의 감정에 대해 수치심이나 죄책감을 느끼지 않게 되며, 양가감정을 견딜 수 있으며, 감정을 자유롭게 표현할 수 있게 된다. 또한 감정이 영원히 계속되지 않음을 알고, 자신의 감정을 이해 가능한 것으로 여기게 되며, 자신의 감정을 잘 수용할 수 있게 된다. 결국 타당화는 내담자가 자신의 감정을 바라보는 방식, 신념(정서도식)을 변화시킬 수 있게 되는 것이다.

2) 정서조절전략 이해와 적응적 정서조절전략 선택

인지치료모델에서 '인지적 오류'를 탐색하는 것과 비슷하게 정서도식치료에서는 내담자 자신이 가지고 있는 정서에 관한 구체적인 신념과 전략에 대해 살펴보도록 한다.

예를 들면, 어떤 내담자들은 자신의 정서에 관해 이해할 수 없는 것으로 대하거나, 고통스러운 정서가 지속될 것이라고 믿고 있으며, 자신의 정서는 잘못된 것이고 부끄러운 것이라고 믿고 있을 수 있다. 정서도식치료에서는 이러한 정서에 관한 신념들을 관찰하고 이 신념들이 적응적인지 생각해 보게 하고, 적응적인 신념과 정서조절전략으로 대체할 수 있게 한다. 이때 자기 신념의 장단점을 파악해 보고, 신념을 뒷받침하거나 혹은 반박하는 증거들을 찾아보는 등 인지치료 기술을 사용할 수 있다. 그리고 정서에 이름을 붙이고 마음챙김을 통해 정서의 경험을 알아차리고 정서들이 생겨난 맥락을 고려하여 이해할 수 있도록 도울 수 있다. 고통스러운 정서가 지속될 것이라는 신념으로 인해 그 정서를 피하기 위한 행동이 증상을 일으키는 경우, 그 정서를 활성화시켜 노출 연습을 하도록 도울 수도 있다. 내담자가 어떤 특정 정서에 대해 죄책감과 수치심을 느끼는지 논의해 보며 정서적 완벽주의(개인의 정서적 삶이 항상 순수하고 편안하고 즐거워야 한다는 믿음)에 대해 논의할 수도 있다. 때로는 정서에 맞서 싸우기를 포기하고 가치 있는 목표를 실현하기 위한 행동을 추구하면서 정서를 받아들일 수 있도록 돕기도 한다. 정서도식치료에서는 이와 같은 작업을 통해 내담자가 정서에 관한 더 적응적인 신념과 전략을 사용하도록 돕는다.

3) 양가감정 다루기

양가감정이란 여러 대안 중에 선택해야 할 때 경험하는 복합적인 감정이다. 실제로 대부분 사람은 양가감정을 경험한다. 그런데 양가감정에 대한 정서도식이 편협할 경우, 불확실성은 바람직하지 않다고 생각하며, 선택을 위해서 더 많은 정보를 수집해야 하며, 양가감정이 사라질 때까지 어떤 결정도 하지 말고 미뤄야 한다고 생각하여 복합적인 감정에 관해 어떤 선택도 못 하고 어려움을 겪게 된다.

정서도식치료에서는 인간이 경험할 수 있는 다양한 감정을 변별하고 그 범위를 확장해 가는 것을 제안한다. 그리하여 정서도식치료자는 우선 양가감정이 실제 현실을 반영하는 것으로 그럴 수 있다고 정상화한다. 그리고 양가감정 밑에 있는 자동적 사고를 검토하고 양가감정을 수용하는 것의 득실을 평가함으로써 내담자가 양가감정에 대처하는 것을 돕는다. 누구도 완벽한 대안을 갖고 있지 않으며 가진 것을 최대한 활용하여 얼마간의 손실, 불확실성, 어려움을 예상하고 덜 완벽한 결과를 기꺼이 수용하는 대안적 전략을 제안한다. 이를 통해 내담자들은 혼합된 감정의 본질을 정상화하고 불완전한 것을 수용하게 된다.

4) 정서를 가치에 연결하기

정서도식치료의 목표는 단순하게 정서를 차분하게 하거나 불편한 감정을 없애는 것이 아니라 정서의 의미를 이해하고 그 기저에 있는 자신의 가치와 맞닿아 있는 삶을 이해하고 그로 인한 힘든 감정들을 기꺼이 수용할 수 있도록 돕는 것이다. 그리하여 고통을 피하는 것이 아니고 고통을 느낄 수도 있지만 그만한 가치가 있는 삶을 살도록 돕는다. 고통스러운 감정은 현재 순간에 자신의 가치가 실현되고 있지 않다는 것을 의미한다. 따라서 정서도식치료에서는 여러 기법을 활용하여 내담자의 가치를 밝히는 데 도움을 주고자 한다. 예를 들면, 고통이나 상실이 애착, 사랑 및 타인과의 연결이라는 가치의 불가피한 결과일 수 있다는 것을 인식하고 고통의 수용을 허용할 수 있도록 돕는다. 그리고 고통을 주는 사건에서 시작하여 그 사건으로 인한 고통스러운 감정이 가리키는 가치나 의미가 무엇인지, 다시 그 의미는 무엇을 의미하는지 등을 계속 찾아보면서 점점 더 높은 의미와 가치를 찾아본다. 그리고 가치를 드러낼 수 있는 또 다른 기법으로 자신이 가진 모든 것을 잃었다고 상상해 보고 자신이 진심으로 좋아하고 아끼는 것을 확인해 보면서 자신에게 진짜 중요한 가치를 찾는 것이 있다. 또는 내담자에게 그가 존재하지 않았다면 다른 사람들의 삶이 어땠을지 상상해 보도록 요청함으로써 자기 삶의 의미와 연결되고 자기 삶의 목적을 찾을 수 있도록 도울 수 있다.

6. 평가

정서도식치료에서 정서에 대한 사례개념화를 할 때 주요 인지행동 모델의 중요성을 간과하는 것은 아니다. 그러나 정서도식치료는 정서 경험의 유지, 확대, 재발생에 대한 두려움, 염려와 반추(정서조절 목적으로 한)를 통한 경험의 회피행동, 정서 경험에 대한 부정적 믿음의 결과로 인한 수동적 행동 등 정서와 관련하여 면밀한 평가를 하고 있다. 이를 통해 정서도식모델은 다른 인지행동 모델보다 한걸음 더 나아갔다고 평가할 수 있을 것이다(Leahy, 2015). 또한 치료자들은 내담자가 개인적으로 갖고 있는 정서적 이론과 정서에 대한 관계의 조절전략를 바꾸게 함으로써 내담자를 더 잘 도울 수 있게 되었다(Leahy, 2015). 그리고 정서도식치료의 효과성 연구들에 의하면 정서도식치료가 불안, 우울, 외상 후 스트레스 장애 증상, 그리고 심리적 기능의 다양한 지표를 줄이는 데 효과가 있는 것이 보고되고 있다(Leahy, 2019).

4부

정서중심 상담이론

인간중심상담

1. 이론의 발달

인간중심상담은 1940년대에 로저스(Carl Rogers)에 의해 개발되었다. 어린 시절의 로저스가 경험한 가정은 따뜻하고 친밀하지만 동시에 엄격한 종교적·윤리적 규율이 강조되는 분위기였다. 로저스의 부모는 근면했고 당시에는 드물었던 대학교육을 받은 사람들이었으며 자녀교육에 관심이 높았다. 책을 읽고 혼자만의 시간을 갖기를 좋아했던 로저스는 부모에게 자신의 시시콜콜한 생각이나 감정을 표현하지는 못했는데, 부모가 자신을 판단하고 지적할 것이라고 생각했기 때문이었다.

로저스가 열두 살 때 가족은 도시에서 멀리 떨어진 농장으로 이사를 했고 로저스의 부모는 자녀들에게 근면과 성실을 가르치고자 했다. 이 때문에 내향적인 로저스는 청소년기에 또래와 사회적 관계를 왕성하게 맺기보다 고립되고 외로운 생활을 했다. 이 시기는 이후 그가 강조한 인간과 인간 사이의 진실된 관계 경험이 매우 결핍되었던 때였다. 더불어, 이 시기에 로저스는 농장을 운영하는 과학적 원리를 진지하게 관찰하고 탐구함으로서 과학적 연구방법에 대한 관심을 발달시켰다.

위스콘신대학에 농학 전공으로 입학한 이후, 1922년에 그는 세계 기독교 학생 연합 세미나에 참석하기 위해 6개월간 중국을 여행했다. 이때는 로저스가 어린 시절부터 교육받고 당연시 여겨 왔던 근본주의 기독교적 관점에 대한 대안적 관점들을 접하면서 자신의 목표와 철학, 가치를 온전히 스스로 갖기 시작한 시기였다.

여행에서 돌아온 로저스는 전공을 역사학으로 변경하고 심리학으로 박사학위를 취득하였다. 이후 인간에 대한 깊은 고찰과 연구를 거듭한 끝에 개인이 어디를 향해 나아가야 할지는 그 자신이 가장 잘 안다는 점, 지금-여기의 내담자를 통해 내담자를 더 잘 이해할 수 있다는 점 등을 발견하였다. 그리고 이전까지 정신분석과 행동주의가 주류를 이루던 상담 및 심리치료 영역에 분석가가 아닌 내담자가 상담을 이끌고 외현적 행동보다 내적 경험에 초점을 두는 획기적인 이론을 소개하게 되었다. 로저스의 상담이론이 발달해 온 과정은 이론의 명칭이 변경되는 과정을 통해 이해할 수 있다.

1940년경 로저스는 상담자가 주도적으로 지시하고 해석을 제공하던 기존 상담에 대한 대안적 상담이론으로서 '비지시적 상담(nondirective therapy)'을 제시하였다. 비지시적 상담에서는 상담자가 허용적이고 비지시적인 상담 분위기를 조성하는 것을 강조하였다. 해석, 교육, 제안, 충고와 같은 개입에 대해 의문을 제기하였고 상담에서 진단의 유용성을 거부했다. 대신 비지시적 상담에서 강조되는 접근법은 내담자의 내면에 대한 반영과 공감이었다. 이후 로저스는 1951년에 자신의 상담이론을 '내담자 중심 상담(client-centered therapy)'으로 소개하면서 상담에서 기법이 아닌 내담자 자체를 중시하는 태도를 강조했다. 이때 내담자를 이해하기 위한 가장 적절한 접근법은 내담자의 현상학적 세계에 집중하는 것이었다.

로저스가 자신의 이론을 '인간중심(person-centered)'으로 지칭한 것은 1970년대 후반이었다. 그러나 그의 1961년 저서 『진정한 사람 되기(On Becoming a Person)』와 1968년에 동료들과 함께 설립한 연구소 '인간 연구 센터(Center for Studies of the Person)'에서 드러나듯 로저스의 관심은 이미 '인간' 그 자체에 있었다. 로저스의 인간에 대한 연구와 저서는 그의 이론이 심리치료뿐 아니라 인간 사회의 다양한 영역에 적용될 수 있음을 보여 주었다. 그 결과 로저스의 이론은 개인상담뿐만 아니라 집단상담, 부부상담, 교육, 산업, 그리고 미래 세계를 위한 정치적 변화를 꾀하는 접근으로까지 제안되고 활용되었다. 이 시기에 로저스의 이론은 인간중심 접근(person-centered approach)으로 불리기도 했는데, 그의 이론이 상담의 영역을 넘어 더 광범위한 인간 영역에 적용되고 있었음을 시사한다.

로저스의 인간중심상담은 수용적인 상담 분위기 속에서 내담자의 정서적 경험을 다루는 것이 유용함을 시사함으로써 다른 접근들과 통합되어 새로운 영역을 구축하기도 하고 이후에 등장하는 새로운 접근의 이론적 토대가 되기도 하였다. 그린버그(Greenberg, 2004)는 안전하고 진실한 상담 분위기 속에서 내담자에게 정서적으로 가장 생생하게 경험되는 주제를 따라 작업을 하는 정서중심치료(Emotion-Focused Therapy: EFT)를 개발하였다. 또한 젠들린(Gendlin, 1996)은 내담자의 신체에 대한 느낌에 주의를 기울이고 초점을 유지하도록 함으로써 감각을 명확하게 하고 변화를 허용하는 초점화(focusing)를 개발하였다. 인간중심 접근과 다른 이론을 통합하여 카커프(Carkhuff, 1981)는 휴먼테크놀로지(Human Technology: HT)을 개발하였다. HT에서는 인간의 학습이 탐구, 이해, 행동의 세 단계로 진행된다고 설명하였고, 그 첫 단계인 탐구와 자기자각을 촉진하고 신뢰할 수 있는 치료동맹을 형성하는 데 인간중심 접근을 활용하였다.

인간중심상담의 원리를 토대로 한 대표적인 접근으로 롤닉과 밀러(Rollnick & Miller, 1995)가 개발한 동기강화상담(Motivational Interviewing: MI)이 있다. 동기강화상담은 양가감정을 탐색하고 해결하도록 도움으로써 행동 변화를 촉진하는 접근법으로, 원래의 인간중심상담에 비해 조금 더 지시적이고 행동중심적이다. 상담자는 상담에서 다룰 내용을 내담자가 정하도록 하고, 내담자의 내적 경험을 있는 그대로 수용하면서, 문제행동을 고수하려는 태도와 긍정적인 방향으로 변화하고자 하는 태도의 양가감정을 명확히 한다. 수용적이고 공감적인 분위기 속에서 내담자가 변화할 이유를 스스로 탐색하도록 하고, 이를 통해 내담자의 구체적인 목표를 향한 동기와 실행을 강화하도록 돕는다. 동기 강화상담은 원래 중독 문제를 가진 내담자의 행동 변화를 돕기 위해 개발되었다. 중독 문제를 겪는 내담자는 중독 상태나 중독 대상에 대한 양가적 태도가 두드러지는데, 동기강화상담은 이들이 문제행동을 변화시키는 선택을 스스로 할 수 있도록 돕고자 고안된 면접기법이다. 현재는 중독 내담자뿐만 아니라 상담에 비자발적인 내담자를 포함하여 변화에 저항하는 내담자가 변화의 방향으로 향하도록 돕는 데 유용하게 활용되고 있다.

상담 및 심리치료 분야에서 인간중심상담은 '상담에서 중요한 것은 상담자와 내담자 사이의 인간 대 인간으로의 만남'이라는 것을 일깨웠다는 점에서 중요한 기여를 하였다. 인간중심상담은 전문가인 상담자나 이론 또는 기법이 중심이 되는 상담이 아니라 내담자의 잠재력을 신뢰하고 촉진하는 환경을 제공하는 상담을 제안함으로써 이후 개발되는 상담이론에 큰 영향을 미쳤다. 현재 공감은 인간중심상담에서 내담자를 이해하는 통로로 제안된 이래로 이후의 여러 상담 영역에서 내담자를 대하는 기본적인 태도이자 기술로 사용되고 있다. 인간중심상담에서 제시되었던 상담자의 공감은 상담에 대한 범이론적 관점에서도 상담의 성과를 예측하는 주요한 요인으로 경험적으로 검증되었다 (Wampold, 2012).

2. 인간관

인간중심상담에서 개인은 자기실현경향성이 있어서 자신을 유지, 고양, 실현하는 방향으로 움직이려는 동기를 생득적으로 갖고 있으며 어떤 선택이 자기실현에 바람직한지도 스스로 안다. 생명이 있는 다른 유기체들과 마찬가지로, 인간은 개별적이고 그 자체로 통합적인 생명체로서 자신에게 가장 좋은 것을 스스로 찾아갈 잠재력이 있다. 인간은 본래 건설적이고 협력적이다.

인간은 살면서 생리적ㆍ감각적 경험과 인지, 정서, 동기, 욕구, 기억 등의 다양한 경험을 한다. 이와 같은 유기체로서의 자연스러운 경험들은 개인을 자기를 실현하는 방향으로 안내하는 나침반이 된다. 반사회적이고 공격적인 충동역시 인간에게 존재하지만 이러한 정서는 사랑이나 안정감과 같은 기본적인욕구가 좌절된 것에 대한 반응으로서 나타난다. 따라서 이러한 정서들을 거부하거나 통제할 것이 아니라, 좌절된 욕구를 자각하고 대립되는 욕구 간의 균형을 추구해야 한다. 개인이 자신의 경험에 주의를 기울이고 자각하면서 자기실현경향성에 따라 살 수만 있다면 자율적이고 책임감 있는 건강한 삶을 살게된다.

3. 병인론

개인이 어떠한 여건에서 자기를 실현하려는 경향성이 차단된다면 병리가발생하게 된다. 개인은 다양한 경험을 하는데, 개인의 내적 경험이 환경 내 타인으로부터 어떻게 받아들여지는지도 개인의 경험에 포함된다. 그리고 이러한 경험이 축적되면서 자기개념이 분화된다. 즉, 나는 어떤 사람이고 어떤 사람이어야 하는지 등에 대한 개념이 형성된다. 그런데 인간은 타인으로부터 긍정적인 존중을 받고자 하는 욕구가 있다. 이 때문에 자신의 경험 중 타인이 긍정적으로 받아들여 주는 경험에 대해서만 스스로에게 용인하고 자기개념에포함시킨다. 반면 타인의 긍정적 존중을 받지 못하는 내적 경험에 대해서는 스스로도 거부하고 두려워하는 현상이 생긴다.

타인의 긍정적 존중을 받기 위해 지켜야 할 조건들에 자기개념을 맞추어 고정시킨 개인은 살아 있는 유기체로서의 개인이 하는 다양한 경험을 온전히 자각하지 못하게 된다. 또한 고정된 자기개념에 부합하지 않는 경험이 발생하게 되면 이러한 경험은 개인에게 불안을 유발하게 된다. 이처럼 고정된 자기개념과 생생하고 다양한 경험 사이의 불일치가 커지면 개인은 정신적으로 와해되고 부인과 왜곡이 커지면서 부적응 증상이 나타난다.

4. 주요 개념

1) 자기실현경향성

로저스는 유기체에게는 자신을 유지하고 성장시켜서 궁극적으로는 자신을 실현하려는 기본적인 동기인 실현경향성(actualizing tendency)이 있다고 보았다. 유기체인 인간은 생득적으로 실현경향성이 있어서 성장 지향적이고 능동적이다. 적절한 여건만 주어진다면 스스로 긍정적이고 건설적인 방향을 찾아서 나아갈 의지와 역량이 있다. 개인이 음식을 섭취하고 신체 기관이 발달하며 성장에 따라서 보다 정교한 운동 능력이 생성되는 현상은 이러한 실현경향성에 의한 것이다. 불쾌한 긴장이나 욕구를 감소시키고, 쾌감을 위한 적절한 긴장을 추구하며, 창의적 활동을 추구하는 것도 유기체의 실현경향성의 표현이다.

자기실현경향성(self-actualizing tendency)은 실현경향성의 하위체계로, 유기체의 경험 중 자신에 대한 상징화된 지각인 '자기(self)'를 유지, 성장, 실현하려는 경향성이다. 자기실현경향성 역시 유기체의 잠재력을 발전시키는 경향성을 따르는데, 특히 유기체의 심리적인 실현경향성에 해당한다. 자기실현경향성은 유기체가 외부의 압력에서 벗어나 자율성을 향하도록 하는 경향성으로 설명된다.

[그림 12-1] 유기체의 실현경향성

2) 유기체와 유기체적 경험

유기체는 그 자체로 개별적이고 통합적인 생명체로서 환경과 상호작용하면서 끊임없이 변화한다. 인간중심상담에서는 인간을 유기체(organism)로 칭함으로써 인간이 통합된 전체로서 기능함을 강조한다. 유기체인 인간의 육체와 정신은 분리되어 기능하지 않는다. 인간의 신체적 기능과 정서, 동기, 인지, 감각을 포함한 심리적 기능은 분절되지 않은 잘 조직화된 전체이다. 그리고 통합된 전체인 인간 유기체는 매 순간에 타인을 포함한 환경과 상호작용하면서 다양한 유기체적 경험을 한다.

경험(experience)은 어떤 순간에 유기체 내에 발생하는 모든 것을 의미한다. 유기체의 경험은 유기체 내의 생리적이거나 감각적인 사건뿐 아니라 지각이나 의식을 포함한다. 또한 과거의 기억이나 경험이 어떤 순간에 활성화되어 그 순간의 다른 자극들이 유기체에 미치는 영향력을 확대 또는 축소하거나 변형한다면, 그 기억이나 경험, 그리고 이러한 과정 역시 경험에 해당한다. 경험에는 의식이나 자각이 되는 사건도 있지만 자각되지 않는 사건도 있다. 인간중심상담에서는 유기체의 경험에 대한 지각이나 상징화를 의식(consciousness)이라 설명한다. 예컨대, 수업이 너무 재미있어서 배고픔을 자각하거나 의식하지 못하더라도 배고픔은 유기체의 경험에 포함된다. 즉, 자각되는 사건과 자각되지 않는 사건이 모두 경험에 해당한다.

유기체의 매 순간의 경험은 옳고 그른 판단의 대상이 아니다. 인간중심상담의 인간관에 따르면 인간에게는 자기실현경향성이 있기 때문에, 개인이 유기체의 경험을 근거로 행동을 판단하고 선택한다면 이는 곧 자기실현을 향한 방향이 될 것이다. 유기체는 어떠한 경험도 할 수 있지만, 유기체를 고양시키는 경험은 긍정적 가치를 갖고 자기실현에 도움이 되는 경험으로 판단된다. 유기체적 경험은 개인에게는 주관적인 현실이며, 자기실현을 위한 좋은 나침반이 된다.

3) 현상적 장

현상적 장(phenomenal field)은 유기체가 환경과 상호작용하면서 구성하는 심리적 현실이다. 현상적 장은 매 순간 끊임없이 새롭게 구성된다. 살아 있는 유기체인 인간은 환경으로부터 완전히 고립되어서는 존재할 수 없다. 유기체는 환경으로부터 타인의 존재와 반응을 포함하여 다양한 심리적·물리적 자극을 받고 유기체 역시 환경에 영향을 미치기도 하면서 계속적으로 변화한다. 그 과정에서 유기체는 자신만의 내적 경험으로 개별적이고 주관적인 경험의 세계인 현상적 장을 구성한다.

비록 유기체가 주관적으로 구성한 심리적 현실이지만 개인에게 현상적 장은 엄연한 현실이며 개인의 행동을 결정하는 유일한 현실이기도 하다. 개인은 현상적 장을 기반으로 자극을 인식하고 판단하고 행동한다. 즉, 현상적 장은 개인에게 내적 참조체계로 작용한다. 따라서 개인의 내적 경험과 행동을 이해하기 위해서는 그 사람의 현상적 장을 이해하는 것이 필수적이다. 그리고 개인의 현상적 장을 이해하기 위한 유일한 통로는 그 장을 구축한 개인의 주관적 경험에 대한 공감이다.

4) 자기

　인간중심상담에서는 자기(self) 또는 자기개념(self-concept)을 뚜렷하게 구분하여 사용하지 않는다. 자기 또는 자기개념은 개인이 가지고 있는 현재 자신에 대한 지속적이고 체계적인 인식이다. 다른 이론들에서 자기를 인간 행동을 총괄하는 최상위 주체라고 설명하는 것과 달리, 인간중심상담에서 자기는 자신에 대한 의식적 지각이라고 본다. 자기는 어떤 역할을 하는 주체나 힘이 아니라, 유기체가 생득적으로 가지고 있는 스스로를 유지하고 고양시키고 실현하려는 경향성으로 나타나는 수단이다.

　자기는 유기체의 경험에서 분화된다. 유기체의 다양한 경험에는 '나는' 또는 '나를'이라는 개념을 포함한 경험들이 있는데, 이를 자기경험(self-experience)이라 한다. 자기경험은 '나는' '나를'이라는 말로 설명될 수 있는 현상적 사건이다. 자기경험에는 '나는' '나를'에 수반되는 특징들에 대한 경험이나 '나는' '나를'에 대한 지각이 갖는 가치 경험 등이 있다. 예컨대, '사람들은 나를 좋아한다' '나는 정직하다'는 지각 또는 스스로 '나'를 떠올릴 때 느끼는 흐뭇한 감정은 자기경험에 해당한다. 자기경험은 자기 존재와 기능에 대한 유기체의 경험이다.

　개인이 유기체의 모든 자기경험을 자각하지는 못할 수 있다. 자각은 자기경험 중 일부분을 상징화하는 것인데, 자기경험의 상징화를 통해 자기개념이 발달한다. 즉, 유기체가 중요한 타인들로 구성된 환경과 상호작용하면서 다양한 자기경험이 축적되는데, 자기경험 중 어떤 부분은 차별적으로 상징화되어 자기개념으로 정제된다. 유기체가 자기를 어떻게 지각하고 상징화하는지는 유기체가 속한 환경 내에서 자기경험을 어떻게 지각하는지에 달려 있다. 특히 긍정적인 존재로 존중받고자 하는 인간의 기본적인 욕구는 자기경험에 대한 지각에 중요한 영향을 미친다. 예를 들어, 유기체가 속한 환경이 '나는 분노한다'는 자기경험에 대해 부정적이고 거부적인 태도를 보인다면 이러한 자기경험은 개인이 존중받는 데 위협이 되는 경험으로 지각될 것이다. 축적된 자기경험은 현재의 자기에 대한 지속적인 인식인 실제적 자기(real self)와 긍정적으로 존중받기 위해 추구되어야 할 자기에 대한 인식인 이상적 자기(ideal self)를 형성한다.

5) 가치의 조건

개인은 긍정적으로 존중받고자 하는 생득적인 욕구가 있다. 유기체는 자기를 자각하기 시작하면서 자기가 긍정적으로 존중받기를 원하게 되고, 어떻게 하면 타인에게 긍정적으로 수용되는지 경험을 통해 추론한다. 타인의 긍정적 존중을 받기 위해 충족시켜야 할 것으로 지각한 조건을 가치의 조건(conditions of worth)이라 한다. 현실적으로, 타인의 긍정적 존중은 무조건적이지 않고 개인이 그 사람의 욕구를 충족시키는 행동을 할 때 선별적으로 제공된다. 예컨대, 개인은 다른 사람의 요구에 순순히 부응하거나 남들보다 뛰어난 능력을 발휘할 때 타인으로부터 칭찬과 인정을 받게 된다. 타인의 존중을 받기 위해 충족시켜야 할 조건들은 때로는 말이나 글로 제시되기도 하지만, 많은 경우 암묵적인 태도나 행동에서 조건이 추론되기도 한다. 이러한 경험이 축적된다면, 일정한 조건을 충족시키는 것이 다른 사람으로부터 자기가 긍정적으로 존중받는 것으로 이어진다고 기대하게 될 것이다. 즉, 가치의 조건은 암묵적이거나 가시적으로 제시되며, 개인의 긍정적 존중의 욕구로 인해 경험으로부터 추론되고 내면화된다.

조건적 가치가 지각되고 내면화되기 전의 유아는 유기체적 경험을 근거로 매 순간의 경험을 평가한다. 이때 유기체의 유지와 성장에 도움이 되는 경험은 긍정적인 경험으로, 방해가 되는 경험은 부정적인 경험으로 평가된다. 이를 유기체적 가치화라 하는데, 유기체적 가치화를 따르는 개인은 유기체의 경험을 신뢰하며 경험에 대해 방어적이지 않고 자기실현을 향한 행동을 자연스럽게 선택한다. 그렇지만 긍정적 존중의 욕구로 인해 경험으로부터 조건적 가치를 추론한 개인은 타인이 제시하는 가치의 조건을 충족시키려 하고, 이 때문에 유기체적 경험은 온전히 신뢰받기보다 일부 경험이 외면받는다.

6) 자기와 경험의 불일치

개인이 타인으로부터 자신이 긍정적 존중을 받는다고 지각할 때 자기존중 (self-regard)이 발달된다. 자기존중은 타인에게서 존중받거나 또는 존중받지 못했던 과거 경험을 통해서 학습되지만, 학습된 자기존중은 독립적인 체계로서 개인의 행동에 영향을 미친다. 구체적으로, 개인의 자기존중에는 내면화된 가치의 조건이 반영된다. 즉, 자기를 존중하고 실현하기 위해 개인은 내재화된 조건부 가치를 따라야 한다. 내재화된 가치의 조건을 따르는 개인은 유기체의 경험 중 가치의 조건에 부합하는 경험만을 긍정적 존중의 욕구를 충족시킬 수 있는 경험으로 간주한다. 이와 달리 가치의 조건에 부합하지 않는 경험, 즉 자기존중을 위협하는 경험은 불안을 유발하게 되는데, 불안을 피하기 위해 유기체의 해당 경험은 부인되거나 왜곡된다.

이러한 과정은 자기실현경향성을 가진 유기체의 경험과 긍정적 존중의 욕구를 가진 자기가 불일치하는 것으로 설명된다. 유기체는 자기실현경향성을 가지고 다양한 유기체적 경험을 한다. 유기체의 경험에는 옳고 그름이 없고, 개인이 유기체의 경험을 근거로 행동의 방향을 선택한다면 자기실현을 향해 나아가게 될 것이다. 그렇지만 긍정적 존중을 받고자 하는 자기는 조건부 가치에 부합하지 않은 유기체의 경험을 '그른 것'으로 판단하여 자각이나 상징화하지 않음으로써 그 경험이 의식되지 못하게 한다. 이는 유기체의 경험 중 의식되지 않는 자기경험이 존재한다는 것을 뜻한다. 즉, 자기존중 체계는 유기체의 다양한 경험 중 긍정적인 존중을 받을 조건에 부합하지 않는 경험을 회피하여, 자기개념과 유기체의 경험의 불일치가 발생한다.

앞서 언급한 것처럼 자기개념은 실제적 자기와 이상적 자기를 포함한다. 실제적 자기는 진짜 내가 누구인지에 대한 자각이다. 실제적 자기는 개인의 강점, 약점 및 어려움을 겪을 수 있는 영역을 포함하여 개인의 진정한 현 상태를 나타낸다. 이상적 자기는 되고자 하는 자기이며, 개인이 이상적이거나 바람직하다고 생각하는 모든 목표, 가치, 특성을 포함한다. 유기체의 경험과 실제적 자기가 이상적 자기와 거리가 먼 것은 자기와 경험이 불일치하는 대표적인 형태이다.

이상적 자기와 실제적 자기의 불일치는 불만족, 불행, 정신건강 문제로 이어질 수 있다. 마찬가지로 자기와 경험의 불일치는 개인에게 불안을 초래한다. 자기존중의 욕구와 가치의 조건으로 인해 유기체의 경험을 온전히 자각하지 못하던 개인이 만약 어떤 경험을 상징화하게 되고 그것이 가치의 조건에 위배되는 경험이라면, 이 경험은 구축된 자기개념을 위협하고 불안을 유발한다. 예컨대, 자신은 가족을 사랑한다고만 의식하던 개인이 어느 순간 가족에 대한 불만을 경험하게 된다면, 이러한 유기체의 경험은 자기존중을 위협하는 경험으로서 불안을 유발하게 될 것이다. 이때 개인은 불안으로부터 자신을 방어하기 위해 유기체의 경험을 왜곡, 부인하는 방어기제를 사용한다. 이로써 개인은 경험을 명확히 지각하지 못하거나 현실을 잘못 인식하게 된다.

7) 충분히 기능하는 인간

충분히 기능하는 인간(fully functioning person)은 계속적으로 변화하는 과정 속에서 현재 자신의 경험을 완전히 자각하는 사람이다. 인간중심상담의 궁극적인 목표는 개인이 충분히 기능하도록 돕는 것이다. 인간의 기능은 좋은 성과를 내거나 왕성한 대인관계를 맺는 것이 아니다. 인간중심상담에서 인간이 충분히 기능한다는 것은 개별적이고 통합적인 유기체로서 매 순간 타인을 포함한 환경과 상호작용하면서 다양한 유기체적 경험을 왜곡이나 부인하지 않고 온전히 경험함을 의미한다.

충분히 기능하는 인간의 주요한 특징은 경험에 대한 개방성이다. 경험에 대해 개방적인 개인은 매 순간 유기체 내에 발생하는 모든 경험을 가치평가 하지 않고 두려움이나 방어 없이 있는 그대로 받아들인다. 또한 유기체를 신뢰하여 타인의 평가와 기준에 민감하지 않다. 삶의 매 순간에 충실하여 지금-여기에 집중하고, 환경에 수동적으로 반응하기보다 자신의 행동을 스스로 선택하는 책임감을 갖는다.

5. 상담 과정

1) 치료목표

인간중심상담에서 추구하는 치료목표는 내담자에게 달려 있다. 상담자가 어떤 목표가 내담자에게 가장 효과적인지를 설정해 줄 수는 없다. 내담자에 대해서는 내담자 자신이 가장 잘 알기 때문에, 효과적이고 바람직한 상담목표는 내담자에 의해서만 설정될 수 있다.

그렇지만 인간중심상담에서는 공통적이고 궁극적으로 내담자가 자기실현을 향해 나아가도록 돕는 것을 목표로 한다. 심리적 문제는 자기와 경험이 불일치해서 발생한 것으로 보기 때문에, 상담의 목표는 자기와 경험이 일치하도록 하여 충분히 기능하는 인간이 되도록 하는 것, 그리하여 자기실현을 향해 나아가도록 하는 것이다. 따라서 상담자는 내담자의 자기와 경험이 일치하도록 개입함으로써 변화를 돕는다.

자기와 경험이 일치하기 위해서는 자기개념이 유연해질 필요가 있다. 유기체적 경험은 변화의 대상이 아니지만, 불안과 고통을 호소하는 내담자의 자기개념은 변화의 대상이기 때문이다. 구체적으로, 존중받지 못할 것으로 예상되는 특정 경험을 회피하지 않고 자기로 수용할 수 있도록 함으로써 유기체적 경험과 일치하도록 돕는 것이 필요하다. 이를 위해서는 어떠한 경험도 자기로 자각하고 수용할 수 있도록 돕는다. 예컨대, '나는 친절해'라는 경직된 자기개념을 갖고 있던 내담자가 성공적인 치료과정을 거친다면 유기체의 다양한 경험을 신뢰함으로써 '나는 대체로 친절해. 그리고 때로는 불친절하기도 하지'라는 유연한 자기개념을 갖게 될 것이다.

상담자가 내담자를 자기실현을 향해 나아가도록 하고, 충분히 기능하는 인간이 되도록 돕고, 또는 자기와 경험이 일치하도록 돕는다면, 내담자가 얻는 성과는 개인적 성장과 발달 촉진, 고통스러운 감정 제거 또는 완화, 자존감과 경험에 대한 개방성 증가, 자기이해 증진, 내담자의 관념과 실제적 자기 사이의 합의, 이해와 자각 향상, 방어 · 불안정 · 죄책감 감소, 자기에 대한 신뢰 향상, 더 건강한 대인관계 형성, 자기표현 개선, 전반적인 정신건강 개선 등이다 (Buhler, 1971).

인간중심상담에서 상담목표는 과정목표와 결과목표로 구분되어 제시되기도 한다(연문희, 이영희, 이장호, 2018). 우선, 상담 과정에서 목표로 하는 내담자의 성격적 · 행동적 변화는 다음과 같다.

① 내담자는 언어적으로나 비언어적으로 자신의 감정을 자유롭게 표현한다.
② 내담자가 점차적으로 자기와 관련된 감정을 표현한다.
③ 내담자는 점차 감정이나 지각의 대상을 명확히 구분하고 점점 더 정확하게 표현한다.
④ 내담자는 점차 내담자의 자기개념과 경험 사이의 불일치와 관련된 감정을 표현한다.
⑤ 상담자의 지속적인 무조건적 긍정적 존중으로 인해 내담자는 ④와 같은 불일치의 위협을 자각하게 된다.
⑥ 내담자는 과거에 회피했거나 왜곡했던 감정을 완전히 자각하는 경험을 한다.

⑦ 과거에 회피 또는 왜곡되었던 경험을 소화하고 포함하도록 내담자의 자기개념이 재조직된다.

⑧ ⑦이 반복되면서 내담자의 방어가 줄어들고 자기개념이 점차 경험과 일치된다.

⑨ 내담자는 점차 위협을 느끼지 않고 상담자의 무조건적 긍정적 존중을 경험할 수 있다.

⑩ 내담자는 점차 자기를 무조건적으로 긍정적 존중을 하게 된다.

⑪ 내담자는 점차 자기를 평가의 소재(locus of evaluation)[1]로 경험한다.

⑫ 내담자는 점차 조건부가치가 아닌 유기체적 가치화에 따라 자기경험을 통합한다.

이상의 과정목표를 거쳐 성공적인 인간중심상담의 결과로서 내담자에게 나타나는 변화는 다음과 같다.

① 내담자는 더 통합되고, 경험에 더 개방적이며, 덜 방어적으로 반응한다.

② 내담자의 지각은 더욱 현실적이고 객관적이게 된다.

③ 내담자는 더욱 효과적으로 문제를 해결한다.

④ 내담자는 심리적으로 더욱 적응한다.

⑤ 내담자의 자기와 경험이 더욱 일치되어 위협에 상처받을 가능성이 감소한다.

⑥ 내담자는 이상적 자기를 더욱 현실적으로 지각한다.

⑦ 내담자의 실제적 자기와 이상적 자기가 더욱 일치한다.

⑧ 내담자의 모든 긴장이 감소한다.

---

1) 개인이 자신, 타인, 세상에 대해 좋고 나쁨, 옳고 그름을 판단하기 위해 참조하는 것을 말한다.

⑨ 내담자는 평가와 선택의 소재가 자기 안에 있음을 지각한다. 자신을 더욱 신뢰하고 유기체적 가치화 과정을 통해 가치를 결정한다.

⑩ 내담자는 타인을 왜곡하지 않고 더욱 현실적이고 개방적으로 지각한다.

⑪ 내담자는 타인에 대한 수용을 경험한다.

⑫ 내담자는 자기수용 및 타인수용으로 인해 자기의 행동으로 느끼는 행동이 증가하고 자기의 행동이 아니라고 느끼는 행동이 감소하여, 행동을 통제 가능한 것으로 지각하게 된다.

⑬ 타인은 내담자의 행동이 더욱 성숙되었다고 느낀다.

⑭ 내담자는 더욱 창조적 행동을 하고, 자신의 방식으로 적응하며, 자신의 목적과 가치를 더욱 충실하게 표현한다.

2) 치료관계

초기의 비지시적 상담과 내담자 중심 상담이라는 명칭에서 드러나듯, 인간중심상담에서 상담자는 내담자가 문제를 해결하기 위해 어떤 선택을 하는 것이 바람직한지 방향이나 방법을 지시하지 않으며 초점은 언제나 내담자에게 있다. 상담자는 내담자가 성장하는 과정에서 촉진자 역할을 한다. 상담자는 내담자의 실현경향성을 믿고, 내담자가 충분히 기능하는 인간으로 성장한다면 당면 문제를 해결할 힘을 회복하고 자신에게 가장 좋은 방향을 스스로 찾아 나아갈 수 있다고 믿는다. 따라서 상담자는 내담자가 충분히 기능하는 인간으로 성장하도록 촉진적 환경을 제공할 뿐이고, 내담자는 상담자가 제공하는 성장 촉진적 환경 속에서 자기를 실현한다.

성장 촉진적 환경을 제공하기 위해 상담자는 특정한 치료적 태도를 보인다. 구체적으로 상담자는 내담자의 유기체적 경험을 대리적으로 경험하고 이를 내담자에게 돌려줄 수 있도록 내담자를 깊게 공감한다. 또한 내담자가 잠재적 자기를 경험할 수 있도록 허용적인 관계를 맺고, 내담자 앞에서 진솔하게 존재한다. 상담자의 이러한 치료적 태도는 상담자와 내담자가 인간 대 인간으로서 만날 수 있도록 한다.

　성장 촉진적 환경 속에서 내담자와 상담자는 동등한 관계를 맺는다. 동등한 관계인 상담자에 의해 자신의 이야기가 공감적이고 수용적으로 경청되는 경험을 함으로써 내담자는 어떻게 자기를 수용하는지를 서서히 학습하게 된다. 내담자를 향한 상담자의 공감과 수용의 태도는 내담자가 자신의 가치를 발견하고 신뢰하는 데 영향을 준다. 또한 로저스는 치료적 관계 속에서 내담자뿐만 아니라 상담자 역시 성장하고 변화하기도 한다고 제안하였다. 즉, 인간중심상담의 치료적 관계는 상담자와 내담자 모두에게 영향을 미친다.

3) 치료 변화기제

　인간중심상담에서 변화의 기제는 상담자의 기술이나 명석함이 아닌 내담자의 경험이다. 변화는 상담자가 성장 촉진적 환경을 제공하면 내담자는 성격 변화의 과정을 겪고 성장한다는 if~ then~으로 설명된다. 성장 촉진적 환경은 상담자의 무조건적 긍정적 존중, 공감적 이해, 진실성(일치성)이라는 세 가지 치료적 태도를 통해 조성된다. 상담자의 세 가지 태도는 내담자 성장을 위한 필요충분조건이다.

　상담에서 상담자와 내담자는 내담자의 당면 문제와 관심사를 의논하고, 상담자는 내담자의 자각을 촉진하는 치료적 태도를 제공한다. 이러한 치료적 환경에서 내담자는 이해받고 존중받으면서 안전함 속에서 자신의 내면을 탐색한다. 이를 통해 의식적 부분뿐 아니라 의식하지 못했던 심층적 부분까지 자각할 수 있게 되면서 성격이 재구조화, 즉 변화하고 성장하게 되어 자기를 경험과 일치시킬 수 있게 된다. 결국 내담자는 더욱 성장하고 스스로 자신의 문제를 자각하고 어떻게 다르게 행동할 것인지를 발견하고 선택하게 된다. 즉, 이러한 변화의 과정을 거쳐 내담자는 궁극적으로 자기실현을 향해 움직이는 인

- 무조건적 긍정적 존중
- 공감적 이해
- 진실성

성격의 변화 →

충분히
기능하는 인간

[그림 12-2] 인간중심상담에서 내담자의 변화

간 또는 충분히 기능하는 인간이 된다.

4) 치료과정

인간중심상담의 과정은 다음의 7단계로 설명된다. 상담자로부터 변화를 촉진하는 조건들이 제공됨으로써 내담자는 다음 단계로 넘어간다. 그렇지만 변화의 단계는 직선적이지 않아서, 내담자는 다음 단계로 진전했다가 이전 단계로 퇴보하기도 한다. 또한 한 내담자가 반드시 한번에 한 단계에만 속해 있지도 않다.

1단계에 해당하는 개인은 방어적이고 변화에 극도로 거부적이다. 자신의 내적 경험은 인식되지 않고 자기와 소통하기보다 주로 외부적인 사건과 타인에 대해 이야기한다. 이 단계에 해당하는 개인이 자발적으로 상담을 찾는 경우는 거의 없다.

2단계에서 내담자는 다소 덜 경직되지만, 여전히 자신에 대해서가 아닌 외적 사건이나 타인에 대해 이야기하기 시작한다. 감정이 나타나더라도 자신의 것으로 인정하지 않고, 보고하는 경험은 주로 과거의 경험에 한정된다.

3단계에서 내담자는 자기에 대해 자유롭게 이야기하기 시작하지만, 대상으로서의 자기에 국한되어 있고 현재 사건에 대한 논의는 피한다. 과거의 감정과 개인적 의미가 표현되지만 이러한 감정과 개인적 의미가 스스로에게 수용되지 못하고, 경험 간의 모순을 발견하기 시작한다.

4단계에서 내담자는 깊은 감정에 대해 이야기하기 시작하고 상담자와 관계를 발달시킨다. 상담자의 촉진적 태도로 현재의 경험과 전보다 강한 감정이 자각되고 표현된다. 경험 간의 모순에 주목하고 자신의 감정에 대한 책임감을 느끼기 시작한다.

5단계에서 내담자는 현재 정서를 표현할 수 있게 되고 자신의 의사결정 능력에 기대기 시작하며 자신의 행동에 더욱 책임감을 갖는다. 현재의 정서를 표현하면서 두려움과 놀라움을 경험하지만 점차 자신의 정서를 수용하게 된다. 자신의 경험을 소통하고 유기체로서의 개인에 가까워진다.

6단계에서 내담자는 일치성을 향해 급속히 성장하고 타인에 대해 무조건적인 긍정적 존중을 발달시킨다. 자신의 내적 경험을 두려워하거나 회피하지 않고 있는 그대로 수용한다. 자신을 대상으로 인식하지 않고 자기 문제에 주관적으로 대면한다. 이 단계에서 공식적인 상담은 끝나도 좋다.

7단계에서 내담자는 타인에게 공감적이며 타인을 무조건적으로 긍정적 존중을 하는 충분히 기능하는 자기실현적 개인이다. 내담자는 상담에서의 성과를 자신의 현실 상황에 적용하면서 스스로 삶을 계속해 나간다.

6. 치료개입

다양한 기법들이 제안되는 여타의 상담이론들과 달리 인간중심상담에서는 상담자가 제공하는 치료적 태도 이외의 치료기법이 별도로 제시되지 않는다. 인간중심상담에서 상담자의 무조건적 긍정적 존중, 공감적 이해, 진실성은 내담자의 성장을 촉진하는 필요충분조건이다. 이는 상담에서 상담자의 세 가지 치료적 태도만 제공된다면 내담자가 성장하여 자기실현을 향해 나아간다는 것을 의미한다. 마치 적절한 빛과 물과 토양이 제공되면 식물이 유기체의 실현 경향성에 따라 성장하고 잠재력을 발휘하는 것과 같다. 각각의 태도는 내담자가 유기체적 경험을 온전히 자각하고 신뢰하도록 촉진하는 역할을 한다.

1) 무조건적 긍정적 존중

(1) 개념

무조건적 긍정적 존중(unconditional positive regards)은 상담자가 내담자에 대해 판단이나 평가하지 않으며 내담자를 있는 그대로 존중하고 수용하는 태도를 말한다. 내담자를 무조건적으로 존중하는 상담자의 태도는 상담 과정에서 상담자의 언어로 표현될 수도 있지만 내담자를 대하는 상담자의 비언어적 태도와 행동에서 드러날 수도 있다. 중요한 것은 상담자가 내담자의 어떠한 내적 경험도 옳거나 그르다는 판단의 대상이 아님을 인식하고 내담자를 있는 그대로 존중하는 태도를 갖는 것이다. 내담자가 느끼고 생각하는 모든 것들은 존중받을 수 있다.

내담자를 칭찬하는 것과 무조건적 긍정적 존중의 태도는 다르다. 자칫하면 내담자가 사회적으로 바람직한 행동을 했을 때 칭찬하는 것을 무조건적 긍정적 존중으로 오해할 수 있다. '무조건적'이라는 표현에서 알 수 있듯이, 인간중심상담에서 상담자가 내담자에게 보내는 존중의 태도는 내담자의 특정한 태도나 행동에 대해 선택적으로 제공되지 않는다. 상담자가 내담자의 행동을 칭찬하게 되면 이는 '조건적' 긍정적 존중이 되어 내담자의 성장을 촉진하는 데 유용하지 않다. 내담자를 무조건적으로 존중하기 위해 상담자는 내담자를 평가하지 않으며, 따라서 비판도 칭찬도 제공하지 않는다.

(2) 효과

무조건적 긍정적 존중의 태도는 내담자의 가치의 조건을 제거하는 데 특히 효과적이다. 개인은 존중받기 위해 충족시켜야 할 조건을 추론하고 이 조건에 부합하지 않는 경험을 외면하면서 불안을 경험한다. 이때 상담에서 추구해야 할 개입은 내담자가 가치의 조건으로부터 자유로울 수 있도록 하는 것이다. 내담자에게 암묵적 또는 명시적으로 가치의 조건을 제공한 타인과 달리, 상담자는 내담자를 아무런 조건 없이 긍정적으로 존중하고, 이 존중을 받은 내담자는 자신이 존중받기 위해 지켜야 할 조건이 따로 있는 것이 아님을 배우게 된다.

또한 상담자가 내담자를 존중하는 태도는 내담자가 모델링할 수 있는 좋은 기회가 된다. 상담에서 내담자가 보고하는 내적 경험은 자각하고 보고하기에 자신에게나 타인에게 떳떳하지 않은 내용이 종종 존재한다. 내담자가 주저하며 보고하는 이러한 내적 경험에 대해서도 상담자는 '그럴 수 있다'라는 무조건적 존중의 태도를 취하는데, 상담자의 이러한 모습을 보고 내담자는 자신의 어떠한 내적 경험도 '그럴 수 있는' 경험임을 알게 되고, 자신에게 그러한 태도를 취할 수 있게 된다.

무조건적인 긍정적 존중은 라포를 형성하고 내담자의 내면을 탐색하는 데도 유용하다. 내담자가 자신을 평가하지 않고 있는 그대로 수용하는 상담자를 만난다면 그 상담자를 신뢰할 수 있게 되고, 그 상담에서는 자신의 어떠한 경험도 떠올리고 보고할 수 있게 된다.

2) 공감적 이해

(1) 개념

공감적 이해(empathetic understanding)는 상담자가 내담자의 주관적 경험에 관심을 갖고 함께 느끼고 이해하여 자신의 이해를 내담자에게 전달하는 태도이다. 상담에서 내담자는 자신의 다양한 내적 경험을 보고하고 상담자는 언어적 또는 비언어적 경로로 내담자의 주관적 경험에 대한 정보를 전달받는다. 상담자는 내담자가 전달한 정보를 통하여 내담자가 구축한 현상적 장 속에 함께 들어가 머무를 수 있게 되고, 내담자의 정서와 인지를 이해하고 함께 경험하게 된 상담자는 자신이 이해한 바를 내담자에게 전달한다.

내담자의 부정적이거나 고통스러운 감정을 찾아서 읽어 주는 것과 공감적 이해는 다르다. 내담자는 다양한 내적 경험을 할 수 있고, 이 경험에는 슬픔,

분노, 좌절과 같은 부정적 경험뿐 아니라 기쁨, 설렘, 자부심과 같은 긍정적 경험도 포함된다. 상담자는 의도나 편견 없이 내담자의 이야기를 따라갈 때 내담자의 현상적 장을 만날 수 있다.

공감적 이해는 내담자의 감정을 느끼는 것에 그치지 않고 내담자의 현상적 장에서 상담자가 경험하는 것을 표현하고 확인하는 것까지를 포함한다. 내담자에 대한 상담자의 공감적 이해는 표현되고 전달될 때 치료적 효과가 있다. 또한 상담자가 시도한 공감적 이해가 언제나 내담자의 내적 경험과 일치하는 것은 아니다. 내담자의 경험이라고 상담자가 이해한 바는 틀릴 수도 있지만, 상담자가 자신의 이해를 표현함으로써 내담자로부터 그 정확성이 확인되거나 정정될 기회가 생긴다.

(2) 효과

로저스는 "상담이 잘 되고 있다면, 상담자는 내담자가 인식하는 의미뿐만 아니라 인식의 아래에 있는 의미까지 명료화할 수 있을 만큼 내담자의 사적인 세계 안으로 들어가게 된다."라고 했다. 공감적 이해는 내담자가 자신의 내적 경험을 자각하도록 촉진하는 데 특히 효과적이다. 내담자는 상담에서 자신의 내적 경험을 상담자에게 전달하고, 상담자는 언어적 또는 비언어적 통로로 내담자의 경험을 이해할 정보를 얻는다. 상담자는 내담자 유기체의 경험을 이해하고 함께 느끼지만, 가치의 조건에 부합하지 않는 경험을 회피하는 내담자는 유기체의 경험 중 자각하지 못하는 부분이 생긴다. 이때 상담자가 자신이 공감적으로 이해한 내담자 유기체의 경험을 표현하면, 내담자는 자기존중을 해칠까 봐 인식하지 못했던 자신의 경험을 자각하게 되는 효과가 나타난다. 상담자로부터 무조건적 긍정적 존중을 받아 온 내담자는 가치의 조건에 어긋나서 자각을 회피하던 경험이라 하더라도 상담자의 공감적 이해로 자각하게 될 때 이를 저항 없이 수용할 수 있게 된다.

공감적 이해 역시 긍정적인 라포 형성과 모델링에 효과적이다. 상담자의 공감적 이해를 받은 내담자는 상담자가 자신을 따뜻하고 정확하게 이해하고 있다고 느끼면서 상담자의 전문성과 인간성을 더욱 신뢰하게 되고, 보다 긍정적인 치료적 관계를 맺게 된다. 또한 상담자가 유기체적 경험에 집중하고 자각하여 표현하는 모습을 본 내담자는 자신의 유기체적 경험에 주의를 기울이고 인식하는 태도를 배우게 된다.

3) 진실성

(1) 개념

진실성(genuiness)은 상담자가 상담관계에서 경험하는 감정을 있는 그대로 인정하고 표현하는 것을 의미한다. 진솔성이라고도 하며, 상담에서의 상담자의 내적 경험 및 인식과 외현적으로 드러나는 표현이 일치한다는 점에서 일치성(congruence)이라고도 한다. 상담 장면에서 상담자는 내담자를 향해 다양한 감정을 경험할 수 있다. 힘들어하는 내담자를 만나면서 안쓰러움을 경험하거나 성장하는 내담자를 만나면서 반가움을 경험할 수 있고, 모호하게 말하는 내담자를 만나면서 답답함을 경험하거나 자기 자랑만 늘어놓는 내담자를 만나면서 짜증을 경험할 수도 있다. 인간중심상담의 상담자는 내담자와의 관계에서 경험하는 감정을 숨기거나 포장하지 않고 내담자와 진실되게 나눈다.

진실성을 발휘하기 위해서는 상담자의 자기 경험에 대한 자각과 수용이 우선적으로 필요하다. 계속적으로 진행되는 상담 과정 중에서 상담자는 내담자의 정서와 생각을 살피면서 동시에 그와 상호작용하는 지금-여기에서의 상담자 자신의 내면을 살핀다. 이때 올라오는 감정이 무엇이든 상담자는 자각하고, 그 감정을 비판이나 평가하지 않고 자신의 것으로 수용한다.

다음으로, 자각한 감정을 개방하는 것의 유효성을 확인할 필요가 있다. 상담 과정에서 상담자의 모든 내적 경험이 개방될 필요는 없지만, 만약 내담자와의 상호작용 속에서 상담자가 경험하는 감정이 상담에 방해가 되는 감정이라면 이를 개방함으로써 상담 과정을 다룰 수 있고 촉진적 환경을 재구축하는 데 유용할 것이다. 내담자에 대한 존중과 공감이 바탕이 된다면 상담자의 진솔한 감정은 대부분 내담자의 성장에 효과적이다.

상담자가 진실성을 개방한 후에 이에 대한 내담자의 반응을 확인하는 것이 필요하다. 언어적으로 전달한 감정은 화자가 의도한 바와 청자가 이해한 바 사이에 차이가 있을 수 있으므로, 상담자의 진실성이 내담자에게 어떻게 전달 되는지 확인해야 한다. 특히 내담자에 대한 긍정적 감정 표현이 조건적 존중 의 의미가 되지 않도록 또는 부정적 감정 표현이 거부의 의미가 되지 않도록 살핀다.

(2) 효과

상담자가 상담 중에 지금-여기의 경험을 자각하고 수용하여 표현하는 진실 성은 내담자에게 좋은 모델링이 된다. 상담자는 자신의 유기체적 경험을 신뢰 하고 이를 진술하게 내담자와 소통한다. 내담자에 대한 존중과 공감적 태도를 유지하면서 자신의 진솔한 경험을 개방하는 상담자를 통해 내담자는 자신의 유기체적 경험을 신뢰하고 타인과 소통하는 것이 위협적이지 않음을 배우게 된다.

진실성은 상담자가 내담자의 주관적 경험에 집중하고 몰입할 수 있도록 한 다. 상담에 방해가 되는 상담자의 감정을 수용하고 소통하여 처리함으로써 내 담자의 현상적 장에 집중할 수 있다. 예컨대, 내담자와의 상호작용에서 지루 함을 경험하는 상담자는 자신의 지루함과 싸우느라 내담자의 경험에 집중하 기 어렵다. 이때 지루함을 감추는 대신 자각하고 수용하여 소통한다면 상담자 와 내담자는 지금-여기에서 더욱 생생하게 접촉하게 되고, 상담자는 불필요 한 긴장을 걸어 내어 내담자의 이야기에 더욱 집중할 수 있게 된다.

인간중심상담의 다른 치료적 태도와 마찬가지로, 진실성은 라포를 형성하 는 효과가 있다. 내담자는 주관적 경험과 외현적 표현이 일치하는 상담자를 신뢰할 수 있다. 또한 현재 감정에 진솔한 상담자라는 환경과 접촉하며 생생하게 상호작용할 수 있다.

7. 평가

 인간중심상담이 심리치료 영역에 가장 크게 공헌한 바는 상담자와 내담자가 인간 대 인간으로서 관계를 맺는 것이 치료의 핵심이라고 제시한 점이다. 기존의 정신분석 치료나 행동치료에서 전문가의 관점과 상담 기법에 상대적으로 더 집중한 것과는 달리, 로저스는 무조건적 긍정적 존중, 공감적 이해, 진실성이 심리치료의 필요충분조건이라고 제안함으로써 심리치료에서 상담자-내담자 관계의 중요성을 전면에 내세웠다. 공감을 바탕으로 한 치료적 관계가 치료 효과에 얼마나 기여하는지에 대한 논의와 연구는 지속되고 있지만(Cuijpers et al., 2019), 현대의 상담 및 심리치료 전문가들은 공감을 통한 치료적 관계가 강력한 치료 효과를 가진다는 점에 대해서는 이견이 없다.

 그렇지만 인간중심상담은 이론의 단순함으로 인해 상담 현장에서 실제로 적용하는 데 한계점이 있다. 우선, 인간중심상담에서 제시하는 상담 기법은 일견 단순하고 당연하게 느껴지지만 실은 상담자의 인격적 성숙을 동반한 고도의 숙련을 요구한다. 이 때문에 많은 초심상담자가 인간중심상담에 매력을 느끼지만 상담 실무에 이를 구현하기가 쉽지 않다는 것을 깨닫고 막막해하기도 한다. 또한 인간중심상담은 내담자의 문제를 지나치게 단순하고 일반화된 방식으로 설명함으로써 상담이나 임상 현장에서 내담자를 진단하고 분류하기에 적합하지 않은 관점으로 평가된다. 진단과 분류는 상담 및 심리치료 현장에서 전문가 사이의 원활한 의사소통과 치료계획 수립에 유용하다.

 이러한 한계점에도 불구하고 로저스의 공감과 치료적 관계는 상담에서 치료 효과를 가져오는 범이론적 공통요인으로 지속적이고 반복적으로 제시되는 요인이다(Wampold, 2012). 인간중심상담은 인간은 모두 귀한 존재라는 인간 존중의 자세, 그리고 상담자는 내담자의 내적 경험을 신뢰하고 진솔하게 대해야 한다는 상담자의 기본 자세를 일깨워 준다.

게슈탈트 치료

　게슈탈트 상담은 실존주의와 인본주의에 기반한 접근 방식으로, 1950년대에 프리츠 펄스(Fritz Perls)가 창시했다. 1960년대에 접어들어 정신분석이 점차 퇴조하는 분위기 속에서 게슈탈트 상담은 '제3세력 운동'이라고 하는 인본주의 심리학의 흐름을 주도하게 되었고, 1970년대에 이르러서는 서구에서 가장 인기 있는 치료법 중 하나로 발전했다.

　게슈탈트 상담은 창시 과정에서 호나이(Karen Horney)의 정신분석 이론을 비롯하여 골드슈타인(Kurt Goldstein)의 유기체 이론, 라이히(Wilhelm Reich)의 신체 이론, 레빈(Kurt Lewin)의 장 이론, 하이데거(Martin Heidegger)와 부버(Martin Buber) 등의 실존철학, 게슈탈트 심리학, 사이코드라마, 그리고 도가(道家) 선(禪) 사상 등 많은 사상과 기법의 영향을 받았다. 수많은 사상과 이론의 영향을 받아 탄생했으나 그 과정에서 그들을 단순히 혼합하는 것이 아니라 독자적인 관점에서 통합함으로써 게슈탈트 상담이라는 독자적인 정체성을 확립하였다(김정규, 2020). 게슈탈트 상담은 여타의 어떤 치료기법들보다 개방적이라 할 수 있으며, 현재까지도 다른 이론들과의 지속적인 접촉을 통해 계속 변화하고 발전해 가고 있다.

1. 이론의 발달

1) 펄스의 어린 시절과 로라 펄스와의 결혼

프리츠 펄스는 1893년 7월 8일, 독일 베를린의 중산층 유대인 가정에서 2녀 1남 중 막내로 태어났다. 펄스의 아버지는 외도를 일삼으며 가정을 돌보지 않아 부부 간 갈등이 심각했으며, 펄스에게도 지속적으로 권위적인 태도를 나타내 충돌이 잦았다. 어머니와는 좋은 관계를 유지한 것으로 알려져 있는데, 특히 그녀의 연극에 대한 열정은 펄스에게 이어져 이후의 삶과 게슈탈트 상담 발달과정에 큰 영향을 미쳤다. 펄스는 우수한 성적을 거두는 등 초등학교에 잘 적응했으나 점차 문제행동을 나타내 부모와의 관계가 악화되었고, 매우 엄격한 분위기의 중등학교(Gymnasium)에서는 두 번의 낙제 끝에 퇴학을 당하기에 이르렀다. 이후 14세 때 입학한 학교에서 우호적인 한 교사의 제안으로 연극을 본격적으로 배우며 심취하였는데, 이때 사람들의 걸음걸이나 목소리, 몸짓 등 비언어적인 신체 언어의 중요성을 깨닫게 되어 훗날 자신의 심리치료에 이를 적극적으로 적용하였다(Clarkson & Mackewn, 2019).

고등학교 졸업 후 펄스는 베를린대학에서 의학을 공부하는 중 제1차 세계대전에 징집되어 1916년부터 1917년까지 군의관으로 일하며 친구의 죽음을 포함, 전쟁의 참상을 경험하였다. 이는 펄스가 전쟁 이후 좌익 정치 활동이나 반정부 운동에 적극적으로 가담하게 되는 계기가 되었다. 전쟁 말에는 의학 공부를 재개해 1920년, 28세의 나이로 의학박사 학위를 받았으며 베를린에서 개업해 본격적으로 환자들을 치료하였다. 또 그는 자신의 심리적 어려움을 해결하기 위해 당시 혁신적인 정신분석학자였던 카렌 호나이에게 정신분석을 받기 시작했다. 곧 베를린을 떠나게 되어 그 기간은 매우 짧았으나 이후 10년 넘는 동안 조언과 자문을 받는 등 호나이와 친밀한 관계를 유지하였다. 이후 지속적으로 서너 명의 분석가에게 분석과 정신분석 훈련을 받으며 정신분석의 영향을 받았다.

　1926년에 프랑크푸르트로 이사하여 '뇌손상 군인을 위한 연구소'에서 일하면서 그곳의 풍부한 학문적 풍토 속에서 게슈탈트 심리학과 장 이론에 친숙해졌으며, 신경정신의학자인 쿠르트 골드슈타인의 '유기체 이론'에 큰 영향을 받게 된다. 또한 그의 조수로 일하고 있던 로라 포스너(Laura Posner)—로라 펄스(Laura Perls)로 알려진—를 만나 1930년에 결혼하였다. 로라는 게슈탈트 심리학 박사로 틸리히(Paul Tillich)와 부버의 실존주의를 전수받았고 현상학에도 조예가 깊었다. 이후 로라는 이러한 지식을 바탕으로 공동 연구자로서 펄스가 게슈탈트 상담이론을 확립하는 과정에 큰 영향을 미쳤다.

2) 정신분석과 결별

　1933년 히틀러(Hitler)가 독일의 총통이 된 이후 행한 반유대정책과 펄스 부부가 몸담고 있었던 반파시스트 운동에 대한 억압으로 인해 펄스 가족은 네덜란드를 거쳐 남아프리카로 이주하였다. 그곳에서 펄스 부부는 정신분석연구소를 개설하여 훈련가를 양성하는 등 정신분석에 매진하였다. 그러나 1936년 체코에서 열린 국제정신분석 학술대회(International Pshycoanalytic Conference)에서 발표한 논문인 「구강적 저항(Oral Resistance)」이 프로이트를 비롯한 정신분석가들에게 심하게 배척받고 끝내 정신분석 훈련 지도자 자격까지 상실하게 됨으로써 펄스는 정신분석에 크게 실망하였다.

　이후 펄스는 1947년, 프로이트의 공격본능 이론을 비판하는 저서인 『자아, 허기 그리고 공격성(Ego, Hunger and Aggression)』을 출판함으로써 정신분석과 완전히 결별하는 길을 걷는다. 이 책에서 펄스는 자신의 새로운 치료를 '집중치료(concentration therapy)'라고 명명하였고 이후 게슈탈트 심리치료의 핵심이 되는 개념을 많이 소개하고 있다.

3) 게슈탈트 상담의 시작과 발전

　제2차 세계대전 발발 이후 1942년, 펄스는 연합군인 남아프리카공화국 군대에 자원입대하여 3년간 복무하였다. 전쟁이 끝난 후 정치적 상황이 악화되면서 펄스는 1946년 미국 뉴욕으로 이주하였다. 1950년에 '알아차림(awareness)'에 관한 이론을 정립하고 처음으로 '게슈탈트 치료'라는 용어를 만들었으며, 1951년에는 폴 굿먼(Paul Goodman)과 랄프 헤퍼린(Ralph Hefferline) 등과 함께 『게슈탈트 치료: 인간 성격에 있어서의 흥분과 성장(Gestalt Therapy: Excitement and Growth in Human Personality)』을 출간하였다(김정규, 2020).

　펄스는 1952년에 게슈탈트 상담의 공동 창시자로 일컬어지는 로라 펄스, 폴 굿먼과 함께 뉴욕에 최초의 게슈탈트 치료 연구소를 개소하고 1955년에는 클리블랜드 게슈탈트 치료 연구소를 설립하였다. 1940년대 후반부터 펄스는 치료자 훈련 프로그램을 시작하였고 1950년대에는 연구소를 설립함과 동시에 여러 도시에서 게슈탈트 워크숍을 활발히 진행하였다. 이 과정에서 펄스는 폴 굿먼, 로라 펄스와 게슈탈트 치료에 대해 의견 차이를 겪는 등 이들과의 관계에 불편감을 느껴 마이애미로 이주 후 샌프란시스코, 뉴욕, 독일, 일본 등 세계 여러 곳을 여행하였고 일본에서는 선불교를 공부하기도 했다(장현아, 2021).

4) 에살렌 연구소와 치료 공동체

　로라가 뉴욕 연구소를 책임지는 동안 펄스는 1964년, 캘리포니아로 이주하여 '에살렌 연구소(Esalen Institute)'에서 활동하며 혁신적인 심리치료자로서 본격적인 명성을 얻게 된다. 펄스의 인기와 더불어 1960년대에 접어들며 정신분석이 점차 쇠퇴하고 실존주의 정신의학 사조가 세력을 넓히는 분위기 속에서 게슈탈트 상담은 제3세력 운동인 인본주의 심리학의 한 흐름으로 인정받게 되었으며, 펄스 말년에는 서구에서 가장 인기 있는 상담이론 중 하나가 되었다.

에살렌 연구소의 성공에 힘입어 펄스는 청중들 앞에서 게슈탈트 상담을 시연하는 모임을 시작했는데, 무대와 연극의 요소를 극대화하여 예리한 관찰력과 탁월한 쇼맨십을 발휘하였다. 이러한 형태의 시연은 강렬한 카타르시스와 감동을 준다는 명성과 동시에 강압적인 직면을 통해 감정을 자극할 뿐이라는 비판을 동시에 불러 왔다.

에살렌 연구소의 성공을 뒤로 하고 1969년에는 캐나다 코위찬 호숫가에 게슈탈트 치료 공동체를 설립하여 게슈탈트 훈련 워크숍을 운영하며 게슈탈트 상담자들에게 교육과 성장의 기회를 제공하고자 하였다. 펄스는 코위찬에서 매우 편안한 시간을 보내며 자서전인 『쓰레기통의 안과 밖(In and Out the Garbage Pail)』과 『게슈탈트 접근과 눈으로 보는 치료(Gestalt Approach and Eye Witness to Therapy)』를 집필하였다. 말년에도 지치지 않고 게슈탈트 상담을 알리는 일에 열정을 보였으나 건강이 악화되어 미국 시카고에서 1970년 3월 14일, 77세에 심장마비로 사망하였다.

5) 펄스 사후 현대 게슈탈트 상담

뉴욕에 있던 로라 펄스를 중심으로 활동하고 있던 치료자들은 펄스의 연극적인 상담시연에 대해, 게슈탈트 치료의 정통성을 훼손하고 있다는 비판의 목소리를 꾸준히 내고 있었다. 결국 펄스를 위시한 그룹과 로라 펄스를 중심으로 한 그룹 간에 게슈탈트 상담에 대한 입장 차이를 좁히지 못했는데, 펄스가 심리내적 현상과 알아차림을 가장 중시했다면 로라는 대화적 관계와 치료자의 지지적 역할을 강조했다. 1980년대에 이르러서는 이러한 로라 펄스의 그룹을 중심으로 인간 대 인간의 접촉을 지향하며 대화, 알아차림, 실험을 강조하는 방향으로 게슈탈트 상담이 발전하였다.

특히 현대 게슈탈트 상담은 기존의 펄스의 입장보다 대화와 관계를 중시한다는 점이 특징적이다. 또 펄스가 상담에서 내담자의 자율성과 자기 지지를 매우 강조했던 것에서 더 나아가, 상담자와 내담자의 관계를 상호 의존적으로 여기며 상담자의 지지를 강조하는 것 또한 현대 게슈탈트 상담의 특징이라고 할 수 있다. 이와 같은 특징들을 포괄하여 현대 게슈탈트 상담을 '관계적 게슈탈트 치료'라고 부르기도 한다.

펄스 사후에는 그의 지도로 게슈탈트에 입문한 어빙 폴스터(Erving Polster)가 아내인 미리엄 폴스터(Miriam Polster)와 함께 치료적 관계를 중시하는 이론을 발전시켰으며, 펄스가 제시한 접촉경계현상에 '편향'을 추가하는 등 이론 확장 및 임상에의 적용에 기여하였다. 조지프 징커(Joseph Zinker)는 '알아차림─접촉 주기'를 확립하고 창조적으로 게슈탈트 기법을 적용시킨 대표적인 게슈탈트 상담자이다. 또 현대 게슈탈트 치료 이론을 완성시킨 치료자로 게리 욘테프(Gary Yontef)를 들 수 있는데, 로라 펄스의 영향을 받아 주로 관계적이고 과정 중심적인 치료를 중시하며 연구 및 교육 발전에 크게 기여해 오고 있다.

2. 주요 개념

1) 게슈탈트

'게슈탈트(gestalt)'는 독일어로 '모양, 형태, 주제, 의미 있게 조직화된 전체'를 의미한다. 이 개념은 지각 현상을 주로 연구했던 게슈탈트 심리학에서 유래했는데, 게슈탈트 심리학자들에 의하면 어떤 자극에 노출된 사람은 그것들을 부분들로 나누지 않고 하나의 의미 있는 전체나 형태, 즉 '게슈탈트'로 만들어 지각하는 경향이 있다. 예를 들어, 대여섯 살의 아이들 몇이 서로 아빠, 엄마, 아기의 역할을 맡아 밥을 짓고 아기를 달래는 등의 놀이를 하고 있을 때, 우리는 그 행동들을 일컬어 '소꿉놀이'라고 칭한다. 즉, 이때 '소꿉놀이'가 게슈탈트에 해당하며 이는 아이들 각각의 행동들을 모두 포함한 전체 행동을 아우르는 것을 의미한다.

게슈탈트 상담에서는 '게슈탈트' 개념을 확장하여 '인간 유기체에 의해 지각된 자신의 행동 동기'의 의미로 사용한다(김정규, 2020). 예를 들어, 원하는 대학에 가고 싶은 열망을 느끼거나 산책을 나가고 싶은 것, 영화 소개를 보다가 극장에 가고 싶어지는 등 크고 작은, 혹은 복잡하거나 단순한 행동 동기들은 다 게슈탈트라고 할 수 있다. 그러나 인간이 느끼는 모든 감정이나 욕구가 게슈탈트는 아니며, 자신의 현실과 상황을 고려하여 실현 가능한 행동 동기로 떠올린 것을 게슈탈트라고 할 수 있다.

게슈탈트 심리학에서는 대상을 인식하는 과정을 '전경(figure)과 배경(ground)'으로 설명하는데, 전경이란 관심의 초점이 되는 부분이며 배경은 관심 밖으로 물러가는 부분을 의미한다. 예를 들어, 한 어머니가 수많은 군중 가운데서 손을 흔들고 있는 자신의 아이를 순간적으로 인식했다면, 이때 전면으로 떠오른 아이가 어머니의 '전경'이 되고 아이 뒤로 흐릿하게 보이는 군중의 모습은 '배경'에 해당한다고 할 수 있다. 게슈탈트 상담에서는 개체가 게슈탈트를 형성하는 과정을 전경과 배경의 관계로 설명한다. 건강한 개체는 자신에게 가장 필요하고 매력적인, 중요한 욕구를 전경으로 떠올린 후 그것이 충족되면, 배경에 있던 다른 욕구들 중 하나를 다시 전경으로 떠올린다. 이때 중요한 욕구를 전경으로 떠올린다는 것은 게슈탈트를 형성한다는 말과 같다. 건강한 개체는 게슈탈트를 분명히 형성하여 자신에게 중요한 욕구를 충족시키는 방향으로 행동할 수 있다. 그러나 건강하지 못한 개체는 자신이 진정으로 원하는 것이 무엇인지 잘 몰라 행동목표를 정하지 못함으로써, 게슈탈트를 형성하고 전경으로 떠올리는 것에 실패할 수 있다. 또 특정한 욕구에 집착한 나머지 특정한 게슈탈트, 즉 특정한 전경만을 고집하여 그것만을 충족시키려는 시도를 함으로써 다른 중요한 욕구를 새롭게 떠올리고 실현할 기회를 놓치게 될 수도 있다. 이처럼 전경과 배경의 교체를 통해 자연스럽게 게슈탈트를 형성하고 완결하는 자연스러운 흐름이 방해받는 경우 개체는 심리적·신체적 장애를 겪게 된다.

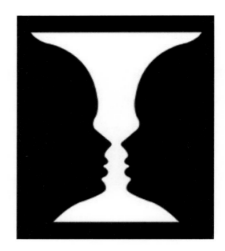

[그림 13-1] 루빈의 컵: 전경과 배경의 교차

2) 미해결과제

펄스에 의하면 개체는 미완성된 경험을 완결하려는 경향성을 지닌다. 게슈탈트 형성에 문제가 있거나, 게슈탈트는 형성하였으나 완결이 되지 않는 경우, 이러한 미완결된 게슈탈트는 배경으로 물러나지 못한 채 다른 게슈탈트가 형성되는 것을 방해한다. 이때 미완결된 게슈탈트를 일컬어 '미해결과제(unfinished business)'라고 하는데, 미완성된 경험을 완결시키려는 경향성으로 인해 미해결과제는 끊임없이 해결을 요구하며 배경에 남아 있게 된다. 예를 들어, 전 시간에 선생님에게 호되게 야단을 맞은 중학생은 마음을 가득 채운 분노와 수치심으로 인해 다음 시간 수업에 집중하기 어려울 수 있다. 즉, 미해결된 과제로 인해 지금-여기(here and now) 경험에 집중하기가 어려워지는 것이다. 개체는 미해결과제 해결에 지나치게 집착하거나, 혹은 억압하는 데 에너지를 과하게 사용하는 등의 문제를 겪게 되므로, 미해결과제가 누적되어 갈수록 개체는 새로운 게슈탈트를 형성하고 해소하는 데 실패하게 되어 생생하고 활기 있게 살아갈 수 없게 된다.

그러므로 게슈탈트 상담에서는 미해결과제를 발견하고 완결 짓는 일을 중요한 목표로 여긴다. 문제를 해결하기 위해 무의식을 탐색하는 정신분석과 달리, 게슈탈트 상담은 과거의 미해결과제가 지금-여기에 모습을 드러내고 있으므로 그것을 회피하지 않고 알아차리는 데서 해결이 시작된다고 본다.

3) 알아차림과 접촉

　"알아차림이 게슈탈트 치료의 유일한 목표이며, 필요한 모든 것이다."(Simkin & Yontef, 1984: Yontef, 2008에서 재인용)라고 할 만큼 알아차림은 게슈탈트 상담에서 가장 중요한 개념이다. 알아차림이란 유기체가 지닌 고유한 능력으로, 자신 혹은 환경과의 관계 속에서 발생하는 감각, 욕구, 감정, 생각, 행동 등을 피하거나 판단하지 않고 있는 그대로 지각하고 체험하는 것을 의미한다. 인간이 자신의 내·외적 상황에 대해 알아차릴 수 있어야 분명한 행동 동기, 즉 게슈탈트를 형성할 수 있기 때문에 알아차림은 게슈탈트의 형성에 필수적인 요소이다. 예를 들어, 습관적으로 배가 고픈 줄 알아차리지 못하고 일에만 몰두하는 직장인은 식사를 하고 싶다는 게슈탈트를 형성하지 못하게 되고 결과적으로 적절한 영양분을 섭취하지 못해 문제를 겪게 된다. 그러므로 게슈탈트 상담에서는 내담자의 알아차림을 관찰하여 문제가 발생한 알아차림 능력을 회복하고 증진하는 데 목표를 둔다.

　접촉은 '만남'을 의미하는 것으로, 알아차림을 통해 형성된 게슈탈트를 해결하기 위해 환경에 존재하는 활용 가능한 자원에 접근하여 상호작용하는 행동을 의미한다. 친구와 깊은 마음을 나누고 싶다는 게슈탈트를 형성한 사람은 친구에게 다가가 대화를 통해 접촉함으로써 게슈탈트를 완결할 수 있다. 지금 느껴지는 자신의 감정에 충분히 머무르는 것이나 타인과의 상호작용을 통해 연결감을 느끼는 것, 동물이나 식물을 만지는 것에서부터 음악에 심취하거나 아름다운 풍경에 감동 받는 것 등 접촉의 대상은 모든 것에 이른다. 이때 접촉은

자기와 환경과의 경계에서 일어나는데, 개체는 거기서 일어나는 환경과의 상
호작용, 즉 접촉을 통해 자신이 받아들일 수 있는 것은 동화하고 그렇지 않은
것은 거부할 수 있다. 특히 도움이 되는 것을 충분히 동화함으로써 유기체의
경계는 확장되고 그 가운데 자연스럽게 성장과 변화가 일어난다.

건강한 유기체는 알아차림을 통해 게슈탈트를 분명히 형성하고 접촉을 통
해 완결하는 '알아차림–접촉 주기'를 자연스럽고 유기적으로 반복 경험한다
(Zinker, 1977). 이 주기는 6단계로 구분되는데, 첫 번째 단계는 이전의 게슈탈
트가 해소되어 배경으로 물러난 상황으로서, 분명한 전경을 형성하지 않은 채
만족스러운 휴식을 취하는 것과 같은 상태를 유지한다. 두 번째 단계에서는 결
핍감이나 욕구가 발생하면서 그것이 신체감각의 형태로 출현하게 된다. 세 번
째 단계에서 개체는 이러한 감각을 분명히 알아차려 동기, 즉 게슈탈트를 형성
하고 전경으로 떠올리며 네 번째 단계에 이르러 흥분과 에너지를 동원함으로
써 욕구를 충족시킬 수 있는 이미지를 형성한다(Clarkson, 2010). 다섯 번째 단
계에서는 장애를 극복하거나 욕구를 해결하기 위한 적절한 행동을 선택하여
수행한다. 그리고 마지막 단계에서 환경과의 접촉을 통해 게슈탈트를 완결하
게 된다. 완결된 게슈탈트는 배경으로 물러나며 개체는 휴식을 취하다가 다시
금 게슈탈트가 떠오르는 순간 앞의 주기를 반복한다. 예를 들어, 평온한 상태
를 유지하던 사람이 어느 순간 목이 마르다는 감각이 느껴지는 것을 알아차렸

[그림 13-2] 알아차림–접촉 주기

출처: 김정규(2020).

다고 하자. 이후 이 사람은 에너지를 동원하여 주변을 탐색한 후 사용 가능한 정수기를 발견했다. 거기까지 걸어가 물을 마시는 행동을 취함으로써 물과 접촉하여 목마름을 해결한 이 사람은 다시금 편안한 상태로 돌아갈 수 있다.

4) 장 이론

장 이론(field theory)은 물리학에서 시작된 개념으로, 모든 물리적 현상은 고립된 채 단독으로 존재할 수 없으며, 모든 것들은 장 속에서 서로 영향을 미치고 변화해 간다고 여긴다(Yontef, 2008). 이 개념을 인간에게 적용하면, 모든 인간 유기체는 유기체-환경 장의 관계 안에 존재하며 유기체나 환경은 모두 이 관계성을 떠나 고립된 채 존재할 수 없다고 할 수 있다. 즉, 장 이론에 기반을 둔 게슈탈트 상담자는, 내담자의 성격이나 문제가 그가 속한 문화와 환경의 영향을 받고 있으며 거꾸로 내담자가 문화와 환경에 영향을 미치기도 한다고 여긴다. 예를 들어, 어떤 청소년은 부모 간 불화 등의 문제의 영향을 받아 결과적으로 '비행'에 빠질 수 있다. 그런데 이 청소년이 적절한 상담과 치료를 통해 비행에서 벗어난 후에는 그동안 자녀에게 신경 쓰느라 문제를 나타내지 않던 어머니가 남편과의 갈등 문제로 우울증을 겪게 될 수도 있다. 즉, 내담자와 내담자를 둘러싼 가정환경이 서로 영향을 주고받는 것이다.

또 장 이론적 관점은 내담자의 모든 문제는 지금-여기 현재의 장에 다 와 있다고 전제한다. 이는 과거의 중요성을 경시하는 것이 아니라, 내담자의 현재 문제에 영향을 끼치고 있는 과거 사건이라면 그것 또한 현재 장에 와 있다고 여기는 것이다. 예를 들어, 상담 중 과거 부모의 불화에 대해 말하던 내담자가 슬픔을 느끼며 오열한다면, 과거의 문제가 현재에 여전히 존재하며 내담자에게 영향을 미친다고 할 수 있다. 그러므로 게슈탈트 상담에서는 과거 사건 자체에 대해 자세히 분석하기보다는 과거 사건을 떠올리거나 말하면서 지금 느껴지는 감정과 생각 등 '지금-여기'에 와 있는 살아 있는 과거를 중심으로 상담을 진행한다.

5) 현상학적 접근

게슈탈트 상담은 모호한 개념이나 이론을 분석하기보다는 우리 눈앞에 주
어진 현상을 알아차림을 통해 발견하고 체험하는 현상학(phenomenology)적
접근을 취한다. 이때 '현상'은 우리의 감각을 통해 알아차리고 분별할 수 있는
명백하고 분명한 것들을 의미한다. 게슈탈트 상담자는 내담자에게 지금 느끼
는 신체감각이나 욕구, 감정과 생각 등을 수시로 묻는데, 이는 내담자로 하여
금 지금-여기에서 나타나는 분명한 현상을 토대로 상담 작업을 이어 나가기
위해서이다. 또한 상담자는 내담자가 하는 이야기의 내용과 더불어 동시에 나
타나는 표정이나 제스처, 동작, 말하는 방식 등 다양한 현상에 주목한다. 그러
한 현상이 말의 내용보다 더 진실한 의미를 담고 있다고 여기기 때문이다.

또한 현상학적 관점에서 보면 객관적 현실이란 존재하지 않으며 인간은 개
인의 주관적 관점에 따라 현실을 여과하여 받아들인다. 그러므로 같은 환경에
존재하는 사람들이라 하더라도 그들의 경험은 제각각 다를 수밖에 없다. 이 과
정에는 각자의 신체 상태, 감정, 동기, 개인사 등이 모두 영향을 미친다. 예를
들어, 같은 수업을 듣고 있는 학생들이라 할지라도 그 시간에 각자는 서로 다
른 체험을 할 수 있다. 누군가는 최상의 컨디션으로 수업에 집중하는가 하면,
또 다른 학생은 선생님에 대한 불만으로 일부러 딴 짓을 할 수도 있다. 상담 장
면에서도 상담자와 내담자는 각자 다른 경험을 하기 마련이므로 상담자는 '아
직 모른다'는 태도를 바탕으로 존중과 호기심을 가지고 내담자의 주관적 경험
을 탐색해야 한다.

3. 인간관과 병인론

1) 인간관

'게슈탈트'라는 용어의 의미와 같이 게슈탈트 상담에서는 인간을 부분으로 나눌 수 없는, 전체로서 기능하는 통합적인 유기체로 본다. 나트륨과 염소는 각각 독성을 지녔지만 이 두 원소가 결합하면 단순히 두 물질의 합 이상인, 소금이 되는 것처럼 전체로서의 인간은 감정, 생각, 행동, 생리적 반응 등의 각 부분들을 합쳐 놓은 것 이상의 의미를 지닌다. 또 게슈탈트 상담에서 인간을 칭하는 '유기체'라는 용어에는 인간이 자신을 둘러싼 환경과 체계적이고 능동적으로 상호작용하는 존재라는 의미가 내포되어 있다. 즉, 인간은 태어날 때부터 홀로 고립되어 있는 것이 아니라, 자신을 둘러싼 환경 장 안에 존재하며 그 환경과 끊임없이 영향을 주고받는다는 것이다.

이 과정에서 인간 자신과 그를 둘러싼 환경은 지속적으로 변화하는데, 유기체는 본래 이러한 변화를 알아차리는 능력을 잠재적으로 지니고 있으며, 상황에 따라 자신에게 가장 필요한 선택을 하고 유연하게 대처할 수 있는 '자기 조절 능력' 또한 가지고 있다. 인간은 환경과의 적응적인 상호작용을 통해 성장하며 자신의 잠재력을 실현해 나갈 수 있는 실존적인 존재이다. 그러므로 게슈탈트 인간관에 따라 게슈탈트 상담은 내담자의 잠재력에 대한 신뢰를 바탕으로 그들의 알아차림과 자기 조절 능력을 회복시킴으로써 환경과의 접촉 속에서 창조적으로 적응하도록 돕는다.

2) 병인론

게슈탈트 상담에서는 게슈탈트의 형성과 해소가 원활히 되지 않는 경우 미해결과제가 생기고 이것이 점차 누적됨에 따라 신체적 · 심리적 장애를 겪게 된다고 하였다. 게슈탈트의 형성과 해소 과정은 '알아차림-접촉 주기'를 통해 진행된다. 이 주기가 유기적으로 잘 순환되는 경우 유기체는 건강한 삶을 영위할 수 있으나, 주기의 각 단계 어디에서나 장애가 발생하거나 단절이 일어날 가능성이 있으며 그런 경우 게슈탈트가 분명히 형성되지 못하거나 해소되지 않음으로써 미해결과제가 쌓이고, 생생한 삶을 위해 사용되어야 할 에너지가 불안이나 우울로 변질되어 신경증적 증상을 나타낼 수 있다(장현아, 2021).

또한 게슈탈트 상담에서는 정신병리의 원인을 '접촉경계혼란(contact boundary disturbances)'으로 설명한다. 이는 개체와 환경 간의 접촉이 일어나는 경계에 문제가 발생하여 개체가 필요한 것을 받아들이지 못하거나 해로운 것으로부터 자신을 보호하지 못하는 등 환경과 창조적으로 교류하지 못하게 됨으로써 심리적 · 생리적 혼란이 생기는 현상이다(김정규, 2020). 접촉경계혼란에는 대표적으로 내사, 투사, 융합, 반전, 자의식, 편향이 있다.

(1) 내사

내사(introjection)는 개체가 자기에게 의미 있는 권위자의 주장이나 가치관을 곱씹고 동화시키는 과정 없이, 무비판적으로 수용함으로써 내면적인 갈등을 일으키는 현상을 의미한다. 내사된 가치관은 '모범이 되어야 한다' '화를 내서는 안 된다' '약점을 드러내지 마라' '성공해야 한다' 등 주로 당위적인 표현으로 나타나는데, 이러한 내용은 대개 부모가 직접적으로 강조하고 주입한 가치관이거나, 어떤 상황이나 분위기 속에서 적응하기 위해 개체가 스스로 선택한 가치관을 담고 있다. 내사가 강한 사람은 당위적 가치를 자동으로 따르며 피상적이고 판에 박힌 행동을 하는 경향이 있다. 이들은 자신의 욕구나 생각을 잘 모르고 주어진 기대나 가치관을 자신의 것이라고 착각한 채 그에 따라 살아가므로, 주변에서는 인정을 받을지언정 생생하고 창의적인 삶을 살아가지 못한다. 즉, 자신의 진정한 욕구나 동기를 잘 알아차리지 못하여 자신만의 게슈탈트를 형성하고 접촉하는 것에 실패함으로써 지속적으로 미해결과제가 축적된다.

그로 인해 이들의 내면은 두 부분으로 분열되는데 이들을 각각 '상전 (topdog)'과 '하인(underdog)'이라고 명명한다. 상전은 유기체에게 끊임없이 당위적 가치관을 명령하고 그에 따르지 않을 때 비난이나 압박을 가한다. 하인은 고통을 호소하며 그에 굴복하는 듯 행동하지만 정작 명령을 따르지 않음으로써 상전의 발목을 잡는다. 겉으로는 상전이 우세한 것처럼 보이나 실상 이 둘 간에는 승자 없는 게임이 끊임없이 펼쳐진다. 예를 들어, 공부를 잘하지 못한다는 이유로 아버지에게 수시로 폭언을 듣는 형을 보고 자란 사람은 '공부를 잘해야만 한다'는 내사를 형성할 수 있다. 이 사람 내면의 상전은 공부를 강요하며 쉬려고 하면 게으르다며 비난의 목소리를 내고, 그에 반응하는 하인은 쉬는 것에 죄책감과 불안을 느끼며 압박감 속에서 공부를 해 나간다. 그 결과, 단기적으로는 성공적인 학업을 이어 나가는 것처럼 보일지라도, 그 사람의 내면에는 압박감으로 인한 분노, 죄책감과 불안, 공허감 등이 쌓여 가게 되고 그로 인해 어느 순간 공부를 놓아 버림으로써 상전을 좌절시킬 수 있다. 좌절한 상전은 다시금 하인을 압박하고 이 악순환이 지속된다.

내사는 자기 것과 자기 것이 아닌 것을 구분하지 못하는 대표적인 경계장애로, 이후에 소개할 다른 접촉경계혼란들과도 밀접한 관련이 있다. 상담에서는 내사로 인한 문제를 겪는 내담자로 하여금 내사된 가치관, 즉 상전의 목소리가 외부에서 주어진 것이며 자신의 욕구나 생각과는 다르다는 것을 알아차리도록 안내한다. 그럼으로써 자신이 원하지 않는 명령이나 요구를 거절하고 자신의 생각과 감정을 드러내게 함으로써, 타인과 자기 간의 경계를 확실히 느끼도록 돕는다.

(2) 투사

투사(projection)는 내사와 반대되는 개념으로, 개체가 자신의 것으로 수용하기 두려운 욕구나 감정 등을 타인의 것으로 책임을 돌리는 현상이다. 예를 들어, 타인에 대한 미움을 인정하기 어려운 사람이 오히려 상대가 자신을 미워한다고 생각하거나, 자기 자신을 부끄럽게 여기는 사람이 타인이 자신을 무시할까 봐 불안해할 수 있다. 이 과정에서 자신이 감당하기 어려운 부분을 부정해 버림으로써 심리적 부담을 덜고 고통을 경감시킬 수 있다. 투사는 내사와 깊은 관련이 있는데, 내사된 가치관이나 도덕적 규범으로 인해 자기의 것으로 허용하기 어려워진 욕구나 감정, 생각을 타인의 것으로 투사하게 되는 것이다. 다른 사람의 특정한 행동이나 특성에 지나치게 민감하게 반응하고 부정적인 반응을 보이는 경우, 투사가 개입되어 있을 수 있다. 즉, 정작 자기가 잘난 척하고 싶은 사람이 잘난 척하는 사람을 쉽게 알아보고 싫어하거나, 응석을 부리고 싶은 사람이 의존적인 사람에게 적대적 태도를 나타낼 수 있다는 것이다.

인간은 자신의 마음을 근거로 타인의 마음을 이해, 공감할 수 있으므로 투사 자체가 병적인 것은 아니다. 그러나 자신이 투사를 하고 있다는 것을 모를 때 문제가 발생한다. 병적으로 투사를 사용하는 사람에게는 그가 투사한 내용을 알아차리고 자기의 것으로 재소유하도록 돕는 것이 필요하다. 예를 들어, 친구가 잘난 척을 해서 너무 꼴 보기 싫다는 내담자로 하여금, 잘난 척하고 돋보이고 싶은 자신의 마음을 알아차려 말로 표현해 보고 접촉하도록 하여, 있는 그대로의 자기 마음을 수용할 수 있도록 하는 것이다. 투사가 심한 사람들은 쉽게 피해의식을 느끼고 타인의 시선에 지나치게 예민하여 대개 타인과의 교류가 부족하다. 그러므로 그들로 하여금 투사를 중단하여 자신과 타인을 있는 그대로 바라보고 접촉할 수 있도록 촉진해야 한다.

(3) 융합

융합(confluence)은 서로 가까운 두 사람이 상호 경계를 인정하지 않고 자신들을 '하나'로 여기는 현상을 의미한다. 즉, 자신의 독자성과 개별성을 무시한 채, 같은 가치관과 태도를 지닌 '우리'로만 존재하려는 것이다. 이들은 겉으로는 친밀해 보이나 내적으로는 외로움이나 공허감, 독립에 대한 두려움을 피하기 위해 상호 의존하고 있는 상태이다. 즉, 함께 있다는 안정감을 얻기 위해 각자의 정체성과 개성을 발휘하지 못한 채 진부하고 생기 없는 삶을 살아가는 것이다. 사실상 개별적인 존재인 두 사람이 똑같은 생각과 감정을 가지는 것은 불가능하므로 융합 관계를 유지하는 것에는 어려움이 따르는데, 둘 중 한쪽이 융합 관계를 깨려는 시도를 하는 경우 상대의 분노와 짜증을 사게 되고 그로 인해 시도하는 쪽은 죄책감을 느끼게 된다.

융합 관계는 부모−자녀 관계에서 특히 많이 발생한다. 자녀가 융합에서 벗어나기 원하는 경우, 상담자는 우선 안전하고 지지적인 분위기를 형성해야 한다. 융합에서 벗어나 독립적인 존재로 살아간다는 것은 내담자에게 큰 불안을 일으키기 때문이다. 두려움으로 인해 융합 관계로 다시 돌아가려는 유혹을 이기고 홀로 설 수 있도록, 자신감을 키우고 자신의 행동에 책임을 지는 것을 익힘으로써 힘을 기르도록 한다. 또한 내담자 고유의 생각과 감정을 분명히 알아차리도록 함으로써 부모와 자기 사이에 경계를 긋도록 해야 한다.

(4) 반전

반전(retroflection)은 타인과 상호작용하지 않고 자기 자신을 행동의 대상으로 삼는 것을 의미한다. 타인에게 하고 싶은 행동이나 타인이 내게 해 주었으면 하는 행동을 자기 자신에게 하는 것이다. 상대에게 화를 내는 대신 '내가 문제야. 내가 다 못나서 그런 거지'라며 자책을 하거나, 선물을 받고 싶은 사람이 상대에게 요구하는 대신 자기를 위해 물건들을 잔뜩 사들이는 행동 등이 예가 될 수 있다.

반전을 하게 되는 이유는, 있는 그대로의 자신의 욕구를 드러내기에는 자신이 처한 양육 환경이 비우호적이고 안정적이지 못했기 때문이다. 즉, 이들은 환경을 향해 감정이나 욕구를 드러내는 대신, 자기 자신을 행위자와 피행위자로 분열시켜 행동한다. 앞의 예를 통해 살펴보면, 첫 번째 예에서는 자신을 '화

를 내는 사람'과 '화를 당하는 사람'으로 분열시키고 있으며, 두 번째 예에서는
자신을 '선물을 하는 사람'과 '선물을 받는 사람'으로 분열시키고 있다.

반전을 하는 사람은 환경과의 접촉을 통해 자연스럽게 에너지를 표출하지
못하고 내부로 철회시키므로 대개 신체적 긴장을 경험한다. 그러므로 이러한
내담자로 하여금 호흡을 포함하여 신체의 어느 부분에서 긴장이 일어나는지
를 알아차리도록 하는 것이 도움이 된다. 특히 '분노'가 반전되는 경우가 많은
데, 분노를 반전시키는 사람은 만성적인 신체화 증상이나 강박, 열등감, 죄책
감, 우울감에 시달린다. 반전을 사용하는 내담자에게는 자신의 내부를 향해
있는 에너지를 본래 대상이나 외부로 향하여 표출할 수 있도록 도와야 한다.
예를 들어, 아내에게 향한 분노를 억압하여 우울을 경험하는 내담자에게는 상
담 장면에서 아내를 향해 분노를 표현해 보도록 격려할 수 있다.

(5) 자의식

자의식(egotism)은 관찰자의 시선으로 자기 자신을 바라보고 지나치게 의식
하는 현상을 의미한다. 이들은 타인이 자기를 어떻게 볼까 하는 염려 때문에
자신의 행동을 지나치게 세심하게 관찰하며 타인의 반응에 매우 민감하게 반
응한다. 예를 들어, 자의식이 높은 사람은 음악회에서 음악에 흠뻑 몰입하기
보다는 음악을 감상하는 자신이 남들에게 어떻게 보일지를 신경 쓸 수 있다.
자의식은 다른 사람에게 존경과 애정, 관심을 받고자 하는 욕구가 매우 큰 사
람이 그러한 욕구가 거부당할까 봐 두려워 드러내놓고 행동하지 못하는 경우
에 발생한다. 즉, 자의식은 충족되지 않은 자기애적 욕구에 의해 발생한다고
할 수 있다. 자의식이 심한 사람은 사전에 자신의 행동을 철저하게 통제, 조절
하며 타인의 반응을 미리 계산해 봄으로써 어떤 좌절과 실패도 발생하지 않도
록 준비를 하려고 한다. 결과적으로 이들은 자연스럽게 현실과 환경에 접촉하
는 대신, 생각 속에 빠져 있게 되어 새로운 시도와 모험을 통해 경험을 확장할
수 없게 된다.

상담에서는 우선 자의식이 강한 내담자로 하여금 그동안 담고 있기만 할 뿐 표출하지 못한 자신의 욕구나 감정 등을 알아차리게 한 후 이를 말이나 행동, 예술적 표현 등으로 표현하도록 돕는다. 지나치게 자신의 내면을 향해 있는 에너지를 외부 환경 쪽으로 전환시켜 관심 있는 활동이나 관계에 몰두하게 함으로써 에너지가 환경과 원활하게 교류하도록 돕는 것이 필요하다. 또한 내담자로 하여금 타인의 관심과 인정의 대상이 되려는 자기애적 욕구를 내려놓도록 도와야 한다.

(6) 편향

편향(deflection)은 특정 정서나 욕구가 가져올 결과가 두려워 환경과의 접촉을 피해 버리거나 자신의 감각을 둔감화시키는 현상이다. 화를 느낄 만한 상황에서 습관적으로 웃으면서 말을 하거나 불편한 주제가 나타날 것 같으면 화제를 돌리는 것, 직접적으로 생각이나 감정을 표현하지 않고 추상적으로 돌려 말하는 행동 등을 예로 들 수 있다. 편향은 특히 불안이 올라오는 것을 방어하는 기제로, 편향을 많이 쓰는 사람은 불안이 야기하는 부정적인 경험을 덜 하게 되는 대신, 흥분을 불러일으키는 긍정적인 감정까지도 함께 차단함으로써 삶을 무미건조하게 살아간다.

상담에서는 편향을 통해 억압한 흥분 에너지를 있는 그대로 접촉하도록 도와주어야 한다. 예를 들어, 연인과 이별한 후 현대인의 이성관계에 대해 추상적이고 장황하게 말을 늘어놓는 내담자에게 이별 당시 감정이 어떠했는지를 묻거나, 대답을 하는 중 지금 몸에서는 어떤 반응이 나타나는지에 집중하고 표현할 수 있도록 개입할 수 있다.

4. 상담 과정

1) 치료목표

　게슈탈트 상담은 '정상'과 '비정상'의 기준을 미리 정해 놓고 내담자를 거기에 맞추려는 시도를 하지 않는다. 즉, 내담자를 특정한 방향으로 변화시키려는 인위적인 노력을 기울이지 않는다는 것이다. 대신 내담자 스스로 이상적 상태를 향해 변화하고 성장해 나갈 수 있다는 믿음을 가지고, 그 과정을 조력하고자 한다. 그 가운데서 성취할 수 있는 모습을 목표로 제시한다면 다음과 같다.

　첫째, '알아차림'의 증진으로, 알아차림은 게슈탈트 상담의 유일한 목표라고 할 만큼 중요하다. 알아차림은 크게 현상 알아차림과 행위 알아차림으로 구분한다. 현상 알아차림은 '무엇', 즉 '내용'에 대한 알아차림으로, ① 환경, ② 신체, ③ 욕구, ④ 감정, ⑤ 상황, ⑥ 내적인 힘에 대한 알아차림으로 구분한다. 이와 달리 행위 알아차림은 '어떻게', 즉 '과정'에 대한 알아차림으로 ① 접촉경계 장애 행동에 대한 알아차림, ② 사고 패턴에 대한 알아차림, ③ 행동 패턴에 대한 알아차림을 의미한다. 게슈탈트 상담에서는 내담자의 현상 알아차림과 행위 알아차림 전반이 향상될 수 있도록 개입하는데, 특히 내담자가 어떤 과정으로 현재의 부적응적인 행동방식을 나타내게 되는지를 알아차리는 것에 초점을 맞춘다. 예를 들어, 내담자가 어떻게 감정을 억압하는지, 어떻게 새로운 체험을 회피하는지를 알아차리도록 도움으로써 무의식적으로 부적응적 행동을 선택하는 데서 벗어나 자신의 행동을 의식하고 통제력을 가지도록 도울 수 있다.

　둘째, 전체로서 자신을 통합하는 것이다. 자신이 받아들이기 힘든 부분을 소외시키거나 외부로 투사하는 내담자는 자신의 일부를 분리하고 접촉하지 않은 채 살아간다. 펄스는 이러한 인격의 소외된 부분을 '인격의 구멍'이라고 불렀는데, 이런 상태에서는 허전함을 메꾸기 위해 타인에게 의존하게 된다. 그러므로 상담자는 내담자로 하여금 거부했던 자신의 부분들을 알아차리고 자신의 일부로 통합하도록 촉진한다. 인격의 통합을 이룬 내담자는 쉽게 흔들리지 않고 안정적인, 새로운 자기개념을 형성하게 되며 유기체의 자기 조절 능력을 활용하여 삶의 여러 문제를 해결하는 적응적인 선택을 할 수 있게 된다.

셋째, 실존적인 삶을 살아 나가는 것이다. 실존적 삶이란, 기대 역할을 수행하거나 남보다 나은 자신을 입증하기보다 자기 자신이 되기 위해 노력하는 삶이다. 이를 위해 상담자는 내담자로 하여금 '내사된' 명령과, 그것이 일으키는 내적 갈등을 알아차리고 벗어날 수 있도록 도와야 한다. 내담자가 이상적인 사람이 되려는 시도를 포기하고 자기 자신이 될 때 비로소 변화와 성장이 일어날 수 있다. 실존적 태도의 사람은 미래의 당위적 목표를 위해 현재를 희생하는 것이 아니라 지금 현실의 경험과 관계를 소중히 여기며, 더 나아가 자율적으로 선택하고 그 결과에 책임을 진다. 또한 자신과 세상에 대한 긍정적인 시각을 바탕으로 보다 적극적이고 참여적인 태도를 취함으로써 경험을 확장해 나갈 수 있다.

2) 치료관계

인간은 관계 속에서 태어나고 관계를 떠나서는 살 수 없는 존재이므로, '관계 맺기'는 인간 실존에 필수적이다. 관계 속에서 인간은 개별적인 존재로서 자기를 인식할 수 있으며 살아 있다고 느낄 수 있다. 이와 같은 이유로 게슈탈트 상담에서는 '관계'를 매우 중시하는데, 상담자와 내담자 사이에서 관계는 '대화'를 통해서 형성된다고 보았다. 즉, 상담자와 내담자가 서로 동등한 자격을 지닌 채 진술하게 만나고 대화함으로써 '치료관계'를 형성한다. 이때의 대화는 어떤 의도나 계획을 가지고 목표를 향해 가는 것이 아니라 지금-여기의 장이 이끌어 가도록 허용하는 열린 과정이다. 이와 같은 게슈탈트 상담의 치료관계 특성을 '대화적 관계(dialogic relationship)'로 표현한다. 이 '대화적 관계'는 마르틴 부버의 '나-너(I-Thou) 관계'에 기반하는데, 이는 상대를 수단으로 대상화하는 '나-그것(I-It) 관계'와 달리 서로를 목적으로 존중하며 서로의 다름을 인정하고 수용하는 진정한 만남을 의미한다.

이 과정에서 상담자는 자신의 선입견이나 가치판단을 제쳐 두고 내담자의 현상학적인 세계로 들어가 그의 경험을 존중하고 존재 자체를 수용한다. 서로의 경계를 유지하는 상태로 관계를 맺되 서로 영향을 주고받으며 그 과정에서 연결성을 경험한다. 이러한 대화적 관계를 통해 내담자 또한 상담자에게 판단 없이 수용된 자기를 수용하며 자신을 존중할 수 있게 된다. 또 치료자를 이상화하거나 평가 절하함 없이 있는 그대로의 모습으로 바라보고 진정한 교류를 경험함으로써, 관계 맺는 능력을 발달시킬 수 있게 된다.

게슈탈트 상담에서 진정한 관계를 형성하는 능력을 발달시키는 것은 상담 과정의 핵심이다. 대화적 관계의 토대 위에서 행할 때만이 모든 게슈탈트의 개입과 기법이 의미 있는 효과를 낳을 수 있으며 내담자의 변화로 이어질 수 있기 때문이다.

3) 치료 변화기제

게슈탈트 상담에서는 상담자와 내담자의 관계를 통해 내담자가 결국 변화한다고 본다. 그러므로 내담자의 변화를 위해 상담자가 적절한 태도를 취함으로써 치료적 환경을 조성하는 것이 중요하다. 이때 필요한 상담자의 태도는 크게 두 가지로 요약할 수 있다(Yontef, 2008).

첫째, '변화시키는 사람'의 역할을 거절하고 내담자로 하여금 있는 그대로의 자신이 되도록 한다. 대개의 내담자들은 변화되기를 원하기 때문에 상담에 온다. 그렇기에 많은 상담자들이 이것을 목표로 받아들여 다양한 방법을 통해 그들을 변화시키려고 시도한다. 그런데 게슈탈트 상담에서는 '변화는 자기 자신이 아닌 다른 무언가가 되려고 할 때가 아니라, 자기 자신이 되려고 할 때 일어난다'(Beisser, 1970)라고 하는 '변화의 역설적 이론(paradoxical theory of change)'을 지지한다. 보통 변화는 더 나은 누군가가 되려고 의지를 발휘할 때 성취되는 것이라고 여기기 마련이다. 그러나 게슈탈트 상담의 관점에서 내담자가 자기 자신이 아닌 존재가 되려고 한다는 것은 자신의 일부를 소외시키며 수용하지 않고 있다는 의미이기도 하다. 그런데 자신의 어떤 부분을 무시하고 제거함으로써 변화하려고 애쓰는 만큼 소외된 부분이 이에 대항하는 힘 또한 커지므로, 결과적으로는 내담자 내부에서 갈등과 분열이 일어나 교착상태에 빠지게 된다(장현아, 2021). 즉, 자기 자신이 아닌 존재가 되려고 노력한 결과, 역설적이게도 오히려 지금과 같은 상태에 머물게 되는 것이다.

그러므로 상담자는 '변화시키는 사람'의 역할을 거절하고, 내담자를 자신이 원하는 방향으로 변화시키고자 하는 욕구 또한 내려놓아야 한다. 그 대신 내담자가 변화를 위해 싸우지 않고 있는 그대로의 자신을 알아차리고 충분히 경험하도록 안내해야 한다. 예를 들어, 우울한 내담자가 우울한 상태에서 벗어나기 위해 분주하게 여러 방법을 시도하고 있다면, 상담자는 먼저 내담자가 피하고자 하는 우울한 상태에 관심을 기울인다. 어떤 과정에서 우울을 경험하게 되었는지, 우울할 때는 어떠한지 등 내담자가 회피하거나 제거하고자 하는 상태에 머물며, 있는 그대로의 자신의 감정과 생각에 접촉하도록 안내한다. 이러한 과정을 통해 내담자는 차츰 있는 그대로의 자신을 수용하고 통합하게 되는데, 이때 상담자의 지지가 반드시 필요하다. 내담자가 이제까지 외면했던 자신의 일부를 직면하는 것은 매우 큰 불안과 두려움을 수반하기 때문이다. 그것을 뛰어넘는 상담자의 충분한 지지와 수용 안에서 내담자는 알아차림과 접촉을 지속할 수 있으며 나아가 유기체의 자기 조절 능력을 회복함으로써 자연스럽게 변화하게 된다.

둘째, 상담자는 좌절과 지지를 모두 제공해야 한다. 대개의 내담자는 자신의 조절 능력을 믿지 못하고, 스스로 할 수 없다고 믿는 것을 상담자가 자기를 위해 해 주기를 바란다. 그런데 상담자가 이 욕구를 충족시켜 주고자 한다면, 내담자는 미처 알지 못하는 자신의 내적 힘을 발견하고 통합할 기회를 잃게 된다(Yontef, 2008). 즉, 스스로 자기의 삶을 조절하고 책임지지 못한 채, 타인을 의존하는 데 머물게 되는 것이다. 그러므로 게슈탈트 상담자는 내담자의 잠재 능력에 대한 신뢰를 바탕으로, 내담자의 의존 욕구를 만족시켜 주려는 욕구나 유혹에서 벗어남으로써 결과적으로 내담자의 의존적 태도를 좌절시켜야 한다. 이때 좌절이란 치료자가 자신의 욕구를 충족시켜 주지 않은 데서 기인하는 내담자의 감정을 말하는 것이지, 상담자가 내담자의 태도를 비난하거나 비판하라는 의미가 아니다. 상담자는 내담자의 의존적인 욕구를 강화하지도, 비판하지도 않는 태도로 내담자의 욕구와 좌절에 대해 반복적으로 탐색해 나가야 한다.

펄스는 내담자의 진정한 성장은 좌절을 겪음으로써 가능해진다고 하며 좌절에 특별한 의미를 부여했다. 즉, 넘어지는 경험이 없이는 아이가 걸음마를 배우지 못하듯이, 좌절 속에서 내담자는 타인에 대한 의존성을 버리고 자기 스스로를 돕고자 하는 노력을 시작할 수 있다. 내담자의 이런 노력에 대해 상담자는 적극적으로 격려하고 지지를 보여야 한다. 최근 게슈탈트 치료에서는 지지에 대해 점점 더 많이 강조하는 경향을 나타내고 있다. 폴스터(Polster, 1994: 김정규, 2020에서 재인용)는 기존의 상담자들이 내담자가 무엇을 잘못하고 있는지를 지적하느라 잘하고 있는 점을 말해 주는 데 인색했다고 비판한 바 있다. 문제점을 지적하기보다는 내담자의 지각이나 반응 중 건강한 부분을 발견하여 인정하고 지지해 줄 때 내담자는 자신감을 회복할 수 있으며 그것을 바탕으로 스스로 문제를 해결하려는 동기가 생겨난다. 또 이런 과정 속에서 스스로 필요한 것을 취할 수 있는 능력을 발달시켜 결과적으로 자립에 이르게 된다. 그러므로 상담자는 내담자의 의존적 태도를 좌절시키되, 충분한 지지를 제공함으로써 내담자의 자립을 조력해 나가야 한다.

4) 치료과정

게슈탈트 상담에서는 규정된 절차나 과정을 제시하지 않으며 학자 저마다의 강조점에 따라 여러 접근법이 존재한다. 일반적인 상담의 과정에 따라 게슈탈트 상담의 특성을 반영한 대표적인 상담 과정은 다음과 같다(김정규, 2020).

게슈탈트 상담의 과정은 초기, 전개, 변화, 종결 단계로 구분할 수 있다. 내담자는 대개 위기를 경험하는 중 도움을 요청하며 상담에 찾아오지만, 상담자에 대해 신뢰가 부족한 상태이다. 게슈탈트 상담은 내담자와 상담자 간의 대화적 관계, 진정한 접촉을 매우 중시하므로 특히 둘 간의 신뢰가 필수적이다. 그러므로 상담 초기에 상담자는 내담자에 대한 판단을 내려놓고 내담자의 입장에서 공감과 수용의 태도를 취해야 한다.

전개 단계에서는 상담자와 내담자의 신뢰관계를 바탕으로 내담자가 호소한 문제와 고통을 자세히 살펴보게 된다. 문제가 일회성이 아니라 반복되는 것이라면, 이를 주제(theme)라고 명명할 수 있다. 주제란 미해결과제와 관련되어 있는 반복되는 문제를 의미하는 것으로, 대개 내담자는 주제 해결에 실패하여 상담실에 방문한다. 예를 들어, 어떤 상황에서든 끊임없이 권위자의 인정을 받기 위해 지나치게 노력하는 바람에 소진을 경험하고 있는 내담자가 있다고 하자. 이때 이 내담자는 '인정을 받지 못하는 나는 쓸모가 없다'와 같은 주제를 지니고 있을 수 있다. 상담자에게 마음을 열고 개방할 준비가 됨에 따라 내담자는 주제와 관련된 과거 경험, 즉 억압된 욕구나 감정을 만나고 표현하게 된다. 이 과정에서 상담자가 내담자를 이해하고 수용함과 동시에 내담자도 자기자신을 이해하게 된다. 이를 바탕으로 내담자는 이전에는 억압했던 행동을 시도해 보기 시작하는데, 과도기적 과정에서 좌충우돌하며 부정적인 시선을 받기도 한다. 그러므로 상담자는 내담자의 혼란을 이해해 주고 지지와 격려를 지속해야 한다(Clarkson, 1990).

변화 단계에서는 내담자로 하여금 자신의 문제가 어떻게 생겨나고 유지되는지, 그 과정에서 자신은 어떻게 행동하고 있는지를 알아차리도록 격려한다. 예를 들어, 어린 시절에 성추행 당한 경험이 자꾸 떠올라 힘든 내담자로 하여 금 그 기억이 떠오르고 진행되는 과정을 알아차리도록 할 수 있다. 이때 내담 자는 과거 기억이 떠오름과 동시에, 즉각적으로 거절하지 못하고 가만히 있었 던 자신을 책망하고 있는 것을 알아차릴 수 있다. 즉, 내담자는 자책함으로써 고통을 더하고 있는 것이다. 이 과정을 알아차린다면, 자책을 하는 대신 고통 을 겪은 자신을 위로하거나 가해자에 대해 분노를 표현하는 등 새로운 행동을 선택하는 것이 가능해진다. 즉, 내담자는 억압으로부터 벗어나 있는 그대로의 자신을 이해하고 수용하게 됨으로써 활력이 생기고 환경과도 더 적극적으로 접촉해 나가게 된다.

종결 단계에 이르면 내담자의 문제가 상당 부분 해결되고 문제가 생기더라 도 내담자 스스로가 해결할 수 있는 자원이 충분해진다. 이때는 내담자의 문제 보다는 상담자와 내담자 간의 관계가 전경으로 떠오르는데, 서로를 왜곡 없이 바라보고 솔직하게 접촉하는 등 강한 연결감을 경험한다. 이 관계 경험을 통해 내담자는 힘을 얻고 다시 홀로 세상에 나갈 준비를 하게 된다. 이때 상담자는 내담자가 상담을 통해 학습한 것을 통합하여 실생활에 응용할 수 있도록 도움 으로써 내담자의 적응능력을 향상시킬 필요가 있다.

이와 같은 상담 과정을 통해 내담자는 문제를 해결하고 성숙을 향해 나아간 다. 펄스는 심리치료를 통한 내담자의 성격 변화의 과정을 심리층 개념으로 설 명한 바 있다(Perls, 1969). 내담자가 접촉경계혼란을 극복하고 성숙한 성격으 로 변화해 가는 과정은 다음과 같은 5개의 심리층을 거치는 것으로 비유할 수 있다.

첫 번째 층은 '피상층(cliche or phony layer)'으로, 이 단계의 사람들은 의례적 이고 형식적인 만남을 통해 피상적인 관계를 맺는다. 표면적으로는 예의 바르 고 적응적으로 보이지만, 자신을 노출하지 않기 때문에 관계의 진전이나 변화는 일어나지 않는다. 상담 초기에 내담자들이 주로 보이는 모습으로, 접촉을 통해 발생할 수 있는 불안과 두려움을 피하고 안전을 추구하는 상태이다.

두 번째 층은 '공포층(phobic layer)' 혹은 '연기층(role playing layer)'으로, 자신의 고유한 모습이 아닌 부모나 주변의 기대에 따라 특정 역할을 하며 살아가는 단계이다. 이때의 개체는 자신의 진정한 욕구를 억압한 채 연기를 하며 살아감에도 그 모습이 진짜 자기라고 착각을 한다. 이들은 역할 연기를 그만두면 찾아올 비난이나 큰 문제에 대해 비현실적 공포를 느끼는 나머지 부적응적인 결과에도 불구하고 역할 연기를 그만두지 못한다.

세 번째 층은 '교착층(impasse layer)'으로, 이때는 역할 연기의 무의미성을 깨달은 후 중단하려고 하지만 아직은 자립할 수 있는 능력이 없으므로 공허감이나 공포에 휩싸인다. 이 현상을 '막다른 골목 체험'이라고 하는데, 이때 상담자는 내담자가 이 상태를 회피하거나 되돌아가지 않고 견뎌 내도록 적극적으로 지지해 주어야 한다. 한 번도 가 보지 못한 세계에 발을 디디는 두려움을 이겨 내면 서서히 새로운 경계와 세상이 펼쳐지며 성장을 향해 나갈 수 있게 된다.

네 번째 층은 '내파층(implosive layer)'으로, 이 단계의 내담자는 지금껏 억압해 온 욕구나 감정을 알아차리게 된다. 이러한 욕구나 감정은 오랫동안 차단되어 왔기에 매우 큰 에너지를 내포하고 있는데, 내담자들은 이 에너지를 표출할 경우 생겨날 문제를 두려워하여 이 에너지를 자기 자신에게 돌림으로써 신체적 긴장이 유발되고, 타인에게 분노하는 대신, 자신을 질책하는 등의 반전행동이 증가한다.

다섯 번째 층은 '폭발층(explosive layer)'으로, 이 단계의 내담자는 자신의 욕구나 감정을 차단하지 않고 접촉하며 외부 세계로 표출한다. 또 이전의 미해결 과제들도 전경으로 떠올려 해결하며 그동안 집착해 왔던 욕구나 비합리적인 생각들을 내려놓는다. 이 단계에 도달하면 내담자들은 신체적·정서적으로 강렬한 알아차림과 접촉, 깊은 인지적 통찰의 경험을 하기도 한다. 즉, 내담자들은 있는 그대로의 자신과 깊이 접촉하며 타인과도 왜곡이나 부적응적인 기대 없이 진실한 접촉을 할 수 있게 된다.

펄스는 폭발층에 이르러야 게슈탈트 상담이 추구하는 실존적으로 진실한 삶에 이르게 된다고 하였다. 실존적 삶은 때로 고통스럽지만 생생하며 살아 있는 순간으로 구성된다. 어떠한 삶의 경험도 피하지 않고 온전히 수용하며 나 자신과 타인, 세상과 좀 더 생생하게 연결되어 살아가는 것이다.

5. 치료개입

게슈탈트 상담에서는 다양한 기법을 개발하여 사용하고 있으나 기법 사용이 필수적인 요소는 아니며, 자연스러운 대화와 만남을 통해 상담을 진행하는 것이 더 중요하다. 그러나 기법을 잘 활용하면 내담자의 알아차림과 접촉을 향상시키는 데 도움이 되므로, 기법이 개발된 이론적 배경이나 목적에 대해 잘 이해하고 적재적소에 효과적으로 사용하는 것이 필요하다.

게슈탈트 상담은 실험적 접근을 지향한다. 이는 상담 중, 무언가에 대해 말하는 것을 넘어서 다양하고 창의적인 실험을 통해 알아차림과 접촉을 향상시키는 접근을 취한다는 것을 의미한다. 실험이란 내담자의 문제를 해결하기 위해 상담자가 창의적 아이디어를 생각해 내고 내담자와 함께 상황을 연출하여 문제해결을 해 나가는 것을 의미하는데, 이 같은 관점에서 보면 다음에 제시한 모든 기법들은 실험의 일부라고 할 수 있다. 또 이 외에 상담자가 상담 중 내담자에게 도움이 될 만한 방법을 창의적으로 고안하여 사용하는 것 또한 실험적 접근의 관점에서 매우 고무적이며 격려할 만한 일이라고 할 수 있다.

1) 욕구와 감정 알아차림

게슈탈트 상담에서는 지금-여기에서 일어나는 욕구와 감정을 자각하는 것을 매우 중시한다(김정규, 2020). 욕구와 감정의 알아차림을 통해 게슈탈트 형성을 원활히 할 수 있고 자신 및 환경과도 잘 접촉할 수 있기 때문이다. 또 내담자에게 미해결과제가 있는 경우, 대개 억압된 욕구나 감정의 형태로 존재하므로 이들을 알아차림으로써 전경에 떠올려 해결할 수 있게 된다. 욕구와 감정을 알아차리는 것은 게슈탈트 치료에서 핵심적인 과정으로, 다른 많은 기법들 또한 욕구와 감정을 알아차리는 것을 돕는다고 볼 수 있다. 상담자는 지금-여기에서 내담자의 생각이나 신념 이면에 있는 감정과 욕구를 찾아내어 내담자가 이를 알아차리도록 안내한다. "지금 그 말씀을 하시면서 어떤 감정을 느끼나요?" "지금 눈시울이 붉어졌는데, 현재 느낌에 집중해 보세요." "지금 당신이 원하는 것은 무엇입니까?"와 같은 질문 등이 내담자의 욕구와 감정 알아차림에 도움이 된다.

2) 신체 알아차림

게슈탈트 상담은 정신과 신체가 서로 밀접하게 연관되어 있으며 뗄 수 없는 관계라고 가정하므로 신체감각을 알아차리는 것을 중시한다. 특히 긴장되어 있는 신체 부분에 초점을 두는데, 주로 미해결된 억압된 감정이 근육의 긴장이나 통증 등으로 나타나기 때문이다. 그러므로 내담자가 현재 상황에서 느끼는 신체감각에 대해 알아차리게 함으로써 거꾸로 자신의 감정이나 욕구 혹은 무의식적인 생각을 알아차리게 할 수 있다. 신체 자각을 위해 상담자는 "지금 몸을 느껴 보세요. 당신의 어디에서 긴장이 느껴집니까?" "긴장한 어깨가 무엇을 말하고 있는 것 같습니까?" "한숨을 쉬시네요. 어떤 마음을 표현하는 것입니까?" 등과 같은 질문을 함으로써 내담자가 자신의 신체감각을 알아차리고, 더 나아가 그 이면의 마음에 접근할 수 있도록 촉진한다.

3) 환경 알아차림

미해결과제에 몰입해 있는 내담자들은 대개 주위 환경에서 일어나는 현상
이나 상황을 잘 자각하지 못한 채 현실에서 단절되어 있는 경우가 많다(김정규,
2020). 그러므로 내담자로 하여금 주변에서 보이는 장면, 소리, 냄새, 온도, 촉
감 등을 알아차리도록 함으로써 현실과의 접촉 그리고 환경 속에 자리하고 있
는 자신에 대한 알아차림을 향상시킬 수 있다. 유기체와 환경과의 접촉과 상호
작용이 원활하지 않을 때, 게슈탈트를 떠올리고 완결하는 과정에 문제가 생겨
미해결과제가 쌓이기도 하므로 내담자가 환경 자각 및 접촉을 유지하도록 촉
진하는 것이 중요하다.

4) 언어와 행동 알아차림

언어는 강력한 접촉의 수단으로, 언어 사용 방식에 따라 접촉이 증가하기
도, 단절되기도 하므로 내담자의 언어 습관을 관찰하여 수정하는 것 또한 중요
한 상담과제이다(김정규, 2020). 특히 책임을 회피하는 언어를 습관적으로 사
용하는 경우가 많은데, 내담자로 하여금 자기의 감정과 동기에 대해 책임을 지
는 형식의 문장으로 바꿔 말하도록 시킴으로써 내담자 자신의 욕구나 감정에
대한 책임의식을 증진할 수 있다. 예를 들어, "사람들은 ……하다." 혹은 "우
리는 ……하다."와 같이 주어에 습관적으로 대명사를 사용하는 경우, 나의 책
임 소재를 분명히 하기 위해 "나는 ……하다."와 같이 변형하여 말하도록 할 수
있다. 또 "……을 해야 한다." "……할 필요가 있다."와 같은 당위적인 표현을
"……를 하고 싶다." "……를 하겠다."와 같이 자신의 욕구와 감정을 담은 표현
으로 바꾸어 말하도록 개입하기도 한다.

내담자는 언어 습관뿐만 아니라 자신이 어떻게 행동하고 있는지, 또 그 행
동이 타인이나 상황에 어떤 영향을 미치고 있는지를 알아차리지 못하는 경우

가 많다. 상담 장면에서, 혹은 내담자의 이야기 속에서 내담자가 알아차리지 못하고 있지만 의미 있는 행동이 나타나는 경우, 그것을 알아차리도록 개입한다. 예를 들어, "상담에서 종종 고개를 절레절레 흔드는 것을 알아차리고 있나요?" "지금 방금 무슨 행동을 했는지 알고 있나요?" "그 행동은 어떤 의미를 담고 있는 것 같나요?" 등의 질문이 도움이 된다.

5) 빈 의자 기법

'빈 의자 기법(empty chair technic)'은 게슈탈트 치료의 대표적인 기법 중 하나로, 내담자의 미해결과제와 관련이 있거나 내담자에게 중요한 대상과의 관계를 다룰 때 사용한다. 예를 들어, 갈등을 겪고 있는 아버지, 사별한 아내 등이 빈 의자에 앉아 있다고 상상하고 그에게 하고 싶은 이야기를 하도록 하는 것이다. 이 기법은 그 대상에 '대해' 말하는 것이 아니라 대상에게 '직접' 말하게 함으로써 상대에 대한 생각이나 감정을 보다 분명히 접촉하고 표현하도록 하는 데 효과적이므로, 주로 미해결된 분노 감정을 표현하도록 촉진하거나 애도 작업을 할 때 많이 사용한다. 또한 상대방을 향해 새로운 역할이나 문제해결을 시도하거나, 내담자로 하여금 거꾸로 빈 의자에 앉아 그의 입장이 되어 보도록 함으로써 상대의 마음을 공감해 보도록 하는 데에도 유용하다.

6) 두 의자 기법

두 의자 기법(two chair technic)은 주로 내사로 인해 둘로 분열된 자기를 각자 의자에 앉히고 서로 대화를 나누도록 함으로써 부분들이 전체로 통합할 수 있도록 도와주는, 게슈탈트 치료의 대표적인 기법이다(김정규, 2020). 분열된 상태에서 상전은 엄격하고 이상적인 당위적 요구를 하며 하인을 질타하고, 하인은 변명하고 회피하며 고통스러워한다. 겉으로는 강한 상전이 이 싸움에서

승리할 것 같지만, 순종적으로 보이는 하인이 약속을 지키지 않고 수동적으로 반항함으로 상전을 좌절시킨다. 이와 같은 싸움은 결국 에너지를 고갈시키고 신경증을 초래할 수 있다.

두 의자 기법에서는 내담자가 두 의자를 오가면서 각각 '상전'과 '하인'의 목소리를 대변한다. 상전과 하인이 싸움을 회피하지 않고 충분히 자신의 입장을 토로하도록 하는 것이다. 이 대화를 통해 처음에 강경했던 상전이 하인이 얼마나 고통스러운지를 듣고 명령의 강도를 누그러뜨릴 수도 있고, 말이 안 통하는 상전에게 하인이 분노를 터뜨리며 자신이 원하는 것을 요구하기도 한다. 이러한 과정을 통해 그동안 내담자의 내면에서 무의식적으로 일어나고 있던 분열 현상이, 의식적이고 외적인 대화로 분명히 드러난다. 내담자는 그동안 혼란을 일으켰던 내적 분열에 대해 비로소 분명히 알아차리게 되며, 대화를 통해 두 부분의 입장 차이를 좁혀 나갈 수 있게 된다. 결국 내사로 분열되었던 내면이 이와 같은 타협의 과정을 통해 통합에 이르게 되어, 내담자는 전체로서의 자신을 회복할 수 있게 된다.

7) 과장하기

내담자가 자신의 감정이나 욕구를 잘 알아차리지 못할 때, 상담자는 내담자로 하여금 자신의 행동이나 말을 과장해서 표현하도록 함으로써 내담자가 보다 분명하게 알아차릴 수 있도록 개입할 수 있다. 의미가 있다고 여겨지는 무의식적인 행동을 과장해서 반복하도록 함으로써, 그 행동에 담겨 있는 욕구나 감정을 분명히 알아차리도록 할 수 있다. 예컨대, 자신감이 없어 작은 목소리로 말하는 사람에게 점점 더 작은 목소리로 말하도록 한다거나 화가 날 만한 이야기를 하면서 팔을 휘젓는 사람에게 더 큰 동작으로 팔을 휘저어 보도록 한 후, 어떤 생각이나 감정을 경험하는지 묻는다. 이와 같이 과장된 행동을 반복함으로써 내담자는 자신의 억압되거나 차단된 감정을 더 분명하게 알아차리고 접촉할 수 있게 된다.

8) 꿈 작업

게슈탈트 상담에서는 꿈속에 등장하는 인물이나 사물은 모두 꿈을 꾸는 사람이 자신의 일부를 투사한 투사물이라고 여긴다. 투사한 것을 나의 것으로 재소유하는 것은 인격의 통합을 이루는 데 중요한 과정이므로, 꿈을 통해 투사된 자신을 알아차리고 수용하도록 하는 것은 인격의 통합을 위한 매우 유용한 접근이다.

꿈 작업을 할 때는 투사된 사람이나 사물에 각각 동일시하여 감정이나 생각에 대해 말하거나 행동을 하도록 한다. 이 과정에서 접촉이 발생하여 자신이 억압하거나 알지 못했던 자신의 일부를 알아차리고 자신의 것으로 소유할 수 있게 된다. 이때 주의할 점은, 꿈이 마치 현재 일어나는 것처럼 상상하면서 기술하도록 한다는 것이다. 모든 것은 현재에 와 있으며, 어떤 꿈이든 내담자의 현재에 영향을 미치고 있기 때문이다. 꿈의 장면은 언어뿐만이 아니라 그림이나 드라마로 구현될 수 있고, 새로운 결말이나 해결책을 제시할 수도 있다. 이런 과정을 통해 내담자는 수동적으로 꿈을 받아들이는 것을 넘어서서 적극적ㆍ창조적으로 대처하며 결과적으로 현실에 보다 창조적으로 적응할 수 있게 된다.

9) 실연

실연(enactment)이란 내담자에게 중요했던 과거의 어떤 상황이나 미래에 일어날 수 있는 장면들을 현재 발생하고 있는 장면으로 상상하면서 실제로 연기해 보도록 하는 기법이다. 기억에 의존하여 이야기를 하는 방식에서 나아가, 실제 행동으로 옮겨 체험함으로써 내담자는 미처 깨닫지 못했던 자신의 감정이나 행동 패턴들을 발견할 수 있게 된다. 자신의 문제를 어떤 장면으로 구체화함으로써 다양하게 해결책을 실험하고 탐색하는 등 현실적으로 다룰 수 있게 만들어 주는 것이다. 실연은 내담자의 알아차림을 증진시키고 미해결과제를 완결하는 데 도움이 된다. 또한 자신의 소외된 일부를 통합할 수 있게 하며 새로운 행동 방식을 시도하고 습득할 수 있도록 촉진하는 등 매우 유용하게 사용할 수 있는 강력한 기법이다.

6. 평가

게슈탈트 치료는 정신분석과 행동주의와 비교하여 제3세력으로 불렸던 인본주의 심리학에 해당한다. 펄스는 인본주의와 실존주의를 게슈탈트 상담에 적극적으로 통합하여, 내담자가 호소하는 문제의 현상학적이고 실존적인 의미를 파악하고자 했다. 즉, 많은 상담이론이 문제나 사건을 자세히 탐색하여 분석하고 인지적으로 이해하는 것을 강조하는 반면, 게슈탈트 치료는 문제나 갈등을 분석하기보다는 있는 그대로 기술하고 그것들이 내담자에게 갖는 실존적 의미를 알아차리고 경험하도록 돕는다. 게슈탈트 치료 초기에 펄스는 알아차림을 촉진하기 위해 카타르시스를 불러일으키는 연극적이고 기법 중심의 접근 방식을 취했다는 점에서 비판받기도 했는데, 후기에 와서는 현상학적이면서도 상담자와 내담자 간의 실존적 관계를 중시하는 방향으로 변화를 겪어 왔다. 즉, 알아차림은 실존적 관계 속에서 실현될 때 의미가 있으므로, 기법을 사용하여 알아차림을 촉진하려는 시도 이전에 내담자의 내적 상태나 둘 간의 관계적 측면을 먼저 감안해야 한다고 차차 강조하게 되었다.

성격이론의 미흡과 미분화된 치료 절차, 경험 연구의 부족 등 여러 비판 또한 있어 왔다(김정규, 2020). 이 같은 비판에 대해 지속적인 자성과 보완의 노력들이 진행되어 오고 있다. 대상관계이론과의 교류나 발달심리학 이론의 접목 등을 통해 이론적 발달을 꾀하고 있으며, 기존의 진단범주 체계를 게슈탈트 이론으로 설명함으로써 개별 병리에 대한 치료법을 제시하려는 노력을 기울이고 있다. 또한 치료와 훈련에 치중했던 경향에서 벗어나 1970년대 이후부터 현재에 이르기까지 상당한 양의 경험 연구 결과가 축적되었다. 특히 슈트륌펠 (Struempfel, 2004)은 게슈탈트 치료 상담 과정과 평가 연구를 개관하였는데, 결과적으로 게슈탈트 상담이 행동치료나 인간중심상담과 비교하여 비슷하거나 더 빠른 효과를 보였다고 평가했다. 또한 성격장애나 정서장애, 의존 및 다른 장애들에도 효과가 있으며 부부나 부모 상담 및 심리사회적으로 소외된 배경의 아동 및 성인들에게도 적용 가능하다는 것을 보여 주었다. 즉, 게슈탈트 상담은 문제해결이나 증상 위주의 치료가 아님에도 불구하고 그와 같은 효과를 나타내고 있으며, 더 나아가 인간을 성장시키고 발달시키는 촉진적 과정으로 유용하게 활용되고 있다고 할 수 있다.

실존치료

실존치료가 실존주의 철학을 바탕으로 발전하기는 했으나 실존치료를 보는 관점은 실존치료 내에서도 치료자마다 다양하다(Cooper, 2015). 예를 들면, 실존치료가 철학을 이용하여 사람들이 더 폭넓게 생각하도록 돕고 삶의 문제를 다룰 수 있도록 하는 접근이라고 보는 관점도 있고(van Deurzen, 2012), 치료라기보다는 치료자의 접근법과는 상관없이 모든 치료자가 가져야 하는 민감성과 알아차림이라고 보는 관점도 있다(Yalom, 2002). 이처럼 다양한 관점이 존재하여 실존치료를 정의하기 위해 다이아몬드(Diamond)의 주도로 국제 실존치료 연합의 후원하에 2014년과 2015년에 실존치료를 대표하는 치료자들이 모여 회의를 개최하였다. 이후 많은 토론과 개정을 거쳐 대체로 동의하는 실존치료의 특성이 도출되었는데(Cooper, Craig, & van Deurzen, 2019) 많은 치료자들이 동의하는 특성을 간략하게 보면 다음과 같다.

- 실존치료는 관계성, 자발성, 그리고 융통성이라는 특징을 들 수 있으며 경직된 학설에서 탈피할 것을 강조한다.
- 실존치료의 치료자들은 이론, 사상, 그리고 방법에서 차이가 있지만 이들은 철학에서 도출된 특정 세계관을 공유한다.
- 실존치료에서는 지금-여기의 상담관계를 강조한다. 치료자가 솔직하고 지지적이며 공감적이지만 문제에는 직면하도록 한다.

- 실존치료의 목적은 불가피한 한계와 제약 내에서 각자가 자신의 존재 방식을 어떻게 선택하고 유지하는지 밝히는 것이다. 그리고 궁극적으로는 인간 존재와 관련된 근본적이고 영원한 문제('나는 누구인가?' '인생의 목적은 무엇인가?' 등)에 직면하도록 한다.
- 실존치료는 특정 기법에 얽매이지 않지만 현상학적 방법은 공통적으로 사용한다. 치료자들은 현상학적 방법을 통해 특정 경험이 특정 시점에서 내담자에게 어떤 의미가 있는지 깊이 있게 이해하려고 하고 또 내담자가 이해하도록 한다.

실존치료의 특성을 정리해 보면 '실존치료에서는 실존주의 철학을 바탕으로 개인별 존재 방식을 밝히고자 하는데, 이를 위해 상담관계를 강조하며 현상학적 방법을 중심으로 다양한 기법을 활용하지만 학설에 경직되게 얽매이지 않는 융통성을 강조'한다고 할 수 있다. 앞에서 언급한 바와 같이 실존치료의 범주가 넓기 때문에 다양한 접근법이 존재할 수 있다. 여기서는 여러 문헌에서 실존치료에 속한다고 공통되게 언급하고 있는 대표적인 접근법인 현존재분석, 실존적-현상학적 치료(영국의 실존치료), 실존적-인본주의 치료, 그리고 의미치료를 소개하고자 한다(Boss, 2003; Cooper, 2015; van Deurzen et al., 2019).

실존치료가 실존철학을 토대로 발전했기 때문에 실존치료를 소개하기에 앞서 실존치료에 영향을 미친 대표적인 실존철학자과 이들의 사상을 간단히 살펴보도록 한다.

1. 대표적인 실존주의 철학자

1) 쇠렌 키르케고르

키르케고르(Søren Aabye Kierkegaard)는 1813년에 태어나서 1855년에 사망한 19세기 덴마크 철학자이다. 키르케고르는 기존 서양 철학의 진리관이었던 보편적 진리를 개인의 진리로 서양 철학의 진리관을 바꾸어 보고자 하였다. 키르케고르 이전까지 서양 철학은 개인의 삶보다는 보편적 진리를 탐구하는 데 치중하였다. 이를 달리 표현하면 '본질'에만 관심을 두었을 뿐 '실존', 즉 개인의 생생한 삶에는 주목하지 않았다고 할 수 있겠다. 이에 반해 키르케고르는 개인의 삶 자체에 주목하면서 진리를 보편적 진리(본질)가 아닌 개인의 내면에 있는 진리, 즉 현실 속에서 생생하게 살아 숨 쉬는 '존재로서 나(실존)'에 주목하였다.

키르케고르는 인간을 '시간에 얽매여 있는 자기'를 넘어 '자유롭고 영원한 자기'를 현실에서 구현하려고 하는 존재라고 보았다. 이처럼 인간은 현실에서 영원한 자기를 구현하려고 하지만 이 '자기'는 유한한 존재이므로 유한한 상황에 걸려 넘어지게 되고 또 영원할 수 없다는 사실로 인해 절망에 빠지게 된다. 즉, 인간이 유한한 세계인 현실에서 노력하는 순간 영원할 수 없다는 사실에 직면하게 되고 이 때문에 '유한성의 절망'에 빠지게 된다. 이는 곧 인간이 '유한'하다는 사실로 인해 '절망'이라는 병을 앓게 된다는 것인데 이러한 절망에 머물려고 하는 것이 죄라고 키르케고르는 말하고 있다.

이를 극복하기 위해서는 절망을 없애는 것이 아니라 절망에 맞서는 것이 중요하다고 키르케고르는 주장한다. 그런데 인간은 유한한 데 비해 신은 무한하므로 '자기'의 존재 근거를 신에 두게 되면 절망을 짊어지고 견딜 수 있는 용기와 확신을 가지게 된다고 키르케고르는 보고 있다. 이런 맥락에서 키르케고르

는 '신 앞에 선 단독자'라는 말을 하게 된다. 키르케고르의 사상은 개인의 내면
적 경험과 존재의 본질적인 문제에 대한 깊은 탐구가 특징인데 그의 사상은 후
대의 실존주의 철학자들에게 큰 영향을 주었다.

2) 프리드리히 니체

니체(Friedrich Wilhelm Nietzsche)는 1844년에 태어나서 1900년에 사망한 독
일의 철학자이다. 니체는 전통적인 도덕, 종교, 철학을 비판한 것으로 유명
하며 이 때문에 이른바 '망치를 든 철학자'로 잘 알려져 있다. 니체는 기존 서
양 철학의 선과 악이라는 이분법의 도덕 원칙을 깨부수고 인간의 건강한 삶
이 무엇인지 보여 주고자 하였다. 대표적인 저서로는 『비극의 탄생(Die Geburt
der Tragödie)』(1872), 『자라투스트라는 이렇게 말했다(Also sprach Zarathustra)』
(1883~1885), 『도덕의 계보학(Zur Genealogie der Moral)』(1887) 등이 있다.

니체는 서양 철학의 세계관에서 보이는 이분법의 도덕 법칙이 현세보다는
현세를 초월한 세계를 긍정하게 만든다고 주장한다. 즉, 기존 철학의 세계관
은, 하늘은 진리의 세계이고 대지는 고통 가득한 허위의 세계이므로 천상의
세계로 가기 위해서 대지의 삶에 만족해서는 안 된다는 것이다. 이러한 관점
은 플라톤(Plato)의 '이데아'에서 데카르트(Descartes)의 '본유관념' 그리고 칸트
(Kant)의 '물 자체'에 이르기까지 공통되게 나타난다.

니체는 이렇게 현세를 초월한 세계를 긍정하게 되면 현실이 주는 고통의 의
미를 직시하지 못하고 현세를 초월한 세계를 추구하는 비현실적인 꿈만 꾸게
된다고 본다. 따라서 허황되게 꿈을 꾸는 게 아니라 대지, 즉 현실 위에서 삶을
긍정하는 것이 과제라고 니체는 주장하는 것이다. 결국 니체가 추구했던 것은
인간이 대지의 가치를 긍정하면서 살아갈 수 있도록 하겠다는 것이다.

이를 위해서는 선악의 이원론을 극복하는 인간, 힘에 의지하여 자기 자
신을 끊임없이 극복하면서 더 나은 가치를 창조하면서 살아가는 인간, 즉

Ubermensch(자기를 극복하는 자)가 되어야 하는 것이고 영원회귀를 긍정하여 순간마다 삶의 의미를 부여하고 스스로 가치를 창조하면서 살아가야 한다는 것이다.

3) 폴 틸리히

틸리히(Paul Johannes Tillich)는 1886년에 태어나 1965년에 사망한 독일 출신의 루터교 신학자이자 철학자이다. 틸리히는 실존주의, 심리학, 그리고 신학을 융합한 독특한 사상을 발전시켰는데 그의 주요 관심사는 신앙, 존재, 그리고 현대 문화와 종교 간의 관계에 있었다. 대표적인 저서로는『존재의 용기(The Courage to Be)』(1952),『영원한 지금(The Eternal Now)』(1963) 등이 있다.

틸리히에 따르면 모든 인간은 개인의 존재와 삶 전체의 의미 및 목적을 결정짓는 궁극적인 관심을 가지고 있다고 한다. 이 궁극적 관심의 대상이 되는 것이 바로 신이며 이러한 궁극적 관심은 인간 존재의 깊이와 폭을 더해 준다. 이러한 궁극적 관심에 대한 믿음과 헌신에서 존재의 용기가 나오게 되는데 존재의 용기는 존재의 불안에도 불구하고 자신의 존재를 긍정하고 자신의 삶과 존재 조건을 받아들이며 의미와 목적을 찾아가도록 한다.

틸리히는 신을 모든 존재가 존재하게 하는 근본적인 힘이라고 보았다. 즉, 신은 모든 존재가 존재하게 하는 근본적인 원인이며, 인간과 세계의 존재를 가능하게 하는 근본적인 힘이라는 것이다. 신과의 관계는 인간이 자신의 궁극적 관심을 신에게 두었을 때 실현되며, 이를 통해 인간은 진정한 의미와 목적을 찾을 수 있다.

4) 마르틴 부버

부버(Martin Buber)는 1878년도에 태어나 1965년도에 사망한 유대교 철학자이자 종교 사상가로서 대화주의 철학과 실존주의 사상으로 유명하다. 부버의 가장 유명한 저서로는『나와 너(Ich und Du)』(1923)가 있다.

부버 사상의 핵심은 인간관계에서 '나-너(Ich-Du)'와 '나-그것(Ich-Es)'의 관계 구분에 있다. '나-너' 관계는 진정한 만남과 대화를 통해 이루어지는 관계로 이 관계에서는 다른 사람을 독립적이고 독특한 존재로 인정한다. 반면 '나-그것' 관계는 대상화된 관계로, 다른 사람이나 사물을 수단이나 객체로 취급하는 비인격적인 관계이다. 부버는 진정한 '나-너' 관계를 통해 인간이 자신의 진정한 정체성을 발견하고, 보다 깊은 삶의 의미와 목적을 찾을 수 있다고 믿었다.

5) 마르틴 하이데거

하이데거(Martin Heidegger)는 1889년에 태어나 1976년도에 사망한 20세기 독일의 철학자로, 실존주의와 현상학에 큰 공헌을 하였다. 하이데거에 따르면 서양 철학의 기존 존재론에서는 공통 성질만 주목하는 '보편성'을 추구하였을 뿐 개별적인 성질들은 부수적인 것으로 치부해 왔다고 한다(Heidegger, 1927). 그러다 보니 감정이나 느낌을 배제한 존재론을 연구해 왔고, 그 결과 모든 존재를 객관화된 사물처럼 다루게 되었다. 이러한 경향은 인간에게도 마찬가지여서 인간도 객관화된 사물처럼 다루면서 인간의 개별성은 무시한 채 보편성만을 따져 왔다는 것이다. 이러한 서양 철학의 기존 존재론과 달리, 하이데거는 개인의 생생한 삶을 존재론의 중심 무대로 끌고 들어와서 보편화된 것에 숨겨져 있는 개별적 특성에 주목하였다.

하이데거는 실존치료에 많은 영향을 미쳤는데 하이데거의 저서 중 특히『존재와 시간(Sein und Zeit)』(1927)이 많은 영향을 미쳤다. 하이데거의 사상은 방대하므로 여기서는『존재와 시간』에 나타난 사상 특징을 간략히 언급하고자 한다.

하이데거 철학의 핵심은 '존재(Sein)'에 대한 질문을 하는 것이다. 하이데거는 서양 철학이 '존재하는 것(being)'에 대해서는 많이 다루었지만, '존재 자체(being itself)'에 대해서는 질문을 소홀히 했다고 비판한다. 하이데거는 존재의 의미를 탐구함으로써 인간과 세계의 근본적인 관계를 이해하려고 하는데, 존재 문제를 다루기 위해 방법론으로 현상학적 방법을 사용한다. 하이데거는 인간만이 유일하게 자신의 존재와 그 의미에 대해 질문할 수 있는 존재라고 하면서 이를 '현존재(Dasein)'라고 지칭하였다. 하이데거가 보는 인간 존재의 특징을 간략히 보면 다음과 같다.

- 시간성: 인간은 과거의 경험을 통해 현재를 이해하고 미래를 계획한다. 이러한 시간성을 통해 인간은 자신의 삶에 의미와 목적을 부여하고, 자신의 존재를 실현한다.
- 죽음: 인간은 죽을 수밖에 없는 존재이다. 죽음을 의식하는 것은 인간이 자신의 존재를 진지하게 받아들이고 자신의 삶을 적극적으로 형성하는 데 중요하다.
- 존재의 공허와 불안: 인간은 존재의 불확실성과 무의미성에 직면하며, 이러한 직면을 통해 자신의 존재를 진지하게 성찰하게 된다.
- 배려하는 태도: 인간은 자신의 존재와 타인의 존재에 대해 배려하는 태도를 가져야 한다. 인간은 진정한 만남을 통해 자신과 타인의 존재를 더 깊이 이해하고 의미 있는 관계를 구축할 수 있다.

6) 장 폴 사르트르

사르트르(Jean-Paul Sartre)는 1905년도에 태어나 1980년도에 사망한 프랑스의 철학자이며 극작가이자 소설가이다. 사르트르의 사상은 자유, 선택, 개인의 책임감을 강조하는데 이러한 철학은 다양한 저서를 통해 표현되었다. 대표적인 저서로는 『존재와 무(L'Etre et le neant)』(1943), 『구토(La Nausee)』(1983), 『벽(Le Mur)』(1939) 등이 있다.

사르트르는 삶에는 근본적인 의미나 목적이 내재되어 있지 않다고 보며, 인간은 이러한 무의미한 세계에서 스스로 의미를 창조해야 한다고 주장한다. 이처럼 인간은 세상에 던져진 존재로서 미리 정해진 본질이나 목적이 없이 존재하기 때문에 자신의 선택을 통해 자신의 본질을 만들어 가야 한다는 것이다. 이를 사르트르는 '실존은 본질에 앞선다'라고 표현하였다. 이 과정에서 인간은 고립과 소외를 경험할 수 있다.

사르트르가 인간이 근본적으로 자유롭다고 본 것도 이러한 선택할 수 있는 자유를 말하는 것이다. 그런데 이러한 자유는 개인에게 책임을 부여하기 때문에 인간은 자신의 선택과 행동에 대한 책임을 져야 하며, 이러한 책임으로부터 도피하는 것이 '자기기만(bad faith)'이다. 이 자기기만은 사르트르 철학의 핵심 개념 중 하나로, 사람이 자유로운 선택을 자신의 상황이나 조건을 변명으로 삼아 회피할 때 자기기만에 빠지게 된다.

사르트르는 또한 인간관계와 '타자'의 개념을 심도 있게 탐구했는데, 타인의 시선이 자신을 객체화하고, 이로 인해 자신의 주체성이 제한될 수 있음을 지적한다. 이는 "타인은 지옥이다."라는 유명한 구절로 요약된다.

2. 이론의 발달

1) 실존치료 탄생의 배경

실존치료는 19세기 대륙 철학과 심층심리학의 영향으로 탄생하였다 (Cooper, Craig, & van Deurzen, 2019). 실존치료의 탄생에 영향을 미친 대륙 철학으로는 초기 실존 사상과 문학, 해석학, 그리고 현상학이 있고 대표적인 심층심리학으로는 정신분석이 있다. 각 사상별로 살펴보면 다음과 같다.

먼저 실존 사상은 19세기와 20세기의 철학과 문학에 반영되어 나타나는데, 19세기 대표적인 실존 사상 철학자로는 쇼펜하우어(Schopenhauer), 키르케고르, 니체 등이 있고 문학가로는 괴테(Goethe), 도스토옙스키(Dostoevsky), 그리고 입센(Ibsen) 등이 있다. 그리고 20세기 대표적인 실존 사상 철학자로는 하이데거, 사르트르, 야스퍼스(Jaspers), 부버, 그리고 틸리히 등이 있고, 문학가로는 카뮈(Camus)가 있다(Cooper, Craig, & van Deurzen, 2019). 이렇게 실존 사상이 철학과 문학에 스며들어 형성한 실존철학은 이후 여러 실존치료를 탄생시키는 토대가 된다.

다음으로 해석학을 살펴보면 해석학이 처음 탄생했을 때는 대상이 특정 분야에 한정되어 있었다. 이후 19세기에 독일 철학자 슐라이어마허(Schleiermacher)가 독립된 학문으로 정립하였고 딜타이(Dilthey)가 보편적 해석학으로 발전시켰다. 딜타이는 삶 그 자체, 즉 생생한 실제 경험의 의미를 이해하고자 했는데 딜타이의 저서는 가다머, 야스퍼스, 그리고 부버 등에 영향을 주었고 특히 하이데거에 영향을 주어 실존분석이 나타나게 되었다.

마지막으로 현상학에서는 후설(Husserl)이 브렌타노(Brentano)의 지향성, 기술심리학, 그리고 의식 연구의 영향을 받아 자신의 현상학을 발전시킨다. 후설의 현상학에서는 현상을 있는 그대로 인식하기 위한 방법으로 자신의 선입견이나 판단을 보류하는 판단중지(epoche)를 제안하였다. 후설의 '현상' 개념에서는 '대상적 의미'가 강조되었으나 이후 하이데거의 현상 개념에서는 대상적 의미뿐만 아니라 은폐된 것을 드러나게 해 주는 역할의 의미도 강조되었다(박승억, 2007).

이처럼 실존치료의 탄생에는 초기의 실존 사상, 해석학, 그리고 현상학이 영향을 주었으나 실존치료 탄생에 가장 큰 영향을 준 사람은 후설과 하이데거이다. 이들 가운데 특히 하이데거는 실존치료의 탄생에 결정적인 영향을 주었다(Cohn, 1997, 2002; Correia, Cooper, & Berdondini, 2015).

2) 주요 실존치료의 발달

(1) 현존재분석

현존재분석은 정신분석과 임상 정신의학의 인간관에 대한 비판으로 20세기 들어 나타난 '현상학적 인간 이해 운동'에서 비롯되었다. 이러한 현상학적 인간 이해 운동이 정신의학에서는 빈스방거(Ludwig Binswanger)를 대표로 하는 '인간학적 정신의학'으로 나타났다. 빈스방거는 후설의 영향으로 인간학적 정신의학을 '현상학적 정신의학'으로 바꾸었고 이후 하이데거의 '현존재의 분석'의 영향을 받아 '현존재분석'으로 바꾸었다(Boss, 2003; Cooper, Craig, & van Deurzen, 2019). 빈스방거는 당시 인간을 보는 주된 관점이었던 자연과학적인 관점을 인간을 전체로 이해하는 관점으로 바꾸고자 하였다. 이런 관심으로 빈스방거는 정신의학과 정신병리를 현상학적 관점에서 정립하고자 하였다.

빈스방거가 현상학적 관점에서 정신의학의 토대를 마련하고자 했다면 정통 정신분석으로 훈련받은 보스(Medard Boss)는 정신분석을 현상학적인 형태로 재구성하여 치료를 위한 현존재분석의 기초를 정립하고자 하였다. 보스는 하이데거의 해석학적 현상학이 덮여 있던 것을 드러내는 데 잘 맞는 방법이라고 생각하여 이를 현존재분석의 기반으로 삼았다. 하이데거는 『존재와 시간』(1927)을 출간한 이후 존재와 현존재의 관계에 대한 자신의 생각을 계속 발전시켰는데 이 시기에 보스는 1949년부터 1972년까지 하이데거를 초청하여 졸로콘에서 세미나를 개최하였다.

현존재분석이 다른 실존치료와 가장 다른 점은 프로이트를 인정한다는 것이다. 오늘날 많은 실존치료자들이 전이, 저항, 반복과 같은 정신분석 개념에 대해 반발하고 있지만 빈스방거나 보스는 이러한 용어들이 지나치게 생체역학적으로 환원한 것이 문제일 뿐 실제로 사람들에게 일어나는 현상을 언급하는 것이라고 본다. 이런 관점에서 특히 보스는 정신분석을 현존재분석 관점에서 재해석하고자 하였다고 할 수 있겠다.

오늘날 현존재분석에서는 프로이트의 정신분석 이론을 맹목적으로 추종하거나 무조건 배격하는 것 모두 문제라고 보고 프로이트 이론을 현상학적-해석학적으로 재공식화하는 것이 필요하다고 보고 있다. 메이 등(May et al., 1958)은 빈스방거의 현존재분석을 '실존분석'이라고 번역하였고, 스피겔버그(Spiegelberg, 1972)는 하이데거의 현존재분석을 보스의 접근을 지칭하는 데만 사용하였다(Cooper, Craig, & van Deurzen, 2019).

(2) 실존적-현상학적 치료(영국의 실존치료)

이 학파는 초기에 영국의 실존치료 학파라고 불렸으나 지금은 실존적-현상학적 치료라고 불린다(van Deruzen & Adams, 2016). 실존적-현상학적 치료는 랭(Ronald David Laing, 1927~1989)에서 시작되었다고 할 수 있는데(Cooper, 2017; Cooper, Craig, & van Deurzen, 2019), 랭은 수련의 때부터 당대의 일반 정신의학의 세계관을 거부하였고 당대 정신의학의 가정을 비판하기 위해 실존적 그리고 현상학적 사상들을 끌어들였다. 현존재분석이 하이데거 철학을 토대로 한 반면, 랭은 사르트르, 까뮈, 메를로-퐁티(Merleau-Ponty)와 같은 후기 실존주의 철학을 토대로 자신의 치료를 발전시켰다. 랭은 '객관적인' 정신의학적 관점이 아닌 내담자의 살아 있는 세계로 뛰어드는 것이 중요하다고 주장하였는데 이처럼 내담자에게 뛰어드는 과정을 통해서만이 내담자의 정신장애를 더 잘 이해할 수 있다고 하였다. 그는 치료 이론이나 기법을 배격하였으며 이와 같은 맥락에서 랭학파와 같은 조직을 두지 않았다(van Deurzen, 2019).

실존적-현상학적 치료는 두르젠(Emmy van Deurzen)이 1982년에 영국에 기반을 둔 실존치료 훈련과정을 설립하면서 전기를 맞게 된다. 두르젠이 훈련과정을 설립한 이후 새로운 실존적-현상학적 방법이 발전하였고 이후 실존치료가 전 유럽에 급속하게 퍼지게 되었다(Cooper, 2017; van Deurzen, 2019). 랭이나 두르젠과 마찬가지로 실존적-현상학적 치료의 많은 치료자들은 현상학에 기반한 접근법을 받아들였는데 이들은 공통적으로 내담자의 문제는 '정신질환'이 아닌 '삶의 문제'라고 보았다(Plock, 1997). 영국의 실존치료 학파 내에는 실존치료에 대한 다양한 견해가 존재한다(Cooper, 2017; van Deurzen, 2019). 가령 두르젠은 실존치료를 철학을 이용하여 사람들이 더 폭넓게 생각하도록 하는 '철학적 실존적-현상학적 치료'라고 한 반면, 스피넬리(Ernesto Spinelli)는 탐색을 많이 하는 '관계적 실존적-현상학적 치료'라고 하였다. 다른 여러 치료자들도 실존적-현상학적 치료에 대해 자기 나름의 해석을 계발하였는데, 여기에는 콘(Hans Cohn), 플록(Simon du Plock), 쿠퍼(Mick Cooper), 그리고 아담스(Martin Adams) 등이 있다(van Deurzen, 2019). 콘은 집단치료 접근을 취하였고 플록, 쿠퍼, 그리고 아담스는 두르젠과 스피넬리 방식을 혼합하여 자신들만의 새로운 접근을 발전시켰다. 플록은 임상치료에서 혁신적인 기여를 하였고 아담스는 인간 발달의 실존주의 모형을 강조하는 자신만의 치료를 개발하였다(Plock & Tantam, 2019).

(3) 실존적-인본주의 치료(실존적 통합 심리학)

실존적-인본주의 치료는 유럽의 실존주의 철학과 미국적 관점의 심리학, 특히 인본주의 심리학의 결합으로 탄생하였다(Hoffman, Serlin, & Rubin, 2019). 따라서 실존적-인본주의 치료는 실존치료의 미국식 접근이라고 할 수 있다(Cooper, 2003). 실존적-인본주의 치료는 현재 실존적 통합 심리학이라고도 불리는데 이 접근의 시작은 메이(Rollo May), 엔젤(Ernest Angel), 그리고 엘렌버거(Henri F. Ellenberger)가 1958년에 『실존(Existence)』이라는 책을 출판하면서부터이다. 이들은 이 책에서 유럽의 실존주의 정신과 의사와 현상학 정신과 의사를 미국에 처음 소개하였다. 이들 가운데 메이(1909~1994)는 미국 실존 심리학에서 주도적 역할을 하였으며 인본주의 운동 발전에도 영향을 끼쳤다.

메이는 원래 목사로 훈련받았고 정신적 멘토인 실존적 신학자인 틸리히의 영향을 강하게 받았다. 메이가 인본주의 운동에 많은 영향을 끼쳤음에도 메이는 자신의 접근을 '인본주의적 접근'이라는 표현보다는 '실존적 접근'이라는 표현을 선호하였다. 메이, 엔젤과 엘렌버거(1958)는 설리반과 빈스방거 그리고 보스의 영향을 받았으며 유럽의 실존주의와 현상학에서 미국의 대인관계 정신분석에 다리를 놓았다. '실존적—인본주의'라는 용어를 사용하게 된 것은 부젠탈(James Bugental)의 영향이 크다. 부젠탈은 메이와 미국의 인본주의 운동의 영향을 받았는데 부젠탈부터 실존적—인본주의 접근이 부각되어 '실존적—인본주의'라는 용어는 점차 미국의 독특한 실존주의 심리학을 대표하게 되었다.

미국에서 실존적—인본주의 심리학은 인본주의 심리학과 더불어 제3세력으로 일컬어졌는데 인본주의 심리학 발전과 떼어서 생각할 수 없다. 실존적—인본주의 심리학도 인본주의 심리학과 마찬가지로 인간 잠재력에 가치를 둔다. 하지만 인본주의 심리학이 인간의 긍정적인 면에만 초점을 두는 것과는 달리 실존적—인본주의 심리학에서는 인간 잠재력과 함께 인간의 한계, 그리고 파괴적일 수 있는 내적 세력을 균형 있게 이해하려고 한다는 점에서 인본주의 심리학과 차이가 있다(Hoffman, Serlin, & Rubin, 2019). 미국의 실존적—인본주의 치료에 이바지한 사람으로는 메이와 부젠탈 외에 얄롬(Irvin Yalom), 그리고 슈나이더(Kirk Schneider) 등이 있다.

(4) 의미치료

다른 실존치료와 마찬가지로 의미치료도 정신분석의 영향을 받았다(Cooper, 2017; Längle, 2019). 프랭클(Viktor Frankl)은 10대부터 프로이트와 교류를 하였으나 관점의 차이로 인해 프로이트와는 결별하고 아들러의 개인심리학 학파에서 훈련을 받았다. 그런데 개인심리학에서는 '권력에 대한 의지'를 강조한 반면, 프랭클은 '의미에 대한 의지'를 강조하면서 개인심리학 학파에서도 쫓겨났다. 이후 프랭클은 혼자 연구를 계속하여 1930년대에는 '실존분석과 의미치료'라는 자신만의 접근법을 발달시켰다(Längle, 2019). 속설에는 프랭클이 강제수용소 경험을 바탕으로 의미치료를 창시했다고 알려져 있으나 앞의 사실을 미루어 볼 때 강제수용소 경험으로 인해 의미치료를 창안한 것이 아니라 강제수용소 경험을 통해 자신의 생각을 확인했다고 하는 것이 옳을 것이다(Cooper, 2017).

프랭클의 의미치료에 영향을 준 요인으로는 실존철학자인 셀러(Max Scheler)와 프랭클의 종교적 배경을 들 수 있다(Cooper, 2017). 프랭클은 실존철학과는 독립적으로 자신의 생각을 발전시켰으나 프랭클이 자신의 저서에서 '하이데거의 개념이 정신의학에 적용된 것이 빈스방거의 저서라면 막스 셀러의 개념을 심리치료에 적용한 결과가 의미치료이다'(Frankl, 1988)라고 할 정도로 유일하게 셀러의 영향을 받았다

프랭클은 인정하지 않았으나 그의 접근은 신학적 가정에 근거를 두고 있다(Tengan, 1999). 특히 탈무드의 사상이 의미치료 전반에 걸쳐 나타나는데 가령 인간은 외부에서 주어진 가치에 따라 살아야 한다거나, 인간은 특정 과업의 소명을 받았거나 또는 고통, 죄책감, 그리고 불안은 삶에서 긍정적인 역할을 한다는 등이 그 예라고 할 수 있다(Gould, 1993).

최근 의미치료 치료자들은 프랭클의 개념에 토대를 두고 있기는 하지만 프랭클의 의미치료 외에도 다양한 심리치료 접근을 접목하고 있다. 가령 랭글(Alfried Längle)은 인간중심치료와 현상학적 치료를 받아들였으며 윙(Paul T. P. Wong)은 인지행동치료, 해결중심치료, 긍정심리학, 그 외 다양한 심리학 분야를 받아들였다(Cooper, 2017). 또한 최근에는 신체 질환이 있는 사람들을 위한 의미중심치료가 나타났는데 의미치료나 실존분석과 마찬가지로 초점이 있고 지시적이며 다양한 치료기법을 사용한다.

3. 인간관과 병인론

1) 현존재분석

(1) 인간관

현존재분석에서 보는 인간의 본질은 실존함(existence)에 있다. 실존함이란

존재의 의미를 이해한다는 것으로 이는 곧 자신의 존재를 드러냄으로써(존재 개현) 타인의 존재를 드러내는 것을 말한다. 여기서 중요한 것은 자신의 존재를 드러내는 것만큼 거기에 비례해서 타인의 존재가 드러나는 것이지 자신의 존재를 드러내지 않고서 타인의 존재를 드러내게 할 수는 없다는 것이다. 이처럼 존재를 이해하는 것은 인간만이 가능하고 동물이나 식물, 그리고 무생물은 가능하지 않기 때문에 인간을 다른 존재자와 구별하기 위하여 현존재(Dasein)라고 한다(Boss, 2003).

결국 현존재분석에서 보는 본질적 인간은 현존재이고 현존재의 특징은 자신의 존재를 드러냄으로써 타인의 존재를 드러내는 것이라고 할 수 있다. 보스(2003)는 개현성, 공존성, 기분의 조율성, 공간성, 시간성, 역사성, 신체성, 죽음의 존재, 언어를 들고 있는데 여기서는 개현성, 기분의 조율성, 공존성, 그리고 죽음의 존재에 대해서만 살펴보도록 한다.

- 개현성(openness): 자신의 존재가 드러나고 이와 비례해서 다른 존재자의 존재가 드러나는 것을 말한다.
- 기분의 조율성(attunement): 존재를 드러낼 때는 감정이 항상 함께한다는 것을 말한다.
- 공존성(being with): 인간은 이 세계에 혼자 존재하지 않는다는 것으로, 자신을 드러내는 것은 언제나 관계 속에서 일어난다는 것을 의미한다. 이런 의미에서 현존재를 세계 내 존재(being-in-the-world)라고도 한다. 여기서 세계는 존재 개현 속에 드러난 세계, 즉 자신과 의미 있는 관계 속에 있는 세계를 말한다.
- 죽음의 존재(being-toward-death): 죽음으로 향하는 존재라는 자각에서 인간은 일상의 타락과 자기 상실로부터 현존재의 본래 모습으로 되돌아갈 수 있다. 죽음의 존재라는 것을 외면할 때 존재 개현이 억압된다.

(2) 병인론

현존재분석이 탄생할 당시 유럽에서는 정신을 측정의 의미로 사용하여 현존재분석에서는 '정신병리'라는 용어 대신, '인간의 병적 상태' 또는 '인간의 병리'라고 표현한다(Boss, 2003). 빈스방거와 보스는 규준(norm)이라는 개념으로 정신건강을 설명한다(Boss, 2003). 규준이란 통계나 집단의 표준이 아니라 한 개인의 고유한 '세계 내 존재 방식'으로서 규준과 일치하면 건강한 것이고 일치하지 않으면 병리적 상태인 것이다. 현존재분석에서 보는 정신건강이란 정신적으로나 신체적으로 개방되어 있어서 있는 그대로 수용하는 상태이다(Boss, 1979). 빈스방거와 보스가 인간의 병리를 보는 관점을 간략히 보면 다음과 같다.

빈스방거는 규준을 이해하기 위해서는 사람이 자신의 세계를 구성하는 방식인 세계 기투(world project)을 이해해야 한다고 한다. 이는 세계 기투가 상호작용에서 형성되고 상호작용을 통해 재형성되어 자신의 경험을 해석하고 반응하는 방식에 영향을 주기 때문이다. 따라서 세계 기투를 통해 사람의 고유한 존재 방식인 규준을 이해할 수 있는 것이다. 빈스방거가 세계 기투를 통해 강조하는 것은 증상을 범주화하는 것이 중요한 것이 아니라 각 개인의 고유한 실존 구조를 이해하는 것이 중요하다는 것이다. 따라서 증상 자체가 아닌 증상 이면의 의미를 이해하는 것이 중요하다(Holzhey-Kunz, 2006).

보스도 빈스방거와 마찬가지로 규준과 일치되는 것이 건강한 상태라고 본다. 보스가 보는 건강한 상태는 세계와 직접 경험하며 선입견이 없고 다른 사람에게 얽매이지 않아서 모든 관계에서 자유로우며 세계를 향해 열려 있는 상태를 말한다. 이와 반대되는 것이 병리적 상태인데 중요한 것은 병리적 상태의 의미이다. 보스가 보는 병리적 상태는 자기소외의 삶이나 방어의 결과로 나타난 것이기도 하지만 병리적 상태를 통해 대중의 일상성에서 벗어나 존재 개현을 통해 자유로 나아가게 하도록 하는 계기도 된다는 것이다. 이러한 병리의 의미를 자각할 때 내담자는 방어에서 벗어나 존재 이해의 방향으로 나아가게 된다(Boss, 2003).

2) 실존적-현상학적 치료(영국의 실존치료)

(1) 인간관

실존적-현상학적 치료에서는 인본주의 접근에 내재하는 개인주의와 주관주의를 배격하고 현존재분석과 마찬가지로 세계 내에서 타인과 함께 존재하는 인간의 본성을 강조한다(Cooper, 2017). 또한 랭의 영향과 후설 현상학의 영향으로 모든 실존치료 가운데 가장 강력하게 정신과적 또는 의학적 모형을 거부하는 경향이 있어서 정신 기능을 건강한 상태와 병리적 상태를 나누지 않으려고 한다(van Deurzen, 2015).

실존적-현상학적 치료에서는 내담자를 임상 범주나 진단으로 보지 않는다. 대신 삶에서 누구나 겪을 수 있는 '삶의 문제'를 가지고 있는 사람으로 본다(van Deurzen, 2010). 따라서 이 접근에서는 사회의 정신건강 규범에 내담자가 맞추도록 하는 것이 아니라 자신만의 살아가는 방식을 찾도록 내담자를 북돋운다(Cooper, 2017).

(2) 병인론

랭은 심리적 문제가 단순히 개인 내적 요인에 의해서 발생하는 것이 아니라 사회적 상황에 의해 발생한다고 보았다. 특히 랭은 가족 내 의사소통의 역기능과 대인관계의 의사소통 문제를 강조하였다. 즉, 심리적 문제는 내담자의 표현이나 행동이 사회적 규범이나 기대와 다르다는 이유로 '비정상'으로 규정되어 개인의 정체성과 상호작용에 부정적인 영향을 미치게 된다는 것이다(Cooper, 2017). 랭에 의하면 내담자가 보이는 문제는 결국 이러한 상황에서 살아남기 위한 특정 전략이라고 한다(Laing, 1967).

두르젠은 실존적 불안(angst)이 인간 존재에 가장 근본이라고 보고 불안이 활력과 잠재력의 지표가 된다고 본다. 이러한 불안은 실존적 조건이므로 불안으로 인해 얼어붙거나 가라앉지 말고 자신이 불안과 친해지고 이해해서 그 에너지를 내보내야 한다. 두르젠이 보는 심리 문제는 삶의 기본적인 실존적 조건과 내담자가 살고 있는 세계에 대해 이해하고 관계 맺는 방식에서 발생한다. 즉, 정신적 고통은 개인이 삶의 의미를 찾고, 자신의 존재와 자신이 처한 상황에 대해 의문을 가지며, 변화와 불확실성에 대처하려고 노력할 때 발생하게 되는 것이다(Hayes & Adams, 2019). 콘(Cohn)은 내담자 문제의 근원을 하이데거의 관점에서 이해하기 때문에 병리를 보는 관점은 현존재분석과 유사하다. 콘은 내담자 문제는 내담자가 자신의 개성을 확신하지 못하고 현존재와 진실한 관계를 맺지 못할 때 발생한다고 본다. 스피넬리는 개인이 처한 상황과 그 상황을 해석하는 방식이 정신건강에 중요하다고 본다. 개인이 자신의 삶과 세계를 경험하고 해석하는 방식에서 발생하는 문제들, 즉 관계성, 불확실성, 그리고 실존적 불안을 심리적 문제 발생의 원인으로 본다. 스피넬리는 이 가운데 관계성을 가장 중요시하였다(Hayes & Adams, 2019).

3) 실존적-인본주의 치료

(1) 인간관

실존적-인본주의 치료는 실존치료의 미국식 접근이라고 할 수 있다(Cooper, 2003). 메이, 슈나이더, 부젠탈은 모두 미국 중서부 지방 출신으로 강함, 용기, 불굴의 의지 같은 문화 가치를 치료 이론에도 적용하였다(Hannush, 1999). 이러한 배경은 실존적 인본주의 치료가 가지고 있는 개인주의와 독립성 추구의 의미를 강조하는 경향을 잘 보여 준다(Schneider & May, 1995). 실존적-인본주의 치료는 정신역동 이론과 실제에서도 많은 것을 가져왔다. 이론적인 면에서 인간의 세계 내 존재의 측면을 덜 강조하다 보니 심리내적 개념이 실존적-인본주의 치료의 중심 요소가 되었다. 이에 따라 세계 내 존재로서 인간 본성을 강조하는 현존재분석이나 실존적-현상학적 치료와는 달리, 실존적-인본주의 치료에서는 개인의 경험, 자각, 선택 그리고 이러한 선택에 대한 책임과 같은 개인적 요소를 더 강조한다(Cooper, 2003).

실존적-인본주의 치료에서는 각 개인이 고유하며 자신만의 주관적 세계를 가지고 있다고 보고 각 개인의 내면세계와 개인적 경험을 중요시한다. 또한 사람은 성장하고 발전할 수 있는 잠재력을 가지고 있으며 자신의 삶에 대한 자유와 선택을 가지고 있어서 그 선택에 따른 책임도 진다고 본다. 실존적-인본주의 치료는 다른 어떤 실존치료보다 인간을 가장 긍정적인 관점에서 본다(Cooper, 2017).

(2) 병인론

사람은 자연적인 또는 자신이 부과한 한계 내에서 선택할 수 있다(Schneider, 2008). 자유에는 한계가 있고 대가가 따르기 마련이어서 선택을 하면 포기를 해야 하는 것이 있다(Bugental, 1987). 문제는 이러한 상충되는 현실을 어떻게 다룰 것인가이다. 만일 인간에게 자유가 있다는 사실을 인정하지 못하면 한계나 억압된 삶에 역기능적으로 동일시하게 되어 자신의 역량을 펼치면서 재미있게 사는 삶을 살지 못하게 된다. 반대로 자유에 한계가 있다는 것을 인정하지 못하면 삶의 선택에 대해 자기 조절을 하지 못하고 분별력 있는 판단을 하지 못하며 우선순위를 정하지 못하게 된다(May, 1981).

실존적-인본주의 치료에서는 무의식적인 불안에서 자신을 방어하려고 할 때 심리적 문제가 생긴다고 본다. 하지만 불안이 발생하는 것은 부모와의 관계나 내면세계의 갈등 때문이 아니라 궁극적인 관심 또는 실존의 실재에 대한 자각 때문이다. 이러한 자각이 고통스러우므로 무의식으로 밀어 넣게 되는데 이러한 방어 전략은 여러 가지 문제를 일으킨다. 궁극적 관심에 대해 얄롬(1980)은 죽음, 자유, 소외, 무의미를 가정하였고 부젠탈(1981)은 유한성, 행동 잠재력, 선택, 몸짓, 자각, 분리를 가정하였다.

4) 의미치료

(1) 인간관

정신분석과 개인심리학의 영향으로 프랭클은 모든 인간의 생각, 정서와 행동의 기저에는 욕동이 있다고 보았다. 정신분석에서는 욕동이 쾌락 원리이고 개인심리학에서는 권력 욕구였다면 프랭클에게는 의미 추구였다(Cooper, 2017). 프랭클은 인간을 현존재분석과 마찬가지로 세계 내 존재로 보았고 사람들과 관계 내에서 의미가 생기는 것으로 보았다. 따라서 의미는 우리가 가지고 있는 것이 아니라 우리가 삶에서 마주치는 상황에서 구현해 내는 것이다(Cooper, 2017).

프랭클은 특정 상황마다 개인이 실현할 수 있는 세 가지 유형의 가치가 있을 수 있다고 한다(Frankl, 1986). 여기에는 직업이나 예술 활동에서 실현할 수 있는 '창조적 가치', 자신의 세계에 열린 마음을 가질 때 특히 사랑을 통해 실현되는 '경험적 가치' 그리고 태도를 상황에 맞추어 바꿈으로써 실현되는 '태도적 가치'가 있다. 이 세 가지 가운데 세 번째가 의미치료에서 가장 중요시하는 가치로, 프랭클이 강제수용소에 수용되었을 때 보인 태도가 가장 대표적이다. 특정 상황에서 창조적 가치나 경험적 가치를 실현할 수 없다고 하더라도 실현할 수 있는 가치는 여전히 있다.

(2) 병인론

인간의 가장 근본적인 동기가 삶의 의미를 찾고자 하는 동기이기 때문에 삶에서 의미를 찾지 못할 때 사람들은 공허감과 무의미로 고통받고, 또 다양한 심리적 문제와 불안이 발생할 수 있다(Frankl, 1986). 삶의 의미를 찾지 못하면 인간은 실존적 공허를 메꾸기 위한 시도로 중독, 강박, 그리고 공포와 같은 자기파괴적인 패턴을 보이게 된다. 프랭클은 의미 추구가 좌절되는 경우 실존적 공허, 의미 상실, 그리고 의미 충돌과 같은 문제가 나타날 수 있다고 하였다.

실존적 공허는 사람이 삶의 목적과 의미를 잃어버린 상태로 이런 상태가 되면 단순히 타인이 하는 것을 따라 하거나 타인이 말하는 것을 따라 하게 된다. 그리고 의미 상실은 중대한 개인적 손실, 변화 또는 위기 상황에서 삶의 의미를 잃었을 때 발생하는 것이며 의미 충돌은 개인의 가치, 신념, 목표 간의 충돌로 인해 발생하는 내적 갈등을 말한다.

4. 주요 개념

1) 현존재

'현존재(Dasein)'는 하이데거의 철학 용어로 'Da(거기)'와 'Sein(존재 또는 있음)'이 합해진 말이다. 존재에 대한 이해는 인간만이 할 수 있기 때문에 하이데거는 인간을 다른 동물이나 식물과 구별하여 현존재라고 부른다. 따라서 현존재는 단순히 존재하는 것이 아니라 자신의 존재를 의식하고 경험하는 것이다. 현존재는 세계와 깊은 연관성이 있으며 세계에서 의미와 가치를 찾고 삶을 살아가게 되는데 이는 곧 다른 사람들과 관계를 통해 자신의 존재를 이해하고 완성한다는 것을 의미한다. 죽음과 고통이 현존재의 본질적 요소인데 죽음과 고통을 통해 인간은 자신의 한계와 의미를 인식하게 된다.

2) 세계 기투

세계 기투(world project)도 하이데거의 철학에서 인간의 본질을 설명하는 개념으로서 인간이 세계와 상호작용하며 자신의 삶을 구성하고 형성하는 방식을 말한다. 즉, 인간이 세계를 개념화하고 이해하면서 자신의 프로젝트를 실현하고자 하는 욕망과 노력을 의미한다. 하이데거에 따르면 인간은 세계를 직접적으로 이해하는 것이 아니라, 세계에 대한 개념과 의식을 중간 매개체로 삼아 형성한다고 한다. 그리고 이를 통해 인간은 자신의 가치, 목표, 삶의 방향 등을 결정하고 이를 실현하기 위해 노력한다. 세계 기투는 또한 인간이 자신의 개인적이고 독특한 존재를 이해하고, 그에 따라 세계와 상호작용하여 자신의 의도와 목표를 실현하는 과정을 강조한다. 이는 개인의 세계관, 가치관, 목표 등이 자신의 삶과 행동에 영향을 미친다는 것을 의미한다.

3) 자유와 선택

사르트르는 인간을 특별한 원인 없이 무에서 내던져진 존재라고 보았다. 이 '내던져짐'은 인간이 자신의 의지로 선택한 것이 아니라, 태어나면서부터 이미 주어진 세계와 조건 속에 놓여 있다는 것을 의미한다. 사르트르에 따르면, 우리는 우리 자신의 선택이나 희망과는 무관하게 특정한 상황, 역사, 사회적 환경 속에서 삶을 시작한다. 이로 인해 우리는 주변 세계와 관계에서 특정한 책임과 자유(freedom)를 가지게 되며, 우리의 존재를 스스로 정의해야 하는 책임을 지게 된다. 인간은 상황을 선택할 수는 없지만, 그 상황에 대해 어떻게 반응할지, 그리고 어떤 의미를 부여할지 결정할 수 있는 자유를 가지고 있다. 이러한 관점에서 볼 때, 인간의 존재는 그 자체로 목적이나 본질을 가지고 태어나는 것이 아니라, 각자의 선택(choice)과 행동을 통해 자신의 본질을 스스로 만들어 가는 과정이라고 볼 수 있다.

4) 실존적 불안

인간은 스스로 선택할 수 있는 자유가 있다는 것이 오히려 불안과 공포를 일으킨다. 이처럼 선택할 수 있는 자유로 인해 불안을 느끼는 것은 선택에 대한 대안이 더 좋을 수 있기 때문이기도 하고 또 선택에 대해서 자신이 책임을 져야 하기 때문이기도 하다.

자유와 선택 외에도 죽음, 무의미, 고립 등과 같이 인간이 직면해야 하는 여러 실존적 조건에 직면하는 것 또한 불안을 일으키게 된다. 인간은 자신의 존재와 미래에 대한 불확실성을 직면하며, 이 때문에 불안과 고통을 느끼게 되는 것이다.

이러한 불안은 실존적 불안(angst)으로서 신경증적 불안(anxiety)과는 달리 모든 사람이 직면하게 되는 불안이다. 실존치료에서는 이러한 실존적 불안을 이해하고 수용하는 과정을 통해 개인이 내적으로 성장하고 의미를 발견할 수 있다고 본다. 이는 인간이 자신의 존재와 죽음에 대한 고통을 직면하고 이를 이해하며 수용함으로써 더 깊은 의미를 발견할 수 있다는 것을 의미한다.

5) 죽음

내던져진 존재라는 표현처럼 인간은 시작도 선택할 수 없지만 끝인 죽음(death)도 선택할 수 없다. 모든 가능성이 종말을 맞이하는 것이 죽음인데 이는 하이데거의 표현대로 인간은 죽음을 향해 가는 존재인 것이다. 이러한 한계는 인간이 선택할 수 있는 것이 아니기 때문에 결국 인간이 할 수 있는 것은 이러한 한계에 어떻게 직면할 것인가를 선택하는 것이다. 인간이 죽을 수밖에 없는 존재라는 것을 인정하지 않고 회피하려고 하면 존재 개현을 가로막게 되고 그만큼 자기실현을 못하게 된다. 따라서 자기실현을 위해서 인간은 죽음을 향해 가는 존재라는 것을 늘 자각해야 한다. 이렇게 우리의 실존이 본질적으로 그리고 불가피하게 죽음으로 향해 가는 존재라는 것을 분명히 자각할 때 의미 없는 일상성을 넘어설 수 있고 또 실제로 자기 자신이 되는 것이며 자유롭게 된다(Boss, 2003).

6) 세계 내 존재

실존치료에서는 인간이 근본적으로 세상에 속한 존재(being-in-the-world)이며 함께하는 존재라는 사실을 강조한다. 현존재분석에서 언급한 바와 같이 다른 사람과 관계에서 자신의 존재가 드러나고 그와 비례해서 타인의 존재가 드러나는 것이다. 즉, 각 존재는 다른 존재와 밀접하게 연관되어 있어서 세상 속에서만 자신을 알 수 있다는 것이다. 그러므로 존재란 근본적으로 불가피하게 다른 존재와 서로 영향을 주고받는 밀접한 연관성 속에 있는 것이다. 이런 관계는 상대를 객체화한다거나 대상화하지 않는다. 상대를 그대로 인정하고 수용함으로써 진정한 만남이 되도록 한다.

5. 상담 과정

1) 상담목표

(1) 현존재분석

현존재분석의 치료목표는 내담자가 더 개방적인 존재 방식을 경험하기 시작할 수 있는 시험적 세계를 창조하는 것이다. 이는 내담자가 만나는 특정 존재들에 대해 자신의 세계를 드러내는, 즉 관계의 가능성을 모두 펼칠 수 있게 하는 허용적인 분위기를 조성하는 것이다(Boss, 1963).

이러한 목표를 달성하기 위해 내담자에 따라 두 가지 방식이 있다. 한 방식은 내담자의 문제를 치료자가 떠맡는 것(einspringende fursorge: 뛰어드는 배려)이고 또 다른 방식은 내담자가 자신의 문제나 짐을 스스로 지탱하도록 돕는 것(vorausspringende fursorge: 앞서 나가는 배려)가 있다. 전자는 지지치료에 해당하고 후자는 통찰치료에 견줄 수 있다. 어떤 방식을 취하든 궁극적으로는 존재 개현을 통해 내담자를 자유롭게 하는 데에 공통점이 있다(Boss, 2003).

(2) 실존적-현상학적 치료

실존적-현상학적 치료에서는 사람을 세계 내 존재로 보기 때문에 성격이나 질병 또는 치료에 초점을 두는 것이 아니라 인간 존재로서 발견할 수 있는 진리, 현실, 그리고 개인적 의미를 강조한다(Adams, 2019). 인간에게는 기본적인 네 가지 경험적 세계, 즉 신체적·사회적·개인적, 그리고 영적 세계가 있는데 이 네 가지 세계는 일상생활에서 역설과 딜레마로 나타나게 된다(van Deurzen, 2010). 따라서 내담자가 이 네 영역 간의 관계를 이해할 수 있도록 하는 것이 중요한데 실존적-현상학적 치료에서는 출생에서 죽음까지 개인의 경험과 그 경험 속에서 개인이 하는 선택과 대응방식을 중요시한다.

(3) 실존적-인본주의 치료

실존적-인본주의적 치료에서는 내담자들이 문제가 되는 방어를 극복하여 개방적이지만 단호한 태도로 실존적 조건에 직면하여 해결할 수 있도록 하는 데 목표를 두고 있다. 실존적-인본주의 치료자들은 ① 내담자가 자신의 경험과 타인의 관계에서 완전하게 경험하도록 돕고, ② 이러한 경험을 가로막고 있는 방식과 그 방식을 동원하는 방식을 몸소 경험할 수 있도록 도우며, ③ 현재 자신의 삶에 대한 책임을 지도록 돕고, ④ 죽음의 유한성, 모호성, 불안과 같은 실존적 사실을 피하지 않고 직면함으로써 삶에서 존재 방식을 선택하거나 실현하도록 돕는다. 치료 전략은 부드럽게 탐색하는 것부터 직면시키는 것까지 다양하지만 '지금-여기'의 실험적 상황에서 치료관계의 역동을 탐색하는 데 중점을 둔다.

(4) 의미치료

프랭클은 인간의 가장 근본적인 동기는 삶의 의미를 찾는 것이라고 보았다 (Frankl, 1986). 이에 따라 의미치료에서는 내담자가 삶의 의미와 목적을 발견하여 무의미와 절망을 극복할 수 있도록 돕고자 한다(Frankl, 1984). 여기서 중요한 것은 삶의 의미는 '만들어 가는 것'이 아니라 '발견하도록 돕는다'는 것이다. 의미를 발견하도록 돕는다고 하는 것은 삶의 의미가 각 개인의 실존에 이미 내재해 있기 때문이다. 따라서 의미치료에서는 이러한 의미를 발견하는 것은 각 개인만이 할 수 있고 또 책임지고 해야 하는 특별한 소명이라고 본다.

이처럼 의미치료에서는 내담자가 삶의 의미와 목적을 발견하도록 도움으로써 당면한 어려움이나 고통에도 불구하고 내담자가 자신의 삶의 긍정적인 면을 발견하여 자신만의 방식으로 삶을 충실히 살아갈 수 있도록 돕고자 한다.

2) 상담관계

(1) 현존재분석

현존재분석의 치료관계는 치료자가 내담자와 함께 내담자의 존재 방식을 함께 탐색하는 과정으로 간주한다. 정신분석의 치료자-내담자 관계는 전이 관계가 특징이다. 특히 프로이트의 정신분석에서는 내담자가 투사할 수 있도록 치료자의 중립적인 자세를 강조하는데 현존재분석에서는 이러한 전이 개념을 배격한다. 분석가가 중립적인 자세를 취하는 것은 내담자의 생생한 경험과 일치하지도 않으며 치료자와 내담자의 만남을 평가 절하한다는 것이다(Boss, 1963).

현존재분석에서는 치료자와 내담자가 모두 관계 속에서 존재하기 때문에 치료자가 중립적이서도 안 되고 중립적일 수도 없다고 본다. 현존재분석에서는 치료자가 존재 개현을 어느 정도 하는가에 따라 내담자도 거기에 상응해서 존재 개현을 하기 때문에 치료자는 솔직해야 하고 자기의 모습 그대로여야 하며 내담자에게 모델이 될 수 있어야 한다고 본다. 이런 맥락에서 현존재분석에서는 전이를 가상의 관계가 아닌 실제 관계로 이해하여 개방과 폐쇄의 개념으로 설명한다(Cooper, 2017). 즉, 내담자가 치료자의 어떤 면에 대해서는 잘 받아들이는(개방성) 반면, 다른 면은 받아들이지 못하고 있다고(폐쇄성) 이해하는 것이다. 이와 같은 맥락에서 보스(1963)는 치료자가 지지적이고 따스함을 보임으로써 내담자가 개방할 수 있도록 해야 한다고 하였다. 이처럼 치료자와 내담자의 만남을 이해하는 것은 현존재분석에서 치료관계 형성에 매우 중요한 요소가 된다.

(2) 실존적-현상학적 치료

실존적-현상학적 치료에서도 치료관계가 중요하다는 것을 인정하는데 치료자와 내담자의 관계는 두 존재 사이의 진정한 만남으로 간주한다. 치료자는 내담자를 가면이나 역할 없이 있는 그대로 만나려고 노력하며, 내담자가 자신에게도 진실할 수 있는 분위기를 조성한다. 또한 이러한 분위기를 통해 안전한 공간을 제공함으로써 내담자가 의미, 죽음, 고립, 자유, 실존적 불안과 같은 실존적 주제에 대면하고 탐색할 수 있도록 한다.

이러한 치료관계를 통해 치료자는 내담자가 더 진정성 있고 의미 있는 삶을 살도록 돕는데 이는 내담자가 자신의 실존적 고민을 탐색하고 경험을 일관된 자기로 통합하는 데 도움을 준다. 실존적-현상학적 치료에서 치료관계는 진정성, 존중, 공감, 그리고 내담자의 고유한 세계에 대한 이해로 특징지어진다. 이러한 관계에서 중요한 것이 대화로, 대화는 단순한 의사전달이 아니라 더 넓은 맥락의 실존을 염두에 두고 의미를 찾는 것이다. 실존적-현상학적 치료에서는 관계 자체가 진정성 있고 의미 있는 관계의 모범이 된다.

(3) 실존적-인본주의 치료

실존적-인본주의 치료에서는 현존(presence)을 강조한다. 현존이란 '그 순간에 그 상황에서 가능한 최대한으로 인식하고 참여하는 것'으로서 치료자 관점에서는 내담자 존재의 전체 범주에 민감하고 개방되어 있는 것을 말하고 내담자 관점에서는 어떤 순간의 전정한 경험을 표현하는 것을 말한다. 이런 점에서 얄롬과 부젠탈은 생생한 순간인 치료적 만남에서 내담자가 느끼는 것, 특히 치료자에게 느끼는 것을 표현하는 것을 강조한다(Cooper, 2017).

내담자가 다른 사람들과 진정성 있는 만남을 하기 위해서는 치료 내에서 치료자가 내담자에게 진술하게 현존해야 한다(Bugental, 1978). 치료자의 현존이 중요한 이유는 치료자가 현존할 때 내담자는 안전하다는 느낌을 느끼게 되고 이로 인해 문제에 직면하여 생산적으로 대응할 수 있는 역량을 키울 수 있게 되기 때문이다(Schneider & May, 1995). 그리고 치료자의 현존은 죽음과 같은 실존의 주어진 조건에 직면할 수 있도록 하며 내담자가 진정한 삶을 살아가는 방법을 배울 수 있는 본보기가 된다(Cooper, 2017; Yalom, 2008). 이처럼 실존적-인본주의 치료에서는 치료자와 내담자 간 진정하고 진술한 관계를 강조한다(Bugental, 1978).

(4) 의미치료

의미치료의 치료관계는 내담자가 자신의 삶에서 깊은 의미를 찾고, 자신의 잠재력을 실현하며, 어려운 상황에 대한 건설적인 태도를 개발할 수 있도록 지원하는 데 초점을 두고 있다. 이를 위해 치료자는 내담자를 무한한 가치가 있는 존재로 존중하며, 그들의 가능성과 자기 초월 능력을 믿는데 이러한 치료자 태도는 내담자가 자신의 잠재력을 실현하는 데 도움을 준다. 또한 치료자는 내담자가 자신의 선택과 행동에 대한 책임을 인식하도록 격려하는데 이러한 치료자의 태도는 내담자의 자기 결정 역량과 자율성을 촉진한다. 의미치료에서는 인간 존재의 영적 차원을 인정하며, 내담자가 자신의 영적 가치와 신념을 탐색하도록 돕는데, 이는 삶의 의미를 찾는 데 중요한 역할을 할 수 있다.

3) 상담 과정

(1) 현존재분석

현존재분석에서는 무의식 개념에 동의하지 않는다. 무의식이라는 개념 대신 폐쇄성으로 설명하는데, 이는 내담자의 행동에 숨은 동기나 힘이 있다고 보는 것이 아니라 내담자에게 특정한 경험이 '폐쇄'되어 있다고 보는 것이다. 현존재분석에서는 내담자가 자신에게 폐쇄되어 있는 경험을 자각하도록 하는데 이러한 과정을 통해 내담자는 실제 하는 경험을 더 잘 자각하게 된다.

　상담관계에서 언급한 바와 같이 현존재분석에서는 전이 개념을 부인한다. 하지만 내담자가 치료자를 어떻게 인식하고 어떤 태도를 취하는지에 대해서는 관심을 두고 있다. 이는 정신분석 관점과는 달리 치료자에 대한 내담자의 인식이 세계 내 존재로서 내담자에게 무엇을 말해 주는지에 관심을 두고 있다는 것을 의미한다(Boss, 1979).

　현존재분석에서도 현재가 과거의 영향을 받는다는 사실을 거부하지는 않는다. 다만 개인의 생애가 결정되어 있다고 보는 정신분석과는 달리 계속 만들어 가는 것으로 본다(Hicklin, 1988). 따라서 현존재분석에서는 아동기에 관심을 가지기보다는 지금-여기에서 내담자가 세상과 관계하는 방식에 주로 관심을 두고 있다. 현존재분석에서 내담자의 과거와 현재의 연결을 파악하는 것은 내담자가 자신의 과거를 되돌아보고 자유를 충분히 경험하게 하며 복합적인 자신의 세계가 손상되고 제안되어 있음을 깨닫도록 돕기 위한 것이다(Boss, 1963).

　현존재분석에서도 내담자가 꿈을 탐색하고 이해하도록 하는 것은 중요한 요소이다(Boss, 1977). 하지만 꿈이 무의식의 상징적 표상 또는 심리 내지 역동을 드러낸다고 보는 정신분석과는 달리 내담자 안에서 일어나는 자발적이고 진정한 경험의 상태라고 본다(Boss, 1977). 따라서 내담자가 세상에 대한 내담자의 개방성의 범위를 드러낼 수 있기 때문에 꿈이 중요하다. 꿈이 중요한 또 한 가지 이유는 존재에 대해 전에는 알지 못했던 중요하고 참고할 만한 책략을 꿈에서 내담자가 드러내기 때문이다(Boss & Kenny, 1987).

　빈스방거와 보스를 이은 현대 현존재분석에서는 무의식 개념을 완전히 배격한 보스와는 달리 내담자가 스스로 드러내지 않거나 숨어 있는 것에 대한 실존적인 이해를 하려고 한다. 그리고 프로이트의 개념과 치료를 공상 과학 소설로 치부하지 않고 전이, 저항, 반복 등의 개념을 해석학적인 방법으로 재해석하려고 시도한다. 또한 보스가 버린 치료를 위한 프로이트의 구체적 권고 사항 중 일부를 받아들이고 있다.

(2) 실존적-현상학적 치료

실존적-현상학적 치료에서는 기법과 기술을 구분한다. 기법이 도구라면 기술은 사람이 존재하는 방식을 말한다. 기법은 비인간화하는 결과를 초래하기 때문에 실존적-현상학적 치료에서는 기법보다는 기술, 즉 내담자 자신의 경험, 진실성, 그리고 가치를 중요시한다(Adams, 2018).

실존적-현상학적 치료에서도 현존재분석과 마찬가지로 현상학적 방법을 사용한다. 자연과학에서는 '왜?'라는 질문을 하고 그에 따라 '왜냐하면'이라는 답을 한다. 하지만 현상학은 '무엇을?' '어떻게?'라는 질문을 하고 내담자가 이야기를 더 하도록 한다. 현상학적 방법은 생생한 경험을 통해 각 개인의 경험을 이해하고 자신의 이야기를 통해서 풍요롭고 미묘한 삶을 드러내도록 한다. 치료자의 전반적인 과업은 내담자의 행동과 결정에 영향을 미치는 가정을 발견하고 이해하도록 하여 자신의 의도로 새로운 선택을 할 수 있도록 하는 것이다. 치료에서 치료자의 과업은 내담자의 결정과 행동에 영향을 미치는 내담자의 가정을 발견하고 이해하여 새로운 선택을 할 수 있도록 하는 것이다. 실존적-현상학적 치료의 목적이 이해를 증진시키는 것이지만 이를 위해서는 주의를 집중하는 것이 필요한데 전체 치료과정은 주의를 집중하는 것으로 시작해서 주의를 집중하는 것으로 유지된다.

실존적-현상학적 치료에서 사용하는 현상학적 방법의 예로는 '판단중지(epoche) 또는 괄호치기(bracket)' '수평화(horizontalization)' '검증(verification)' 등이 있다. 이 방법들은 모두 의미를 발견하는 것으로 판단중지 또는 괄호치기는 자신의 경험을 보류하고 명료화를 통해 의미를 발견하는 것이고 수평화는 자신의 관점을 통해 의미를 발견하는 것이다. 그리고 검증은 도전과 해석을 통해 의미를 발견하는 것이다(Adams, 2019).

(3) 실존적-인본주의 치료

실존적-인본주의 치료의 핵심은 키르케고르 학파와 니체 학파의 실존적 주제를 정신역동적으로 읽어 내는 것이다. 얄롬(1980)도 프로이트와 마찬가지로 사람은 무의식 수준에서 불안을 피하기 위해 많은 에너지를 소모한다고 본다. 하지만 프로이트와 달리 불안의 근원을 내적 갈등이 아닌 실존의 실재에 대한 자각이라고 보았다. 즉, 인간은 불확실성, 고립, 자유, 그리고 죽음과 같은 삶의 주어진 조건으로 인하여 실존이 개인에게 위협이 되는데 이에 따라 실존에 직면하지 못하고 고통스러운 경험을 차단하기 위해 방어기제를 발전시키게 된다. 이렇게 방어기제를 발전시킴으로 인해 현실을 부인하거나 왜곡하게 된다는 것이다.

부젠탈(1981)은 내담자가 실존적 불안을 회피하는 모든 것을 저항으로 보았다. 따라서 부젠탈에게 있어서 실존적-인본주의 치료자의 과업은 내담자가 자신의 저항을 알아내서 극복하도록 돕는 것이 된다(May et al., 1958). 그런데 이러한 저항은 무의식에 자리 잡고 있어서 저항을 해결하는 과정에서 내담자들은 여러 가지 고통스러운 감정을 느끼게 된다(Bugental, 1981; Yalom, 1980). 따라서 실존적-인본주의 치료자들은 내담자를 격려해서 두려움에 직면하도록 하고 현실을 가로막고 있는 장애물을 극복하도록 한다. 이러는 과정에서 내담자는 이런 경험에 휘둘렸던 이전과는 달리 이제는 들여다봄으로써 증상의 목적을 이해하고 방어가 자신을 제한시킨다는 것을 경험한다. 따라서 내담자가 이러한 방어를 직접적으로 체험함으로써 지금까지 회피하거나 부인하거나 또는 억압했던 죽음에 대한 인식, 자유와 책임, 고립, 무의미, 그리고 불안 등과 같은 존재의 주어진 조건들을 직면하고 받아들일 수 있게 된다.

이러한 상담 과정의 목적은 내담자가 저항을 인식하고 포기할 수 있도록 촉진하는 것이며 외부의 권위자가 아닌 스스로 해낼 수 있도록 힘을 북돋아 주는 것이다(Bugental, 1978; Schneider & May, 1995). 그런데 이렇게 내담자가 책임을 떠맡는 것은 실질적인 변화의 준비에 불과하다. 근본적인 변화는 내담자들이 자기 자신에 대해 새로운 의미를 만들고 자신과 타인에 대해 긍정적인 패턴을 선택하는 것이다(Adams, 2013).

(4) 의미치료

의미치료에서는 내담자가 삶의 의미와 목적을 찾도록 하기 위해 다소 교육적인 다양한 기법을 사용한다. 이러한 기법에는 소크라테스식 대화와 같이 다소 도전적인 것부터 부드러운 탐색까지 다양하다. 이러한 대화를 통해 내담자는 자신의 삶에서 의미 있는 목표와 가치를 탐색할 수 있게 된다. 가령 치료자는 실존적 질문, 예를 들어 "나에게 진정으로 중요한 것은 무엇인가?" 또는 "내 삶에서 의미를 찾을 수 있는 방법은 무엇인가?"와 같은 질문을 통해 내담자가 자신의 삶을 깊이 있게 반성하고 이해하도록 돕는다.

의미치료에서는 내담자가 어떤 상황에서도 자신의 태도를 선택할 수 있는 자유를 강조한다. 치료자는 내담자가 어려운 상황에 대응하는 태도를 변화시킬 수 있도록 도우며 내담자가 의미 있는 목표를 설정할 수 있도록 격려한다. 이러한 미래 지향적 접근은 내담자가 희망을 유지하고 삶의 어려움을 극복하는 데 중요하다.

6. 상담 개입

실존치료에서는 특정 기법보다는 치료자와 내담자의 관계를 강조한다. 이는 치료자가 내담자의 존재를 이해하고 내담자들이 더 자유로워지도록 하기 위해 특정 기법보다는 내담자와 함께하는 치료자의 현존을 강조한다는 것을 의미한다. 이처럼 실존치료에서는 기법보다는 관계를 강조하지만 실존치료에서 공통으로 많이 사용하고 있는 현상학적 방법과 몇 가지 기법을 소개하고자한다.

1) 현상학적 방법

현상학적 방법의 원리를 쿠퍼(2015)는 다음과 같이 소개하고 있다.

- 괄호치기: 괄호치기는 어떤 사물에 대한 선입견과 편견을 배제하는 것을 의미하는 것으로 상담에서는 치료자가 내담자에 대해 어떤 기대나 가정을 하지 않는 것을 말한다. 따라서 치료자는 자신의 관점이나 편견을 내담자에게 부과해서는 안 된다. 하지만 내담자를 도와주려는 치료자로서 목적을 배제하는 것은 불가능한데 이때는 이 목적을 치료자가 인식함으로써 괄호치기, 즉 배제가 가능하게 된다.
- 묘사에 머물기: 이는 해석하지 말고 묘사하라는 것으로 내담자의 경험에 대해 어떤 해석이나 가정 또는 이론 등을 만들어 내는 것을 자제하는 것을 말한다. 이렇게 해석이나 추론을 하는 것이 아니라 '보이는 그대로' 현상에 집중하는 것이다.
- 균형 잡기: 이는 괄호치기를 확장한 것으로 첫인상에 따라 중요도를 판단하는 것이 아니라 모두를 동일한 가치와 중요성을 가진 것으로 다루는 것이다. 이는 어떤 가정을 가지고 내담자가 말하는 것에 경중을 부여하지 않도록 노력하는 것을 말한다.
- 검증하기: 치료자가 관찰하고 묘사한 것이 내담자가 인식하고 경험한 실제 현상과 일치하는지 내담자와 함께 확인하는 것이다. 이 과정을 통해 치료자는 내담자가 경험한 세계를 더 정확하게 할 수 있게 된다.

2) 질문

현존재분석에서는 현상학적–해석학적 방법을 중요시한다(Boss, 2003; Craig & Kastrinidis, 2019). 이는 현상의 의미를 드러내는 것을 중요하게 여긴다는 것으로, 현상의 의미는 주로 질문을 통해서 드러난다. 따라서 현존재분석에서 질문은 알기 위해서 하는 것이 아니라 현상의 의미를 드러내기 위해서 하는 것으로, 질문은 내담자가 존재 방식에 대한 인식을 확장하게 하기 위한 것이다 (Cooper, 2017). 치료자의 질문을 통해 내담자는 자신을 드러내게 되고 이에 따라 새로운 감정 경험과 세계관을 경험하게 되며 새로운 인간관계를 경험하게 되는데 그 결과로 자유롭게 된다(Boss, 2003).

3) 직면

직면은 내담자가 자신이 회피하거나 억압해 온 진실, 선택의 책임, 그리고 존재의 근본적인 조건(자유, 죽음, 고독, 무의미)을 직시하도록 돕는 중요한 과정이다. 이는 단순히 문제를 지적하거나 비판하는 것이 아니라, 내담자가 자신의 실존적 상황을 명확히 인식하고 더 깊은 자기 이해에 도달하도록 지원하는 데 목적이 있다. 실존치료에서 직면은 내담자가 자신의 삶에서 불일치나 회피를 직시하며, 이러한 통찰을 통해 자신의 삶의 방향과 가치를 재정립할 수 있도록 한다. 이 과정은 치료자가 내담자의 경험과 감정을 존중하며 신뢰와 안전감을 바탕으로 이루어져야 하며, 내담자가 준비된 상태에서 시행될 때 변화를 촉진하는 강력한 도구가 된다.

4) 역설적 의도

역설적 의도는 의미치료에서 사용하는 대표적인 기법으로, 예기 불안의 악

순환에서 벗어나게 하기 위해 사용하는 기법이다. 이 기법은 내담자가 두려워
하는 일 자체를 하도록 하거나 일어나기를 소망하도록 촉진하는 과정이다. 역
설적 의도는 불안에 대한 불안과 공포에 대한 공포 때문에 도피한다는 것을 가
르쳐 불안이나 공포에서 도피하는 게 아니라 직면을 하도록 하여 악순환에서
탈피하도록 하는 것이다. 즉, 증상을 대하는 내담자의 태도를 반전시켜 내담
자로 하여금 자신의 증상에서 벗어날 수 있도록 한다. 역설적 의도는 단기치
료, 특히 기본적인 예기 불안 기제를 지닌 경우 유용하다.

5) 탈숙고

탈숙고는 프랭클이 제안한 기법으로, 예기 불안의 악순환에서 벗어나게 하
기 위해 사용하는 기법이다. 지나치게 숙고하거나 자기를 관찰하는 것은 장애
혹은 증상의 원인이 될 수 있다. 따라서 지나친 주의나 숙고를 내담자 자신의
밖으로 돌려서 현재 겪고 있는 문제를 무시하도록 하여 내담자의 의식을 긍정
적이고 생산적인 쪽으로 전환시키도록 하는 것이다. 이 과정을 통해서 내담자
의 자발성과 활동성이 회복된다.

탈숙고가 그릇된 능동성에서 올바른 능동성으로 대치시키는 것이라면 역설
적 의도는 그릇된 수동성에서 올바른 수동성으로 대치시키는 것이라고 할 수
있다.

7. 평가

실존주의 치료에서는 죽음, 고독, 자유, 무의미와 같은 인간의 기본적인 조
건에 관심을 두도록 함으로써 삶의 목적을 깊이 탐구하도록 하는 길을 제시하
였다. 내담자는 이러한 삶의 기본적인 조건을 회피하지 않고 대면함으로써 삶

을 보다 충실하게 살 수 있게 된다. 또한 기존 치료에서는 정신적 고통을 없애야 하는 것으로만 간주했던 것과는 달리 실존치료에서는 병리적인 것으로만 보지 않고 성장의 기회로 보는 시각도 제시하였다. 이를 통해 내담자들은 고통의 의미를 이해하고 이를 극복하는 과정을 통해 성숙으로 나아갈 수 있게 된다.

이와 함께 내담자의 주관적인 경험을 강조하였는데 인간중심치료가 인간의 긍정적인 측면만 강조하는 반면, 실존치료에서는 긍정적인 면과 부정적인 면을 모두 보도록 하고 있다. 이로써 현실의 긍정적인 면이나 부정적인 면의 한 측면만 보는 게 아니라 모두를 중요시한다. 이를 통해 내담자는 현실의 어느 한 면만 보는 것이 아니라 두 면을 모두 볼 수 있도록 한다. 그리고 이러한 현실에서 개인의 고유한 삶의 맥락과 의미를 강조하는데 이를 통해 내담자에게는 자신의 감정, 생각, 행동을 깊게 탐색할 수 있도록 하고 치료자에게는 일반화된 치료법이나 기술이 아닌 각 내담자의 필요와 상황에 맞는 특화된 접근을 하는 것을 강조한다. 이러한 과정을 통해 내담자는 현재 순간을 충실하게 경험할 수 있게 된다.

실존치료의 공헌에 대해 코리(Corey)는 실존치료의 개념이나 주제가 다른 접근법과 통합시킬 수 있는 가능성을 들고 있다. 그 예로 실존주의와 인지행동치료를 결합한 것을 들고 있는데, 실존치료에서 제시하는 여러 주제들이 모든 치료의 기반이 될 수 있다는 점을 감안해 보면 이 주장도 타당해 보인다.

실존치료가 이러한 공헌도 있으나 한계도 있다. 실존치료의 한계를 살펴보면 다음과 같다.

가장 먼저 들 수 있는 실존치료의 한계로는 철학에 기반을 두고 있기 때문에 개념이 추상적이라는 점과 주요 원리에 대해 체계적으로 설명되어 있지 않다는 점이다. 이는 상담자 면에서 보면 실존주의 철학에 대한 이해가 없는 경우에 이 접근의 개념을 이해하기 어려운 점이 있고 내담자 편에서도 이 개념을 이해하는 데 어려움을 느낄 수 있다. 특히 심리적 문제에 대해 구체적이고 실용적인 해결책을 찾고자 하는 클라이언트에게는 만족스럽지 않을 수 있다.

　두 번째 한계는 개인의 주관적 경험을 강조하기 때문에 내담자에 대한 주관적인 이해를 강조하고 기법에 대해서는 중요성을 강조하지 않는다는 점이다. 이로 인해 심리치료 과정에 대한 구체적인 지침이 결여되어 있고 치료자마다 기법을 개발하거나 다른 접근에서 기법을 차용한다. 이런 경향성은 성과 및 과정 연구에서 실존치료만의 고유한 효과를 연구하는 데 어려움이 있게 된다.

　세 번째 한계는 상담자에게 성숙과 삶의 경험, 그리고 집중적인 훈련을 요구한다는 점이다. 이는 한계라고 보기는 어려우나 치료를 습득하는 데 시간이 오래 걸리며 초심자가 따라 하기에는 어려운 면이 많다.

정서중심치료

1. 이론의 발달

정서중심치료(Emotion-Focused Therapy: EFT)는 그린버그(Leslie Greenberg) 와 엘리어트(Robert Elliott)에 의해 발전한 과학적 증거기반이 있는 통합치료 적 접근이다. 초기의 EFT는 1980년대에 부부의 상호작용과 유대를 향상시키 는 핵심적 변화 요인으로 정서에 주목하였던 부부 치료를 중심으로 발전되 었고 정서적으로 초점을 맞춘 부부 치료(emotionally-focused couple therapy; Greenberg & Johnson, 1988)라는 용어가 사용되었다. EFT의 개인치료적 접근 은 체험적 성격과 더불어 순간순간의 과정에 초점을 두는 것을 강조하기 때문 에 과정-체험적 치료(process-experiential therapy)로 불렸다(Greenberg et al., 1993; Rice & Greenberg, 1984). 이후 정서가 인간 활동과 심리치료에서 핵심적 역할을 한다는 것에 대한 이해가 증가하면서 정서중심치료로 불리게 되었으 며 현재는 개인치료와 부부치료를 통괄하여 정서를 치료적 개입의 주된 초점 으로 보는 모든 치료를 통합적으로 언급하는 데에 사용되고 있다(Greenberg, 2023).

정서중심치료는 인간중심, 게슈탈트, 실존주의 치료를 기반으로, 이를 현대 의 정서이론, 정동에 대한 신경과학적 관점, 그리고 심리치료에서의 변화 과 정에 관한 연구 결과들을 통합하여 재구성한 체험적인 치료 접근이다. 인간중심상담 등 기존의 인본주의 접근들도 정서에 중점을 두기는 하지만 정서에 대한 이론이나 정서에 개입하는 구체적인 방법은 체계적으로 제시하지 않았다 (Greenberg et al., 2023). EFT는 현대 정서이론과 정동신경과학을 기존의 인본주의 이론들에 통합하여 정서의 변화 과정과 정서에 직접적으로 개입하는 전략 등을 체계적으로 제시한다는 점에서 기존의 접근을 보완한다. 또한 기존 심리치료 이론에서는 억제하거나 정화해야 할 대상으로 정서를 보거나 정서를 수용하는 측면을 주로 강조하였다. 그러나 EFT에서는 정서를 적절한 수준으로 활성화시키고 활성화된 정서를 깊이 경험하고 성찰하여 이에 대한 일관성 있는 이야기를 구성하고 새로운 의미를 만들어 내는 것을 강조한다. 다시 말해, EFT는 정서에 직접 개입할 수 있으며, 정서의 변화는 인지와 행동을 변화시킨다고 전제한다. 내담자가 살아 있는 정서 경험, 특히 두려워하며 부정하고 있는 정서의 수용에 초점을 맞추고 탐색하도록 권장하며, 치료적 변화에서 적응적 정서 경험의 중요성을 강조한다. 그린버그(2021)는 이러한 정서의 인식, 수용, 조절, 변화의 측면을 강조하며 EFT의 목적을 내담자가 정서지능을 발달시켜 삶의 문제를 해결하고 자기 자신뿐 아니라 타인과도 조화롭게 살아갈 수 있도록 돕는 것이라 하였다.

2. 인간관과 병인론

1) 인간관

정서중심치료는 인본주의 치료 접근으로, 인간 본성을 긍정적으로 보며 인간은 생리적 요인이나 본능적 추동, 과거의 경험에 제한되기보다는 주체적이고 자각하고 선택할 수 있는 존재로 본다. 아울러, 인간은 목표 지향적이며 환경에 적응하고 생존하고 성장하려는 동기를 가지고 태어난다고 가정한다

(Greenberg, 2023). EFT는 이러한 생존과 성장에 도움을 주는 인간 동기의 핵심 요소로 정서조절과 의미구성을 제시한다. 첫째, 정서조절이란 사람들이 원하는 정서는 경험하고 원치 않는 정서는 회피하도록 동기화되었음을 뜻하며, 이는 이러한 조절이 유기체의 생존과 성장에 도움이 되기 때문으로 본다. 예를 들어, 신체적 접촉이 기쁨이나 위안으로 경험되었다면 그 사람은 신체적 접촉을 원할 것이다. 한편, 어려움을 극복하는 것이 기쁨이나 성취감으로 경험되지 않았다면 그 사람은 어려움을 극복하려 하지 않을 것이다. 이처럼 인간은 원하는 정서를 경험하려는 동기가 있으며 대체로 '부정적' 정서가 아니라 '긍정적' 정서를 느끼고 싶어 하지만 EFT는 모든 정서에는 나름의 기능이 있다고 본다. 즉, 인간은 단지 즐거움을 추구하고 고통을 회피하려고만 하는 것이 아니라 고통스러운 정서라 할지라도 자신의 생존과 적응에 도움이 된다면 기꺼이 경험한다. 예를 들어, 어떠한 업무수행을 할 때 매우 힘들지만 참으며 일하는 이유는 업무목표를 성취한 후 경험하는 자부심과 뿌듯함 때문일 수 있다(Greenberg, 2023). 이처럼 EFT는, 인간이 정서를 조절하려는 이유는 특정한 종류의 정서가 적응적이고 생존과 관련된 행동을 촉진하기 때문이라고 본다.

　EFT는 인간은 행동경향성(action tendency)을 동반하는 정서에 대한 기본적인 심리정동 운동 프로그램(psychoaffective motor programs)을 가지고 세상에 나오며 자신의 안녕 상태를 보존하고자 하는 기본적인 호불호를 가지고 자신의 안녕에 도움이 되는 것을 추구한다고 본다. 행동경향성은 특정 정서를 경험할 때 특정한 방식으로 행동을 취하고 싶은 느낌을 뜻하는데, 이는 생존을 돕기 위해 진화적으로 발달한 기본적인 경향성이며 언어로 생각하기 전에 뇌에 의해 신속하고 자동적으로 이루어지는 평가를 수반한다(Izard, 1991; LeDoux, 2012). 예를 들어, 유아는 온기, 익숙한 냄새, 부드러움, 웃는 얼굴, 고음의 목소리 및 시선을 선호하고 이에 다가가려 하지만 시끄러운 소음, 내부 감각수용기의 불편감, 큰 소음 및 과도한 자극은 싫어하고 피하려는 방향으로 정동체계가 구성되어 있다. EFT는 정서가 인간 경험의 기본 정보자료이며 자기를 구성하는 기초라고 보며, 이러한 관점은 '나는 느낀다. 고로 존재한다'라는 EFT 이론의 표현에 반영되어 있다(Greenberg et al., 2023). EFT는 인간의 심리적 욕구가 단순한 추동이 아닌 정서에 의해 유발되고 기본적인 선천적 편견, 선호, 좋은 것과 나쁜 것에 대한 정동적 가치, 생리적 요소, 삶의 경험, 문화에 의해 통합적으로 구성되고 영향을 받는다고 본다. 또한 인간의 기본 욕구 내용은 사전에 결정되어 있는 것이 아니라 경험에 의해 지속적으로 발생하지만, 주로 애착이나 정체성, 호기심, 숙달과 관련된 내용의 욕구들이 대부분의 사람에게 가장 중요한 것으로 나타난다고 하였다(Greenberg, 2023).

둘째, EFT는 인간이 정서조절과 함께 의미를 추구하도록 동기화되었다고 가정한다. 인간은 의미를 추구하고자 하는 의지를 가지고 태어나며 여기서 의미는 주어지는 것이 아니라 주체적으로 계속해서 발견하고 성취하는 것이다. 인간은 자신과 주변 세계의 경험을 삶의 전체적 맥락 속에서 일관성 있게 해석하고 그럴듯한 설명을 부여하여 새로운 의미와 서사를 구성하려는 동기를 지니고 있다. 의미의 창출은 고통을 다루는 데 핵심적인 역할을 하는 것으로 보는데, 이는 의미가 즐거움을 포함하여 긍정적인 감정을 유발하기 때문이다(Greenberg, 2023).

2) 병인론

EFT에서는 핵심고통(core pain)과 충족되지 않은 욕구가 적절한 방식으로 다루어지지 않았기 때문에 심리적 문제가 발생한다고 본다. 핵심고통이란 외로움, 버림받음, 사랑받지 못함, 거절당함 등 가장 아픈 고통을 뜻하며, 생존과 안녕에 필수적인 욕구를 충족시키지 못하는 데서 오는 무력감을 수반한다. EFT는 인간이 이러한 핵심고통을 단지 과거에 경험했기 때문이 아니라, 이를 부적절한 방식으로 다루었기 때문에 심리적 문제가 발생한다고 제안한다. 인간은 충족되지 않은 욕구를 인식하고 상징화하여 표현하며 적응적이고 건강한 정서로 변형해야 하는데 이러한 정서의 자연적 흐름이 상습적이고 지속적으로 방해를 받으면 나쁜 감정 상태에 만성적으로 사로잡히거나 역기능적 고통을 경험하게 된다고 본다. 정서는 인간의 적응을 위한 중요한 정보를 제공하는데, 앞과 같은 정서 과정의 만성적 실패로 정서가 중요한 정보를 거의 제공하지 못할 때 그 정서는 역기능적인 것이 된다. 즉, 역기능이란 인간이 상황에 창의적으로 적응하고 새로운 반응과 경험을 만들어 내고 새로운 이야기를 구성하는 능력이 부족한 것을 의미한다(Greenberg, 2023).

EFT는 역기능적 정서 과정의 네 가지 주요 형태를 제시한다(Goldman & Greenberg, 2018). 첫째, 정서인식의 결여는 신체적으로 느껴진 경험을 의식에서 자각하여 상징화하는 능력이 부족한 것으로, 가장 적응적인 정서 반응인 일차적 정서 반응을 회피하거나 부인하는 데서 비롯된다. 예를 들어, 내담자는 일차적 정서 반응(383쪽 참조)인 적응적 분노 혹은 건강한 슬픔을 자주 회피하며 부적응적 두려움 또는 수치심을 경험할 수 있다. 이 경우, 내담자는 적응적 분노 반응이 알려 주는 경계 보호의 욕구나 건강한 슬픔 반응이 알려 주는 유대감의 욕구를 알아차리기 어렵고 부정하기 쉽다. 둘째, 부적응적 정서 반응들은 주로 초기 양육자와의 관계에서 경험한 외상적 학습의 결과나 처리되지 않은 정서에서 형성된 정서도식들에 의해 발생된다(예: 버림받는 것에 대해 심한 두려움을 느끼는 것). 셋째, 정서조절 실패는 정서의 과소 또는 과대 조절로, 외상적 두려움에 압도되는 것, 자신을 진정시키기 위해 약물을 사용하는 것 등 정서조절의 어려움에서 비롯되는 각종 중독 행동들을 포함한다. 마지막으로, 경험에 대한 내러티브 구성과 의미 창출의 어려움은 가장 중요한 자신의 인생 이야기들을 통합하고 이해하고 이로부터 자기, 타인, 세상에 대한 적응적인 내러티브를 만들어 가는 역량이 부족한 것으로, 일관성이 없는 이야기, 자기 자신에 대한 부적응적인 이야기, 남을 비난하는 이야기 등이 포함된다. EFT는 사람들이 고정된 자기개념을 가지기보다는 자신의 경험을 주관적으로 구성하고 적극적으로 이야기하며 자신에 대해 가지고 있는 여러 가지 관점을 계속 수정해 가면서 일관성과 통일성을 창출해 간다고 본다. 즉, EFT에서는 심리적 건강과 역기능을 설명하는 원리로 일치성(congruence) 대신 일관성(coherence)을 제안하며 자기개념과 경험이 일치하는 것보다 경험의 의미를 이해하고 자신에 대한 일관된 정체감을 형성하는 것이 중요하다고 본다.

3. 주요 개념

1) 정서의 목적과 기능

EFT에서는 정서가 인간의 생존과 안녕을 촉진하는 정보를 처리하고 행동을 준비시켜 환경에 적응하도록 돕고 인간의 가장 본질적인 욕구가 잘 충족되고 있는지 아닌지를 보여 주는 중요한 기능을 한다고 본다. 즉, 정서는 욕구, 바람, 목표에 접촉하게 하고 욕구 충족에 필요한 행동경향성을 알려 준다. 정서를 알면(일차적 정서일 경우) 우리의 필요 혹은 욕구를 알 수 있고, 무엇을 해야 하는지 알 수 있다는 점에서 정서는 우리를 행동하도록 조직화하며 동기화한다. 예를 들어, 우리는 슬픔이라는 정서를 인식할 때, 우리 자신에게 중요한 무언가를 잃었고 위안이 필요함을 알게 된다. 즉, EFT에서는 정서란 근본적으로 적응적이며, 합리적이지도 비합리적이지도 않다고 본다. 정서는 무엇이 자신에게 중요한지, 자신이 원하는 방향으로 일이 돌아가고 있는지에 대한 중요한 정보를 줌으로써 유기체의 적응을 돕는다. 정서는 신경화학적이고 생리적인 기반을 가지고 있으며 뇌가 신체를 통해 말하는 독특한 언어이며, 현재 몸에서 일어나며, 과거와 미래에 영향을 끼치고 또 영향을 받는다(Greenberg, 2021). 정서는 인지보다 생물학적으로 더 오래된 적응적이고 빠른 행위 체계이다. 그리고 정서는 생존을 강화하기 위해 고안된 체계로 주의를 조절하고, 적응해야 할 일들이 일어나는지 환경을 감시하며, 그런 일들이 일어나면 경각심을 갖게 한다. 또한 정서는 자기를 조절하고 타인을 움직이고 통제한다. 예를 들어, 아동이 화를 내서 타인을 물러서게 하고, 고통당할 때는 울음을 터뜨려 사람들이 자신을 달래 주게 하는 등 정서는 적응적인 기능을 수행한다. 두려움은 위험하다는 경고를 보내며 혐오감은 썩고 부패한 것들로부터 우리를 물러서게 해서 안전하게 한다. 슬픔이나 사랑의 감정은 우리가 잃어버린 대상을 그리워하게 하고 사람들에게 가까이 다가서도록 한다. 또한 수치심이나 죄책감은 잘못한 점들을 일깨워 주는 역할을 한다.

정서는 기억과 사고에 영향을 미치며 학습 및 의사결정 능력을 향상시킨다. 정서 뇌는 의사결정과 문제해결 과정을 안내하는 '직감'을 활용하여 유기체가 고려할 수 있는 선택지를 신속하게 줄여서 의사결정 능력을 향상시키며 특정한 것에 '잊지 말아야 할 것'이라는 강한 정서 반응을 남김으로써 학습 기억을 강화하고 학습 신속성을 증가시킨다. 예를 들어, 뜨거운 난로에 데인 사람은 다시는 그렇게 하지 않도록 강렬한 정서 경험으로 학습하여 생존에 도움이 되도록 한다. 이처럼 인간의 정서는 유기체의 적응력을 향상시키도록 진화되었지만, 이 체계가 부적응적으로 작동할 수 있다. 예를 들어, 심하게 화가 날 만한 상황이 아닌데도 너무 심하게 화가 난다거나, 위협적이지 않은 상황에서 심한 두려움을 경험할 수 있도 있다. 즉, 정서는 인간의 삶에 중요한 지침을 제공하지만 단순하거나 오류가 없는 지침이 아니며 언제나 기쁨, 사랑, 관심 등의 행복을 주는 것도 아니다. 정서는 인간의 삶에 많은 불편과 고통을 가져오기도 하므로 EFT에서는 사람들이 정서 경험에 접촉하고 자각하며 적절히 표현하고 숙고하며, 부적응적 정서를 조절하고 변형(transform)하며, 자신의 정체감에 대한 긍정적이고 일관적인 이야기를 형성하는 능력을 포괄적으로 포함하는 정서적 유능성을 발달시켜야 함을 강조한다(Greenberg, 2021, 2023).

2) 정서도식

정서도식(emotion schemes)이란 개인이 평생을 통해 발달시킨 정서적 기억 구조의 통합체 혹은 정신 조직의 패턴을 뜻하며 정체감, 의식, 행동을 조직하는 매우 개인적이고 독특한 정서 경험의 기본적인 심리적 단위이다. 정서도식은 개인이 불안정감, 무가치함, 취약한 느낌 혹은 자신감, 차분함, 안전함 등의 정서를 경험하고 이에 따라 행동하게 하는 고차원적인 종합 과정(high-level synthesis)으로, 개인의 독특한 정서 반응 체계의 토대이자 암묵적이고 핵심적인 자기조직의 기반이다. 정서도식에는 삶의 경험으로부터 우러나온 고유한 정서적 기억, 희망, 기대, 두려움, 그리고 지식들이 복합적으로 쌓여 있다는 점에서 한 개인이 살아온 경험에 대한 주관적 기록이며 독특한 서사 구조라고 볼 수 있다.

정서도식은 어떤 정적인 상태(things)라기보다 과정(processes)이며 활동적이고 행동 중심적이다. 정서도식은 초기 상호작용에서 발달하여 전 생애 동안 발달을 지속한다. 보통 적응적이고 유연한 방식으로 정서체계를 조직하지만, 다양한 부정적인 삶의 경험을 통해 부적응적으로 작동할 수 있다. 그리고 이는 현재 상황에 적응적이지 않은 반응들을 만들어 낼 수 있다. 개인이 중요하게 경험한 어떠한 정서가 적절히 조절되거나 이해되지 않고 충분한 안정과 타당화를 받지 못하면, 이러한 정서는 고통스러운 정서적 기억으로 발전한다. 부적응적 정서도식은 내담자의 호소 문제와 증상의 이면에서 작동하며 지속적으로 어려움과 장애를 유발하므로 이러한 정서도식을 변화시키는 것이 EFT의 초점이 된다.

정서도식은 오로지 정서에만 기반한 것이 아니며 상황과 환경에 대한 내담자의 지각(예: 찌푸린 얼굴과 높은 목소리), 신체감각(심장 쿵쾅거림, 숨 가빠짐), 신체적 표현(긴장된 얼굴 표정), 언어적 또는 시각적으로 표현되는 상징적 개념(자신에 대한 부정적 신념), 행동경향성(피하고 싶어짐), 시각적 이미지나 촉각, 냄새

등을 포함하는 정동(위협적으로 경험되는 무서운 엄마의 얼굴, 맞았던 촉각적 감각, 속이 메슥거림), 인지(나는 엄마의 기대에 못 미칠 거야), 주관적으로 지각된 의미(이 사람이 나에게 화가 났고 나는 위험한 상태이다) 등의 복합적인 요소들로 구성되고 이들은 연결망 안에서 작동한다. 즉, 정서도식은 자극-반응의 단순한 연결이라기보다는 복합적인 자극이 신호가 되어 다양한 결과물로 연결되는 내부 네트워크 구조로, 우리 삶을 안내하는 기본적인 처리 방식을 결정하고 경험을 만들어 낸다.

3) 정서의 종류 및 평가

EFT는 모든 정서를 진실하고 실제로 존재하는 것이며 한 개인의 존재를 구성하는 핵심적인 하나의 측면으로 여기지만 모든 정서적 경험이 다 같지 않음을 강조한다. 즉, 심리치료에서 정서를 제대로 다루려면 먼저 촉발된 여러 가지 정서의 특성이 무엇인지 그 종류를 구분하고 평가하여 각각 다른 종류의 정서 반응에는 그에 따른 차별적인 치료적 개입이 필요하다고 본다. 구체적으로, EFT는 다음과 같이 네 가지의 서로 다른 정서 반응을 제시한다(Greenberg & Paivio, 2008).

(1) 일차적 적응적 정서

일차적 적응적 정서(primary adaptive emotions)는 상황에 대해 개인이 첫 번째로 경험하는 즉각적이고 자동적이고 직감적인 정서 반응으로, 해당 상황이 제공하는 복잡한 정보를 조직화하고 목표의 우선순위를 설정하게 하여 적응적이고 효과적인 행동을 취하는 것을 돕는 정서이다. 이러한 원초적이며 단순하고 자동적인 정서 반응은 인류가 생존할 수 있게 도와주므로 생물학적으로 적응적 가치가 분명하고 적응적 기능을 수행한다고 본다. 예를 들어, 상실에 대한 슬픔은 주변으로부터 위안을 가져다주며, 경계의 위반, 침범, 폭력, 부당한 대우에 대한 분노는 공격자를 물러서게 하고 자신을 보호해 준다. 위협에 대한 두려움은 위협적 상황에서 숨 죽이고 있거나 상황을 면밀히 살피거나 필요한 경우 도망가는 것과 같이 위험을 피하거나 피해를 줄일 수 있는 행동을 하도록 준비시킨다. 수치심은 부적절한 행동을 들켰거나 타인으로부터 비난이나 거절을 받을 위험에 처했음을 알려 주며 이러한 행동을 수정하거나 잘못을 숨기도록 해서 그의 사회적 지위와 관계를 보호하는 기능을 한다.

(2) 일차적 부적응적 정서

일차적 부적응적 정서(primary maladaptive emotions)는 상황에 대한 첫 번째 자동적 · 직접적 반응이지만, 과거의 어떠한 상황에 대한 잘못된 해석이나 오해(misconstrual)로 인한 반응이다. 이는 대개 내담자가 처했던 원래 상황에서는 적응적 반응이었으나 변화된 상황에서는 더 이상 적응적이지 않음에도 불구하고 동일하게 나타나는 반응으로, 내담자가 처한 현재의 맥락에서는 효과적인 기능을 방해하여 문제가 된다. 예를 들어, 어린 시절에 심각한 방임이나 학대를 경험한 경우, 어른에 대한 두려움을 느끼며 항상 숨죽이고 눈치 보는 것이 자신을 보호하는 데에 도움이 되었을 것이다. 그러나 이 내담자가 성인이되어 직장생활을 하면서도 늘 사람들의 눈치를 보며 두려움을 느끼는 것은 더이상 자신을 보호하는 데에 도움이 되지 못하며 오히려 적절한 경계를 지키거나 자기주장 하는 것을 방해할 것이다. 이러한 일차적 부적응적 정서는 내담자가 처한 현재 상황에 대한 반응이라기보다는 과거의 미해결된 문제들에 대한 학습된 반사 반응이며 내담자에게는 오래되고 굳어진 정서적 습관이자 친숙한 감정인 경우가 많다. 일차적 부적응적 정서는 자기 스스로를 약하고 나쁘다고 보는 느낌(bad self, weak self)으로 출현할 수 있으며 이러한 낡고 부적응적인 구조를 재구성하기 위해 상담에서는 이러한 정서에 접근할 수 있어야 한다. 내담자는 느낌이나 정서를 상징화하면서 감정에 압도당하거나 행동화하지 않도록 안전한 거리를 확보하는 법을 배우고 이를 통해 연약한 자기를 진정시키는 법을 배워 간다. EFT 연구에 의하면 생산적인 치료는 일차적 정서에 초점을 맞추는데, 일차적 정서가 적응적이면 그러한 정서로부터 유용한 정보를 얻기 위하여 정서를 허용해서 느끼도록 개입하며, 일차적 정서가 부적응적이면 이를 변형(transform)하기 위하여 부적응적 정서에 접근하며 이전에는 허용되지 않았던 새로운 적응적 정서에 접촉해서 표현하도록 개입한다.

(3) 이차적 반응적 정서

이차적 반응적 정서(secondary reactive emotions)는 선행하는 일차적 정서에 대한 반응으로, 타인에게 즉각적으로 보이는 정서이며 마치 가면과도 같다. 이는 원래의 감정을 변형시키고 일차적 정서 반응을 더 모호하게 하거나 방해하여 현재 상황에 적절하지 않은 행동을 하게 하고 결과적으로 환경에 적응하는 것을 어렵게 한다. 예를 들어, 어떠한 상황에 대한 일차적 반응으로 실제로는 자존감에 상처를 입고 수치심을 느꼈으나 상대방에게 분노로 반응할 수 있다. 성역할 고정관념이 강한 남자들이 실제로는 두려움을 느끼지만 겉으로는 분노를 드러내거나 여성들이 실제로는 화가 나지만 눈물을 흘리는 경우도 대표적인 이차적 정서 반응으로 볼 수 있다. 정서는 다른 정서로 급변하는데, 자각되고 상징화되지 못한 정서는 더욱 빨리 다른 정서로 변하기 쉽다. 상실에 대한 슬픔이나 위협에 대한 두려움을 느낄 때 이에 대한 이차적 반응으로 우울이나 불안을 경험하는 경우도 많고, 상처나 수치심이 분노로 변하거나 두려움이 냉담함으로, 질투는 분노로, 분노는 두려움으로 변형되는 경우가 많다. 상담에서는 일차적 정서에 다가가기 위하여 이차적 반응적 정서를 탐색해야 하는데, 상담자는 내담자가 표면적으로 이야기하는 것 이외에 무언가 다른 것이 있음을 인지하거나 동시에 들리는 두 가지 음악 중 어떤 것은 배경음이고 이보다 더 중심이 되는 멜로디가 있는 것 같다는 경험을 하기도 한다. 즉, 이차적 정서 역시 상담에서 있는 그대로 인정되고 수용되어야 하나, 궁극적으로는 그 이면에 있는 일차적 정서를 탐색하고 확인하는 개입을 한다.

(4) 도구적 정서

도구적 정서(instrumental emotions)는 개인이 어떠한 상황에서 다른 사람에게 영향을 주거나 통제하거나 원하는 것을 얻기 위하여 경험하거나 표현하는 정서로, 일차적이지 않은 정서 반응이다. 도구적 정서는 내담자가 인식하는 상태에서 의도적으로 만들어질 수도 있으나, 완전히 인지하지 못하거나 습관에 따라 자동적으로 나타날 수도 있다. 이는 어떠한 상황에 대해 내담자가 원래 가지고 있는 일차적 정서 반응과는 다른 것이며 흔히 저의가 있는 것처럼 보이고 과도해 보이거나 꾸며 내는 것처럼 보인다. 대개 착취적이거나 피상적인 감정으로 다가오며 진실한 울림이 없다. 상담자의 감정과 내담자의 감정이 직접 만나고 접촉하는 느낌과는 반대로, 오히려 거리가 멀어지는 느낌을 유발하기도 한다. 즉, 역할 혹은 사회적으로 구성된 정서, 남들에게 보여 주는 정서이며 의사소통의 한 기법이기도 하다. 예를 들어, 타인을 통제하거나 지배하기 위한 분노의 표현, 공감을 불러일으키기 위한 악어의 눈물, 타인의 관심을 얻기 위해 일부러 더 심한 우울 증상을 '보여 주고' 있는 경우 등이다. 상담에서는 이러한 도구적 정서의 목적을 인식하는 것이 중요하다.

이와 같이 상이한 정서 유형을 평가하기 위해서는 여러 가지 정보가 통합적으로 사용되는데(Greenberg, 2021, 2023), 치료자 자신의 참조체계로만 평가하지 않고 내담자와 협력해서 어떤 정서가 어떤 순간에 어떻게 기능하는지 판단한다. 예를 들어, 힘을 부여하는 분노, 비탄에 잠기는 슬픔, 위험으로부터 보호받고 도망가게 돕는 두려움, 혹은 유해한 침입을 몰아내 주는 혐오감 등은 모두 건강한 적응적 정서 표현인데, 이러한 적응적 정서 기능에 대한 지식은 정서 유형을 평가하는 데 유용하다. 또한 내담자의 문제와 반응 방식에 대한 지식과 더불어, 어떤 상황에 대한 치료자 자신의 전형적인 정서 반응을 아는 것도 중요한 정보가 된다. 아울러, 치료자는 내담자에 대한 자신의 정서 반응을 자각하는 것도 필요하다. 예를 들어, 내담자의 일차적 고통과 아픔에는 동정심으로 반응하게 되지만 칭얼거리는 이차적 반응에는 짜증이 나기 쉽다. 또한 부적응적이고 파괴적인 화에 대해서는 두려움과 조바심으로 반응하게 되지만 건강한 힘이 느껴지는 진솔한 분노에는 지지하고픈 마음이 들 수 있다. 이 외에도 인간의 보편적인 정서 반응에 대한 지식, 정서가 발생한 맥락에 대한 이해, 정서의 즉각적인 영향 관찰, 비언어적 표현(목소리, 표정, 몸동작 등) 등을 통합적으로 활용하여 정서를 평가하는 것이 중요하다.

4. 상담 과정

1) 상담목표

정서중심치료의 상담목표는 자기발달과 정서 변화를 통한 새로운 존재 방식의 구성으로, 정서도식과 의미를 재조직화하는 것이다(Greenberg et al., 2023). 먼저, EFT는 자기(self)의 발달을 목표로 하는데, 여기서의 자기는 고정된 구조물이라기보다는 끊임없이 흐르는 강물에 가깝고, 공간적 위치와 고정된 형태보다는 시간의 흐름과 환경과의 관계 속에서 형성되는 것이다. 즉, EFT 관점의 자기발달은 역동적인 자기조직화 과정으로, '진정한 자기'를 찾기보다는 끊임없이 변하지만 안정적이고 일관성 있는 고유한 존재 방식과 자기정체성을 만들어 가는 과정과 이 과정의 유연성이 강조된다. EFT는 정서 변화를 목표로 하는데, 이는 지속적 노출에 의한 각성의 감소나 단순히 생각과 신념의 변화에 의한 것이 아니라 기존 도식들의 통합에 의해 일어난다고 본다. 심리치료에서 변화는 1차 변화와 2차 변화라는 두 가지 방법으로 일어난다고 보는데(Greenberg et al., 2023; von Foerster, 1995; Watzlawick et al., 1974), 1차 변화는 동일한 발달 단계의 연속선상에서 능력이 확장되는 것으로, 새로운 지식, 기술, 행동을 획득하지만 근본적인 문제 자체나 구조를 변화시키는 것은 아니다. 예를 들어, 분노조절기술 훈련, 자기주장 훈련 등의 심리교육이나 대처 능력 학습이 이에 포함된다. 2차 변화는 문제 자체를 다루어 구조가 질적·불연속적으로 변화하는 것을 뜻하며 새로운 어떤 것이 나타나서 완전히 새로운 존재의 방식을 얻게 되는 것이다. EFT에서 추구하는 발달과 변화는 1차 변화에서 끝나지 않고 2차 변화까지 가는 것으로, 사물을 다르게 경험하고 보게 되는 것, 그리고 문제가 되는 정서의 변형을 포함하여 더 높은 발달 단계로 간주되는 더 새롭고 통합된 단계로 이동하는 것이다. 예를 들어, 너무 강한 분노를 지닌 사람이 자신을 화나게 만들었던 근본적인 수치심이나 두려움을 다루어 자기가치감이 높아지고 일차적 기본 정서가 변화하면 더 이상 그 정도의 분노를 경험하지 않을 것이다.

EFT는 이러한 변화를 통해 새로운 존재 방식을 구성하는 것을 목표로 한다. 즉, 기존의 정서도식이 더 기능적인 새로운 도식으로 통합되는 과정에서 새로운 반응이 발달되며 이는 내담자의 새로운 존재 방식으로 이어진다(Goldman & Greenberg, 2018). EFT는 변형과 변화가 어떻게 나타나는지에 대하여 변증법적 구성주의 이론(Dialectical Constructivist Theory; Greenberg, 2023; Greenberg et al., 2023)을 활용한다. 변증법적 구성주의는 두 개의 근본적인 체계인 정서 과정과 내러티브 과정이 역동적으로 상호작용하며 효과적인 치료를 만든다고 본다. 정서 과정은 정동체계로, 진화적으로 기반을 둔 생물학적이고 신체를 통하는 전—상징적(pre-symbolic through our body) 체계이며 정동의 조절이 핵심 동기이다. 내러티브 과정은 의미구성인데, 이는 언어적인 상징(symbolic in words, language) 체계이며 의미구성에 대한 의지가 핵심 동기로 상징화 능력과 정서에 대한 의식적이고 깊은 성찰을 요구한다. 정서는 내러티브 주제 식별과 이해를 통해 의미를 얻고, 이는 다시 정서 경험에 영향을 미치고 조직화한다. 내러티브 주제를 공고히 하는 것과 정서적 탐색의 과정은 정서가 변형되고 내러티브가 더 일관성을 갖추게 될 때까지 반복된다. 내러티브의 맥락을 벗어나서는 정서가 이해될 수 없고, 정서 없이는 내러티브 또한 의미를 갖지 못한다. 이 두 가지 체계의 상호작용이 경험을 결정하며 이러한 과정은 자기의 생존, 유지, 강화를 목적으로 하며 유기체의 성장경향성에 영향을 미친다.

2) 상담관계

정서중심치료는 내담자가 중요한 정서적 정보를 솔직히 드러내는 것을 핵심으로 보며 이를 위해서는 안전하고 신뢰할 수 있는 치료적 관계가 선행되어야 한다고 본다. 따라서 내담자와 상담자 간의 강한 작업동맹 수립은 상담관계의 매우 기본적이고 핵심적인 사안이다. EFT에서 상담자는 내담자의 감정과 관련하여 '모른다'의 입장을 취하며 내담자의 정서 경험에 대하여 견해가 있더라도 내담자가 자신의 정서 경험에 대한 전문가라는 것을 인정한다. 상담자는 내담자 경험이나 행동의 의미에 관한 전문가가 아니라 내담자가 자신의 정서와 욕구에 접근하고 인식하도록 돕는 방법에 대한 전문가이다.

정서중심치료의 두 가지 주요 치료 원칙은 공감적 치료관계의 제공과 치료적 과업의 촉진인데, 이 중 관계의 원리가 과업 촉진의 원리보다 우선적으로 고려됨을 강조한다. 관계의 원리는 세 가지로 제안되는데, 그 첫 번째는 치료자의 현전(presence)과 공감적 조율이다. 치료적 현전은 판단이나 기대 없이 현재의 순간에 완전히 젖어드는 것이고, 내담자를 위하여 내담자와 함께 있는 것이다. 치료자의 전체 자아를 내담자와의 만남에 가져오고, 다양한 물리적 · 정서적 · 인지적 · 영적 수준에서 그 순간에 완전히 존재하는 것이다(Greenberg, 2021). 상담자는 내담자와의 상호작용에서 온전히 존재하고 계속해서 내담자의 정서 맥박 위에 손을 올려놓고 있는 것과 같은 고도의 조율을 하면서, 내담자의 매 순간의 정서 경험에 민감하게 반응하는, 진정으로 가치 있고 정동을 조절하는 공감적 관계를 맺는다. 치료자의 수용적 현전은 내담자에게 자신이 경청되고, 만나지고, 느껴지고, 이해받게 될 것이라는 메시지를 전달하고 안전감을 이끌어 낸다. 상담자의 따뜻한 얼굴 표정, 열린 몸 자세, 목소리 톤, 운율(말의 리듬) 등은 내담자가 안전하다고 느끼도록 돕고 내담자의 정서조절의 어려움을 안정화시킬 수 있다(Porges, 2011). 이는 내담자가 자기탐색과 새로운 학습과정에 완전히 참여할 수 있을 만큼 충분히 안전하다고 느낄 수 있도록 돕고 새로운 가능성을 열어 준다.

두 번째는 로저스(Rogers)가 의사소통의 핵심 조건으로 제시한 무조건적 존중, 수용, 일치성(진정성)이다. 이 중 특히 일치성(congruence)은 다소 복잡하지만 매우 중요한 개념으로, 치료자가 자신의 내면 경험을 투명하게 인식할 수 있는 내적인 자각과 이를 다른 사람과 명시적으로 소통하는 대인 간의 상호작용으로 구성된다(Greenberg & Geller, 2001). 개인의 발달과 지적 수준 및 가치관들이 다 다르다고 가정하므로 여기서 일컫는 투명성은 치료자가 단순히 투명해야 한다는 것은 아니다. 투명성은 치료자의 내적 경험이 내담자에게 아무런 해를 끼치지 않고 그들의 발달을 촉진시키는 태도, 신념 및 의도로부터 비롯되어야 하며 비판단적으로 소통되어야 함을 강조한다. 즉, 치료자가 자신을 투명하게 표현할 때는 자신의 경험을 공유하는 의도를 분명히 하고 훈련받은 방식으로, 내담자에게 득이 되고 촉진적인 방식으로 해야 하며 충동적으로 내뱉는 것이 아니라 중요한 핵심 감정을 전달해야 한다. 이는 내담자나 내담자와의 관계를 위한 것이지, 치료자 자신을 위한 것이 아니다. 예를 들어, 내담자의 공격으로 화가 났을 때 치료자들은 '너 전달법'을 사용하여 내담자를 비난하거나 공격하기보다는, 자신의 감정에 책임을 지고 자신이 느끼는 것을 전달하는 데 도움이 되는 '나 전달법'을 사용하여 화가 난다고 표현할 수 있다. 이때 치료자는 권위적이지 않고 우호적인 상호작용의 태도를 보여 주는 것이 중요하다.

세 번째 관계의 원리는 치료목표와 과제를 위해 공동으로 협력하는 작업동맹을 형성하는 것이다. 이러한 관계 속에서 내담자는 고통의 완충, 정서조절 능력의 발달, 경험의 타당화와 자기수용, 자기진정을 체험하고 자신의 서사를 펼쳐갈 수 있게 된다.

3) 치료의 변화기제

정서중심치료는 정서의 변화와 새로운 정서 경험을 핵심적인 치료 변화의 기제로 본다. 정서 변화의 주요 원리는 크게 3개의 과정으로, (1) 정서에 접근하기, (2) 정서를 조절하고 이해하기, 그리고 (3) 정서를 변형하기이다. 이 3개의 과정은 각각 2개의 과정으로 다시 나뉘어 다음과 같이 총 6개(다음 ①~⑥으로 표기)의 주요한 정서 변화 과정을 구성한다(Greenberg, 2023).

(1) 정서에 접근하기

① 정서인식 증진

첫 번째 정서 변화 과정은 정서인식 증진으로, 내담자가 자신의 내면세계에서 경험한 것을 분명하게 알아차리고 상징화하는 능력을 향상시키는 것이다. 이 단계에서 내담자는 자신에게 중요한 서사의 맥락에서 핵심적인 정서 경험을 상징화한다. 상담은 내담자가 자신의 정서를 회피하지 않고 접근하고, 견디고, 받아들이고, 상징화하도록 돕는다. 내담자가 자신의 정서를 자각하게 되면 자신의 욕구와 다시 연결되고 이를 충족시키기 위해 행동하고자 하는 동기를 갖게 된다. 정서인식은 정서에 대해 단지 생각하는 것이 아니며 의식적으로 감정을 느끼는 것과 관련이 있다. 느껴진 정서가 한 번이라도 언어로 표현되면 그것은 인식의 중요한 구성요소가 되며 언어로 감정에 이름을 붙이는 것은 편도체 활성화를 감소시키는 데 도움이 된다(Kircanski et al., 2012; Lieberman et al., 2007).

② 정서표현 증진

두 번째 정서 변화 과정은 정서표현 증진으로, 내담자가 말이나 행동을 사용하여 자신이 느끼는 것을 말하거나 보여 주는 과정이다. 정서표현은 정서인식과는 다른데, 정서를 인식했지만 표현하지 않은 경우, 치료결과가 좋지 않다고 하였다. 또한 이전에 통제되고 억제되었던 일차적 정서가 온전히 표현되면 신경화학적 변화가 일어나며 이러한 표현 경험은 자기(self)와의 상호작용을 변화시켜 자신의 삶에서 주체성을 회복하게 한다.

(2) 정서를 조절하고 이해하기

③ 정서조절 증진
세 번째 정서 변화 과정은 정서조절 증진으로, 정서를 허용하고, 견디고, 수용하고, 진정시키는 과정이다. 정서조절은 먼저 내담자에게 안전하고 수용적이며 공감적인 환경을 제공하는 데서 출발한다. 이러한 환경이 조성된 이후, 감정조절과 고통 감내 기술을 가르치고 내담자가 자기진정 능력을 발달시키도록 돕는다. 정서조절에는 스트레스 상황에서 심박수, 호흡 및 기타 교감신경 기능을 조절하기 위해 부교감 신경계를 활성화시키는 등의 생리적인 진정도 포함한다.

④ 정서에 대한 성찰 증진
네 번째 정서 변화 과정은 정서에 대한 성찰을 증진하는 과정으로, 내담자가 자신의 경험에 의미 있는 이야기를 구성하는 것이다. 지금까지와는 다른 새로운 방식으로 자신의 경험에 대하여 생각해 보고 반복되는 패턴 등의 통찰과 이해를 얻고 새로운 의미와 서사를 구성하는 단계이다.

(3) 정서를 변형하기

⑤ 정서로 정서를 변화시키기
다섯 번째 정서 변화 과정은 한 가지 정서를 새롭고 더 적응적인 정서를 이용하여 변화시키는 과정이다. EFT는 부적응적 정서를 다루는 가장 중요한 방법은 부적응적 정서를 단지 이해하거나 조절하는 것이 아니라 다른 정서로 변형하는 것이라고 제안한다. 예를 들어, 두려움, 수치심, 슬픔 등의 일차적 부적응적 정서들은 단지 그 정도를 감소시키는 것에 그치는 것이 아니라 다른 적응적 정서들로 변형되어야 하며(Greenberg, 2021), 이러한 변형은 반대되는 행동 경향성을 가지며 서로 양립이 불가능해 보이는 다른 적응적 정서들과 접촉될 때 가장 잘 일어난다. 즉, 두려움과 양립이 어려운 분노, 수치심과 양립이 어려운 연민(compassion), 증오와 양립이 어려운 사랑 등의 새로운 정서 경험은 사람들의 지속적이고, 기억기반적이며 문제가 되는 정서 상태와 환경의 상호작용을 변화시키는 데 도움을 준다. 즉, EFT는 단순히 정서에 대해 이야기하고, 정서의 기원을 이해하고, 무의식적인 갈등을 통찰하고 풀어내거나, 믿음을 바꾸는 것만으로는 정서가 변화하지 않는다고 보는 입장이며 다른 감정을 이용해서 바꾸는 것이 가장 좋은 감정의 변화라고 본다(Greenberg et al., 2023). 내담자는 새로운 정서를 경험할 때 부적응적 정서에 연결되었던 자신과 타인에 대한 인식이 과연 타당한 것인지에 대하여 다시 생각해 보고 그러한 인식의 지배를 덜 받게 된다. 새로운 정서를 활성화하는 핵심 수단은 내담자에게 무엇이 필요한지 초점을 맞추고 적응적 욕구에 접근하는 것이며 새로운 정서가 활성화될 때 내담자는 자동적으로 자신의 부적응적 정서와 불일치하는 적응적 행동을 하게 됨으로써 오래된 경험은 변형된다(Greenberg, 2021).

⑥ 새로운 대인관계 경험을 동반하는 교정적 정서 경험을 통해 정서를 변화시키기

여섯 번째 정서 변화 과정은 새로운 대인관계 경험을 통하여 교정적 정서 경험을 하는 과정이다. 이는 타인과 생생하게 새로운 경험을 하면 오래된 감정이 변화되는 교정적 정서 체험을 하게 된다는 것이다. 예를 들어, 수치심을 경험하는 내담자가 상담자와 치료적 관계에서 자신이 예상했던 혐오감이나 인격

모독이 아니라 상담자로부터 연민과 수용을 경험하는 것이다.

5. 상담개입

1) 일반적인 정서 작업 전략

EFT의 두 가지 중요한 처치 과업은 정서가 너무 적은 내담자에게 정서를 더 많이 접촉하게 돕고 정서 과다한 경우 정서를 억제하도록 돕는 것이다(Greenberg, 2023). 먼저, 내담자가 정서에 더 접촉하도록 돕기 위한 개입으로는 정서를 촉발하는 신체감각에 주의를 기울이도록 하기, 특정 감정을 유발하는 과거의 사건이나 상황을 회상하도록 돕기, 내담자와의 대화에서 선명한 정서적 단서(예: 상처가 되는 말이나 이미지)를 사용하기 등이 있다. 마치 무엇을 느끼는 것처럼 행동하도록 제안하기, 말이나 행동을 과장하거나 반복하기(예: 크고 화난 목소리로 말하기, 주먹을 더 꽉 쥐어 보기)도 활용된다. 내담자의 정서 접촉을 촉진할 때 내담자가 자신의 각성 수준을 스스로 점검하고 자연스럽게 정서를 경험할 수 있도록 안전감을 느끼게 도와야 하는데, 사람들은 대부분 자신이 통제력을 잃고 안전하지 않다고 느끼면 정서 접촉을 단절하기 때문이다.

EFT는 정서 접촉과 정서조절을 돕기 위해 다음과 같은 치료자의 역할을 강조한다. 치료자는 내담자가 정서적 조율을 통해 정서에 접촉하고 관계적 경험을 통해 정서를 조절하며 새로운 정서를 경험하도록 돕는다. EFT는 다양한 유형의 공감적 반응(Elliott et al., 2013)을 제시하는데, 공감적 이해, 공감적 인정(affirmation), 공감적 탐색, 공감적 환기, 공감적 추측(conjecture), 공감적 재초점화(refocusing), 그리고 공감적 해석 등이 있다. 이 중 공감적 탐색은 EFT의 가장 핵심적인 개입으로, 내담자 경험에서 묻어나는 가장 아픈 것에 매 순간 민감하게 주의를 기울이고 내담자가 더 이상 자각할 수 없는 상황이나 가장 생생하거나 고통스러운 측면까지 자각할 수 있도록 탐색하기를 격려하는 것이다. 예를 들어, 내담자에게 신체적으로 느껴지는 체험에 주의를 기울이게 하며 "나에게 무엇이 문제지?"라고 스스로 질문하며 내적 경험에 주의를 집중하게 하는 포커싱 개입을 할 수 있다. 공감적 추측은 내담자가 느끼고 있는 것이나 내담자가 느껴 보도록 제안하는 것에 대한 치료자의 추측이나 직감이다. 내담자가 무엇을 느끼는지 추측한다는 점에서 내담자 준거 틀 안에서 이뤄지는 공감적 탐색 이상의 개입이지만 치료자는 자신의 추측이 옳다는 것을 암시하지 않으며 자신의 추측이 맞는지 확인해야 한다. 내담자가 느끼고 있는 것에 대한 단어를 가지고 있지 않아서 침묵할 때, 치료자는 단어를 제공하고 침묵에 대해 이야기하면서 내담자가 느끼고 있지만 말하지 않는 것을 표현하도록 도울 수 있다.

내담자가 정서적으로 압도되거나 매몰되어 정서의 억제가 필요한 경우, 치료자는 압도하는 감정을 관찰하거나 상징화하여 과잉된 정서를 낮추도록 개입한다. 자신의 정서에 대해 관찰자의 입장으로 안전한 거리 두기, 강렬한 느낌을 배 안에 놓여 있는 검은 공이라고 형체를 부여해서 기술하기 등의 방법을 활용한다. 치료자는 내담자에게 직접 지지와 이해를 제공하기도 하며 내담자가 타인의 지지와 이해를 구하도록 격려하기도 한다. 정서조절에 도움이 되는 자기진정, 자기돌봄 활동을 배우게 하는 것도 핵심적인 치료 전략이다. 예를 들어, 자신의 다른 한 부분에게 수용과 연민의 마음으로 말해 보기, 고통이 심할 때 주의를 분산하기(예: 숫자 거꾸로 세기, 상상으로 안전한 곳에 가기), 정서에 압도당할 때 심호흡하기, 땅에 닿은 발바닥을 느끼기, 의자에 닿은 신체를 느껴 보기, 치료실에서 보이는 것을 말해 보기 등의 다양한 마음챙김 기법들로 개입한다. 또한 정서가 일어나자마자 정서를 자각하고 표현하며 그 정서에 대해 무엇을 할지를 결정하는 것은 정서조절에 매우 효과적인 방법이다. 정서를 억압하고 그냥 내버려 두는 경우, 원치 않는 침투적 정서가 더 많이 발생하여 그 정서에 압도되고 두려움을 느낄 가능성이 높다. 따라서 치료자는 내담자가 압도적이고 파괴적인 정서를 경험하는 경우, 이 정서가 얼마나 강한지를 알아 차리고 어떠한 전략을 활용할지 결정하는 것이 좋다. 정서의 각성 수준이 관리 가능한 수준(예: 70% 이하)이면 정서에 접근해서 알아차리는 전략을 사용하지 만 정서의 각성 수준이 너무 높아(예: 70% 이상) 관리할 수 없다고 판단되면 정 서를 분산시키고 억제하는 전략을 사용해야 한다(Greengberg, 2023).

2) 표식-유도 개입(marker-guided intervention)

정서중심치료는 표식(marker)의 안내를 받아 내담자가 드러내는 문제에 따 른 차별화된 개입을 한다는 것이 대표적 특징이다. 표식이란 내담자가 특정한 유형의 정서 문제를 보일 때, 이를 확인 가능하도록 해 주는 내담자의 말과 행 동을 뜻한다. 표식은 내담자의 상태, 작업할 치료 과업(tasks), 사용할 개입의 종류, 내담자가 문제를 다룰 준비가 되어 있는지를 알려 준다. EFT에서는 변 화 촉진을 위한 내담자와 치료자의 노력을 치료 과업이라고 부르며, 수년간의 과업분석(task analyses)을 통하여 내담자에게 어떠한 표식이 관찰될 때 어떠한 과업을 다루어야 하는지, 그리고 각각의 과업에 효과적인 핵심 기법들을 제안 한다. 따라서 상담자는 서로 다른 유형의 정서 문제를 드러내는 표식들을 식별 하고 이에 따른 개입을 하도록 훈련받는다(Goldman & Greenberg, 2018). EFT 의 과업분석모델은 내담자와 상담자가 경험하는 주요 과정의 주제에 따라 다 음과 같이 치료 과업을 분류하였다(Elliott et al., 2013; Goldman & Greenberg, 2018).

(1) 공감-기반적 및 관계적 과업(empathy-based and relational tasks)

이 유형의 과업으로 유도하는 첫 번째 표식은 내담자가 치료에 불만을 드 러내거나 작업동맹이 결렬되는 경우이다. 필요한 개입은 동맹대화(alliance dialogue)이며, 이러한 개입은 치료적 유대감과 작업동맹이 높아지는 결과로

이어진다. 동맹대화는 치료적 오해, 치료적 오류, 공감적 실패, 내담자의 기대와 치료의 불일치 등이 있을 때 이루어지며, 이러한 표식이 드러나는 경우, 치료자는 즉각적으로 주의를 기울이고 작업동맹이 강화될 때까지 다른 기법들은 중지해야 한다.

이 유형의 과업으로 이끄는 두 번째 표식은 내담자가 취약하고 수치스럽고 고통스러운 정서를 드러내는 경우이다. 이 표식은 내담자가 상처받고 손상되기 쉽고, 매우 수치스럽거나 고갈되고, 약하고, 불안하고, 안전하지 않다고 느끼는 상태로 드러난다(예: "나는 완전히 무너졌어요." "다 끝났어요."). 상담자는 이러한 내담자의 취약한 경험을 수용하고 공감적 인정(affirmation)을 제공하고 반영하는 개입을 하며, 그 결과 내담자는 이해받고 희망적인 느낌을 가지게 되며 자기인정(self-affirmation)과 자기감이 강화된다.

(2) 경험적 과업(experiencing tasks)

이 유형의 과업은 내담자가 정서적 색채를 띤 경험에 접촉하고 상징화하는 것을 목표로 한다. 이러한 과업으로 유도하는 첫 번째 표식은 내담자가 불분명한 감각느낌(unclear felt sense; Gendlin, 1996)을 드러내는 경우이다(예: "이 부분에 어떤 느낌이 있지만 그게 뭔지는 정확히 모르겠어요."). 내담자는 자신의 경험을 분명히 이해하지 못하고 모호하고 혼란스럽고 불분명한 감각을 느낀다. 이는 내담자가 추상적으로, 지적으로, 표면적이며(externalize) 형식적으로 말하거나, 혹은 핵심을 피하고 돌려 말하는 형태로 관찰될 수 있다. 상담자는 내담자가 한 발짝 물러나서 내면을 더 깊이 볼 것을 요청하며 내적인 자기탐색을 촉진한다. 자신의 경험의 체화된 측면(embodied aspects)에 관심과 호기심을 가지고 기꺼이 경험하고 신체적으로 느껴진 감각에 단어를 붙일 수 있도록 안내하는 포커싱 개입을 한다. 신체의 느낌이 변하고 새로운 의미가 창출될 때 문제가 해결되는 것으로 본다.

이 과업으로 유도하는 두 번째 표식은 내담자가 주의집중에 어려움을 겪는 경우로, 혼란스럽고 멍한 상태, 압도당한 상태, 정서 과부하 및 조절 불능 상태로 드러난다. 이 경우, 내담자가 각 문제를 심리적으로 제쳐 놓고 안전하고 정리된 내적 공간을 충분히 만들 수 있도록 하는 공간 만들기(clearning a space) 개입이 이루어지고, 그 결과 내담자는 안전한 공간을 상상하고 생산적 작업을 위해 치료적 주의집중을 하게 된다.

(3) 재처리 과업(reprocessing tasks)

이 유형의 과업은 내담자가 치료 밖에서 자신에게 일어난 어렵고 문제가 되는 경험에 대해 작업하는 것으로, 외상 다시 말하기, 체계적으로 드러내기, 고통스러운 경험을 재경험하기 등이 포함된다. 재처리 작업을 통해 내담자는 문제가 되는 경험을 세부적으로 관찰하고 이해하고 삶의 더 큰 맥락 속에서 새로운 의미를 창출하게 된다.

이러한 과업으로 이끄는 첫 번째 표식은 내담자가 받아들이기 어려웠거나 외상적인 경험에 대해 이야기(외상 서사, trauma narrative)를 해야겠다는 내적 압박을 느끼는 경우이다. 외상 경험을 이야기하는 것은 보통 고통스럽지만 일반적으로 사람들은 힘들었던 이야기를 다른 사람에게 말하고 싶은 강한 욕구가 있다. 이 경우, 외상을 다시 이야기하기(trauma retelling) 개입이 필요하며 그 결과로 내담자는 삶의 서사가 이해되고 회복되며 안도감을 느끼게 된다.

두 번째 표식은 내담자가 특정한 상황에 대해 혼란스럽거나 의문스러운 반사적 반응(reaction point)이나 문제가 될 만한 반응(problematic reactions)을 보이는 경우이다(예: "상담에 오는 길에, 잘 걷지 못하는 작은 강아지를 봤는데 갑자기 너무 슬펐어요. 왜 그런지는 잘 모르겠지만⋯⋯."). 이러한 반응은 외상후 플래시백, 공황발작, 분노폭발, 충동적 행동, 강한 정서조절불능 삽화 등으로도 나타난다. 이러한 표식이 확인되는 경우, 체계적으로 환기하며 전개해 가는 개입(systemic evocative unfolding)과 공감적 탐색을 통하여 내담자가 해당 상황을 재경험하고, 상황, 생각, 정서, 행동 반응 간의 관련성을 검토하며 문제가 된 반응을 유발한 상황이 지니는 암묵적 의미를 파악해야 한다. 그 결과, 내담자는 세상 속에서 자신의 역할에 대한 새로운 관점을 가지게 된다.

세 번째 표식은 의미저항(protest)인데, 주로 상실, 실망, 만성질병, 외상 사건 등 인생의 위기와 관련된 사건들이 내담자가 매우 소중하게 여기는 신념들(예: 착하게 살면 불행한 일을 경험하지 않을 것이다)을 깨뜨리고 배반하는 경우이다. 이 경우, 신념과의 불일치를 명확하게 하고 상징화하며 새로운 의미를 만들어 가는 개입이 필요하며 이를 통해 내담자는 자신에게 소중한 신념을 수정하고 자아에 대한 새로운 시각을 가지게 된다.

(4) 적극적 표현과 실연 과업(active expression and enactment tasks)

이 유형의 과업은 게슈탈트 및 심리극 전통에 기반하며, 내담자가 자신의 부분들 혹은 자신과 타자 사이에서 대화를 펼치는 것이다. 내담자가 자신의 근본적인 정서도식에 접촉하고 고양될 수 있도록 적극적으로 표현하는 것을 촉진시키는 과업이다.

이 유형의 과업으로 이끄는 첫 번째 표식은 자기비판적 혹은 자기평가적 분리(splits)로, 자기 내의 부분들이 서로 대립하는 상태이다. 예를 들어, 가족들이 자신을 실패자라고 보는 경우, 이에 대해 절망적이고 패배감을 느끼면서도 한편으로는 이러한 자기비판에 화가 날 것이다. 자기의 한 측면이 다른 측면에 대해 비판적이거나 강제적인 성격을 띠는 경우, 두 의자 대화 개입이 필요하며, 자기의 두 부분이 대화하며 비판적인 목소리가 부드러워지고, 통합을 통하여 자기수용이 일어나고 자기 분리의 갈등이 해결된다.

두 번째 표식은 자기방해적 분리(self-interruptive splits)로, 자신의 한 부분이 정서 경험과 표현을 방해할 때 발생한다. 보통 무언가 막힌 느낌 혹은 체념하기 등으로 드러난다(예: "그럴 때 울고 싶지만 꾹 참고 삼키죠." "울어도 소용없으니 절대 울지 않아요."). 이 경우, 상담자는 내담자가 자신의 정서 경험과 표현을 방해하는 부분을 알아차리고 방해하는 행동을 실연하도록 돕는다. 두 의자 개입이 필요하며 이를 통해 방해하는 부분이 명확히 드러난다. 이를 통해 내담자는 자신이 방해하는 주체임을 경험하고 방해하는 부분에 이의를 제기하고 저항하며 도전하게 되며, 자기표현이 늘고 힘을 내게 된다.

세 번째 표식은 미해결과제(unfinished business)로, 이는 내담자에게 의미 있고 중요한 타인에 대해 아직 해소되지 못한 감정을 표현하는 말로 드러난다 (예: "아버지는 평생 가족을 돌보지 않았고 나와는 무관한 사람이었어요. 저는 결코 아버지를 용서할 수 없어요."). 빈 의자 개입을 통하여 타인과 자신에 대한 관점을 활성화하고 의미 있는 타인에 대한 자신의 정서 반응을 체험하고 그 의미를 이해하게 된다. 그 결과, 내담자는 미충족된 욕구나 중요한 타인에 대해 남아 있던 원한을 내려놓고 타인을 이해하거나 타인에게 책임을 돌릴 수 있게 된다.

네 번째 표식은 내담자의 비통함, 절망과 고뇌, 정서적 고통으로, 정서조절의 실패로 나타난다. 이 경우, 치료자는 자기진정과 자기자비 개입을 하며 성인으로서 상처받은 내면의 아이를 달래 줄 수 있는지 내담자에게 묻는다. 개입의 결과, 내담자는 정서적·신체적으로 안도감을 느끼게 된다.

3) EFT 사례개념화 기법

EFT 사례개념화는 기본적으로 과정-구성적이고 과정-진단적이다. 인간은 현재 상황과 과거에 대해 지속적으로 새롭게 재반응하는 역동적인 존재이며, 복잡하고 다양한 측면으로 구성된 자기(self)라는 복합체이다(Goldman & Greenberg, 2018). 따라서 EFT 사례개념화에서는 과정이 내용보다 우선시되고, 과정 진단이 기존의 진단 범주를 활용하는 사람 진단(person diagnosis)보다 우선시된다. EFT 사례개념화의 두 번째 중요한 특징은 궁극적으로 내담자의 정서적 고통의 안내를 받는다는 점이다. 내담자의 오래된 성격, 심리적 역동 또는 핵심 관계 패턴보다는 내담자의 내적 과정을 따라가면서 핵심 고통을 확인하고 현재의 정서적 표식을 식별하고 반응하는 것에 초점을 둔다. '고통 나침반'이라는 용어는 상담자가 더 깊은 탐색이 필요한 내담자의 고통스러운 정서 경험에 자석처럼 이끌리며 그 고통을 따라가면 내담자의 중심문제로 안내됨을 의미한다. 치료자는 내담자의 정서적 맥박에 손가락을 대고 내담자가 현재 느끼고 있는 가장 고통스러운 경험이 무엇인지를 살피는 과정에서 사례개념화를 하게 된다. EFT 사례개념화는 내담자에 대한 두 가지 정보 출처를 '서사'와 그 안에 포함된 '정서'로 보며, 이 정보에 의존하여 다음과 같이 크게 3단계로 진행된다. 각 단계는 다시 여러 개의 세부 단계로 나누어진다.

(1) 1단계

첫 번째 단계는 서사를 풀어 나가며 내담자의 정서처리 방식을 관찰하는 것으로 요약된다. 이 단계는 내담자 문제의 원인을 식별하는 것을 목표로 하는데 다음과 같은 과정으로 구성된다. 먼저 치료자는 내담자의 호소 문제를 경청하고 치료적 관계를 형성해 가며 내담자의 가장 통렬하고 고통스러운 경험을 확인한다. 치료자는 내담자의 이야기와 서사를 펼쳐 나가며 감정의 동요 및 고통스러운 정서 경험에 귀를 기울이고 식별하기 위해 노력한다. 내담자 서사에서 감정을 가장 동요시키는 부분은 무엇인지, 듣는 이의 마음을 움직이고 '심금을 울리는 것'은 무엇인지, 상담을 찾게 된 결정적인 계기가 된 아픔은 무엇인지, 지금 이 시점에서 상담을 받지 않으면 못 견디게 한 정서적 고통은 무엇인지 등을 속으로 질문한다. 다음으로, 내담자의 정서처리 방식에 주목하며 관찰한다. 내담자가 자신의 이야기를 전개할 때 정서가 과다한지 혹은 결핍되었는지, 내담자가 내부 처리 유형인지 외부 처리 유형인지, 정서적 어조는 어떠한지 등에 주의를 기울인다.

(2) 2단계

사례개념화의 두 번째 단계는 내담자 이야기에서 핵심적으로 고통스러운 정서를 확인해 가며 함께 초점을 만드는 것으로 요약된다. 이 단계는 치료자가 보다 적극적으로 이끄는 역할을 하면서 내담자의 부적응적 정서도식을 더욱 명료히 이해하는 것을 목표로 한다. EFT 사례개념화의 여섯 가지 주요 측면은 약어 MENSIT로 제시되는데, 이는 표식(Markers), 정서(Emotions), 욕구(Needs), 이차정서(Secondary emotions), 방해(Interruptions), 주제(Themes)를 나타내는 것으로, 이 두 번째 단계에서 이뤄진다. '표식'은 필요한 과업 식별을 위하여 처리가 잘 안 되고 이면에 깔려 있는 표식들을 찾아내는 과정을 뜻한다. '정서'는 적응적이거나 부적응적인 핵심 정서도식과 그에 수반하는 자기조직화를 찾아내는 과정을 뜻한다. '욕구'는 정서도식 이면에 깔려 있는 내담자의 충족되지 않은 핵심 욕구를 찾아내는 과정이다. 이는 크게 친밀한 관계에서 용납되고 사랑받고 싶은 애착 관련 욕구와 인정 및 확인, 통제, 목표달성, 자신감과 관련된 정체성 관련 욕구로 분류할 수 있다. '이차정서'는 내담자의 이차정서를 파악하는 과정으로, 일차정서가 이차정서에 의해 어떻게 흐려지는지 인식하고 이해하도록 돕는다. '방해'는 내담자가 핵심 고통에 접근하는 통로를 방해하는 것을 찾아내는 과정이다. 내담자는 욕구 자체를 포기함으로써 정서적 고통을 차단하거나, 문화, 가족 규칙 등이 핵심 정서도식에 접근하는 것을 방해하기도 한다. '주제'는 떠오르는 관련 주제가 어떠한 것인지 식별하는 과정인데, 대표적으로 자기-자기 관계(예: 자기 자신을 비판하거나 거부하는 태도, 정서를 억압하고 마비시켜 회피하는 것 등), 자기-타인 관계(예: 타인의 대우, 애착과 상호 의존성 관련 주제들, 버림받음, 거절당함, 통제, 굴욕감, 인정받지 못함, 학대 경험 등), 그리고 실존적인 문제(외로움, 소외, 상실, 선택, 자유, 죽음 등)로 분류된다. 이러한 과정을 통해 치료자와 내담자는 호소 문제, 정서도식, 행동상의 어려움을 관통하는 서사를 함께 구성한다.

(3) 3단계

마지막 단계는 과정 개념화(process formulation)로, 내담자의 비언어적·언어적 정서표현에서 무엇이 일어나고 있는지 관찰하고 핵심 문제와 관련되어 있는 현재의 표식과 과업을 개념화한다. 이 단계에서 내담자는 자기성찰 및 자기구축을 하게 되며 새로운 정서와 의미를 형성하고 새로운 정보들을 기반으로 하여 경험에 의미를 부여하고 재해석함으로써 서사를 재형성한다.

6. 평가

정서중심치료는 발달 초기부터 내담자의 변화 과정과 변화를 가능하게 하는 핵심 요인으로 정서의 역할에 주목하며 현재까지 발전을 거듭하고 있다. 상담 장면에서 일어나는 중간 수준과 미세 수준의 변화 과정과 표식-유도 개입에 대해 다양한 실증연구가 이루어졌으며, 이를 바탕으로 정교하고 체계적인 이론과 실제를 제시한다는 점은 EFT의 주요 강점이다(Greenberg, 2023). 또한 EFT는 심리치료 장면에 그 적용을 국한하지 않고 아동, 청소년, 부모, 교사, 직장인, 관리자 등 일반인의 정서적 유능성을 증진시키기 위한 예방적 접근도 강조한다. 즉, 사람들이 정서에 대해 배우고, 주의를 기울이고, 인식하고, 적응적으로 활용하고 조절하며, 건강한 정서로 변형하는 것을 돕기 위한 체험 기반적 심리교육 프로그램, 정서 코칭, 정서 문해력 증진 프로그램의 확산에 노력을 기울이고 있다(Greenberg, 2021).

정서중심치료에 대한 주된 비판은 정서의 활성화를 통한 정서 작업이 내담자가 정서에 압도되게 하거나 혼란을 가중시켜 위험할 수 있다는 것이다. 이에 대해 EFT는 고통스러운 정서에 접촉하기 전에 안전한 치료적 관계를 형성하며 정서 활성화 전에 내담자가 내적 진정과 조절 기술을 갖추도록 하므로 정서 작업이 안전하게 이루어질 수 있다고 제안한다(Greenberg, 2023). 한편, 정서를 표현하고 체험하는 것이 적절하지 않거나 나약하다고 여기는 문화적 시각을 지닌 집단은 정서에 초점을 두는 EFT 접근에 반응하지 않을 것이라는 비판도 있다. 이에 대해 EFT는 정서를 불편하게 느끼는 특정 배경의 사람들과 작업할 때는 이러한 불편감을 낮추기 위해 더 강한 치료동맹이 요구되겠지만 모든 사람은 문화적 맥락에서 경험한 사회화와 관계없이 정서를 지니고 있으며 정서 기능의 원리는 유사하게 적용되므로 상담에서 정서를 효과적으로 다룰 수 있다고 제안한다(Greenberg, 2023).

　정서중심치료는 다수의 실증연구를 통해 우울증, 범불안장애, 사회불안장애, 대인관계 문제, 복합 트라우마, 섭식장애 등의 광범위한 문제들에 효과적이라는 증거를 꾸준히 확보해 왔다. 또한 다양한 집단 및 다양한 종류의 심리적 장애를 대상으로 EFT의 치료 효과 검증이 활발히 이루어지고 있다. EFT는 적절한 수정을 통해 다양한 다문화적 맥락에서 훈련되고 치료에 활용되고 있으며, EFT 관점의 사례개념화와 슈퍼비전도 제안되는 등 이론과 실제의 발전을 지속하고 있다(Greenberg, 2023).

이론별 사례개념화 예시

정신역동치료, 정서중심치료, 인지행동치료가 내담자 이해 및 치료 계획 수립 과정에서 어떤 차이점이 있는지 구체적으로 학습할 수 있도록, 같은 사례[1]에 대해 세 치료의 사례개념화 예시를 제시하였다. 제시된 사례개념화는 각각 단기 정신역동 이론(정신역동치료), 게슈탈트 이론(정서중심치료), ACT 이론(인지행동치료)에 근거하였다.

1. 사례 내용

1) 내담자 인적 사항: 47세 여 주부 고졸

내담자는 만 47세 여성으로 전업주부이다. 고등학교 졸업 후 대학을 포기하고 회사에 취업하였으며, 회사에서 현재 남편을 만났다. 첫 아이 임신 후 회사를 그만 두고 육아에만 전념하고 있다.

---

1) 사례는 본 저서의 저자들이 기존에 집필한 『사례로 배우는 심리상담의 실제』에서 제시했던 가상 사례를 인용하였다.

2) 이전 상담 경험 및 상담 신청 경위

내담자의 아들이 심리상담을 받게 되면서 내담자 또한 부모 상담을 받게 되었다. 부모 상담 중 상담자가 내담자에게 개인상담을 권유하게 되었고, 내담자 또한 평소 느껴 오던 어려움을 해결하고 싶은 마음에 상담을 시작하게 되었다. 이전 상담 경험은 없다.

3) 호소문제

(1) 아들 양육의 어려움

아들이 초등학교 고학년부터 말과 행동이 거칠어지고 또래들과도 종종 시비가 붙었으며, 공부 얘기만 하면 화를 내고, 학원에도 간다고 하고 안 간 적도 종종 있어 양육하기가 어렵다. 남편은 아들 문제에 별로 신경을 안 쓰다가 한번 관여하면 심하게 혼내는 편이고 아들과 게임 문제로 크게 부딪힌 적이 몇 번 있었다.

(2) 남편 및 시댁과 관계

집의 형편이 좋지 못한데, 첫째 아들도 아닌 남편이 시댁 일을 책임지는데도 (예: 시아버지의 빚보증을 서서 우리 가족이 돈을 모을 수 없는 상황이고, 아주버니는 고위직 공무원이지만 시가의 일에 모르쇠함) 시부모님이 시아주버니 댁만 위하고 우리 집을 뒷전으로 생각하여 화가 난다.

(3) 신체증상

숨 쉴 때 가슴에 뭔가 꽉 차고 큰 돌덩이를 얹어 놓은 거 같다. 너무 아픈데 아무도 이해해 주지 않는다. 어쩌다 한 번씩 확 아플 땐 정신이 없다. 암은 아닐지, 갑자기 쓰러져 버리는 건 아닌지 정말 두렵고 불면증이 있다.

4) 인상 및 행동 관찰

초기에 내담자는 매주 상담시간에 늦지 않고 미리 와서 기다리며, 상담자의 말을 잘 기억해 두었다가 집에 돌아가서 실제로 적용해 보려고 노력하는 모습 등 '좋은 내담자' 역할을 하는 모습을 보였다. 상담자의 정서적 지지에 많은 힘을 얻는 듯하였고, 상담자에게 상당히 의지하며 기대는 모습을 보였다.

5) 가족관계

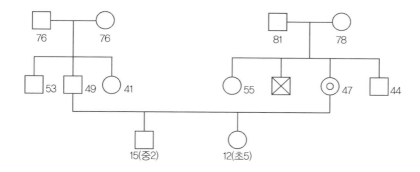

(1) 친가 가족관계

● **아버지**(81세, 무직, 고졸)

내담자의 표현으로는 말이 별로 없고, 고집이 세며 내담자의 성장 시기에 아버지가 사업에 실패하여 경제적으로 어려웠었다고 한다. 그리고 바람을 피워 집안에 풍파를 일으킨 적도 있었다고 하였다.

● **어머니**(70세, 주부, 중졸)

내담자에 의하면 몸이 약했고 이로 인해 짜증스러움이 있었다고 한다. 내담자보다 두 살 많았던 내담자의 오빠가 내담자가 세 살 때 사고로 죽었는데, 이 사건 이후 어머니는 몸이 더 안 좋아졌고, 무기력해졌다고 하였다.

● **언니**(55세, 회사원, 대졸)

언니는 일찍이 상경하여 스스로 돈을 모아 공부하는 등 부지런하다고 하였다. 내담자와는 나이 차가 많아 소원하였으며, 내담자에게 별 영향을 주지 않았다고 하였다.

● **오빠**(내담자 3세 때 사망)

내담자의 기억으로 내담자가 3세 때 오빠는 사고로 사망했다고 한다. 오빠의 사고 당시 온 가족이 오빠의 사고 처리로 아무도 집에 없었고 내담자 혼자 남겨져서 자신을 돌보던 사람이 아무도 없었다고 한다. 이후에 내담자의 어머니가 우울해져서 내담자를 보살피거나 관심을 갖고 대해지 못 했던 것 같고, 내담자의 남동생이 태어난 이후에는 관심과 애정이 막내인 남동생에게로 갔다고 한다.

● **남동생**(44세, 기계설비업, 전문대졸)

내담자가 보기에 남동생은 막내여서 그런지 베풀려는 마음은 없고 받기만 하려고 한다고 한다. 어렸을 때 아버지와 친할머니가 아들에 대한 기대가 많았는데, 첫째 아들인 오빠가 사고로 죽어 두 분의 상심이 컸었던 것 같다고 한다. 그러다 남동생이 태어나자 가족들의 관심이 온통 남동생에게만 갔다고 하였다. 내담자의 어머니가 몸이 안 좋아 내담자가 남동생을 돌봐야 했는데 내담자가 남동생을 돌볼 때 어머니에게 칭찬을 받았으나 속으로는 집안일이 너무 힘들다는 느낌이었고 동생을 많이 질투했다고 하였다.

(2) 시가 가족관계

● 시아버지(76세, 무직, 고졸)

사업을 했고 초창기에는 번창하였으나 거듭된 실패로 내담자가 결혼할 당시에는 경제 사정이 좋지 못했었다. 그때 시아버지는 거의 매일 술을 마셨고, 자기중심적이며, 다른 가족이 있을 때도 시어머니에게 험한 말을 서슴없이 하였고 화가 나면 물건을 던지거나 시어머니를 때리는 때도 있었다고 한다. 시아버지의 빚보증을 내담자의 남편이 섰고, 이로 인해 그 빚을 남편이 갚고 있는 상황이라고 한다.

● 시어머니(76세, 주부, 고졸)

내담자에 의하면 시어머니는 마음이 따뜻한 편이나 시아버지를 무서워하고, 집에서 별로 영향력이 없다고 한다. 첫째 아들에 대한 기대가 많고, 첫째 아들을 좋아한다고 한다. 둘째 아들인 남편은 어머니가 아버지에게 맞는 것을 보았기 때문에 불쌍하게 여기는 마음도 있고 또 큰 아들만 좋아하는 데 대해 분노도 있다고 하였다.

● 시아주버니(53세, 고위공무원, 대졸)

시아주버니는 첫째 아들로서 기대를 한 몸에 받았고 대우를 받았다고 하였다. 명문대학교를 졸업했고 고시도 합격하여 고위직 공무원으로 재직하고 있다. 그러나 자기 가족만 챙기는 이기적인 모습으로 본가에 별 도움을 주지 않고 거리를 두고 살고 있다고 하였다. 시어머니는 성공한 큰아들을 자랑스러워하고 별 불만이 없다고 한다. 형님도 교사를 하고 있어 시어머니는 큰며느리를 오히려 어려워하고 있다고 한다. 명절 때 형님이 제사 지낼 때만 왔다가 돈만 주고 바로 가고 내담자는 이틀 전에 와서 장 보고 준비를 다 하지만 시어머니는 이를 인정하기보다 당연하게 여기는 듯하다고 하였다. 내담자는 아주버님댁과 비교하게 되고 자꾸 열등감이 생기기도 하고 화가 나기도 한다고 한다. 하지만 이런 불만을 내담자가 남편에게 직접 이야기하는 것은 싫어한다.

(3) 내담자 현재 가족

● **남편**(49세, 건설업 현장관리 및 영업, 대졸)

대학을 졸업하고 건설업 현장 관리 및 영업직을 하고 있다. 지방에 자주 가 있고, 보통은 일이 끝난 후 동료들과 어울리거나 접대하느라고 술 마시고 집에 늦게 들어오는 때가 많다고 한다. 남편은 집안일에 거의 무관심하고, 내담자의 자녀들에 대해서도 무관심하지만 한번 화가 나거나 할 때 심하게 화를 내서 아이들이 무서워한다고 한다(예: 내담자의 아들이 초등학교 2학년 때 받아쓰기를 잘못했다고 따귀를 때린 적이 있음). 내담자에 의하면 남편과 싸우게 되는 것은 보통 시부모의 빚보증을 남편이 서서 이로 인해 금전적으로 나가지 않아도 될 돈이 계속 나가는 것에 대해 화가 날 때, 애들 건사하느라고 힘든데 남편은 술 마시고 집에 늦게 들어올 때, 그리고 시가에서 인정을 받지 못하는 것에 대한 스트레스가 있을 때라고 한다.

● **아들**(15세, 중2)

초등학교까지 내담자가 아들에게 공부에 대한 압박을 많이 주었다고 한다. 내담자는 공부를 못해서 대학을 못 간 것에 대한 열등감이 있어 아들만큼은 좋은 대학에 입학시키겠다고 결심했다고 한다. 아들이 중학교 입학하면서부터는 말도 듣지 않고 공부도 안 할 뿐만 아니라 뭐라고 하는 등 대들기도 하였다.

● **딸**(12세, 초5)

내담자 표현으로는 집에서 말썽을 피우지 않는 착한 딸이다. 때로는 내담자를 위로하여 기특하게 느껴지기도 한데, 그러다 보니 내담자가 시댁에 대한 불만이나 남편에 대한 불만을 딸에게 이야기하게 된다고 하였다.

6) 심리검사(MMPI-2) 결과

F	L	K	S	Hs	D	Hy	Pd	Mf	Pa	Pt	Sc	Ma	Si
50	53	65	64	68	65	69	51	39	49	64	59	58	50

7) 내담자 문제 이해

(1) 발달사 및 성장 배경

내담자는 2남 2녀 중 둘째딸로 태어났으며, 아버지는 말이 없고 고집 센 반면, 어머니는 유약하고 무기력해 보였다고 한다.

내담자가 세 살 때, 두 살 터울의 오빠가 사고로 사망하였다. 사고 당일 온 가족이 정신없이 바빴고, 자신은 혼자 집에 남겨졌는데, 내담자는 이때 자신의 모습에 대해 뒷전으로 밀린 채 외롭고 쓸쓸했던 기억이 있다고 보고하였다. 오빠가 사망한 이후, 남동생이 태어나면서 집안의 유일한 아들이 된 남동생에게 부모와 조부모의 관심이 집중되었다고 한다. 내담자는 자신 또한 남동생처럼 관심을 받고 싶은 마음에 남동생을 돌보고 집안일을 하는 등 '착한 딸'로 살았지만, 늘 관심을 독차지하는 남동생에게는 종종 질투의 감정을 느끼기도 하였다. 내담자의 언니는 여덟 살 위로, 나이 차이가 많이 나는 편이었기 때문에 친밀한 관계를 형성하기가 어려웠다고 하였다. 스스로 대학 진학을 포기하고 일찍부터 경제 활동을 하였던 내담자와는 달리, 언니는 자신의 힘으로 학비를 벌어 가며 대학을 졸업하였고, 현재도 회사 생활을 한다고 한다.

남편은 내담자가 회사 생활을 하던 중 만나게 되었으며, 원만하게 잘 살 수 있을 것 같아 쉽게 결혼을 결정한 편이었다. 그러나 내담자의 생각과는 달리, 건설업 종사자인 남편은 지방출장이 잦아 집에 있는 시간이 적고, 집에 와서도

피곤하다며 내담자와 별로 시간을 보내지 않았다고 한다. 시댁 행사에 갈 때도 남편은 바쁘다며 못 가고 내담자만 일하러 혼자 가는 경우도 자주 있었고, 이 때마다 내담자는 결혼생활에서도 뒷전인 느낌이 들었다고 하였다. 시댁에 가서는 별로 힘든 내색 없이 묵묵히 일했지만, 한편으로는 억울하고 부당한 대우를 받는 것 같다는 마음이 점점 더 많아졌다고 보고하였다.

내담자는 남편과의 사이에서 1남 1녀를 두었고, 학교 생활과 공부 문제로 아들에게 유독 잔소리와 간섭이 심한 편이라고 하였다. 이러한 모습에 대해 내담자는 자신이 대학에 진학하지 못한 콤플렉스가 있어서 아들의 공부로 보상받고 싶은 마음이 있는 것 아닌가 라는 생각이 들기도 했다고 하였다. 한편, 딸은 문제를 일으키는 아들과는 달리 '무엇이든 알아서 잘 하는 스타일'고 하였다.

(2) 내담자의 심리사회적 특성

내담자는 어려서부터 자신의 감정을 표현하고 자기주장을 하기보다 순응적이고 유순한 태도를 보여 왔다. 이를 통해 부모의 인정을 받기를 원했던 것으로 보이나, 실제로는 제대로 인정받거나 관심을 받지는 못했다. 내담자는 인정 욕구의 좌절로 인해 생긴 분노 감정과 화를 주로 억압하는 편이었고, 자신의 감정을 표현하기보다는 상대의 요구를 거절하지 못하고 들어주는 등의 소극적인 패턴으로 대처해 왔다.

이러한 양상은 현재의 가족관계에서도 유사한 패턴으로 드러나고 있다. 현재 남편이나 시댁과의 관계에서 자신의 역할을 열심히 하고 있지만, 그러한 노력과 고통에 무관심한 남편과 시댁에 대해 서운함과 억울함, 화를 경험하고 있으며, 이를 직접적으로 표현하지 못하고 우울과 무기력, 신체증상 등으로 나타내고 있다. 내담자는 이와 같은 상황에서 스스로를 '제대로 인정받지 못하고 감정을 솔직히 표현하지 못하는 미숙한 사람'으로, 남편을 비롯한 주변인들은 '자신의 노력을 알아주지 않고 자신에게 관심이 없는 야속하고 무심한 사람들'로 인식하고 있다. 자녀들과의 관계에서도 적절한 자기주장을 하지 못하여 아

들에게 무시당하거나 눈치를 보며 따라가는 모습을 보이다가, 짜증을 내는 방식의 패턴이 반복되고 있다.

친정과 시댁을 제외한 대인관계에 대해서는 특별히 보고된 바 없다. 현재 내담자가 겪는 어려움에 대해 초등학생인 딸에게 이야기하는 것을 제외하고는 편하게 이야기할 만한 대상은 없었다고 한다.

8) 상담 내용

회차	상담 내용
상담 의뢰 과정	• 청소년 상담에서 내담자 상담으로 이어지는 과정 내담자의 아들이 학교에서 친구와 다툼이 있었고, 이때 친구를 때려 친구가 크게 다쳤다. 다행히 학교폭력위원회에 가기 전에 피해 친구의 부모와 합의를 하였다. 평소에도 또래와 시비가 붙은 일이 종종 있었으나 이번에 크게 친구를 다치게 하는 사건이 터진 것이다. 체육 시간에 축구 경기 중 내담자 아들의 실수로 경기가 졌는데, "너 때문에 졌다!"라는 말을 듣고 화가 나서 욱 하여 공을 찼는데, 친구 얼굴에 공이 맞아 안경이 깨지면서 얼굴에 찰과상을 입게 되었다. 이 사건으로 선생님이 심리상담을 권유하여 아들의 심리상담을 시작하게 되었다. 내담자가 아들과 부모의 심리검사 결과에 대한 해석상담을 듣게 되었는데, 아들의 SCT, 가족화 그림에서 부모들의 문제(아버지의 폭력적 태도, 엄마의 무력한 모습, 부부싸움)가 보다 명백히 드러났다. 내담자의 MMPI 검사 결과에서도 3-1-2 척도가 높이 나온 것에 대해 상담자가 해석을 해 주자, 내담자는 남편이 폭력적이고, 자신은 무기력하며, 아들은 아빠를 닮아 가는 것 같다고 호소하였다. 그리고 이러한 스트레스로 불면증이 생겨 힘들다는 이야기와 무엇보다 아들이 성장하면서 점점 더 아들을 양육하기가 힘들어지고 있다는 이야기를 하였다. 이에 상담자가 상담을 권유했으며 처음에는 부모 모두의 상담을 권했으나 남편은 이에 대해 응하지 않았고 내담자만 상담에 응하게 되었다.

1~2회	• 상담구조화, 호소문제 듣기, 내담자 탐색-가족 탐색, 발달사 (내담자는 처음에 호소문제를 이야기할 때, 주저주저하고 불안한 모습을 보일 때가 있었으며 상담자가 그 마음을 알아주고, 내담자의 마음을 편하게 해 주니 다시 이야기를 시작하였다. 호소문제는 다음과 같았다.) 우선 무력하게 느껴지고 어찌해야 할지를 몰라 우울하고 삶이 버겁다. 특히 아들의 문제 행동에 대해서 주변에는 도와주는 사람이 한 명도 없고 남편은 별로 신경을 안 쓴다. 한번 관여하면 세게 나가 도움이 안 된다. 두 번째 문제는 시댁과의 문제인데 시댁에 많은 도움을 주지만 둘째인 남편과 나는 인정을 못 받는 것 같아 억울함이 쌓였다. 이러한 스트레스 때문인지 숨 쉴 때 가슴에 뭔가 꽉 차고 큰 돌덩이가 얹어 있는 거 같다. 너무 아픈데 아무도 이해해 주지 않는다. 어쩌다 한 번씩 확 아플 땐 정말 정신이 없다.
목표 설정	몸이 아프지 않고 싶고, 아이가 안정되기 위해서 나도 우울하지 않고 싶다. 아이와도 잘 지내고 싶다.
3~5회	• 라포형성 (상담에서 내담자는 아들과의 대화의 어려움, 시댁과의 관계에서 피해의식 등의 이야기를 주로 하였으며 상담자는 내담자의 어려움을 공감하면서 이야기를 들었는데, 상담자의 정서적 지지에 많은 힘을 얻는 듯하였다. 내담자는 '좋은 내담자' 역할을 하는 모습을 보였다. 예를 들면, 매주 상담시간에 늦지 않고 미리 와서 기다리며, 상담자의 말을 잘 기억해 두었다가 집에 돌아가서 실제로 적용해 보려고 노력하는 모습을 보였다. 상담자에게 대단히 의지하며 기대는 모습 보였다.)
6~15회	• 사례개념화(호소문제와 내담자 이해) (상담자는 내담자의 가족관계와 호소문제를 통해 내담자가 현재 가족들과의 관계에서 드러나는 역동을 파악하며 이에 대해 내담자도 함께 이해하는 시간을 갖게 되었다. 내담자가 자신에 대해 완전히 이해를 하지는 못했지만 상담자가 파악한 내담자의 역동과 관련된 내용은 다음과 같다.)

1) 남편과의 관계에서 드러나는 역동

남편은 건설업 종사자로 지방 출장이 잦아 함께 보내는 시간이 대단히 적으며 집에 와서도 피곤하다며 내담자와 별로 시간을 보내지 않았다. 시댁 행사에 갈 때도 남편은 바쁘다며 못 가고 내담자만 일하러 혼자 가는 경우도 종종 발생하였다. 이럴 때 여전히 결혼 생활에서도 뒷전인 느낌이 든다. 자기주장을 못 하고 내 것을 못 챙기고 있었다. 부당한 대우를 받아도 그것에 대한 주장을 하지 않았고 대신 불평과 짜증을 내기만 하였다. (상담자가 보기에 내담자는 남편과의 관계에서 자기 존재가 뒷전으로 밀린 느낌을 갖고 있으며, 이러한 불편감으로 인하여 불평과 짜증을 표현하지만 금방 불안이 올라와서 결국 적절한 자기주장을 못 하거나 자기주장을 한 후에도 금방 철회하는 경향이 있었다. 이는 친정어머니에 대한 감정을 남편에게 비슷한 모습으로 '동일시'하고 있었던 것으로 보인다.)

2) 자녀와의 관계에서 드러나는 역동

엄마로서 자기주장을 못 하니까 아들로부터 무시당하는 일들이 발생하였다. 내처지는 것을 두려워하기 때문에 아들한테 따라가는 모습을 보였다. 아들에게 한계를 정해 주거나 적절한 의사소통을 하기보다는 짜증을 내는 방식을 사용했고 이 감정이 남동생을 돌볼 때 느꼈던 감정 같다. (상담자가 보기에 내담자가 아들에게 비일관적이고 적절한 훈육을 하지 못했던 것 같고, 무기력하게 적절한 한계 설정을 하지 못했던 것 같다. 그리고 아들에게 휘둘리고 따라가다가 임계치에 다다르면 적절한 훈육이 아닌 짜증을 폭발하는 식으로 드러나는 것으로 이해가 된다. 내담자가 적절한 부모-자녀 한계를 설정하지 못하는 모습은 친정 남동생에 대한 감정이 아들에게 반복되고 있을 가능성이 보인다.)

딸에 대해 안쓰럽게 여겨지기도 하지만 나처럼 자신의 욕구를 억압해야 한다는 메시지를 보내기도 했던 것 같다. 딸은 마음 고생하는 엄마를 지켜보면서 알아서 잘 하는 스타일이다. (상담자가 보기에 내담자의 딸에게는 자신의 모습을 투사하고 있는 것 같다.)

| 16~20회 | (내담자는 자신의 대화 패턴을 깨달아 갔다. 자신이 이해받지 못하거나 인정받지 못한 상황에 대해 억울함을 느끼고 있으나 이해받기 위해 자기의 감정이나 욕구를 표현하지 못하고 짜증이나 화, 침묵으로 표현하고 있었다는 점을 이해하게 되었다. 그리하여 상대방이 자신이 원하는 것을 잘 모른다는 것에 대한 인식을 점점 깨달아 나가기 시작하였다.) |

21회	• 저항, 전이 (상담자 일정 변경으로 상담을 한 주 쉬게 되자, 그동안 성실하게 오던 내담자가 다음 상담에서 2주 연속 지각을 하고 지각한 것에 대해서도 대충 성의 없이 사과하고 상담 중에도 반응이 시큰둥한 모습을 보였다. 상담자는 이러한 태도가 내담자의 주요한 대인관계의 역동이 재경험되는 것으로 보고 저항을 다루고자 하였다.) 사실은 상담 선생님이 상담을 미루니 '난 뒷전이다'라는 감정이 올라온다. 이 감정이 다른 관계에서도 계속 올라온다.
23~24회	• 변화를 위한 개입-정서적 개입(깊은 공감) 명절에 시댁에서 일하고 돌아왔는데 시댁에서는 여전히 뒷전 취급당하면서 일한 것 같다. 집에 돌아와서 힘들어서 끙끙 앓고 잠이 들었는데 나를 제외한 가족들은 함께 식사를 하고 돌아와서 내가 아픈데도 전혀 신경을 써 주지 않았다. 이럴 때도 상담선생님이 일정을 변경할 때 느꼈던 감정과 비슷한 감정이 일어났다. 감정에 집중하니 자신이 늘 뒷전으로 밀려나서 외롭게 살아왔던 존재라는 점이 떠올랐다. 혼자 불 꺼진 집에 있었던 유년 시절 기억도 함께 떠오르며 자신이 늘 뒷전이었다는 생각과 동시에 이렇게 내가 살아서 뭐하나? 이대로 그냥 스르르 사라져도 되지 않을까? 하는 생각마저 들게 되더라. 내가 얘기한다고 해도 남에게 받아들여지지 않을 것이고 지금처럼 억울하고 부당하더라도 무엇인가를 하지 않으면 관계가 깨지고 버려질(내쳐질) 것에 대한 두려움이 있는 것 같다. (상담에서 '나는 뒷전이다'라는 감정에 대해 공감하며, 내담자의 원가족관계에서 영향받은 것에 대한 통찰과 애도 과정을 진행하였다.)
25~29회	• 변화를 위한 행동적 개입-자기주장 내용 (내담자는 적절한 자기주장을 못 하고 뒷전 신세로 스스로 살아왔음에 대해 통찰한 뒤, 자기주장의 필요성을 인식하였다. 그리하여 상담자는 시댁, 남편, 아들 대상으로 다음과 같이 자기주장 훈련을 하였다.) 1) 남편: 남편이 시댁에만 가면 퉁명스럽게 있고 자신을 별로 도와주지 않은 부분에 대해 남편과 이야기를 하였다. 이야기를 할 때 내 이야기만 하지 않고 남편 입장에 대한 이야기를 경청하면서 들어주고 공감해 주었다. 이후에 남편도 나에게 좀 더 다정하게 대하는 것 같다. (자기주장을 하는 변화뿐만 아니라 내담자도 타인의 어려움을 경청하고 공감할 수 있는 능력이 생기게 되었다.)

	2) 아들: 아들의 스마트폰 게임 시간 조절하는 문제 때문에 짜증이 난다. (어떻게 대처할 것인지 미리 계획하고 짜증과 화가 아닌 아들과 함께 논의하면서 사용 시간 등을 합의해 가는 과정 연습을 하였다.) 3) 시댁: 시부모님 병원 약을 타러 가게 되는 경우, 나만 계속 하였는데 형님과 나눠서 하자는 제안을 하게 되었다.
30회	• 위기개입 (상황이 좋아지는 시점에 내담자가 위기를 맞게 되는 상황이 생겼다. 그러나 이를 잘 넘기면서 내담자가 좀 더 단단해지게 되는 계기가 되었다.) 술 마시고 온 남편한테 잔소리를 늘어놓았다. (그러나 실제로 이 당시 내담자의 남편은 실직당한 상태였으며, 내담자가 그 사실을 몰랐던 상황이었고 추후에 알게 되었다.) 남편이 평소에 물건만 던지다 욱해서 나를 한 대 쳤는데 맞은 건 처음이었다. 남편도 때리려고 했던 건 아닌 것 같고 스스로 놀란 것 같다. 그렇지만 부부싸움 후 자괴감이 들어서 무작정 집을 나가서 걷다가 한강다리까지 가게 되었다. 그냥 이대로 사라지는 건 어떨까 하는 생각들이 들면서 그런 자신이 무서워서 상담 선생님께 전화하게 되었다. (현재의 상황에 대해 파악한 후, 지금 같이 있을 만한 사람이 누가 있는지 탐색하였다. 내담자는 큰언니와 연락이 되었으며, 이후의 가장 빠른 상담시간을 예약하여 상담을 진행하였다.)
자문	내담자의 위기개입 후 약물치료의 필요성을 확인하고자 정신과 의사에게 자문을 구하였다.
31~34회	(내담자의 변화에 대한 다음과 같은 보고들이 시작되었다) 1) 아들의 성취와 수행 결과가 자신의 문제가 아님을 알게 되었다. 요즘에 아들이 상담을 해서인지 폭력성이 줄어들고 무작정 화내던 모습도 줄어들게 된 것 같다. 2) 남편과의 관계에서 그 전에는 내가 싸움을 더 악화시켰는데 내가 관계를 악화시키고 화를 돋우는 대화법을 쓰고 있다는 것을 알게 되었다. 남편의 건강이 안 좋아지면서 자연스럽게 술을 줄이게 되고 집에 일찍 귀가하게 되었다. 이로 인해 부부가 함께 활동할 시간이 늘어났다. 이제 남편의 이야기를 경청하고 나의 욕구와 감정을 표현하기 시작하였는데 이러한 표현을 신기하게 남편이 받아들여 주고 변화하는 모습을 보여 주었다. 3) 새로운 관계를 모색(예: 취미활동이나 봉사활동 시작)하고 시댁으로부터 인정을 받으려는 마음을 내려놓고 시댁과 거리 두기를 하게 되었다.

	4) 큰 언니로부터 먼저 전화가 와서 뜻하지 않게 자신의 힘든 상황을 얘기하게 되고, 큰 언니로부터 위로와 지지를 받게 되었다. 이를 계기로 자신의 처지를 허심탄회하게 얘기할 대상을 새롭게 찾게 되었다. (이러한 보고를 들으면서 상담의 종결 시기를 생각해 보도록 하였다.)
35회	• 종결 (내담자와 그동안의 변화에 대해 짚어 보고, 변화의 원인을 다시한번 되새겼다.) 상담이 끝나는 것에 대한 불안감이 조금 있다. 그렇지만 추후 일상생활에서 노력할 수 있을 것 같다. 착하기만 하던 딸도 어려움이 있다는 것을 알게 되어 상담 종결 후 내담자가 신경을 써야 할 부분으로 보인다. (2개월 후 추수상담을 약속하였다.)

2. 각 이론별 사례개념화

단기 정신역동치료 기반 사례개념화

1) 내담자 문제 원인에 대한 이해

(1) 갈등 삼각형에 따른 개념화
• 충동: 애정과 인정 욕구의 좌절에 대한 분노와 화
• 불안: 충동을 표현할 경우 상대가 애정과 관심을 거둬 갈 것에 대한 불안
• 방어: 수동적 태도, 또는 감정의 억압을 통한 신체화 증상, 이에서 기인하는 애정과 관심의 요구 등

(2) 전이 삼각형에 따른 개념화
• 과거 대상(past)−현재 대상(object)−치료자(therapist), 자기대상(self)
  −과거 대상: 사랑을 주지 않는 어머니

- 현재 대상: 관심을 주지 않는 남편, 큰 시아주버님에게만 관심을 주는 시부모
- 치료자: 상담을 미룬 치료자에 대해 자신을 뒷전으로 미루는 느낌, 즉 관심을 거둬가는 대상으로 경험
- 자기대상: 내담자의 자기(self)는 관심과 인정을 못 받는 하찮은 존재의 느낌과 이를 만회하기 위해 성실하게 역할을 해야 그나마 관심을 얻을 수 있다는 생각, 제대로 인정을 못 받고 감정을 솔직하게 표현하지 못하는 미숙한 사람의 느낌

(3) 현재의 호소문제 및 패턴에 영향을 미치는 발달적 배경

내담자는 어린 시절 오빠의 사망으로 가족의 관심에서 멀어졌는데, 이것은 내담자에게 주요한 상실 경험이 되었을 것으로 보인다. 가족 구성원의 상실은 내담자를 향한 부모의 애정과 관심의 부재를 낳았으며, 이것은 어린 내담자가 정서적으로 준비가 되기 전에 의존성을 포기하도록 강요받게 되었다. 내담자가 관심과 사랑을 획득할 수 있는 방법은 남동생을 돌보는 등의 '착한 딸' 역할을 할 때였고, 이를 통해 내담자는 순응적이고 유순한 관계 전략을 만들어 가는 동시에 자신의 억울하고 속상한 감정은 억압하는 식으로 방어기제를 발달시켰다. 내담자는 성실한 모습으로 자신의 일을 하는 편이며, 현재 남편이나 시댁과의 관계에서도 충실하게 자신의 역할을 하려고 노력한다. 이러한 노력이 인정받을 때는 잘 기능할 수 있지만, 현재 남편 및 시댁과의 관계에서는 자신의 노력에 대해 제대로 인정받지 못하고 부당한 대우를 받아 억울하고 속상한 감정이 생겨나고 있다. 또한 기대하였던 아들은 행동화 문제를 보여 내담자의 부정적 자기상을 강화하는 데 일조하며, 딸은 순응적이고 착한 모습이지만 어떤 면에서는 이것이 내담자가 원하는 역할을 수행하고 있는 모습일 수 있겠다. 이러한 맥락에서 내담자는 자주 경험할 수 있는 좌절감, 억울함, 분노의 감정을 억압하여 우울감을 경험하며 신체화 증상도 함께 호소하고 있는 것으로 보인다.

2) 치료 방향

(1) 치료 초점

- 증상 초점: 자녀의 행동 제어에 어려움, 화와 분노의 감정, 신체 증상과 건강염려증(갈등의 외재화 및 전환)
- 역동 초점: 감정의 억압, 뒷전으로 밀려나는 것에 대한 불안, 이로 인한 우울과 무기력, 자기표현 및 자기주장의 부재, 낮은 자존감, 수동적이고 소극적 대처 양식, 수동-공격적 관계 패턴 등

(2) 치료목표

- 주호소 관련 목표: ① 신체화 증상의 호전, ② 우울감 및 무기력 감소, ③ 아들과의 관계개선, ④ 대인관계에서 자기주장을 할 수 있기
- 임상적 목표: ① 감정 자각 능력 향상, ② 자기이해 및 통찰의 증진, ③ 자기존중감의 증진

(3) 치료 전략

① 상담자의 지지와 공감을 통해 내담자의 감정을 담아 주는 환경을 제공한다.

② 뒷전으로 밀려나는 느낌 및 관계 양상에 대해 통찰을 돕는다.

②-1 갈등 삼각형에 따른 전략: 내담자의 방어 양식을 해석하여 무기력하고 우울한 상황 혹은 신체증상이 나타나는 상황에서 자신의 감정을 자각하지 못하는 것은 억압된 분노에서 비롯된 방어임을 인식시킨다. 감정을 솔직히 표현할 경우 경험하게 되는 불안, 즉 애정을 상실할 것 같은 불안을 해석하고 직면하도록 돕는다. 분노 안에 담겨진 관심과 애정에 대한 욕구를 해석하고 받아들이도록 이끈다.

②-2 전이 삼각형에 따른 전략: 내담자가 전이관계에서 보이는 양상을 해석한다. 상담자의 상담 날짜 취소에 대해 느낀 내담자의 서운함을 공감

하고 반영함과 동시에 이러한 감정이 현재 남편 또는 시부모에게 느낀 감정과 유사하며, 그 뿌리는 원가족의 어머니에게 느낀 감정임을 해석한다. 이 감정들을 경험하며 결국 자기 자신은 어머니의 애정관계에서 소원해지고 밀려난 또는 방치된 가치 없는 자녀라는 느낌, 그래서 자신의 가치를 상대방에게 인정받기 위해 맡은 역할에 충실하기 위해 애쓰는 패턴을 반복해 왔음을 인식시킨다.

③ 사랑과 인정을 얻고 싶어 자기주장을 하지 못하고 거절하지 못했던 것을 알아차리고 사랑받는 것에 대한 과도한 집착을 내려놓고 거절당할 것에 대한 불안을 다스리고 자기주장을 함으로써 주체성을 갖도록 한다.

게슈탈트 치료 기반 사례개념화

1) 내담자 문제 원인에 대한 이해

(1) 내담자의 전경과 배경은 어떠한가

내담자는 점점 폭력적인 남편을 닮아 가는 아들을 양육하는 것이 힘겨우며, 시댁에 최선을 다하지만 시댁과 남편은 알아주지 않는다고 호소하고 있다. 이 두 상황에서 내담자는 좌절, 억울함 그리고 짜증을 주된 정서로 경험하고 있다. 또 인지적으로는 상대가 자신을 부당하게 대우하며 무시하고 있다고 생각하는 동시에 이 상황들에 잘 대처할 수 없다는 부정적 자기 인식을 나타낸다. 행동적으로는 아들을 방임하는 무기력한 모습을 보이다가 때로 짜증을 폭발적으로 터트리며, 남편, 시댁과의 관계에서는 많은 일을 감당하다 간혹 남편에게 짜증을 낼 뿐 적극적으로 부당함을 호소하지 못한다.

이런 상황에서 드러나는 내담자의 주요 특성은 자신의 감정이나 생각을 억누르고 드러내지 않는 것이다. 내담자는 상대에게 인정받기 위해 자기주장을 하지 않고 순응하는 방식을 선택하는 것으로 보이는데, 이는 내담자가 어린 시절 오빠의 죽음이나 남동생의 출생으로 인해 멀어진 부모의 관심, 특히 어머니의 관심을 받고자 애정 욕구나 힘든 감정을 전혀 내색하지 않고 집안일이나 남동생을 돌보는 일에 몰두한 것과 연관이 있어 보인다. 결과적으로 내담자가 애쓴 만큼 인정과 애정이 돌아오지 않았는데 이는 미해결과제로 남아, 반복적으로 상대의 인정을 추구하게 되었다고(고정된 게슈탈트) 할 수 있다. 이에 따라 내담자는 주변인들에게 반복적으로 인정을 갈구하는 동시에 과거 어머니를 기쁘게 했던 순응적인 방식을 반복함으로써 현재 상황에 창조적으로 적응하지 못하고 있다.

(2) 내담자와 상담자의 관계에서는 무엇이 드러나는가

상담자의 일정 변경으로 상담을 한 주 쉬게 된 후, 내담자는 상담에 2주 연속 지각하고 상담자에게도 시큰둥한 반응을 보이고 있다. 내담자의 이러한 행동 이면에는 '상담 선생님에게 나는 뒷전이다'라는 서운하고 화나는 감정이 있는 것으로 파악되었다. 내담자는 과거에 어머니의 관심을 받지 못했던 상황을 '오빠나 남동생의 뒷전으로 밀렸다'고 해석하고 속상해하던 장면을 상담자와의 관계에서도 반복하고 있는데, 이는 상담자와의 관계에서 접촉경계혼란 중 '투사'를 경험하는 것으로 볼 수 있다. 즉, '상대는 나를 뒷전으로 무시한다'라는 자신의 믿음을 상담자에게 투사함으로써, 상담자의 마음이나 생각과 접촉하지 못하고 상황을 왜곡하여 받아들이고 있다.

(3) 알아차림-접촉 주기의 순환은 어떠한가

내담자는 에너지 동원 단계에서 단절을 경험하는 것으로 보인다. 아들이나 남편, 시댁에 대해 부정적인 감정이나 하고 싶은 말, 생각이 올라오는 것을 알아차리기는 하지만 그것들을 상대에게 표현하거나 자기주장하는 등의 행동으로 옮길 수 있을 만큼의 에너지를 동원하지 못하는 상태이다. 이때 접촉경계혼란이 작동하고 있는데, 먼저 분노나 억울함과 같은 감정을 알아차리는 동시에 그와 같은 마음을 표현해서는 안 되며 상황에 순응해야만 한다는 내사가 존재하는 것으로 보인다. 이로 인해 반복적으로 분노나 억울함 같은 부정적 감정을 억압하고 있다. 또 자기주장을 하는 경우 비난을 당하거나 인정을 받지 못하게 될 것이라는 두려움 때문에 특히 분노를 반전시켜 자신을 비난함으로써 무기력과 우울감, 여러 신체화 증상을 경험하며 외부적으로는 반전된 분노의 형태인 짜증이나 수동공격적 행동을 나타낸다. 이와 같은 행동은 결국 상대의 인정이나 관심을 이끌어 내지 못하고 오히려 관계를 악화시키는 결과를 낳고 있다.

(4) 내담자는 자신의 어떤 일부 모습을 소외시키고 있는가

순응하고 순종적인 자신의 모습은 상대의 애정과 인정을 끌어낼 수 있는 자기의 일부로 받아들이는 한편, 욕구를 채워 주지 않고 자신을 인정해 주지 않는 상대에게 극심한 화를 느끼거나 공격성을 느끼는 자신의 모습은 자기로 받아들이지 못하고 있다. 이 현상 또한 인정받기 위해 순응해야 한다는 내사의 결과로 상전의 목소리에 부합하는 자기만을 수용함으로써 자기 안에 존재하는 양극성을 받아들이지 못하고 분열되어 있는 상태이다.

또 내담자는 대학에 가지 못했던 것에 열등감을 느끼고 있는데, 학력이 좋지 않다는 자신의 '부족한' 모습을 수용하지 못하고 있으며, 자신의 이런 '못난' 부분을 아들에게 투사하고 있는 것으로 보인다. 아들이 공부를 하지 않아 대학에 못 가게 되어 자신처럼 불행한 삶을 살게 될까 봐 지나치게 불안해하고 아들을 압박함으로써, 아들의 스트레스를 가중시켜 문제행동을 촉발하며 관계 갈등을 경험하고 있다.

2) 치료 방향

(1) 치료목표
① 어머니로서의 자신감을 회복하여 아들을 훈육하기
② 가족관계에서 적절히 자기주장하기
③ 무기력, 우울감, 신체화 증상의 감소

(2) 치료 전략
①-1 자신의 학력 열등감을 아들에게 투사하여 아들의 학업에 지나치게 의미를 부여하고 있는 것을 알아차림으로써, 아들에 대한 지나친 기대를 조절한다.

①-2 효과적인 대화의 기술과 훈육 방법을 익히고 연습한다.

②-1 내사와 투사, 반전을 사용할 수밖에 없었던 과거의 미해결과제를 탐색하는 과정에서 충분한 공감과 수용, 지지를 제공함으로써 내담자로 하여금 있는 그대로의 자신을 수용하도록 촉진한다.

②-2 빈의자(두의자) 기법 등을 통해 '순응해야 인정받는다'라는 내사를 약화시킨다.

③-1 '상대는 나를 무시하고 뒷전으로 여긴다'라는 생각을 자신의 생각으로 재소유함으로써 투사를 감소시킨다.

③-2 빈의자 등을 통해 자신의 생각과 감정, 욕구를 알아차리고 표현하는 연습을 함으로써 반전에서 회복한다.

ACT 기반 사례개념화

1) 내담자 문제 원인에 대한 이해

내담자 어려움의 원인에 대하여 ACT에서는 심리적 경직성에서 기인한다고 보고 있는데, 그 원인이 되는 여섯 가지 과정(개념)인 개념에 기반하여 내담자 문제 원인을 [그림 16-1]로 제시하였다.

2) 치료 방향

ACT에서 심리적 경직성의 과정인 여섯 가지에 대한 치료 방향으로 경험 회피 대신 수용으로, 인지적 융합 대신 탈융합으로, 개념화된 과거와 미래의 지배 대신 현재 순간에 접촉하기로, 개념화된 자기에 대한 집착 대신 맥락으로서의 자기를 인식하기로, 가치 명료화/접촉의 결여 대신 가치 명료화로, 무활동/충동성/회피의 지속 대신 전념 행동으로 치료의 방향을 잡을 수 있다. 본 내담자는 지지적인 환경에서는 자신의 생각과 감정을 잘 인식하고 표현할 수 있는 강점이 있었다. 즉, 내면 경험을 인식하는 내담자의 힘은 ACT에서 자신의 내면 과정을 탈융합하여 관찰함으로써 유연해질 가능성이 크다고 볼 수 있다. 앞에서 제시한 내담자의 심리적 경직성의 과정들을 심리적 유연성으로 발달시키기 위한 구체적 치료적 방향을 [그림 16-2]에 제시하였다.

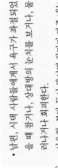

개념화된 과거와 미래와 지배

가치 명료화/접촉의 결여

무활동, 충동성, 회피 지속

- 뒷전이 되지 않기 위해서는 내가 하고 싶은 것을 주장하기보다는 하기 싫은 일이라도 묵묵히 타인을 위하고 돌보며 하얀 사람이 되면 된다.

- 남편, 시매 사람들에게서 욕구가 좌절되었을 때 참거나, 상대방의 눈치를 보거나, 물러나거나 회피한다.
- 시순함, 불안 등이 쌓이면 참다가 자주 내는 행동을 한다.
- 내가 하고 싶은 일에 몰두하지 않고 원치 않아도 인정받기 위해 일하거나 상대방의 요구를 들어주는 데 에너지를 쓴다.
- 아들에게 행동통제 및 적절한 경계 설정 교육을 하지 못하고 눈치를 살핀다.

심리적 경직성

경험 회피

- 뒷전이 될까 혹은 버려질까 버려질까 봐 불안한 마음으로 자신의 그때그때의 욕구를 인식하고 타당화하여 자기주장을 하는 것이 어려움
- 관계의 갈등에 대한 불안이 앞도되어 자신의 욕구뿐 아니라 타인의 욕구와 입장, 감정(예: 아들에) 둔감하고 이를 인식하기 어려워 대화와 타협 및 존중이 어려움

개념화된 자기에 대한 집착

인지적 융합

- 나는 제대로 인정받지 못한다.
- 나는 솔직하게 표현하지 못한다.
- 나는 미숙하다.
- 나는 사람들에게 뒷전 취급을 당하는 사람이다.

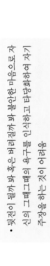

- 남편에 대한 서운함과 둘 사이에 버려질 것에 대한 두려움
- 시대에서 첫째 아들이 아닌 둘째 아들인 남편에 대한
- 빛 보증을 서서 힘든 상황이 된 것에 대한 억울함과 이를 몰라주는 것에 대한 부담감
- 원가족에서 오빠가 죽고 본인이 뒷전이 되고 남동생 낳고도 뒷전이 된 것에 대한 화, 외로움, 슬픔
- 은행남 네에 대한 질투
- 대화에 못 긴 열등감

- 원가족의 경험으로 '나는 뒷전이다'라는 감정
- 동생에게 하듯 남을 돌보고 희생해야만 하는 인정을 받는다는 신념
- 사람들은 내 노력을 알아주지 않고 나에게 관심 없고 야속하다는 타인표상
- 자기주장을 하면 관계가 깨질 것이라는 신념
- 내 상태에 대해 말을 안 해도 상대가 내 욕구를 알아줘야 한다는 기대
- 남 알아주지 못하면 삶 의미가 없다는 느낌
- 시대에서의 피해의식의 융합
- 나 대신 아들이 공부를 열심히 한다면 나의 열등감이 회복될 것이라는 기대

[그림 16-1] 내담자의 문제 원인

- 본인 존재가 뒷전이 되거나 바려지는 것에 대한 두려움이 과거의 개념화된 감정임을 자각한다.
- 현재의 어려움인 남편에 대한 서운함, 시대에서의 부당함과 억울함을 그때그때 인식하고 유연하게 반응하며 대처 가능성에 대해 새롭게 인식하도록 한다.

현재 순간에 접촉하기

가치 명료화

- 내 존재를 내가 스스로 인정하고, 우선순위에 두어 내가 원하는 것을 인식한 후 직접하는 자기 표현과 주장을 통해 만족시키며 살아간다.
- 아이가 안정되도록 돕고 아이들과 함께 살지낸다.

전념 행동

심리적 유연성

- 서운함, 불만 등이 있을 때 이름 인식하고 그 적절히 나의 상태와 필요를 표현한다.
- 내가 하고 싶은 일을 선택하여 하며, 원치 않은 일에 대해서는 적절히 거절도 한다.
- 아들에게 짜증을 내기보다 이들의 필요를 듣고 나의 필요를 얘기하며 소통하여 적절한 경계 설정 교육을 한다.

수용

탈융합

맥락으로서의 자기를 인식하기

- 그동안 느껴 왔던 남편에 대한 서운함, 시대에서의 부당함과 억울함에 대한 타당화를 통해 이 감정들을 있는 그대로 경험하도록 한다.
- 원가족에서 오빠가 죽고 남동생이 태어난 후 뒷전이 된 것에 대한 화, 외로움, 슬픔, 열등감에 대해 애도함으로써 이 감정들을 수용하도록 한다.

- 원가족의 경험으로 '나는 뒷전이다'라는 감정, 사람들은 나에게 관심없다는 타인표상, 남을 돌보고 착해야 인정받는다는 생각 등이 과거의 경험에 이겨라여 현실에서 자동적으로 습관화되어 일어나고 있음을 관찰하고 바라보도록 한다.
- 자기주장을 하면 관계가 깨질 것이라는 신념과 나 상태에 대해 받응 안 해도 상태가 내 육구를 알아주어야 한다는 기대 및 아들이 공부를 잘하면 나의 열등감이 회복될 것이라는 기대 등에 대해 얼등감을 만들고 새롭게 평가하고도 예측하도록 돕는다.

- '나는 제대로 인정받지 못한다, 솔직하게 표현하지 못한다, 미숙하다, 뒷전 취급 당하는 사람이다' 등의 자기 평가를 진실이라고 믿는 대신, 이들 일어나자러 개념화된 자기 평가를 감소시키고 현재 순간의 다양한 측면을 포함하고 알아차리는 내가 존재하는 것임을 안다.

[그림 16-2] 내담자의 치료 방향

참고문헌

권석만(2012). 현대 심리치료와 상담 이론: 마음의 치유와 성장으로 가는 길. 학지사.

권석만(2013). 현대 이상심리학(2판). 학지사.

김정규(2020). 게슈탈트 심리치료: 창조적 삶과 성장(2판). 학지사.

김진숙(2001). 대상관계이론의 상담적 적용에 대한 고찰. 상담학연구, 2(2), 327-344.

김진숙(2009). 투사적 동일시의 의미와 치료적 활용. 상담 및 심리치료, 21(4), 765-790.

문현미(2005). 인지행동치료의 제3동향. 한국심리학회지: 상담 및 심리치료, 17(1), 15-33.

박기환(2020). 인지행동치료. 학지사.

박승억(2007). 후설 & 하이데거: 현상학, 철학의 위기를 돌파하라. 김영사.

연문희, 이영희, 이장호(2018). 인간중심상담: 이론과 사례 실제. 학지사.

우정민(2024). 치료자의 인격과 역할실행. 2024년 한국정신치료학회 춘계학술연찬회 자료집, 19-36.

이동식(2008). 도정신치료입문. 한강수.

이선영(2017). 꼭 알고 싶은 수용-전념 치료의 모든 것. 소울메이트

이장호, 이동귀(1982). 상담심리학(5판). 박영스토리

이준석(2012). 프로이트, 구스타프 말러를 만나다. 이담북스.

임효덕(2003). 역전이의 역사적 이해에 대한 토론. 제5회 정신치료 워크숍 자료집, 8-9. 한국정신치료학회.

임효덕(2004). 첫 면담과 핵심감정. 제6회 전공의를 위한 워크숍 자료집, 1-10.

장현아(2021). 게슈탈트 상담. 학지사

최명식(2005). 역전이 활용 척도의 개발 및 타당도 연구. 연세대학교 대학원 박사학위 논문.

최명식, 이경아, 허재홍, 박원주, 신혜린, 김민정, 심은정, 양현정, 신주연, 유나현 (2020). 사례로 배우는 심리상담의 실제. 학지사.

최영민(2010). 대상관계이론을 중심으로 쉽게 쓴 정신분석이론. 학지사.

Adams, M. (2013). *A Concise Introduction to Existential Counselling.* Palgrave Macmillan.

Adams, M. (2018). *An Existential Approach to Human Development: Philosophical and Therapeutic Perspectives.* Red Globe Press.

Adams, M. (2019). Existential-phenomenological therapy: Method and practice. In E. van Deurzen, E. Craig, A. Längle, K. J. Schneider, D. Tantam, & S. du Plock (Eds.), *The Wiley World Handbook of Existential Therapy* (pp. 154–166). Wiley Blackwell.

Alexander, F., & French, T. M. (2016). 정신분석적 치료: 원리와 적용. 홍성화, 홍미기 역. 하나의학사. (원전은 1946년에 출간).

Bandura, A. (1977). *Social Learning Theory.* Prenstice-Hall.

Bandura, A., Ross, D., & Ross, S. A. (1963). Imitation of film-mediated aggressive models. *The Journal of Abnormal and Social Psychology, 66*(1), 3–11.

Barlow, D. H. (2002). *Anxiety and Its Disorders: The Nature and Treatment of Anxiety and Panic* (2nd ed.). Guilford Press.

Bartley, T. (2011). *Mindfulness-based Cognitive Therapy for Cancer.* Wiley-Blackwell.

Bauer, G. P. (2006). 지금-여기에서의 전이 분석. 정남운 역. 학지사. (원전은 1993년에 출간).

Beck, A. T. (1979). *Cognitive Therapy and the Emotional Disorders.* International Universities Press.

Beck, A. T. (2017). 인지치료와 정서장애. 민병배 역. 학지사. (원전은 1976년에 출간).

Beck, A. T., Davis, D. D., & Freeman, A. (2015). *Cognitive Therapy of Personality Disorders.* Guilford Press.

Beck, A. T., Rush, A. J., Shaw, B. F., & Emery, G. (1979). *Cognitive Therapy of*

Depression. Guilford Press.

Beck, J. S. (1995). *Cognitive Therapy: Basics and Beyond.* The Guilford Press.

Beck, J. S. (2023). 인지행동치료 이론과 실제(3판). 최영희, 신승민, 최상유, 조소리 역. 하나의학사. (원전은 2021년에 출간).

Beisser, A. (1970). The paradoxical theory of change. *Gestalt Therapy Now, 1*(1), 77–80.

Bion, W. (1962). *Learning from Experience.* Heinemann.

Boss, M. (1963). *Psychoanalysis and Daseinsanalysis.* Basic Books.

Boss, M. (1977). *"I Dreamt Last Night⋯": A New Approach to the Revelations of Dreaming-and its Uses in Psychotherapy* (trans. S. Conway). Gardner Press. (Original work published 1975).

Boss, M. (1979). *Existential Foundations of Medicine and Psychology* (trans. S. Conway & A. Cleaves). Jason Aronson.

Boss, M. (2003). 정신분석과 현존재분석. 이죽내 역. 하나의학사. (원전은 1963년에 출간).

Boss, M., & Kenny, B. (1987). Phenomenological or daseinanalytical approach. In J. L. Fusshage & C. A. Loew (Eds.), *Dream Interpretation.* PMA.

Bowen, S., Chawla, N., & Marlatt, G. A. (2011). *Mindfulness-based Relapse Prevention for Addictive Behaviors: A Clinician's Guide.* Guilford Press.

Budman, S. H., & Gurman, A. S. (1988). *Theory and Practice of Brief Therapy.* Guilford.

Bugental, J. F. T. (1978). *Psychotherapy and Process.* Addison-Wesley.

Bugental, J. F. T. (1981). *The Search for Authenticity: An Existential-Analytic Approach to Psychotherapy.* Irvington.

Bugental, J. F. T. (1987). *The Art of the Psychotherapist.* Norton.

Buhler, C. (1971). Basic theoretical concepts of humanistic psychology. *American Psychologist, 26*(4), 378–386.

Carkhuff, R. (1981). *Toward Actualizing Human Potential.* Human Resources Development Press.

Carmody, J., Baer, R. A., Lykins, L. B., & Olendzki, N. (2009). An empirical study of the mechanisms of mindfulness in a mindfulness-based stress reduction program. *Journal of Clinical Psychology, 65*, 613-626.

Chance, P. (2016). 학습과 행동(7판). 김문수, 박소현 역. 센게이지러닝. (원전은 2014년에 출간).

Clarkson, D. (1990). A multiplicity of psychotherapeutic relationship. *British Journal of Psychotherapy, 7*(2), 148-163.

Clarkson, P. (2010). 게슈탈트 상담의 이론과 실제. 김정규, 강차연, 김한규, 이상희 역. 학지사. (원전은 1989년에 출간).

Clarkson, P., & Mackewn, J. (2019). 프리츠 펄스. 김한규, 김금운 역. 학지사. (원전은 1993년에 출간).

Cohn, H. W. (1997). *Existential Thought and Therapeutic Practice: An Introduction to Existential Psychotherapy*. Sage.

Cohn, H. W. (2002). *Heidegger and the Roots of Existential Therapy*. Sage.

Cooper, M. (2003). *Existential Therapies*. Sage.

Cooper, M. (2012). *The Existential Counseling Primer*. PCCS Books.

Cooper, M. (2015). *Existential Psychotherapy and Counselling: Contributions to a Pluralistic Practice*. Sage.

Cooper, M. (2017). *Existential Therapies* (2nd ed.). Sage.

Cooper, M., Craig, E., & van Deurzen, E. (2019). Introduction. In E. van Deurzen, E. Craig, A. Längle, K. J. Schneider, D. Tantam, & S. du Plock (Eds.), *The Wiley World Handbook of Existential Therapy* (pp. 1-28). Wiley Blackwell.

Corey, G. (2020). *Theory and Practice of Counseling and Psychotherapy* (10th ed.). Brooks/Cole.

Correia, E. A., Cooper, M., & Berdondini, L. (2015). Existential psychotherapy: An international survey of the key authors and texts influencing practice. *Journal of Contemporary Psychotherapy, 45*(1), 3-10.

Corsini, R. J., & Wedding, D. (Eds.). (2004). *Current Psychotherapies* (7th ed.). Wadsworth/Thomson Learning.

Craig, E. (2015). Existential perspectives for the initial interview. 제7회 전공의를 위

한 워크숍 자료집, 22-31.

Craig, E., & Kastrinidis, P. (2019). Method and practice: Daseinsanalytic structure, process, and relationship. In E. van Deurzen, E. Craig, A. Längle, K. J. Schneider, D. Tantam, & S. du Plock (Eds.), *The Wiley World Handbook of Existential Therapy* (pp. 68-82). Wiley Blackwell.

Crits-Christoph, P. (1992). The efficacy of brief dynamic psychotherapy: An meta-analysis. *American Journal of Psychiatry, 149*(2), 151-158.

Cuijpers, P., Reijnders, M., & Huibers, M. (2019). The role of common factors in psychotherapy outcomes. *Annual Review of Clinical Psychology, 15*, 207-231.

Davanloo, J. (1996). 단기 역동 정신치료 어떻게 하는 것인가? Davanloo 기초 이론과 실제기법. 이근후, 박영숙, 이영숙 역. 하나의학사. (원전은 1978년에 출간).

Della Selva, P. C. (2009). 집중적 단기정신역동치료. 김영란, 김준형, 백지연, 원희랑, 주혜명 역. 학지사. (원전은 2004년에 출간).

DiGiuseppe, R. A., Doyle, K. A., Dryden, W., & Backx, W. (2021). 합리적 정서행동치료(3판). 이한종 역. 학지사. (원전은 2014년에 출간).

Dryden, W., & Ellis, A. (2003). Rational emotive behavior therapy. In K. S. Dobson, (Ed.), *Handbook of Cognitive-Behavioral Therapies* (2nd ed., pp. 295-348). The Guilford Press.

Elliott, R., Watson, J. C., Goldman, R. N., & Greenberg, L. S. (2013). 정서중심치료의 이해: 변화를 위한 과정-경험적 접근. 신성만, 전명희, 황혜리, 김혜정, 이은경 역. 학지사. (원전은 2004년에 출간).

Ellis, A., & Dryden, W. (1997). *The Practice of Rational Emotive Behaviour Therapy* (2nd ed.). Free Association Books.

Ellis, A., & Ellis, D. J. (2013). *Rational Emotive Behavior Therapy*. American Psychological Association.

Ellis, A., & MacLaren, C. (1998). *Rational Emotive Behavior Therapy*. Impact Publishers.

Eugster, S. L., & Wampold, B. E. (1996). Systematic effects of particular role on evaluation of the psychotherapy session. *Journal of Consulting and Clinical*

Psychology, 64(5), 1020–1028.

Feldman, C. (2001). *The Buddhist Path to Simplicity*. Thorsons.

Fine, R. (1979). *A History of Psychoanalysis*. Columbia University Press.

Fine, R. (1982). *The Healing of the Mind: The Technique of Psychoanalytic Psychotherapy*. Free Press.

Fisher, P., & Wells, A. (2009). *Metacognitive Therapy: Distinctive Features*. Routledge Press.

Frankl, V. (1988). *The Will to Meaning: Foundations and Applications of Logotherapy*. New American Library.

Frankl, V. E. (1984). *Man's Search for Meaning* (revised and updated ed.). Washington Square Press.

Frankl, V. E. (1986). *The Doctor and the Soul: From Psychotherapy to Logotherapy* (3rd ed.). (trans. R. Winston & C. Winston). Vintage Books.

Frankland, A. (2019). 대상관계 심리치료 실제: 사례로 보는 치료 안내서. 김진숙 역. 학지사. (원전은 2010년에 출간).

Gay, P. (1988). *Freud: A Life for Our Time*. Norton.

Gendlin, E. T. (1996). *Focusing-oriented Psychotherapy: A Manual of the Experiential Method*. Guilford Press.

Goldman, R. N., & Greenberg, L. S. (2018). 정서중심치료 사례개념화. 김현진, 에스더박, 양명희, 소피아박, 김은지 역. 학지사. (원전은 2015년에 출간).

Goldman, R. N., Vaz, A., & Rousmaniere, T. (2023). 정서중심치료 의도적 연습. 한기백 역. 학지사. (원전은 2021년에 출간).

Gomez, L. (2008). 대상관계이론 입문. 김창대, 김진숙, 이지연, 유성경 역. 학지사. (원전은 2002년에 출판).

Gould, W. B. (1993). *Viktor E. Frankl: Life with Meaning*. Thomson Brooks/Cole.

Greenberg, J. R., & Mitchell, S. A. (1999). 정신분석학적 대상관계이론. 이재훈 역. 한국심리치료연구소. (원전은 1983년에 출간).

Greenberg, L. S. (2004). Emotion-focused Therapy. *Clinical Psychology and Psychotherapy, 11*(1), 3–16.

Greenberg, L. S. (2010). *Emotion-focused Therapy*. American Psychological Association.

Greenberg, L. S. (2021). 정서중심치료: 내담자가 자신의 감정을 다루도록 코칭하기. 윤명희, 정은미, 천성문 역. 학지사. (원전은 2015년에 출간).

Greenberg, L. S. (2023). 정서중심치료(원서 2판). 한기백 역. 학지사. (원전은 2017년에 출간).

Greenberg, L. S., & Geller, S. (2001). Congruence and therapeutic presence. *Rogers' Therapeutic Conditions: Evolution, Theory and Practice, 1,* 131-149.

Greenberg, L. S., & Johnson, S. M. (1988). *Emotionally Focused Therapy for Couples.* Guilford Press.

Greenberg, L. S., & Paivio, S. C. (2008). 심리치료에서 정서를 어떻게 다룰 것인가. 이홍표 역. 학지사. (원전은 1997년에 출간).

Greenberg, L. S., Malberg, N. T., & Tompkins, M. A. (2023). 정서와 작업하기: 정신역동, 인지행동 그리고 정서중심 심리치료에서. 김수형 역. 학지사. (원전은 2019년에 출간).

Greenberg, L. S., Rice, L. N., & Elliott, R. (1993). *Facilitating Emotional Change.* Guilford.

Hamilton, N. (Ed.). (1992). *From Inner Sources: New Directions in Object Relation Psychotherapy.* Aronson.

Hamilton, N. (2007). 대상관계 이론과 실제: 자기와 타자. 김진숙, 김창대, 이지연 역. 학지사. (원전은 1990년에 출간).

Hannush, M. J. (1999). An interview with Rollo May. *Review of Existential Psychology and Psychiatry, 24,* 12-141.

Hayes, H., & Adams, M. (2019). Existential phenomenological therapy: Philosophy and theory. In E. van Deurzen, E. Craig, A. Längle, K. J. Schneider, D. Tantam, & S. du Plock (Eds.), *The Wiley World Handbook of Existential Therapy* (pp. 154-166). Wiley Blackwell.

Hayes, S. C. (1984). Making sense of spirituality. *Behaviorism, 12,* 99-11.

Hayes, S. C. (1987). A contextual approach to therapeutic change. In N. S. Jacobson (Ed.), *Psychotherapists in Clinical Practice: Cognitive and Behavioral*

Perspectives (pp. 327-387). Guilford Press.

Hayes, S. C. (2002). Acceptance, mindfulness, and science. *Clinical Psychology: Science and Practice, 9*(1), 101-106.

Hayes, S. C. (2004). Acceptance and commitment therapy, relational frame theory, and the third wave of behavioral and cognitive therapies. *Behavior Therapy, 35*(4), 639-665.

Hayes, S. C., Barnes-Holmes, D., & Roche, B. (Eds.). (2001). *Relational Frame Theory: A Post-Skinnerian Account of Human Language and Cognition.* Plenum.

Hayes, S. C., Masuda, A., Bissett, R., Luoma, J., & Guerrero, L. F. (2004). DBT, FAP, and ACT: How empirically oriented are the new behavior therapy technologies? *Behavior Therapy, 35,* 35-54.

Hayes, S. C., & Strosahl, K. D. (Eds.). (2005). *A Practical Guide to Acceptance and Commitment Therapy.* Springer_Verlag.

Hayes, S. C., Strosahl, K. D., & Wilson, K. G. (2011). *Acceptance and Commitment Therapy: The Process and Practice of Mindful Change* (2nd ed.). Guilford Press.

Hayes, S. C., Wilson, K. G., Gifford, E. V., Follette, V., M., & Strosahl, K. (1996). Emotional avoidance and behavioral disorders: A functional dimensional approach to diagnosis and treatment. *Journal of Consulting and Clinical Psychology, 64,* 1152-1168.

Heidegger, M. (1927). *Sein und Zeit.* Niemeyer.

Hendrick, I. (1938). The ego and the defense mechanism. *The Psychoanalytic Review* (1913-1957), *25,* 476-498.

Hicklin, A. (1988). The significance of life histoy in the Dasein analytic psychotherapy. *Humanistic Psychologist, 16*(1), 130-139.

Hoffman, L., Serlin, I. A., & Rubin, S. (2019). The history of existential-humanistic and existential-integrative therapy. In E. van Deurzen, E. Craig, A. Längle, K. J. Schneider, D. Tantam, & S. du Plock (Eds.), *The Wiley World Handbook of Existential Therapy* (pp. 235-246). Wiley Blackwell.

Holzhey-Kunz, A. (2006). Ludwig Bisnwanger: Psychiatry based on the foundation of philosophical anthropolgy. In E. M. Wolpert, K. Mauder, A. H. Rifai et al. (Eds.), *Images in Psychiatry German Speaking Countries Austria-Germany-Switzerland* (pp. 271-288). Universitatsverlag Winter.

Izard, C. E. (1991). *The Psychology of Emotions.* Plenum Press. https://doi.org/10.1007/978-1-4899-0615-1

Jones, E. (1957). *The Life and Work of Sigmund Freud: The Last Phase, 1919-1939* (Vol. 3). Basic Books.

Kabat-Zinn, J. (1990). *Full Catastrophe Living: Using the Wisdom of Your Body and Mind to Face Stress, Pain, and Illness.* Delta.

Kernberg, O. F. (1980). *Internal World and External Reality.* Basic Books.

Kircanski, K., Lieberman, M. D., & Craske, M. G. (2012). Feelings into words: Contributions of language to exposure therapy. *Psychological Science, 23*(10), 1086-1091. https://doi.org/10.1177/0956797612443830

Kitchener, K. S. (1984). Intuition, critical evaluation and ethical principles: The foundation for ethical decisions in counseling psychology. *The Counseling Psychologist, 12*(3), 43-55.

Kitchener, K. S. (2000). *Foundations of Ethical Practice, Research, and Teaching in Psychology.* Lawrence Erlbaum Associates Publishers.

Laing, R. D. (1967). *The Politics of Experience.* Pantheon Books.

Längle, A. (2019). The history of logotherapy and existential analysis. In E. van Deurzen, E. Craig, A. Längle, K. J. Schneider, D. Tantam, & S. du Plock (Eds.), *The Wiley World Handbook of Existential Therapy* (pp. 309-323). Wiley Blackwell.

Leahy, R. L. (2002). A model fo emotional schema. *Cognitive and Behavior Practice 9,* 177-190.

Leahy, R. L. (2015). *Emotional Schema Therapy.* Guilford Press.

Leahy, R. L. (2019). *Emotional Schema Therapy: Distinctive Features.* Routledge.

Leahy, R. L., Tirch, D. D., & Melwani, P. S. (2012). Processes underlying depression: Risk aversion, emotional schemas, and psychological flexibility. *International Journal of Cognitive Therapy, 5*(4), 362–379.

LeDoux, J. (2012). Rethinking the emotional brain. *Neuron, 73*(4), 653–676. https://doi.org/10.1016/j.neuron.2012.02.004

Levenson, H. (2008). 단기 역동적 심리치료. 정남운, 변은희 역. 학지사. (원전은 1995년에 출간).

Levenson, H. (2016). 단기 역동적 심리치료. 안명희, 전현수 역. 박영사. (원전은 2012년에 출간).

Levitt, J. T., Brown, T. A., Orsillo, S. M., & Barlow, D. H. (2004). The effects of acceptance versus suppression of emotion on subjective and psychophysiological response to carbon dioxide challenge in patients with panic disorder. *Behavior Therapy, 35*, 747–766.

Lieberman, M. D., Eisenberger, N. I., Crockett, M. J., Tom, S. M., Pfeifer, J. H., & Way, B. M. (2007). Putting feelings into words: Affect labeling disrupts amygdala activity in response to affective stimuli. *Psychological science, 18*(5), 421–428. https://doi.org/10.1111/j.1467-9280.2007.01916.x

Linehan, M. (2018). 전문가를 위한 DBT 다이렉티컬 행동치료: 감정조절장애와 경계선 성격장애치료를 위한 매뉴얼. 조용범 역. 더트리그룹. (원전은 2015년에 출간).

Linehan, M. (2022). 인생이 지옥처럼 느껴질 때. 정미나, 박지니 역. 로크미디어. (원전은 2020년에 출간).

Linehan, M. (2023). 변증법행동치료 경계선 성격장애를 위한 인지행동치료. 최현정, 이한별, 허심양, 김지강, 조이수현 역. 학지사. (원전은 1993년에 출간).

Lynch, T. R., Chapman, A. L., Rosenthal, M. Z., Kuo, J. R., & Linehan, M. M. (2006). Mechanisms of change in dialectical behavior therapy: Theoretical and empirical observations. *Journal of Clinical Psychology, 62*(4), 459–480.

Malan, D. H., McCullough, L., Alpert, M, C., Neborsky, R., Solomon, M., & Sapiro, F. (2011). 단기역동정신치료의 최신 이론과 기법. 노경선 역. 위즈덤하우스. (원전은 2001년에 출간).

Mann, J. (1993). 12회 면담 한시적 정신치료. 박영숙, 이근후 역. 하나의학사. (원전은

1973년에 출간).

Masson, J. M. (2023). *Assault on Truth: Freud's Suppression of the Seduction Theory*. Unread Reads.

May, R. (1981). *Freedom and Destiny*. Norton.

May, R., Angel, E., & Ellenberger, H. F. (Eds.). (1958). *Existence: A New Dimension in Psychiatry and Psychology*. Basic Books.

May, R., Angel, E., & Ellenberger, H. R. (1958). *Existence*. Jason Aronson.

McCullough, L. (2001). Desensitization of affect phobias in short-term dynamic psychotherapy. In M. F. Solomon, R. J. Neborsky, L. McCullough, M. Alpert, F. Shapiro, & D. Malan (Eds.), *Short-term Therapy for Long-term Change* (pp. 54-82). W. W. Norton & Co.

McManus, F., Surawy, C., Muse, K., Vazquez-Montes, M., & Williams, J. M. G. (2012). A randomized clinical trial of mindfulness-based cognitive therapy versus unrestricted services for health anxiety (hypochondriasis). *Journal of Consulting and Clinical Psychology, 80*(5), 817-828.

McWilliams, N. (2005). 정신분석적 사례이해. 권석만, 김윤희, 한수정, 김향숙, 김지영 역. 학지사. (원전은 1999년에 출간).

McWilliams, N. (2017). 정신분석적 진단. 정남운, 이기련 역. 학지사. (원전은 1994년에 출간).

Mennin, D. S., Heimberg, R. G., Turk, C. L., & Fresco, D. M. (2002). Applying an emotion regulation framework to integrative approaches to generalized anxiety disorder. *Clinical Psychology: Science and Practice, 9*(1), 85-90.

Moore, B. E., & Fine, B. D. (2006). 정신분석학 주요개념: 기법. 이재훈 역. 한국심리치료연구소. (원전은 1995년에 출간).

Mowrer, O. H. (1960). *Learning Theory and the Symbolic Process*. Wiley.

Ogden, T. H. (1982). *Projective Identification and Psychotherapeutic Technique*. Jason Aronson.

Perls, F. S. (1969). *Ego, Hunger and Aggression*. Vintage Books.

Piet, J., Hougaard, E., Hecksher, M. S., & Rosenberg, N. K. (2010). A randomized pilot study of mindfulness-based cognitive therapy and group cognitive-behavioral therapy for young adults with social phobia. *Scandinavian Journal of Psychology, 51*, 403-410.

Plock, S. (1997). Today we have naming of parts. In Proceedings of the Fourth International Conference on Philosophical Practice. The Society for Philosophical Practice.

Plock, S., & Tantam, D. (2019). History of existential-phenomenological theory. In E. van Deurzen, E. Craig, A. Längle, K. J. Schneider, D. Tantam, & S. du Plock (Eds.), *The Wiley World Handbook of Existential Therapy* (pp. 133-153). Wiley Blackwell.

Porges, S. W. (2011). *The Polyvagal Theory: Neurophysiological Foundations of Emotions, Attachment, Communication, and Self-regulation.* W. W. Norton & Co.

Racker, H. (1957). The meanings and uses of countertransference. *The Psychoanalytic Quarterly, 26*, 303-357.

Resick, P. A., Monson, C. M., & Chard, K. M. (2016). *Cognitive Processing Therapy for PTSD: A Comprehensive Manual.* Guilford Press.

Rice, L. N., & Greenberg, L. S. (1984). Future research directions. In L. N. Rice & L. S. Greenberg (Eds.), *Patterns of Change: Intensive Analysis of Psychotherapy Process* (pp. 289-308). Guilford.

Rimes, K., & Wingrove, J. (2013). Mindfulness-based cognitive therapy for people with chronic fatigue syndrome still experiencing excessive fatigue after cognitive behaviour therapy: A pilot randomized study. *Clinical Psychology and Psychotherapy, 20*(2), 107-117.

Rollnick, S., & Miller, W. R., (1995). What is motivational interviewing? *Behavioural and Cognitive Psychotherapy, 23*(4), 325-334.

Ruiz, F. J. (2010). A review of acceptance and commitment therapy (ACT) empirical evidence: Correlational, experimental psychopathology, component and outcome studies. *International Journal of Psychology and Psychological*

Therapy, 10(1), 125-162.

Sadock, B. J., Sadock, V. A., & Ruiz, P. (Eds.). (2017). *Kaplan & Sadock's Comprehensive Textbook of Psychiatry.* Wolters Kluwer.

Schacht, T. E., & Strupp, H. H. (1989). Recent methods of psychotherapy. In H. I. Kaplan & B. J. Sadock (Eds.), *Comprehensive Textbook of Psychiatry* (pp. 1556-1562). Williams & Wilkins.

Schneider, K. J. (2008). *Existential-Integrative Psychotherapy: Guideposts to the Core of Practice.* Routledge.

Schneider, K. J., & May, R. (1995). *The Psychology of Existence: An Integrative, Clinical Perspective.* McGraw Hill.

Schultz, D. P., & Schultz, S. E. (2023). 성격심리학: 아홉 가지 접근법과 현대적 고찰. 박은영 외 공역. 사회평론아카데미. (원전은 2020년에 출간).

Segal, Z. V., Williams, J. M. G., & Teasdale, J. D. (2018). 우울증 재발 방지를 위한 마음챙김 기반 인지치료(2판). 이우경, 이미옥 역. 학지사. (원전은 2002년에 출간).

Seligman, L., & Reichenberg, L. W. (2014). 상담 및 심리치료의 이론(제4판). 김영혜, 박기환, 서경현, 신희천, 정남운 역. 시그마프레스. (원전은 2014년에 출간).

Semple, R. & Lee, J. (2011). *Mindfulness-based Cognitive Therapy for Anxious Children.* New Harbinger.

Spiegelberg, H. (1972). *The Phenomenological Movement: A Historical Introduction* (2nd ed.). Martinus Nijhoff.

Spiegler, M. D. (2016). *Contemporary Behavior Therapy* (6th ed.). Cengage Learning.

Stadter, M. (2006). 대상관계 단기치료. 이재훈 역. 한국심리치료연구소. (원전은 1996년에 출간).

St. Clair, M. (2010). 대상관계이론과 자기 심리학(제4판). 안석모 역. Cengage. (원전은 2010년에 출간).

Stadter, M. (2006). 대상관계 단기치료. 이재훈, 김도애 역. 한국심리치료연구소. (원전은 1996년에 출간).

Struempfel, U. (2004). Research on gestalt therapy. *International Gestalt Journal,*

27(1), 9-5.

Strupp, H. H., & Binder, J. L. (1984). *Psychotherapy in a New Key: A Guide to Time-limited Dynamic Psychotherapy*. Basic Books.

Teasdale, J. D., Williams, J. M. G., & Segal, Z. V. (2017). 우울과 불안, 스트레스 극복을 위한 8주 마음챙김 워크북. 안희영 역. 불광출판사. (원전은 2014년에 출간).

Tengan, A. (1999). *Search for Meaning as the Basic Human Motivation: A Critical Examination of Viktor Emil Frankl's Logotherapeutic Concept of Man*. (Vol. 556). Peter Lang.

Torneke, N. (2010). *Learning RFT: An Introduction to Relational Frame Theory and Its Clinical Application*. New Harbinger Publications.

van Deurzen, E. (2010). *Everyday Mysteries: Handbook of Existential Therapy* (2nd ed.). Routledge.

van Deurzen, E. (2012). *Existential Counselling and Psychotherapy in Practice* (3rd ed.). Sage.

van Deurzen, E. (2015). *Paradox and Passion in Psychotherapy: An Existential Approach* (2nd ed.). John Wiley and Sons.

van Deurzen, E. (2019). *Existential Therapy: Distinctive Features* (2nd ed.). Routledge.

van Deurzen, E., & Adams, M. (2016). *Skills in Existential Counselling and Psychotherapy* (2nd ed.). Sage.

van Deurzen, E., Craig, E., Längle, A., Schneider, K. J., Tantam, D., & du Plock, S. (Eds.). (2019). *The Wiley World Handbook of Existential Therapy*. Wiley.

von Foerster, H. (1995). *The Cybernetics of Cybernetics*. Future Systems Inc.

Wachtel, P. L. (2011). *Therapeutic Communication, Knowing What to Say When* (2nd ed.). The Guilford Press.

Wachtel, P. (2021). 초보 상담자를 위한 사례중심 관계정신분석 상담. 허재홍 역. 학지사. (원전은 2011년에 출간).

Wampold, B. (2012). Humanism as a common factor in psychotherapy. *Psychotherapy, 49*(4), 445-449.

Watzlawick, P., Weakland, J. H., & Fisch, R. (1974). *Change: Principles of Problem Formation and Problem Solution.* W. W. Norton.

Wedding, D., & Corsini, R. J. (2014). *Current Psychotherapies* (10th ed.). Brooks/ Cole Cengage Learning.

Wells, A. (2005). Detached mindfulness in cognitive therapy: A metacognitive analysis and ten techniques. *Journal of Rational-Emotive and Cognitive Behavioral Therapy, 23,* 337-355.

Welwood, J. (2000). *Toward a Psychology of Awakening, Buddhism, Psychotherapy and the Path of Personal and Spiritual Transformation.* Shambhala.

Western, D. (1998). The scientific legacy of Sigmund Freud: Toward a psychodynamically informed psychological science. *Psychological Bulletin, 124*(3), 333-371.

Yalom, I. D. (1980). *Existential Psychotherapy.* Basic Books.

Yalom, I. D. (2002). *The Gift of Therapy: Reflections on Being a Therapist.* Piatkus.

Yalom, I. D. (2008). *Staring at the Sun: Overcoming the Terror of Death.* Jossey-Bass.

Yontef, G. (2008). 알아차림, 대화 그리고 과정. 김정규, 김영주, 심정아 역. 학지사. (원전은 1998년에 출간).

Young, J. E. (1990). *Cognitive Therapy for Personality Disorder: A Schema-focused Approach* (rev. ed.). Professional Resource Exchange.

Young, J. E., Klosko, J. S., & Weishaar, M. E. (2003). *Schema Therapy: A Practitioner's Guide.* Guilford Press.

Zettle, R. D., & Hayes, S. C. (1986). Dysfunctional control by client verbal behavior: The context of reason-giving. *The Analysis of Verbal Behavior, 4,* 30-38.

Zettle, R. D., & Raines, J. C. (1989). Group cognitive and contextual therapies in treatment of depression. *Journal of Clinical Psychology, 45,* 438-445.

Zinker, J. (1977). *Creative Process in Gestalt Therapy.* Vintage Books.

찾아보기

인명

A

Adams, M. 348
Adler, A. 167
Alexander, F. 114
Angel, E. 348

B

Bandura, A. 146
Beck, A. T. 165, 167
Binder, J. L. 106, 116
Binswanger, L. 346
Bion, W. R. 108
Blum, H. 103
Boss, M. 346

Buber, M. 301, 322, 341
Budman, S. H. 116, 123
Bugental, J. F. T. 349

C

Cohn, H. W. 348
Cooper, M. 348, 369
Crits-Christoph, P. 138

D

Davanloo, J. 114

E

Ellenberger, H. F. 348

내용

저자 소개

허재홍(Heo, Jaehong)
연세대학교 심리학 박사
상담심리사 1급
현 경북대학교 심리학과 교수

최명식(Choi, Myoung Sik)
연세대학교 심리학 박사
상담심리사 1급
현 명심리상담연구소 소장

이경아(Lee, Kyung-Ah)
연세대학교 심리학 박사
상담심리사 1급
현 연세대학교 심리상담센터 전임상담원

박원주(Park, WonJu)
연세대학교 심리학 박사
상담심리사 1급
현 한양사이버대학교 상담심리학과 교수

김나리(Kim, NaRi)
성신여자대학교 심리학 박사
상담심리사 1급, 게슈탈트 상담심리사 1급
현 아주대학교 교육대학원 상담심리전공 교수

신혜린(Shin, Hae Lin)
연세대학교 심리학 박사
상담심리사 1급
현 기연심리상담센터 대표

김민정(Kim, Minjeong)
연세대학교 심리학 박사
상담심리사 1급
현 아주대학교 교육대학원 상담심리전공 교수

심은정(Shim, Eun Jung)
미국 바이올라대학교 임상심리학 박사
상담심리사 1급, 임상심리전문가
현 위드미심리상담연구소 소장

양현정(Yang, Hyunjung)
연세대학교 심리학 박사
상담심리사 1급
현 연세대학교 학부대학 교수

신주연(Shin, Joo Yeon)
미국 콜로라도주립대학교 심리학 박사
상담심리사 1급
현 인하대학교 교육대학원 상담심리전공 교수

유나현(Yoo, Nahyun)
연세대학교 심리학 박사
상담심리사 1급
현 경성대학교 심리학과 교수

이론으로 배우는 심리상담의 실제
−대표 이론과 최근 동향−
Theoretical Approach to Counseling and Psychotherapy

2025년 3월 10일 1판 1쇄 인쇄
2025년 3월 20일 1판 1쇄 발행

지은이 • 허재홍 · 최명식 · 이경아 · 박원주 · 김나리 · 신혜린
　　　　김민정 · 심은정 · 양현정 · 신주연 · 유나현
펴낸이 • 김진환
펴낸곳 • ㈜**학지사**
　　　　04031 서울특별시 마포구 양화로 15길 20 마인드월드빌딩
대표전화 • 02-330-5114　　팩스 • 02-324-2345
등록번호 • 제313-2006-000265호

홈페이지 • http://www.hakjisa.co.kr
인스타그램 • https://www.instagram.com/hakjisabook

ISBN 978-89-997-3373-4　93180

정가 26,000원

출판미디어기업 **학지사**

간호보건의학출판 **학지사메디컬** www.hakjisamd.co.kr
심리검사연구소 **인싸이트** www.inpsyt.co.kr
학술논문서비스 **뉴논문** www.newnonmun.com
교육연수원 **카운피아** www.counpia.com
대학교재전자책플랫폼 **캠퍼스북** www.campusbook.co.kr